나의 학교 분투기

나의 학교 분투기

토니 와그너 지음 | 허성심 옮김

LEARNING
BY HEART

한문화

"한 순간도 눈을 뗄 수 없는, 통찰력 가득한 회고록."
— 테드 딘터스미스Ted Dintersmith, 《최고의 학교(What School Could Be)》 저자

"학교에 적응 못 한 문제 학생이 어떻게 선구적인 교육사상가가 되었는지 보여주는 흥미롭고 감동적인 이야기."
— 하워드 가드너Howard Gardner, 하버드 대학 교수, 교육심리학의 세계적 석학, 《다중지능(Multiple Intelligences)》《마음, 일 그리고 인생(Mind, Work, and Life)》 저자

"굉장한 책이다! 평범하지 않은 자신의 삶을 솔직담백하게 그리며 교육제도에 대한 비판과 개선까지 담아냈다."
— 앤절라 더크워스Angela Duckworth, 펜실베이니아 대학 심리학 교수, 뉴욕타임스 베스트셀러 《그릿grit》 저자

"토니 와그너 박사는 학생의 잠재력을 어떻게 계발할지 가르쳐주면서, 대부분의 성공한 사람들과는 달리 자신의 성공뿐만 아니라 실패를 스스럼없이 드러내고 있다. 우리를 그의 여정 속으로 안내하면서 교육과 교육자의 힘이 어떤 것인지 확실하게 보여준다."
— 랜디 웨인가튼Randi Weingarten, 미국교사연맹 회장

"통찰력이 뛰어난 토니 와그너는 스토리텔링의 대가이다. 페이지 곳곳에 지혜가 가득 차 있다."
— 에스더 보이치키Esther Wojcicki, 《성공하는 사람들을 길러내는 법(How to Raise Successful People)》 저자

"사람의 마음을 사로잡는 책이다. 나는 토니의 근성을 존경한다. 그는 이 세상 모든 교사의 일을 혁신하기 위해 태어났다."
— 존 메로John Merrow, 독립 프로덕션 'Learning Matters'의 설립자

"너무도 매력적인 이 성장기는 무엇이 교육이고 무엇은 교육이 아닌지, 그리고 교육이 왜 중요한지를 들려준다. 정신적, 감성적 그리고 도덕적 깨달음을 전하는 이 이야기에 당신은 감동받을 것이다."

— 다니엘 H. 핑크Daniel H. Pink, 뉴욕타임스 베스트셀러 《언제 할 것인가(When)》와 《드라이브Drive》 저자

"우리에게 꼭 필요한 이야기! 비전통적인 아이들이 전통적인 교육 속에서 어떻게 항해할 것인지를 깊이 있고 친절하게 설명하고 있다."

— 제시카 라히Jessica Lahey, 뉴욕타임스 베스트셀러 《실패의 선물(The Gift of Failure)》 저자

"속도감 있고 독창적이며 아름답게 쓰인 책. 최근 몇 년 동안 읽은 책 가운데 가장 솔직하고 가장 유용한 회고록으로 손꼽을 만하다."

— 레베카 페퍼 신클러Rebecca Pepper Sinkler, 전 뉴욕타임스 도서 리뷰 편집자

"토니 와그너는 호기심과 창의성 그리고 끈기가 만나는 교차로에서 쓰라린 고통과 함께 배움이 일어난다는 사실을 아주 멋지게, 다시 한 번 일깨워주고 있다."

— 매들린 레빈Madeline Levine, 《우리 아이는 준비되었나요?(Ready or Not)》 저자

"《나의 학교 분투기》는 보다 인간적이고 생태학적인 학습자 중심 교육의 필요성을 역설하고 있다. 지금 이 시대에 그 무엇보다 의미 있는 외침이다.

— 톰 밴더 아크Tom Vander Ark, 《스마트해지기(Getting Smart)》 저자

"《나의 학교 분투기》는 목적의식, 존중, 영감, 즐거움, 심지어 사랑에 바탕을 둔 새로운 배움의 길을 보여준다. 이 책은 오늘날 교육자들에게 심오한 교훈을 전하고 있다."

— 캐시 N. 데이비슨Cathy N. Davidson, 《새로운 교육(The New Education)》 저자

글을 시작하며

무엇인가를 '마음에 새기다'라는 말은 무슨 의미일까? 대부분의 사람들은 책 구절이나 시, 연극 대사나 방정식을 외우고 기억하는 것을 떠올린다. 그렇다면 '문제의 본질을 파악하다'라는 말은 어떤가? 이것은 매우 다른 것을 의미하지 않는가? 단순 암기로는 도달할 수 없는 그런 것 말이다.

이 책은 암기 위주의 학교 교육에 저항한 한 소년의 이야기이다. 사실 이 소년은 대부분의 어른들이 말하는 많은 것들을 '마음에 새기기'를 거부했다. 소년에게는 수업 시간에 배우는 것과 자신이 경험하는 세상이 좀처럼 이해되지 않았다. 그래서 책, 자연의 순간, 개념, 다른 사람의 경험, 역사 속 시간 등에서 진정으로 중요한 것을 탐구하고 본질을 파악하려고 노력했다.

소년은 궁극적으로 의미 있는 삶을 살고 열정과 목적을 가지고 공부하기 위해 정말로 중요한 것이 무엇인지 알고 싶었다.

이것은 내 이야기이다. 배워야 할 가장 중요한 것이 무엇이고, 가장 좋은 학습 방법이 무엇인지에 관한 질문은 계속 나를 따라다니면서 나에게 영감을 준다.

차
례

LEARNING
BY HEART

1장

나의 중퇴 이력서

즐거운 학창시절의 기억이 있는 사람들과 대화를 해보면 대부분이 자신이 받은 수업에 대해서는 거의 말하지 않는다. 학교에 대한 좋은 추억을 가지고 있는 사람들은 학창시절을 친구들과 즐겁게 지낸 시간으로 기억하는 경우가 더 많다. 아니면 어떤 운동을 유난히 잘했거나 신나는 방과 후 활동을 했던 시간으로 기억한다. 그리고 거의 예외 없이 모두들 수업 내용이 쉬웠고, 선생님들과 관계가 원만했고, 좋은 성적을 받아 부모님을 기쁘게 했다고 말한다.

이유가 무엇이든 학교생활이 어렵거나 친구들 사이에서 인기가 없거나 운동 실력이 뛰어나지 않은 많은 학생들에게 학교는 좋게 말해 재미없는 곳이고, 아주 나쁘게 말하면 지옥 같은 곳이다. 나 역시 그런 학생이었다. 나에게 학교란 수백 개의 아주 작은 조각으로 구성된 거대한 퍼즐이었다. 그것도 퍼즐을 다 맞추면 어떻게 되는지 알려주거나 안내하는 그림이 따로 들어 있지 않은 퍼즐 말이다.

초등학교 6년 동안 나는 집에서 차로 30분 거리에 있는 소규모 남녀공학 사립학교를 다녔다. 수업이나 선생님들에 관해서는 아주 희미한 기억만 남아 있다. 꼭 알아야 하는 주요 사항이라고 하는 것들이 칠판 위에 휘갈겨 쓰여 있었고, 매일 학교 갈 때 재미없고 무겁기만 한 교과서를 들고 가야 했다. 가장 생생하게 기억하고 있는 것은 내가 아웃사이더였다는 것이다. 다른 아이들은 대부분 교외 주택 지역에 살고 있어서 학교 끝나고나 주말에 자주 만났지만 나는 그렇지 못했다. 우리 집은 너무 멀리 떨어진 곳에 있었다. 게다가 쉬는 시간에 놀 때도 아이들은 나를 끼워주지 않았다. 나는 주로 옆에서 구경만 했다.

나는 읽기를 배우는 것도 더뎠다. 어떤 아이는 다른 아이들에 비해 배우는 속도가 훨씬 느리기도 하다. 이것은 자연스러운 현상이다. 그런데 부모의 불안감과 교사의 압박이 심해지고, 학습 발달이 늦은 아이를 불안한 학습자로 치부해버리는 경우가 너무 자주 일어난다. 나는 몇 년 동안 일주일에 한 번씩 어머니 손에 이끌려 과외 수업을 받으러 갔다. 그레이 선생님은 학교 선생님들과 달리 인내심 있고 따뜻한 분이었다. 4학년이 되자 읽기 실력이 좋아졌다. 그러나 난이도 별로 나뉜 초보자용 읽기 책과 학교에서 받은 교과서는 지루하기만 했다. 그 책들을 읽는 것은 정말 따분한 일이었다.

나는 매일 저녁 집으로 배달되는 갓 인쇄된 파란색 학습지 종이에서 나는 냄새를 좋아했다. 그러나 똑같은 수학 문제를 몇 번이고 반복해서 푸는 것은 질색이었다. 책 읽기 숙제보다 더 끔찍했다. 그래서 수학 숙제를 대부분 하지 않았다.

책 읽는 요령을 터득하고 1년쯤 지났을 때 나는 순수한 독서의 즐거움에 빠졌다. 시작은 《우리가 있었다(We Were There)》[1]라는 연재물이었다. 각 권마다 한 아이 또는 여러 아이가 주인공으로 등장했고 실제 있었던 역사적 사건이 재구성되어 펼쳐졌다. 내가 어떻게 해서 그 책을 접하게 되었는지는 기억나지 않지만 한동안 빠져 있었다. 열한 살쯤부터 학교 공부가 아니라 내 자신을 위해 거의 매일 밤 책을 읽었다.

나는 오리건 트레일[2]을 따라 걸어가기도 했고, 게티즈버그 전투[3]에 참전했으며, 보스턴 차 사건[4]이 일어났을 때는 홍차를 바다에 버렸다. 그리고 남극에서 버드 제독과 함께 얼어 죽을 뻔도 했다.[5] 그러나 내 마음을 가장 깊이 사로잡은 것은 제2차 세계대전이었다. 일본 전투기가 굉음을 내면서 진주만의 미국 함대에 폭탄을 떨어트리는 것

1 미국 서부 개척시대, 남북전쟁, 맨해튼 프로젝트 등 미국의 주요 역사를 어린이의 시선에서 재구성한 아동용 역사 시리즈로 총 36권으로 구성되어 있다.
2 미국 미주리 주에서 오리건 주까지 이어지는 길로 1800년대 미국 개척시대에 동부에서 서부로의 이주를 크게 도왔다.
3 게티즈버그 전투는 북부군이 남부군의 공격을 저지함으로써 남북전쟁의 전환점이 된 전투로, 미국 남북전쟁 가운데 가장 중요하고 치열한 전투로 꼽는다.
4 보스턴 차 사건은 영국이 식민지인 미국에 지나친 세금을 부과하자 이에 반발한 미국 주민들이 1773년 보스턴 항에 정박한 영국 배에 실려 있던 홍차 상자를 바다에 버린 사건으로, 미국 독립 전쟁의 도화선이 되었다.
5 리처드 에벌린 버드는 미 해군 제독이자 탐험가로, 1928년 비행기로 남극 탐험에 성공했다.

을 지켜보면서 나는 공포와 무력감에 휩싸였다. 필리핀 바탄 전투[6]가 치러지는 동안 밀림에서 살아남기 위해 벌레를 먹었고, 노르망디 상륙작전에서는 노르망디 해변에 설치된 독일군 사격 진지를 향해 죽을 힘을 다해 진격했다.

이어서 읽은 것은 세계대전 당시 벌어진 다양한 지상전에 관한 것이었다. '사막의 여우'라는 별명으로 잘 알려진 독일의 에르빈 로멜 Erwin Rommel 장군이 사막에서 은밀하게 이동해 영국군을 공격한 후 빠져나오는 작전은 정말 인상적이었다.

그다음으로 흥미로웠던 것은 전함 간에 벌어진 전투였다. 나는 매주 다양한 해전을 다룬 TV 다큐멘터리 〈바다에서의 승리(Victory at Sea)〉를 보게 해달라고 부모님에게 졸랐다. 다큐멘터리는 항상 '해군 찬송가' 1절로 끝을 맺었다.

영원하신 아버지, 강하신 구원자
그 팔이 거친 물결을 잠잠케 했으며
깊고 거대한 바다의
경계를 정하셨나니
오, 우리가 주께 부르짖을 때 들으소서.

---

6 1942년에 일본이 필리핀을 점령하기 위해 벌인 전투. 당시 필리핀을 점령하고 있던 미국과 필리핀 연합군을 상대로 승리한 일본은 서남태평양 지역까지 침공하기 위한 전진기지를 마련했다.

바다의 위험 가운데 있는 사람들을 위하여!

그 음악을 들으면 나는 전율과 슬픔을 동시에 느꼈다. 일요일마다 작은 성공회 교회에서 사람들이 이 찬송가를 부를 때 나는 그저 빨리 예배가 끝났으면 하는 생각뿐이었다. 나는 가미가제 자살 특공기가 돌진해올까봐 두려워하면서 일본 전함에서 퍼붓는 포화 속에 총을 들고 구축함 위에 서 있는 것이 어떤 것이었을지 상상해봤다.

아버지의 세계

나는 내가 세계대전에 참가했다면 무엇을 했을지 알고 있다. 나도 아버지처럼 전투기 조종사가 되었을 것이다. 《우리가 있었다: 영국전투편》에서 공중 주도권을 장악해 영국을 공습으로부터 구하기 위한 전투를 벌일 때 나는 스핏파이어 전투기를 타고 독일 전투기 메서슈미트 Bf109와 포케불프 FW190을 날려버렸다. 책을 다 읽은 후에는 2차 세계대전 기간에 벌어진 다른 공중전 이야기들을 찾아봤다. 당시 전투에 투입되었던 모든 전투기의 이름과 장착 무기, 성능에 대해 공부했다. 미국 P51 무스탕과 영국 스핏파이어 가운데 어느 것이 최고의 전투기인지 궁금했다. P51이 더 빠르고 무기도 더 많았지만 기동성은 스핏파이어가 스포츠카처럼 훨씬 뛰어났다.

아버지의 책상 위에는 은테가 둘러진 사진 액자가 있었다. 군복을 입고 스핏파이어 정면에 서서 찍은 사진이었다. 나는 아버지에게 묻고 싶은 것이 아주 많았다. 전투기에 관해서뿐만 아니라 전쟁에 참가한다는 것이 어떤 것인지 정말 궁금했다. 그러나 2차 세계대전에 참전했던 많은 퇴역 군인들이 그렇듯 아버지는 그때의 경험에 대해 좀처럼 말하려 하지 않았다.

세월이 흘러 아버지가 70대 노인이 되어서야 나는 아버지에게서 몇 가지 질문에 대한 답을 들을 수 있었다. 아버지는 '후손들을 위해 남기는 글'이라고 하면서 참전 경험을 담은 짧은 회고록을 썼다.

1939년 유럽에서 세계대전이 발발했을 때 아버지는 보험 판매 일을 하며 존스홉킨스 대학교에서 몇 과목을 수강하고 있었고, 골프를 즐겨 쳤다. 아버지는 '학교 성적은 그다지 좋지 않았다. 골프가 내 삶이었고, 나는 좋은 시절을 보내고 있었다.'라고 썼다.

골프 외에 아버지가 매우 좋아했던 것은 비행기 조종이었다.

아버지는 고작해야 친구의 소형 개인 비행기를 3시간 타봤고, 단독 비행을 한 적도 없었지만 공군에 입대하고 싶어 했다. 하지만 입대하려면 대학 학위가 필요했기 때문에 1년을 더 기다려야 했다. 1941년 근로자의 날 파티에서 아버지는 전직 영국 공군 전투기 조종사를 만났고, 그에게 도와달라고 부탁했다. 알고보니 영국 공군은 바로 전년도에 일어났던 영국 본토 항공전에서 많은 조종사를 잃었기 때문에 조종사 인력이 절실했다. 1941년 11월, 스물한 살이었던 아버지는 영국 공군 비행 훈련 학교에 유일한 미국인 생도로 입학했다. 함께 훈련 교육을 마치고 비행단에 투입되었던 60명의 조종사 가운데 절반만 전쟁에서 살아 돌아왔다.

아버지는 모스 부호 시험에서 부정 행위를 저질렀다고 나에게 털어놓았지만 어쨌든 수석으로 비행 훈련 학교를 졸업했다. 당시 모든 비행기 통신은 무선 전신을 이용했기 때문에 아버지는 왜 모스 부호를 배워야 하는지 도무지 이해할 수 없었다고 한다.

수개월 동안 비행 교관으로 복무하고 브리스틀 해협 상공에서 비상 탈출로 비행기 공중 충돌에서 살아남은 후, 아버지는 새로운 임무를 선택할 수 있는 기회를 얻었다. 아버지는 41중대에 배치되기를 희망했다. 41중대에서는 당시 최고 성능의 전투기 중 하나로 손꼽히는 전설적인 스핏파이어 MK12를 조종하고 있었기 때문이다. 아버지는 그후로 몇 년 동안 공격과 방어를 위해 수차례 출격했다. 독일 전투기를 추적하기 위해 긴급 출격하고, 프랑스 상공에서 항행 중인 폭격기를 호위하고, 군함과 기관차에 기총 소사하고, 결국 대공포에 큰 타격을 입고, 고장 난 기체를 끌고 가까스로 기지로 귀환했다. 아버지의 비행 일지는 전형적인 2차 세계대전 영화의 대본과 같았다.

"아브빌에서 폭격기 엄호. 휴 패리 피격됨."

"파리 지역에서 돌아오는 300 B17호 후방 보호. FW190기 대략 50대 확인됨. 우리 전투기 스핏파이어 한 대 격추됨."

"FW190 여섯 대에 의해 영국 1인승 전투폭격기 타이푼, 르아브르에서 후퇴. 우리 비행기 합류. 적기 두 대 격추시킴."

"ME109와 FW190 9대와 정면에서 마주침. 아브빌 상공에서는 20여 대 목격. 톰 스펙과 딕 호가쓰 실종. 서전트 피서가 FW190 한 대 격추."

매일 두렵고 위험이 끊이지 않았지만 아버지는 그때가 가장 행복한 시간이었다고 내게 말한 적이 있다. 아버지는 자신이 사랑하는 일을 했다. 그것도 매우 잘했다.

노르망디 상륙 작전 개시 4일 전, 아버지는 독일군 점령 지역인 영국 해협 건디 섬 연안에서 격추되었다.

아버지는 회고록에 이렇게 썼다. "나는 하루 종일 소형 보트 안에 앉아 있었다. 특별 해상구조대가 구명 보트 두 대를 공수해서 떨어뜨려 주었지만 바람에 쓸려나가 손이 닿지 않았다. 마침내 해가 저물고 독일군이 프랑스 어선을 보내 나를 데려갔다. 건디 항에 발을 내딛자 독일군 장교 한 명이 내게 경례한 채 서툰 영어로 말했다. '이것으로 당신의 전쟁은 끝났소.'"

아버지는 전쟁의 마지막 해를 스탈라그 루프트 원Stalag Luft 1이라는 악명 높은 독일 포로 수용소에서 보냈다. 아버지가 전쟁에서 겪은 일에 대해 말해주는 경우는 아주 드물었다. 그런데 하루는 포로 수용소에서 끝까지 버틸 수 있었던 것은 농장을 가지고 싶다는 꿈 때문이었다고 말했다.

아버지는 1945년 6월 고국으로 돌아온 후, 전쟁 전에 청혼했다 퇴짜 맞은 여자를 다시 찾아가 설득해서 마침내 결혼에 성공했다. 이듬해 7월, 내가 태어났다. 내 생애 첫 1년은 부모님이 메릴랜드 시골에 새 보금자리로 마련한 스푸크힐 농장에서 보냈다. 가족 앨범에서 내가 가장 좋아하는 사진은 눈사람 옷을 입은 나를 아버지가 환하게 웃으며 안고 있는 사진이다.

그 사진 말고는 아버지가 환하게 웃는 모습을 거의 본 적이 없다. 농장일은 고되었다. 아버지는 농장을 운영해서는 돈을 벌 수 없다는 사실을 곧 깨달았다. 게다가 아버지와 어머니 모두 특권층 집안에서 곱게 자란 사람들이었다. 광산 기술자에서 증권 중개인으로 성공한 아버지를 둔 어머니는 버지니아 주 여우 사냥 마을 미들버그의 드넓은 대지에서 유년 시절을 보냈고, 당시 가장 진보적인 최고의 여자 대학 중 하나였던 사라 로렌스Sarah Lawrence 대학을 3년 동안 다녔다. 어머니나 아버지 모두 여유로운 환경에서 자랐기 때문에 부족한 것에 익숙하지 않았다. 결국 아버지는 농장을 팔고 전문 기금조성가로 일하기 시작했다.

우리 가족은 아버지를 따라 여러 곳으로 이사 다녔다. 볼티모어에서 버펄로, 인디애나폴리스, 프린스턴을 거쳐 다시 볼티모어로 돌아왔다. 어머니는 어떻게든 나와 동생들을 돌보면서 잦은 이사를 감당해야 했다.

'정오의 기쁨'

그런데 아버지는 시골생활에 대한 이상을 떨쳐내지 못하고 가슴속 깊이 간직하고 있었다. 결국 내가 여섯 살이 되던 해에 메릴랜드에 있는 또 다른 농장을 매입했다. 이번에는 사람을 고용해 농장 관리를 전적으로 맡기고 아버지는 볼티모어로 출퇴근했다. 그때 아버지는 볼티모어에서 실적이 부진한 회사를 매입해 경영 개선을 통해 호전시킨 뒤 이윤을 남기고 되파는 투자그룹을 운영하고 있었다.

'정오의 기쁨'이라 이름 붙인 우리의 새 농장은 완만한 구릉지로 둘러싸여 있었고, 구릉지 초원 이곳저곳에 자리 잡은 푸른 숲들은 깊은 에메랄드빛 계곡 아래까지 이어졌다. 계곡 바닥을 따라 '파이니런'이라 불리는 개울이 어떤 때는 빠르게, 또 어떤 때는 천천히 구불거리며 흐르고 있었다. 유속이 빠른 지점에서는 햇빛이 수면에 반사되어 반짝였고, 늙은 참나무 그늘이 드리워진 잔잔한 물웅덩이에는 물고기들이 조심스레 숨어 있었다. 구릉지 중턱의 울타리 처진 초원 위와 계곡 안에서는 블랙앵거스[7] 소들이 종일 울음소리를 내며 우적우적 풀을 뜯어먹었다. 6년 동안 농장은 내가 일하고 노는 장소이자 학교에서 돌아온 후 나만의 휴식 시간을 즐길 수 있는 쉼터였다.

아버지는 아침 일찍 출근해서 저녁 늦게 돌아왔고, 주말에는 골프

---

7 미국의 검정소 품종

치러 나갔다. 내 생각에 아버지는 농장을 운영하는 현실보다는 많은 토지를 소유한 상류층으로서 '사유지'에 산다는 목가적인 상상에 매료되어 있었던 것 같다. 어머니도 농장 일에 관여하지 않았다. 대부분의 시간을 아이들을 차로 등하교시켜주고 집안일을 하면서 보냈다. 하지만 항상 시간 내서 책을 읽고 사진 찍는 일과 수채화 그리기도 조금씩 했으며, 이따금 피아노를 연주하거나 좋아하는 오페라를 듣기도 했다. 농장을 관리하는 얼 아저씨는 계곡의 한쪽 구석에 세워진 작은 집에서 가족과 함께 살고 있었다. 아저씨가 농장 일을 도맡아 했고, 가끔 일꾼을 고용하거나 아저씨네 아이들과 내가 일을 도왔다.

우리는 소뿐만 아니라 여러 동물을 몇 마리씩 키우고 있었다. 내가 맡은 일은 매일 밤 흰색 판자로 지은 큰 외양간에 가서 배고픈 동물들에게 먹이를 주는 것이었다. 대형견 그레이트데인 두 마리와 돼지, 말, 닭에게 먹이를 줬고, 아버지가 가장 싫어하는 이모와 이모부 이름을 따서 이름 지은 망할 놈의 거위들에게도 먹이를 줬다. 그 녀석들은 너무 가까이 가면 날카로운 부리로 물려고 덤볐다.

먹이를 다 주고 나면 나는 재빨리 전등을 끄고 그곳에 오래 머물곤 했다. 새까만 어둠이 계곡에 드리워지면 가만히 앉아 동물들 그림자가 먹이를 씹어 먹는 모습을 구경하고, 힝힝거리고 꿀꿀거리는 소리를 감상했다. 차가운 밤공기에 동물들 몸에서 열이 나는 것도 느낄 수 있었다. 그날 숙제를 하기 위해 천천히 걸어 집으로 돌아오면서 나는 목을 길게 빼고 반짝이는 별들이 끝없이 펼쳐진 하늘을 쳐다봤다.

은하수, 태양계, 은하들, 우주, 이런 것들이 어떻게 저곳에 있는 것일까? 아주 많은 질문이 머릿속에 떠올랐다.

건초 작업은 가장 힘든 일이었다. 건초 뭉치는 크고 무거워서 내가 들어올리기에 너무 힘들었다. 그러나 나는 건초 뭉치를 굴려서 서너 개씩 쌓아놓을 수 있었고, 그래서 마차를 끌고 온 아저씨들이 작업을 더 빨리 할 수 있게 했다. 건초 작업을 하는 계절은 항상 덥고 습했다. 금방 풀을 베어낸 들판에 한 시간만 서 있어도 옷이 흠뻑 젖었고, 지푸라기들이 피부에 달라붙어 가려웠다. 늦은 오후에는 천둥 번개를 동반한 비가 구릉지 위로 느닷없이 쏟아지기 일쑤였기 때문에 종종 쉬지 않고 일해야 했다. 비가 오기 전에 건초를 모두 모아서 헛간으로 옮겨야 했다. 나는 극도로 지치고 목이 너무 말라 반쯤 정신이 나간 상태였지만 스스로 자랑스러워하면서 마지막 건초를 실은 마차의 건초더미 위에 앉아 집으로 돌아오곤 했다.

건조 작업에 일손을 보태야 할 때가 아니면 내 시간을 가졌다. 농장은 탐험에 나설 나의 우주였다.

나는 언덕 너머에 무엇이 있는지 보려고 충견 스머티를 데리고 언덕 위로 올라갔다. 더 많은 언덕과 더 많은 숲, 멀리 떨어진 농장들의 더 많은 초원만 보였다. 나는 더욱 용기 내어 활엽수 숲까지 들어갔고, 돌출 바위 위로 기어 올라갔다. 그곳에서 발아래 숲을 뒤덮고 있는 물푸레나무와 단풍나무 사이를 내려다볼 수 있었다. 으스스하게 그늘진 저 아래에는 무엇이 살고 있을지 궁금했다.

그렇게 탐험을 하고 나면 땀투성이가 되었다. 손을 짚어가며 언덕을 내려와 개울이 구불구불 흐르는 계곡으로 갔다. 첨벙거리며 허리 깊이의 차가운 청록색 물웅덩이에 몸을 담갔다. 깊이가 얕은 곳에 나무 막대기와 바위를 쌓아 물줄기를 막으면 옆으로 새로운 시냇물이 만들어졌다. 마침내 모험에 지치면 풀 덮인 개울둑에 누워 한가로운 하늘을 천천히 가로질러 떠가는 흰 구름 섬을 구경했다.

열한 살 소년, 라디오를 조립하다

내가 열한 살이 되는 해 여름, 농장에 손님이 찾아왔다. 이름은 생각나지 않지만 타지에서 온 아버지 사업 동료였던 것으로 기억한다. 그 아저씨는 그날 밤 우리 집에 묵었다. 저녁식사 자리에서 아저씨는 내게 낚시를 좋아하는지, 개울에 물고기가 있는지 물었다. 나는 파이니런 개울에서 물고기를 본 적은 있지만 한 번도 잡으려고 해본 적이 없다고 대답했다.

"내가 낚싯대와 릴을 가져왔는데 말이야," 아저씨가 말했다. "해볼 생각이 있으면 내일 아저씨랑 한번 낚시해보자."

동이 튼 직후 나는 아저씨를 집에서 잔잔한 물웅덩이가 있는 개울까지 안내했다. 아저씨는 내게 낚싯대를 건네주고는 릴을 어떻게 다뤄야 하는지 설명했다. 그리고 내가 정원 흙을 파서 잡아온 벌레 미끼를 낚시에 단 후, 낚시를 어디에 던져야 하는지 보여줬다. 곧 물고기가 낚싯줄을 잡아당기는 것이 느껴졌다. 나는 물고기를 낚아채기 위해 낚싯대를 잡아당겼다. 아저씨가 말해준 대로 물고기가 지치도록 물속에서 조금 요동치게 놔뒀다. 그러고 나서 릴을 감아 물고기를 그물 안에 들어가게 유도했다. 잡힌 건 메기였다. 그래서 도로 물속에 던지고 다시 도전했다.

다음 입질을 기다리면서 개울둑에 앉아 있을 때 아저씨는 내게 학교가 마음에 드는지 물었다. 아무도 그런 질문을 한 적이 없었다. 게다가 내가 솔직하게 말할 수 있는지 어쩐지 확신이 서지 않았다. 그러나 아저씨는 나를 낚시에 데리고 왔다. 지금까지 내게 이렇게 해준 사람은 없었다.

"학교를 좋아하지 않아요." 나는 솔직히 털어놓았다. "하지만 학교 공부와 상관없지만 정말로 내가 흥미를 가진 것에 관한 책은 많이 읽어요."

아저씨는 이해한다는 듯이 고개를 끄덕였다.

더 이상 입질이 오지 않았다. 이윽고 아저씨는 시계를 보면서 가야 할 시간이 되었다고 말했다. 다시 시내로 돌아가야 했다.

그날 밤 잠을 자려고 누웠을 때 아저씨가 왜 학교에 대해 물어봤는지 궁금했다. 그러다 보니 내가 왜 숙제를 하지 않는지도 생각하게 되었다. 왜 학교 수업 시간에는 우리가 흥미로워하는 주제를 다룬 책을 읽을 수 없는 것일까?

아저씨가 우리 집을 다녀가고 몇 주 후 내 앞으로 소포가 하나 왔다. 갈색 상자와 쪽지가 들어 있었다. "같이 낚시 가줘서 고마워."라는 말만 적혀 있었다.

나는 조심스럽게 상자를 열어 안을 들여다봤다. 거미줄 모양을 이루고 있는 아주 작은 전선들이 있었는데, 전선의 양쪽 끝에는 다양한 색상의 부품이 달려 있었다. 검정색 플라스틱 손잡이와 전선 한 뭉치, 다양한 크기의 볼트와 나사들도 들어 있었다. 마치 작은 고물들을 모아놓은 것 같았다. 나는 상자 바닥에서 '나만의 트랜지스터라디오 만드는 방법'이라 쓰인 조그만 설명서를 발견했다.

와! 내가 직접 라디오를 만드는 것이라니. 나는 황홀했다. 그러나 너무 많은 전선과 작은 글씨로 적힌 여러 장의 조립 설명서에 완전히 압도되었다. 이런 잡동사니가 진짜 라디오로 바뀐다는 것을 상상할 수 없었다. 나는 조립설명서의 첫 페이지를 읽었다.

차례

1쪽: 송신소부터 수신기까지 한눈에 보는 그림

2쪽: 사용할 부품에 관한 정보, 회로 기호로 표시된 도식

3쪽: 조립 절차

4쪽: 작동 및 시험 절차

5쪽: 배치도

6쪽: 안테나 및 리드선

조립설명서에는 작업에 필요한 공구와 부품 목록도 들어 있었다. 가위, 바늘코 펜치, 철사 절단기, 2번 십자드라이버, 소형 일자드라이버, 잘 드는 칼, 전선 피복을 벗기는 와이어 스트리퍼, 송곳 또는 얼음 깨는 송곳, 풀, 중간입자 사포, 안테나로 쓸 철사 등이었다. 절반은 내가 모르는 것들이었다.

나는 농장을 관리해주고 있던 얼 아저씨에게 도구 목록을 보여주러 갔다. 얼 아저씨는 트랙터와 다른 농기계를 보관하고 있는 차고 바로 옆 공구 창고에서 장비를 정비하는 일로 하루를 마무리하곤 했다. 그는 몸집이 크고 무뚝뚝했다. 콧수염을 가늘게 기르고 있었고, 오른쪽 팔뚝에는 독니를 드러낸 채 기둥을 휘감고 있는 코브라 문신이 크게 그려져 있었다. 얼 아저씨는 목록을 보더니 고개를 가로저었다.

"과제하는 데 쓸 거예요. 라디오를 만들려고요." 내가 설명했다.

담배로 누렇게 얼룩진 이빨 사이로 카멜[8] 담배를 문 채로 아저씨는 반쯤 앓는 소리를 내면서 작업대 위 페그보드[9]에서 공구들을 꺼내기 시작했다. 다 꺼낸 후에는 그것들을 종이 상자에 담았다.

공구들을 담은 상자를 건네며 아저씨가 말했다. "자, 이거 가져가서 쓰고 작업을 마치면 곧바로 돌려줘야 돼. 알겠지?"

---

8 미국 담배 브랜드
9 구멍이 뚫린 판자에 못이나 고리를 달아 물건들을 걸어두는 수납용 벽면

나는 방으로 돌아와서 상자의 내용물을 꺼내 조심스럽게 펼쳐놓고, 뭐가 뭔지 알기 위해 먼저 부품 목록을 찬찬히 읽어보기 시작했다. 가장 먼저 해야 할 일은 종이 형판 두 개를 오려내어 조립 키트에 달려 나온 두 개의 작은 기판에 붙이는 것이었다. 기판 하나는 라디오 바탕 패널로 축전기, 다이오드[10], 코일, 레지스터 같은 전자 부품이 장착될 것이다. 다른 기판은 라디오의 전면 패널로 조정 손잡이, 안테나, 접지선 연결 장치, 이어폰용 연결 장치 두 개가 장착될 것이다.

전면 패널을 바탕 패널에 맞춰 고정시키는 데 필요한 기계 나사를 박기 위해 송곳을 사용해 작은 구멍 두 개를 냈다. 그러고 나서 가변 축전기를 전면 패널에 부착했다. 그것은 방송국 채널을 맞추기 위한 것이었다. 거기까지는 순조로웠다.

바탕 형판에 표시된 구멍에 맞춰 기계 나사 4개를 박은 후부터 설명서가 더욱 복잡해졌다. '코일 3개, 다이오드, 바다 육각 너트의 위치를 정한다. 코일 3개의 위치를 제대로 잡는 것이 매우 중요하다. L-1 코일에는 적색, 적색, 흑색 점 3개가 있다. L-2 코일은 황색, 자색, 흑색 점이 찍혀 있다. L-3 코일은 갈색, 회색, 갈색 점이 있다.' 나는 모든 것을 머릿속에 곧바로 저장하려고 노력했다. '위의 절차에 따라 전선을 '낚아채서' 코일과 다이오드, 가변 축전기의 전선 두 개를 육각 너트 아래 접착한다. 그림과 같이 '수화기'에서 1~4인치 떨어지

---

10 +극과 −극이 있는 진공관

고 프런트 패널의 '접지선'에서 5인치 떨어지게 접착한다.'

도대체 뭔 소리야? 이건 너무 어려웠다. 한 마디도 이해할 수 없었다. 라디오를 절대 완성할 수 없으리라는 생각이 들었다. 조립한다고 해도 제대로 작동하지 않을 것 같았다. 나는 부품들을 바닥에 어질러 놓은 채 자리에서 일어났다.

이틀 후, 나는 자신감을 다시 불러 모으고 라디오 조립에 도전했다. 서로 다른 코일들을 확실하게 구분하고, 다음 단계로 넘어가기 전에 거듭 확인하면서 각 단계를 천천히 밟아갔다. 그 단계를 모두 완성하자 이제 남은 작업은 제공된 이어폰을 전면 패널에 있는 두 전선에 접착하는 것뿐이었다. 드디어 설명서에 '테스트, 작동, 시험을 위해 다음 페이지로 넘긴다.'라고 쓰여 있었다.

그런데 문제가 있었다. 다음 페이지에 다음과 같이 쓰여 있었다. '광석 라디오를 실제 작동시켜보는 최상의 기쁨을 맛보기 위해서는 튼튼한 안테나가 반드시 있어야 한다.……14게이지[11] 전선 15~30 미터 길이의 안테나. 이 경우 연선[12]이 가장 실용적이다. 전선은 절연 처리가 된 것도 되고 절연 처리가 되지 않아도 가능하다. 그리고 14게이지 전선이 없거나 실용적이지 않다면 가지고 있는 다른 비슷한 대체 전선을 사용할 수 있다.'

---

11 미국 전선 규격을 나타내는 단위로 게이지 숫자가 클수록 가는 전선이다. 게이지 14는 지름 1.63mm의 전선을 말한다.
12 여러 전선을 새끼줄처럼 꼰 선

이 대목에서 나는 다시 얼 아저씨를 찾아가야 했다. 빌려온 공구를 돌려주고 나서 안테나에 대해 설명된 부분을 보여줬다. 얼 아저씨는 "험"이라는 소리 외에 아무 말도 하지 않고 전선 릴에서 전선을 풀어 내어 적당한 크기로 잘랐다.

그날 오후는 안테나를 설치하느라 시간을 다 썼다. 이층에 있는 내 방에 작은 베란다가 있었다. 나는 베란다 난간을 따라 안테나 전선을 길게 늘어놓았다. 작업이 거의 끝날 즈음 어머니가 저녁 먹으라고 부르는 소리가 들렸다. 어머니가 두 번째로 내 이름을 부를 때는 아주 위협적이었다. "토호니!"라고 부르는 소리에 나는 어쩔 수 없이 전선을 그냥 걸어두고 아래층으로 내려갔다.

'정말 그게 작동할까?' 콩은 나이프 아래 숨기고 음식을 먹는 척하면서 접시 가장자리로 밀어 넣으면서 나는 계속 생각했다. '아냐. 어떻게 정상적으로 작동할 수 있겠어?'

이층의 내 방으로 다시 올라왔을 때는 이미 어두워져 있었다. 나는 안테나와 리드선[13] 그리고 이어폰 선을 전면 패널에 조립했다. 그런 다음 다시 설명서를 읽었다. '이어폰을 귀에 꽂고 튜닝 조절기를 천천히 돌리면서 듣고 싶은 방송국을 찾는다. 방송 신호들이 들리면 계속 진행한다.' '무엇이 들릴까?' 나는 궁금했다. '신호가 잡히지 않으면 우선, 모든 선을 하나씩 확인해서 조립과 연결이 모두 정확하게 되었

---

13 단자와 단자 사이를 연결한 전선

는지 확인한다. 그런 다음 사용설명서 6쪽의 설명대로 안테나와 리드
선이 제대로 연결되어 있는지 확인한다.' 그쯤 되니 나는 얼 아저씨가
잘못된 전선을 준 게 아닌가 걱정되었다. '이어폰을 확인하기 위해
이어폰 아래쪽 단자에 안테나 전선을 가볍게 갖다 대어본다. '찰칵거
리는' 소리가 들리면 제대로 된 것이다. 다이오드(D-1)를 확인하기
위해 안테나 전선을 4번 단자에 갖다 대어본다. 찰칵거리는 소리가
나면 다이오드도 이상 없는 것이다. 조립 절차 네 번째 단계에 따라
L-1, L-2, L-3 코일이 모두 제 위치에 조립되어 있는지 확인한다.'

나는 떨리는 손으로 이어폰을 귀에 꽂고, 천천히 조종 손잡이를 돌
렸다. 아무것도 들리지 않았다. 아무 소리도 나지 않았다. 나는 알고
있었다. 소리 나는 라디오를 만들 수 없으리라는 것을. 나는 어떤 것
도 제대로 할 수 없었다.

그러나 나는 포기하지 않았다. 모든 것을 다시 확인했다. 이어폰에
서는 딸깍거리는 소리가 났다. 다이오드도 괜찮았다. 코일들도 모두
맞는 자리에 설치되어 있다. 나는 안테나 전선을 다시 연결하고 이어
폰을 귀에 꽂은 후에 조종 손잡이를 다시 돌렸다. 잡음이다! 진짜 잡
음이 들렸다. 처음에 안테나 전선을 단단하게 조립하지 않았던 게 분
명했다.

나는 계속해서 조종 손잡이를 돌렸다. 음악이 들려왔다. 그리고 또
다른 방송이 잡혔다. 라디오 아나운서가 '필라델피아'라고 말했다. 나
는 '필라델피아 방송'을 듣고 있었던 것이다. 그날 저녁 내내 나는 내

가 만든 라디오로 방송을 들었고, 방송국도 더 많이 찾아냈다. 방송 전파 사이에는 방해 전파가 잡혔다. 그날 밤 나는 너무 흥분해서 잠자기 전에 읽어야 하는 책을 전혀 읽을 수 없었다. 내가 해내다니! 혼자 힘으로 다 했다. 선물을 보내준 아저씨가 다시 우리 집을 방문해서 라디오를 보여줄 수 있었으면 좋겠다고 생각했다.

조립 설명서의 마지막 페이지에는 안테나의 크기나 위치를 변경하거나 안테나 전선을 다른 단자에 연결하는 것 같은 라디오와 관련해할 수 있는 실험이 설명되어 있었다. 무엇보다 흥미로웠던 것은 낮과 밤에 수신할 수 있는 방송이 몇 개인지 비교하는 것이었다. 밤에는 수신 가능한 전파가 훨씬 더 많았다. 나는 왜 그런지 궁금했다.

그래서 전에 부모님이 사준 《월드북 백과사전》에서 무선 전파와 대기에 관한 항목을 찾아 읽기 시작했다. 대략 80~1,000킬로미터 고도에 전리층이라는 대기층이 있는데, 무선 신호는 전리층에 부딪쳐 튕겨 나온다. 그런데 해가 지면 전리층의 구성 성분이 바뀐다. 밤에는 전하를 띤 이온이 비교적 적어서 라디오 신호가 더 높은 대기층까지 이동할 수 있다. 그곳에서는 이온이 무선 전파의 주파수로 진동하기도 하는데, 그래서 무선 전파의 에너지 일부를 다시 지상으로 되돌려 보내는 것이다. 백과사전은 정말 읽기 어려웠다. 이해되지 않는 부분도 많았다. 그러나 나는 배우고 있었다. 그것도 아주 많은 것을 배우고 있었다. 왜 학교는 이럴 수 없을까?

넌 커서 뭐가 되고 싶니?

열두 살이 되자마자 내 세상은 흔들리기 시작했다. 부모님은 농장을 팔고 할아버지가 다니는 골프장의 여섯 번째 페어웨이 가장자리에 지은 집을 샀다. 내가 다닐 중학교와 가까운 곳이어서 그곳을 선택했다고 했다. 볼티모어 길먼 스쿨은 남자 중·고등학교였다. 아버지도 이곳을 다녔다.

　이제 노는 시간은 끝났다. 연초였지만 바깥 날씨가 여름 같았던 그날, 선생님들(모두 남자 선생님들)이 우리에게 한 말이었다. 날씨가 더워서 나는 파이니런 개울에서 물장구를 치며 놀고 싶었다. 하지만 50분마다 교실을 이동하며 수업을 들어야 했다. 수업마다 해야 하는 숙제가 산더미같이 많았다. 게다가 코트를 입고 넥타이를 매야 했다. 그게 교복이었다. 넥타이를 매는 이유가 무엇일까? 나는 거추장스럽기만 했다. 올가미처럼 목에 둘러진 느낌이 싫었다. 나는 매일 아침 학교 앞에 내리는 것이 두려웠다.

　수업 시간이 빨리 흘러가도록 하려고 나는 스크립토[14] 샤프 연필로 상상놀이를 했다. 샤프 연필은 우주선이 되어 홈집 난 나무책상 위에서 이륙과 착륙을 반복했다. 연필 우주선은 탐사를 위해 아주 먼 곳까지 갔다. 우주선 선원들은 샤프 핀 속에서 생활했고, 연필의 나머지

---

14 미국 애틀랜타 필기구 제조사

부분은 나선형 용수철 모양의 거대한 원자 엔진을 수용하고 있었다. 우주선은 가끔씩 전투를 치렀고, 우주선 선체가 손상되거나 선원들이 선체에서 빠져나와야 했다. 연필 끝부분에 튀어나온 빨간색 지우개는 비상 탈출용 캡슐이었다. 나도 학교에서 탈출할 수 있었으면 좋겠다고 생각했다. 다시 농장으로 돌아가고 싶었다.

8학년[15]이 되자 7학년 때보다 상황이 더욱 좋지 않았다. 선생님들은 고등학교 진학을 위해 우리를 '사람으로 만들어야 한다.'고 하면서 숙제를 몇 배로 늘렸다. 게다가 거의 매일 퀴즈와 시험을 보기 시작했다. 나는 시험공부를 절대 하지 않았다. 왜 그래야 하는지 몰라서가 아니라 그저 바보 같은 시험에 통과하기 위해 재미없는 단순 사실들을 암기하는 일을 할 수가 없었다.

나는 자습시간에 시간을 때울 수 있는 새로운 방법을 알아냈다. 소형 소니 트랜지스터라디오로 야구 중계를 듣는 것이다. 아이들은 온통 월드시리즈에 대해 말했지만 내 관심사는 그게 아니었다. 오직 들키지 않고 라디오를 들을 수 있는지 확인하고 싶었다. 나는 화장실로 몰래 빠져나가 이어폰 선을 셔츠 앞쪽 위로 빼서 다시 소매 안을 따라 아래로 뺐다. 손을 오므려 이어폰을 동그랗게 모아 쥐고 라디오는 주머니 속에 넣었다. 그런 다음 책상에 앉아 손을 귀에 갖다 대고 이어폰을 끼었다. 그리고 선생님이 등을 돌릴 때 다른 아이들에게 경기 점

---

15 미국에서 가장 일반적인 학년제는 1학년부터 6학년까지 초등학교 6년, 7학년부터 8학년까지 중학교 2년, 9학년부터 12학년까지 고등학교 4년이다.

수를 작은 소리로 알려줬다.

길먼 스쿨의 모든 학생들은 운동광이었다. 눈길을 끄는 벽돌 건물 뒤편에 다양한 운동을 즐길 수 있는 끝없이 펼쳐진 운동장이 있었다. 매일 수업이 끝나면 학생들은 운동을 해야 했다. 무슨 일이 벌어지기를 기다리면서 하루 종일 뜨거운 태양 아래 서 있거나 매서운 바람 속에 떨고 있지 않으면, 석탄재를 깔아 다진 트랙 위를 넘어지지 않으려고 하면서 전력질주하거나 누군가를 제치고 달렸다. 달리다가 다른 누군가에게 추월당하기도 하고, 다치지 않기를 바라면서 공을 쫓아 달리곤 했다. 아버지는 학교 다닐 때 풋볼 팀 선수였다. 나로서는 상상할 수 없는 일이었다. 나는 어떤 운동이든 별로 좋아하지 않았다.

내가 기대하는 수업이 하나 있었다. 종교 수업이었다. 담당교사인 피니 선생님은 숙제를 많이 내지 않았고, 우리는 시험을 보기 위해 단순 사실들을 암기하지 않아도 되었다. 수업은 《구약성경》에 나오는 이야기에 대해 공부하고 토론하는 방식이었다. 카인과 아벨 이야기를 읽었을 때 선생님은 "카인이 동생을 죽였는데도 신이 가벼운 벌을 내린 것은 옳은가?"라고 물었다.

교사가 학생들의 정직한 의견을 묻는 토론 수업을 경험한 것은 그때가 처음이었다. 정답 또는 오답이 있는 게 아니었다. 자기 생각을 얼마나 잘 표현하느냐가 중요했다. 무엇보다 우리는 어떻게 삶을 살아가야 할지에 관한 중요한 물음에 대해 서로 의견을 나눴다. 대화를 통해 그리고 아이디어를 연결하면서 배우는 수업이었다. 그 수업은 어린 내 마음속에 깊고 강한 인상을 남겼다.

한 학기가 끝나고 얼마 지나지 않아 부모님은 골프 클럽 친구들을 초대해 새해 전야 파티를 열었다. 나는 계단에서 놀면서 어른들이 무슨 말을 하나 엿들었다. 한 손에 술잔을 든 어떤 아저씨가 거실에서 나와 돌아다니다가 나를 발견했다.

"그래, 학교생활은 어떠니?" 난간 기둥에 몸을 기대며 혀 꼬부라진 소리로 아저씨가 물었다.

"괜찮아요." 나는 벽지를 보며 대답했다.

"넌, 커서 뭐가 되고 싶니?"

"종교철학자가 되고 싶어요." 나는 또박또박 말했다.

"나는 불가지론자이기는 하지만, 어쨌든 네가 신을 완전히 믿지 않는다면 종교철학자가 될 수 있을지 모르겠구나."

그 아저씨는 잠시 나를 말끄러미 보더니 파티 장소로 돌아갔다.

새 학기 초 나는 교장 선생님과의 면담을 위해 부모님과 함께 학교에 오라는 연락을 받았다. 피니 선생님의 종교 수업 시간에는 꽤 잘했지만 그것으로 나를 구제하기엔 충분하지 않았다. 다른 과목들은 모두 형편없었기 때문이다. 교장 선생님은 내가 길먼 스쿨 고등학교 과정에 '초대'받지 못할 것이라고 말했다.

나는 학교를 워낙 싫어했기 때문에 다시 돌아갈 필요가 없을 것이라는 말에 기뻤다. 그러나 두렵기도 했다. 내가 지금보다 더욱더 비참해지는 학교에 들어가게 될 수도 있지 않은가?

왔노라, 보았노라, 낙제했노라

비가 내리는 쌀쌀한 9월의 어느 날, 부모님은 나를 차에 태우고 코네티컷 주의 기숙학교 에이번 올드 팜스 스쿨로 데리고 갔다. 학교 건물로 둘러싸인 사각형의 안뜰로 걸어갈 때 몸이 떨렸다. 그곳을 통하는 유일한 방법은 네 개의 아치형 통로 중 하나를 통과하는 것이었다. 네 개의 통로는 황토색 대형 석재로 지은 네 개의 건물 중심에서 만났다. 건물 벽에는 중세 시대에 성곽 방어용으로 낸 구멍 같은 작은 창들이 있었다. 가파르게 기울어진 슬레이트 지붕 위에는 작은 포탑과 회색 하늘을 향해 치솟은 높은 굴뚝이 있었다. 교실들은 거대한 연철 경첩으로 고정된 어두운 색의 두꺼운 나무문으로 봉쇄되어 있었다. 기숙사는 2층과 3층에 있었다.

사각형 안뜰 끝에 위치한 기숙사로 가기 위해 넓적돌이 깔린 길을 따라 걸으면서 부모님과 나는 한 재학생으로부터 에이번 스쿨의 역사에 대해 들었다. "코네티컷 주 최초의 여성 건축가이자 우리 학교 설립자인 테오데이트 포프 리들Theodate Pope Riddle은 코츠월드[16] 마을 분위기의 학교를 세우고 싶었어요. 그래서 1927년에 수백만 달러를 들여 잉글랜드에서 공예 기술자들을 데려왔어요. 나무 기둥, 강철 걸쇠, 수공 유리 등 모든 것이 수공예로 만들어졌어요. 갈색 사암은 근처 채

---

16 양 방목지로 유명한 영국 잉글랜드의 언덕지대

석장에서 캔 거예요."

왜 이 학교의 설립자는 학교보다는 요새 느낌이 나는 곳을 짓기 위해 온갖 수고를 마다하지 않았을까? 나는 사각형 안뜰 너머로 학교를 둘러싼 해자와 도개교가 있을 것이고, 양철 나무꾼처럼 작은 쇠사슬을 엮어 만든 갑옷을 입은 남자들이 경비를 보고 있을지도 모르고, 어쩌면 마상 창 시합이 학교 대표 운동일지도 모른다고 상상했다.

부모님과 함께 옷가방과 짐을 기숙사 방으로 옮긴 후에 다시 차로 돌아왔다. 어머니는 아무렇지 않은 듯 안아줬고, 아버지는 악수를 하며 "아들아, 열심히 공부해라. 네가 최고가 되기만 한다면 무엇을 하든 상관없어."라고 말했다. 그리고 나서 두 분은 집으로 돌아갔다.

기숙사 방으로 돌아온 나는 방 안을 둘러봤다. 텅 빈 나무 벽, 붙박이 이층침대, 서랍 두 개가 달린 좁은 옷장이 보였다. 작은 여닫이 책상과 나무 의자, 채광을 위한 아주 작은 창이 있었다. 맙소사, 웬 소음이람? 학생들이 소리를 지르고 알아들을 수 없는 말을 지껄이면서 복도를 뛰어다녔다. 모든 소리가 다 들렸다. 방과 복도 사이의 문은 칸막이 화장실처럼 위아래가 뚫려 있었다. 그래서 학생들을 감시할 수 있겠구나 라는 생각이 들었다.

에이번 스쿨은 내신이나 시험 점수가 좋지 않은 학생들을 받았다. 그래서 운동을 좋아하는 아이들이 가는 학교로 이름이 나 있었다. 우리는 계절마다 운동을 한 종목씩 해야 했다. 나는 아버지 바람대로 미식축구와 레슬링, 라크로스lacrosse를 했다. 하지만 정말 싫어했다. 길먼 스쿨에서의 생활이 그대로 반복되었다. 달라진 것이 있다면 덩치가 더 크고 더 거친 아이들과 함께 생활한다는 것이었다. 한번은 아트 드러리라는 못된 녀석이 너무 시끄럽다면서 갑자기 턱을 치면서 나를 때려눕혔다. 그 녀석은 단련된 복싱 선수로 자신을 과시할 구실을 찾고 있었다. 나처럼 운동을 좋아하지 않는 아이들은 고등학교 4년 동안 아무도 자신을 건들지 않았으면 하면서 스스로 고립되어 조용히 지내기 마련이다. 그런데 그런 나를 가만히 놔두지 않았다.

에이번 스쿨의 수업은 길먼 스쿨과 다르지 않았다. 나 역시 학생으로서 달라질 게 없었다. "1066년 노르망디의 윌리엄 2세 공작이 이끄는 노르만계 프랑스 군대와 영국 국왕 해럴드 2세가 이끄는 영국 군대 사이 헤이스팅스 전투가 벌어졌다……." 갑자기 장황하게 이어지던 설명이 멈췄다. "여러분, 노트 필기를 해야지요. 학기말 시험에 어떤 것이 나올지 전혀 모르잖아요." 선생님이 말하는 내용을 모두 받아 적어야 했을까? 천만에. 나는 수업을 따라갈 수 없었다.

피타고라스 정리는 삼각형에 관한 것이었는데, 도무지 무슨 말인지 이해가 되지 않았다. 원주율이 도대체 뭐란 말인가? 어떤 미친 이유에서인지 나는 원래 암기해야 하는 소수점 이하 자리보다 더 많은 자리까지 암기해서 3.14159265까지 외웠다.

종, 속, 과, 목 같은 생물 분류 단위도 헷갈렸다. 명확하게 구분해서 이해하기 어려웠다. 교과서에는 컬러로 된 남성과 여성의 인체 해부도가 실려 있었지만 내가 정말로 알고 싶었던 것은 옷을 걸치지 않은 여자아이들은 어떤 모습일까 하는 것이었다.

동사의 활용은 또 어떤가? 내가 유일하게 기억할 수 있었던 것은 veni(왔노라), vidi(보았노라), vici(이겼노라)뿐이었고, 분명 동사 활용은 라틴어를 정복하는 데 도움이 될 것 같지 않았다. 나는 왔노라, 보았노라, 낙제했노라.

나는 국어[17]를 빼고 모든 수업을 아주 싫어하기 시작했다. 국어를 담당한 램지 선생님은 조금 특이했다. 마치 무엇인가 섬세한 것을 잡고 있는 듯이 길고 가느다란 손가락 사이로 담배를 잡았다. 담배를 한 모금 빨 때마다 공기 중으로 담배 연기를 직선으로 길게 뿜어냈다. 그러나 나는 국어 수업 시간에 읽는 것들을 정말 좋아했다.

《노인과 바다》는 산티아고라는 이름의 늙은 어부를 다룬 소설이다. 노인은 84일 동안 물고기를 전혀 잡지 못했다. 그래서 큰 물고기를 찾아 혼자 작은 배를 타고 먼 바다로 나가기로 했다. 마침내 거대한 청새치를 잡았다. 낚싯줄을 감아올리는 데만 이틀이 걸려 마침내 녀석을 죽일 수 있었다. 그러나 워낙 커서 작은 배 안에 실을 수 없었다. 그래서 배 옆면에 묶어 둘 수밖에 없었다. 그러자 상어들이 몰려와서 노인이 잡아놓은 멋진 물고기를 먹기 시작했다. 노인은 청새치를 '동생'이라고 불렀다. 그는 아주 원시적인 무기로 상어와 싸웠다. 노에 묶어놓았던 펜나이프가 있었다. 그것으로 상어 몇 마리는 없앴지만

---

17 미국은 국어가 별도로 지정되어 있지 않지만 원서에서 말하는 영어 교과는 우리 나라의 국어 교과에 해당하므로 교과목 명을 국어로 번역했다.

전부 처리할 수는 없었다.

"그런데 산티아고는 왜 야구선수 조 디마지오에 빠져 있는 것처럼 보이죠?" 램지 선생님이 물었다.

나는 의자에서 우물쭈물하다가 손을 들었다.

"와그너 군?"

"제 생각에는 발꿈치에 튀어나온 뼈 때문에 항상 아팠는데도 포기하지 않고 최선을 다해 운동하는 디마지오를 존경했기 때문인 것 같습니다. 노인도 아팠지만 포기할 수 없다는 것을, 그러니까 물고기를 잡으려고 계속 노력해야 한다는 것을 알고 있었습니다."

선생님은 미소를 지은 후 담배를 한 모금 빨았다. "그러니까 와그너 군은 마놀린이 노인과 함께 바다로 나갔다면 이야기의 결론이 달라졌을 것이라 생각하나요?"

내가 이 수업을 좋아하는 이유가 이것이었다. 램지 선생님은 가끔씩 생각지도 못했던 질문을 던지곤 했다. 피니 선생님이 그랬던 것처럼 말이다.

두 교사

다음 과제는 단편 소설을 쓰는 것이었다. 나는 나만의 '노인' 이야기를 쓰기로 했다. 내 이야기의 주인공은 뉴햄프셔 화이트 산맥에서 평생 등산 안내인으로 일한 한 남자이다. 나는 그가 프랑코니아 산맥의 라파예트 산과 같은 내가 좋아하는 산을 찾은 사람들을 어떻게 안내하는지에 관해 썼다. 산꼭대기에서 보이는 경치도 묘사했고, 어떻게 하면 숲이 우거진 페미게와셋 황야지대를 가로질러 프레지덴셜 산맥의 삐죽삐죽한 산봉우리들과 워싱턴 산까지 볼 수 있는지 설명했다. 그러나 이 등산 안내인은 산티아고처럼 점점 나이가 들어가고 있었다. 이제 더는 사람들을 안내하거나 심지어 많이 걷지도 못할 것이다. 무릎과 허리가 많이 아팠다. 그래서 그는 마지막으로 혼자 라파예트 산을 오르기로 결심한다.

그는 내가 가장 좋아하는 등산로인 폴링워터스 코스를 따라 산등성이까지 올라간다. 산등성이를 지나 정상을 향해 올라갈 때 해가 지고 있었다. 땅거미 질 무렵 드디어 벌거벗은 바위투성이 산꼭대기에 도착했다. 하늘에서는 천둥소리가 들리고 멀리 지그재그로 내리치는 번개가 보였다.

나는 램지 선생님이 말한 복선 기법을 한번 사용해보려고 이 대목을 집어넣었다. 독자에게 무엇인가 일이 벌어지려고 한다는 것을 대놓고 알리기보다 암시를 주려고 했다.

그는 비가 오리라는 걸 예측할 수 있었다. 그래서 산꼭대기 바로 밑에 있는 바위 돌출부를 찾아 그 밑으로 기어들어갔다. 정말 온몸이 녹초가 되었다.

나는 이야기를 이렇게 끝맺었다. "영혼을 충만케 하는 소리 없는 수

면이 서서히 그에게 스며들었다."

이 문장을 쓰는 데 정말 오래 걸렸다. 만족스러운 문장이 나올 때까지 쓰고, 또 썼다. 나는 램지 선생님이 수업 시간에 가르쳐준 두운법을 사용하고 싶었다. 잠이 들 수 있도록 달래는 듯한 '시옷' 소리가 담긴 단어들을 쓰고 싶었다. 결말은 일부러 모호하게 남겨두었다. 그가 그냥 잠이 든 것일 수도 있고 죽은 것일 수도 있다. 어떤 결말인지는 독자가 결정해야 한다.

이 이야기를 쓰는 것은 대단한 도전이었다. 모든 감각을 동원했고, 뉴햄프셔 등산로에 대해 가장 좋았던 기억들을 불러 모으고 그것들을 조합했다. 게다가 주인공을 설정해야 했다. 나는 지금까지 내가 실제로 만난 어떤 사람과도 다른 인물을 주인공으로 그렸다.

램지 선생님은 내 글에 열광적인 반응을 보였다. 반 아이들에게 읽어주는 것은 물론이고 나에게 A학점을 줬다. 학교 다니면서 처음 받은 A였다.

10학년으로 올라가서도 나는 국어 시간을 몹시 기다렸다. 그러나 9학년 때와는 다를 것이라는 것을 곧바로 알았다. 대머리에 몸집이 큰 스탠리 선생님은 싸구려 여송연을 피웠고, 희미한 미소를 지어 보였다. 그러나 그것은 결코 미소가 아니었다. 오히려 핏불테리어[18]가 이빨을 드러내며 으르렁거리는 것에 가까웠다.

---

18 작고 강인한 투견용 개

첫 번째로 읽어야 할 책은 토머스 하디의 《귀향》이었다. 으! 책을 읽고 주어진 주제에 대한 에세이를 써야 했다. "유스테시아가 초자연적인 성질을 가지고 있음을 암시하는 증거를 분석하시오. 그런 암시들이 유스테시아라는 캐릭터에게 어떤 영향을 미치고 있는가?" 나는 선생님이 원하는 것이 무엇인지 알지 못했다. 그래서 그냥 개똥 같은 글을 썼다. 결과는 C-였다.

드디어 스탠리 선생님이 창작 글쓰기 과제를 냈다. 반 아이 중 한 명을 골라 모습을 묘사하는 것이었다. 나는 키가 크고 금발머리에 운동을 잘하는 아이를 선택했고 먹이를 찾아 서성이는 표범처럼 움직이는 그 아이의 모습을 묘사했다.

우리가 글을 모두 제출하자 선생님은 소리 내어 읽어주겠다며 두 개를 골랐다. 나는 내 글이 뽑히기를 바랐다. 그러나 그러기는커녕 끔찍한 일이 벌어졌다. 선생님은 치아교정기를 끼고 있고, 안경을 코 아래까지 흘러내려 쓰고 있으며, 기름 낀 검은색 머리카락을 가진 아이를 묘사한 글을 읽기 시작했다. 글은 그 아이가 어떻게 얼굴 곳곳에 난 여드름을 골라서 짜는지도 묘사했다. 모든 아이들이 나를 쳐다보면서 웃기 시작했다.

스탠리 선생님도 특유의 희미한 미소 아닌 미소를 지으며 나를 바라보고 있었다. 일부러 나를 창피하게 만들고 그것을 즐기고 있는 듯했다. 얼굴이 화끈 달아올랐다. 정말이지 그런 창피는 겪어본 적이 없었다.

10학년이 끝날 때까지 나는 유급되지 않을 정도로 최소한의 것만 했다. 가끔 밤에 끔벅끔벅 졸면서 반항아 무리를 이끌고 교정을 장악해 재소자들을 풀어주는 공상을 했다. 그러나 재소자들, 즉 학생들이 어디로 가야 할지 무엇을 해야 할지 도무지 알 수 없었다. 사실 아무도 나를 따르지 않을 것이다. 나는 어느 때보다 더없이 외로웠다.

1962년 가을, 11학년이 시작되었다. 저녁 자습 시간 중간에 한 선생님이 기숙사로 들어와서는 즉시 구내식당에 모이라고 말했다. 한번도 없던 일이었다. 얼음장처럼 차가운 밤공기 속으로 걸어가면서 모두들 무슨 일인지 추측해봤지만 전혀 알 수 없었다.

우리가 긴 식탁에 앉는 동안 교장 선생님이 식당 앞쪽 연단에 섰다. 교장 선생님은 목청을 가다듬고 모두가 들을 수 있도록 마이크에 대고 말했다. "러시아가 쿠바에 대륙 간 탄도 미사일을 배치했습니다. 지금 막 대통령이 쿠바에 대한 해상 봉쇄 명령을 내렸어요. 러시아가 미사일을 철수시킬 때까지 지속될 것입니다." 아이들은 너무 놀라고 믿을 수 없어서 고개를 절레절레 저었다.

"학생 여러분, 지금 우리나라는 위험한 시기에 놓여 있습니다. 핵무기 시대가 시작된 이래로 두 초강대국 사이에 이런 대치 상황은 한 번도 없었습니다. 어떤 결과가 초래될지 아무도 확신할 수 없습니다." 교장 선생님의 목소리가 잠겼다. "그러므로 오늘 밤 각자의 방식으로 대통령과 우리나라를 위해 기도해주십시오. 이제 방으로 돌아가도 좋습니다."

출구를 비집고 나오면서 우리는 모두 침묵했다. 그때 밖에서 한 아이가 소리쳤다. "공산주의자 놈들, 뭐든 해보라지. 우리가 그놈들을 박살내서 석기시대로 되돌려버릴 테니."

몇몇 학생이 응원했고 어떤 학생들은 초조한 듯 웃었다. 나는 고개를 저으면서 무리에서 벗어나 잔디밭이 숲과 만나는 경계 지점까지 걸어갔다.

맙소사. 이것은 실제 상황이었다. 길먼 스쿨 다닐 때 공습경보가 울리면 학생들은 책상 아래로 기어들어가는 훈련을 했는데, 나는 그런 것이 별 도움이 되지 않을 것이라고 생각했다. 게다가 폭탄이 터지는 영상도 많이 봤다. 그러나 지금은 폭탄도 훨씬 더 많고 성능도 훨씬 더 강력하다. 안전한 곳은 없다.

'왜지? 왜 이런 일이 벌어지고 있는 것일까?' 나는 고개를 들어 위를 봤다. 하늘은 맑고 별들은 희미하게 빛나고 있었다. 정말 신이 존재한다면 이런 일이 일어나도록 그냥 방관하지 않을 것이다. 단 몇 초만에 세상을 파괴하지 않을 것이다.

나는 내가 믿을 수 있는, 그래서 기도할 수 있는 신이 있었으면 좋겠다고 생각했다. '신이시여, 제발 그런 일이 일어나지 않게 해주세요.'라고 말이다.

수업, 시험, 성적, 대학 입학. 이제 이런 것들이 너무나 하찮게 느껴졌다.

"와그너, 넌 개판이야!"

나는 담배를 피우기 시작했고, 가끔 자습 시간 후에 몰래 기숙사를 빠져나와 어두운 교실에서 재빨리 한 대 피웠다. 손가락에서 담배 냄새가 나지 않도록 장갑을 끼고, 다 피운 후에는 항상 구취 제거용 민트껌을 씹었다. 그러나 언젠가 들킬 것이라는 것을 알고 있었고, 실제로 여러 번 들켰다. 벌칙으로 나는 토요일에 학교 주변 환경 미화 작업을 했다.

토요일에는 외출이 가능했다. 통금이 시작되는 밤 11시 30분 이전에 돌아오기만 한다면 시내에 나가는 것이 허락되었다. 주중에 아이들은 시내에서 누가 어떤 파티를 열었는지, 술잔치가 벌어졌는지 어떤지 말하기 시작했다. 나도 외출했다. 그러나 한쪽 구석에 서서 맥주만 마셨다. 술 냄새를 풍기면서 학교로 돌아간다면 퇴학당할 것임을 알고 있었다.

나는 예전과 다름없이 C와 D로 채워진 성적표를 받아들고 한 학년을 마쳤다. 대부분의 아이들은 최소한 가끔씩은 공부를 했다. 그들은 산더미처럼 쌓인 따분하고 쓰레기 같은 것들을 암기하고 단순 반복해야 하는 것을 전혀 개의치 않는 듯했다. 왜 나는 항상 모든 것에 의문을 가졌을까? 왜 다른 아이들처럼 그냥 해야 하는 것을 하고 가만히 순응할 수 없었던 것일까?

학년말 방학을 맞아 집에 돌아왔을 때 여느 때처럼 부모님과 부딪치는 일상이 시작되었다. 부모님은 나를 들들 볶았다. 왜 노력을 하지 않느냐, 공부를 잘하는 것이 좋은 대학에 들어가기 위해 얼마나 중요한지 왜 모르느냐? 어쩌고저쩌고. 나는 더 잘하겠다고 부모님께 약속했다. 이제 그것은 의례적인 일이었다.

새 학년을 맞이해 학교로 돌아오는 기차 안에서 나는 구역질이 났다. 부담감이 나를 짓눌렀다. 아이들은 너 나 할 것 없이 이번 국어 선생님이 얼마나 엄한지에 대해 이야기했다. 선생님의 이름은 시드 클락이었다. 그러나 키가 작고 통통하고 코가 길었기 때문에 모두들 두더지라고 불렀다. 두더지 선생님이 당직을 설 때는 건전지 네 개짜리 대형 검정 맥라이트[19] 손전등을 들고, 마치 굴을 파고 돌아다니며 무슨 문제가 없나 하고 찾아다니는 것처럼 보였다.

국어 수업은 내가 생각했던 것보다 더 안 좋았다. 두더지 선생님은 졸업반 학생 50명을 한꺼번에 모아놓고 수업했는데, 갑자기 《캔터베리 이야기》나 다른 고전 작품과 관련된 이해하기 어려운 질문을 던지고선 학생들에게 대답하라고 강요하곤 했다. 작은 목소리로 대답을 할 때까지 한 학생을 노려봤고, 원하는 대답을 하지 않으면 그 학생을 조롱하곤 했다. "와그너, 네 강아지가 또 교과서를 먹어버렸니?"라고 말이다. 나도 두어 번 당한 적이 있는데, 어리석게도 수업시간에 조는 학생이 있으면 지우개를 냅다 던졌다. 그러면 학생들은 폭소를 터트

---

19 미국 손전등 브랜드

리고 시끄럽게 떠들었다. 나는 학교에서 나갈 수 있는 토요일 밤만 손 꼽아 기다리며 생활했다.

나의 대처 전략은 거의 한 달 동안 잘 굴러갔다. 하루는 시내에서 열린 파티에 갔다. 지난번과 다른 파티였다. 그런데 처음으로 학교 통금 시간에 늦고 말았다. 하지만 통금 시간에서 20분 늦었을 뿐이었다. 세상이 끝난 게 아니었다. 그때 손전등 불빛이 내 눈을 정면으로 비쳤다. 눈이 부셨다. 결국 걸리고 말았다.

"와그너, 늦었어!" 두더지 선생님이 소리쳤다.

두더지 선생님만 아니면 되는데. 이 선생님을 제외하고 아무라도 괜찮은데. 모든 선생님 중에 왜 하필 두더지 선생님이 그날 당직이었을까?

"택시 잡기가 어려웠어요." 나는 말끝을 흐리지 않으려고 하면서 작은 목소리로 말했다. 맥주 냄새를 맡지 못하면 아마 2주 외출 금지로 끝날 것이다. 만약을 대비해서 나는 택시 안에서 민트 껌을 두 개나 씹었다. 이런 상황에서는 침착함을 유지해야 했다.

"와그너, 넌 개판이야!" 선생님은 성을 냈다. 그리고 내 얼굴에 대고 비웃으며 말했다. "넌 지금까지 늘 개판이었고, 앞으로도 평생 개판으로 살 거야. 얼른 네 방으로 가."

세상에, 어떻게 그런 말을 할 수 있을까? 어둠 속에서 비틀거리며 기숙사로 가는 내내 선생님의 말이 머릿속에서 떠나질 않았다. 판사와 배심원이 지금까지 살아온 17년 내 인생에 대해 판결을 내린 것 같았다. 내 미래에 대해서도 판결을 내린 것이다. 나는 영원히 개판이라는 선고를 받았다. 게다가 나는 선생님의 말이 옳다고 확신했다. 그게 더 비참했다. 방으로 이어지는 계단을 휘청거리며 올라가는 내내 짠맛 나는 눈물이 뺨을 따고 흘러내렸다.

나는 온몸을 감쌀 수 있게 이불을 꼭 잡아당기며 잠들려고 안간힘을 썼다. 따분했던 지난 3년에 대한 생각을 멈출 수 없었다. 거의 모든 과목에서 C, D를 받았기 때문에 괜찮은 대학은 결코 들어가지 못할 것이다. 어쩌면 아예 대학에 못 갈 수도 있다.

다음 날 아침 일어나자마자 나는 택시를 불러 기차역으로 갔다. 그리고 뉴욕행 기차표를 구입했다. 학교 허락은 받지 않았다. 그것 때문에 퇴학당하리라는 것도 알았다. 그러나 그것은 중요하지 않았다. 내 생각에 나는 이미 중퇴자였다.

나는 두더지 선생님의 잔인한 공격을 머릿속에서 되뇌면서 3일 동안 뉴욕의 거리를 돌아다녔다. 어른에게서 '개판'이라는 말을 한 번도 들어본 적이 없었다. 나에게 그런 말을 하다니 정말 너무했다. 나는 도망쳐 나온 내 자신에 대해 무척 화가 났다. 두더지 선생님은 아마 맥주 냄새는 맡지 못했을 것이다. 도망쳐 나오지 않았더라면 통금 시간에 늦은 것에 대해서만 벌을 받았을 것이다. 그런데 나는 지금 도대체 무엇을 하고 있단 말인가? 정말 아무 생각도 들지 않았다.

스탠리 선생님과 두더지 선생님이 내가 학교 다니는 동안 만난 유일하게 폭력적이고 권위적인 교사인 것은 아니었다. 에이번 스쿨이 내가 다닌 최악의 학교도 아니었고, 내가 그만둔 마지막 학교도 아니었다. 그러나 나는 그때 처음으로 적극적으로 반항했다. 그것은 해방이었고, 미지의 세계로 뛰어 들어가는 거대한 도약이었다. 그러나 그것은 잠깐이었다. 전율은 곧 노골적인 두려움으로 바뀌었다. 그때는 몰랐지만 나는 연기 속에서 빠져나와 불길이 치솟는 격동의 시간 속으로 돌진하고 있었던 것이다. 그 시간 속에서 더 고통스러운 경험을 하고 나서야 나는 마침내 강철처럼 단련되고 강해졌다.

너는 어느 학교에서 쫓겨났니?

나는 결국 부모님에게 전화해서 집으로 돌아가겠다고 말했다. 교장 선생님이 이미 내가 학교로 돌아올 수 없다고 알린 후였다. 어머니는 기차역까지 마중 나와 있었다. 집으로 돌아오는 차 안에서 우리는 아무 말도 하지 않았다. 그날 밤 긴장감이 감도는 침묵의 저녁 식사를 마친 후 '대화'가 시작되었다.

"네가 선택할 수 있는 길이 몇 개 있다." 아버지가 조용하면서 딱딱한 목소리로 말했다. "첫째, 입대하는 방법이 있다." 뭐, 러시아와의 전쟁에 참가할 준비를 하라고? 그럴 일은 없을 것이다. 아버지는 계속 말했다. "아니면 주유소에서 일할 수도 있다." 나는 내가 별로 원하지도 않은 일을 할 생각이 없었다. "그것도 아니면 공립 고등학교를 다니는 거야." 공립 고등학교는 그리저greaser[20] 들이 다니는 곳이었다. "뭐, 네가 원한다면 너를 받아주는 다른 기숙학교를 찾아볼 수도 있어." 아버지는 내게 정나미가 완전히 떨어진 것 같았다.

선택지에 '기타'는 없었다. 그래서 마지막 보기를 골랐다. 부모님은 진학 컨설팅 업체를 통해 내가 갈 수 있는 기숙학교를 알아봤다. 나를 받아줄 기숙학교가 한 군데 있었다. 뉴욕 서머스에 있는 시어링 고등학교는 맨해튼에서 북쪽으로 한 시간 거리였다. 나는 혼자 기차를 타고 뉴욕으로 갔고, 택시를 불러 입학허가서에 적힌 주소로 찾아갔다.

총포에서 나는 연기 같은 회색 구름이 낀 11월이었다. 나무가 우거진 산비탈에 위치한 시어링 고등학교의 '교정'은 빅토리아풍 건물 두 동으로 구성되어 있었다. 양쪽 끝에 축구 골대가 있는 잡초로 뒤덮인 작은 운동장이 내려다보였다. 건물은 낡아서 페인트가 벗겨지고 있었고, 축구 골대에는 그물이 없었다. 두 건물 가운데 작은 건물에는 이 영리 학원의 소유주 루스 스완과 오토 스완이 살고 있었다. 다른 건물은 교실과 기숙사 방으로 쓰고 있었다. 현관 가까이 가자 몇몇 아이들이 낡아빠진 직각 등받이 나무 의자에 앉아 카드놀이를 하며 한가로이 시간을 보내고 있는 것이 보였다.

미끈하게 빗어 넘긴 검은색 머리의 키가 큰 아이가 차갑게 나를 훑어봤다. "어느 학교에서 쫓겨났어?"

---

20 1950~1960년대 미국 노동계급 출신의 반항적인 젊은이들을 가리키는 말. 주로 몸에 붙는 가죽옷을 입고 머릿기름, 즉 그리스grease를 발라 강렬한 헤어스타일을 하고 다녔다.

시어링 고등학교는 나처럼 개판인 아이들이 다닐 수 있는 '마지막 기회'의 학교였다. 대략 20명 중에 한 명은 다른 학교에서 낙제하거나 퇴학당한 아이들이었다. 학급당 학생은 고작 3∼4명이었다. 이론적으로는 서로 학년이 달랐지만 모든 학생이 똑같은 따분한 수업을 들었고 너무도 지루한 똑같은 과제를 했다.

내가 시어링 고등학교에 들어온 지 몇 주 지났을 때 학생과 교사 모두 휴게실에 모여 학교에 한 대밖에 없는 TV를 침묵 속에 응시하고 있었다. 대통령이 총격을 당한 것이었다. 대혼란이었다. 뭐가 어떻게 된 것인지 아는 사람이 없었다. 그러나 그때 크롱카이트Cronkite[21]가 나와서 엄숙한 목소리로 대통령이 사망했다고 발표했다.

나는 재빨리 현관 밖으로 뛰쳐나갔다. 아무에게도 우는 모습을 보이고 싶지 않았다. 혼자 있고 싶었다. 바로 지난해 있었던 쿠바 미사일 위기를 다시 겪는 것만 같았다. 무분별한 세상 속에서 미친 짓을 하는 어른들의 모습이 재현되는 느낌이었다. 하지만 더 이상 그 문제에 대해 생각할 수 없다. 어떻게든 1년을 버텨야만 했다.

선생님들은 숙제를 많이 내지 않았다. 아마 학생들이 숙제를 하지 않으리라는 것을 알고 있었기 때문일 것이다. 그러나 나는 이듬해 봄에 치를 뉴욕 주 리전트 시험(Regents Exam)[22]이 걱정되었다. 졸업하

---

21 미국 CBS 방송의 뉴스 앵커로 케네디 대통령 암살 사건을 보도한 미국의 대표적 언론인이다.
22 미국 뉴욕 주 고등학교 졸업 자격시험

려면 모든 주요 과목 시험을 통과해야 한다. 문제는 어떻게 공부해야 하는지 전혀 모른다는 것이었다.

학교 수업이 끝나면 시간은 많고 카드놀이 외에 할 일이 거의 없었던 나는 책을 읽기 시작했다. 실제로 독서 과제로 지정된 책이 아닌데도 헤밍웨이, 피츠제럴드, 스타인벡의 소설들을 포함해 상당히 많은 책을 읽었다. 과제였더라도 나는 분명 기한보다 일찍 다 읽었을 것이다. 선생님은 우리에게 책을 읽고 느낀 점이나 책 내용에 대한 생각은 전혀 물어보지 않고 글의 구조에 관한 강의를 해서 오히려 좋은 책들을 망쳐놓았다.

그해 겨울 나는 토머스 울프Thomas Wolfe를 알게 되었다. 불규칙하게 길게 늘어진 문체의 그의 소설 네 권을 3주 만에 읽었다. 헤밍웨이 소설 속 인물들은, 운동을 좋아하는 남자아이들이나 우리 아버지처럼, 다른 어떤 것보다 강하고 거친 것을 중요하게 여겼다. 그러나 울프의 소설 속 인물들은 달랐다. 유진 켄트와 조지 웨버[23] 둘 다 세심하고 사려 깊고, 세상과 자신이 살고 있는 사회를 이해하려고 했다. 문학 작품을 통해서든 현실에서든 그들은 내가 만난, 자신의 감정을 부끄러워하지 않고 자신을 숨기려 하지 않는 최초의 인간들이었다. 그들이 세상을 이해하는 방식 중 하나는 느끼는 것이었다. 나처럼 그들도 세상에 대해 생각했고, 또 그러는 만큼 세상을 느꼈다. 울프의 소설을

---

23 유진 켄트와 조지 웨버는 각각 울프의 소설 《천사여, 고향을 보라》와 《그대 다시는 고향에 가지 못하리》의 주인공이다.

읽으면서 나는 어쩌면 내가 비정상이 아닐지도 모른다는 것을 인식하기 시작했다.

문예창작상 수상자

그해 겨울 나는 학교 도서관이라 부르는 방의 한쪽 구석에서 폴란드 작가 스타니스와프 렉Stanisław Lec의 격언집을 우연히 발견했다. 단 몇 마디 말 속에 어떻게 지혜와 인생의 딜레마를 담을 수 있는지 정말 놀라웠다. 나는 명언 몇 개를 메모했다.

'기념비를 때려 부술 때 받침대는 그냥 둬라. 그건 항상 쓸모가 있으니까.'

'낙관론자와 비관론자는 오로지 세상의 종말이 오는 날에 대한 의견이 다를 뿐이다.'

'식인종이 포크와 나이프를 사용한다면 그것은 발전인가?'

'수를 셀 줄 모르는 사람이 네잎클로버를 발견한다면, 그는 행운아인가?'

나는 나만의 격언도 한번 써봤다. 대부분 쓰레기 같은 말이었지만 마음에 드는 게 하나 있었다. 어른들과 삶에 대한 내 생각을 꽤 잘 요약한 듯했다.

'삶이란, 답이 없는 질문을 하고, 묻지 않은 질문에 대한 답을 하는 시간에 지나지 않는 것인가?

격언을 만들려고 하다 보니 글 쓰는 일이 다시 신났다. 스탠리 선생님이 비꼬면서 나를 창피하게 만든 그 사건 후로 처음이었다. 나는 문예 창작을 가르쳐줄 선생님이 있는지 알아보기로 했다. 지금의 국어 선생님은 아니다. 그 선생님은 파이프 담배를 피웠는데, 늘 담배 연기가 머리 주변을 맴돌아서 마치 안개 속에 서 있는 사람처럼 보였다.

학교에는 국어 선생님이 한 분 더 있었다. 에드워드 선생님은 나를 포함한 모든 학생들에게 다정하고 매우 정중하게 대했다. 아마도 영국 출신이어서 그럴 거라고 나는 생각했다. 젊은 생물 선생님처럼 학생들에게 인기를 얻으려고 하지도 않았다. 그저 우리를 존중해주는 것처럼 보였다.

나는 용기 내어 에드워드 선생님을 찾아가 창작 글쓰기를 지도해줄 수 있는지 물었다. 선생님은 "그럼. 하고말고."라고 대답했다. 점수나 학점과 상관없는 특별활동으로 하자고도 덧붙였다.

에드워드 선생님은 매주 글쓰기 과제를 내줬고, 우리는 만나서 내가 쓴 글에 대해 이야기하곤 했다. 첫 주제는 어린 시절에 대한 회상이었다. 그다음 주는 자연을 묘사하는 글이었다. 독백 형식의 이야기와 재미있는 이야기도 차례로 썼다. 선생님은 모든 것을 머릿속에서 다 창작하려고 하기보다 기존에 알고 있거나 경험했던 것을 바탕으로 쓰라고 조언해주었다.

나는 정규 수업의 숙제들을 모두 합친 것보다 이 '숙제'를 하는 데 훨씬 더 많은 시간을 썼다.

한번은 선생님이 대화체 이야기를 써보라고 했다. 나는 식당에서 엿듣게 된 이야기를 바탕으로 글을 썼다.

"토니, 십 대 남자아이의 목소리를 정말 생생하게 포착했구나." 에드워드 선생님이 말했다. "어떤 설명 없이 따돌림으로 받은 상처를 보여주는 방식이 그저 놀랍다고나 할까. 하지만 교사가 개입하는 부분은 조금 부자연스러운 것 같아. 다음에는 진짜처럼 들리는지 한번 소리 내어 읽어보렴."

교사가 개입하는 대목은 지어낸 것이었다. 그래서 부자연스러웠던 것이다. 그래도 에드워드 선생님이 정말 좋았던 점은 항상 잘된 부분을 적어도 하나는 골라 언급해준다는 것이었다. 게다가 항상 글쓰기 소재를 제시해줬다. 좋은 코치처럼 내가 더 열심히 글을 쓰고 싶어 하게끔 끊임없이 격려해줬다.

그 밖의 다른 모든 것에 대해서는 그럭저럭 학교생활을 하기 위해 꼭 해야 하는 것만 했다. 내신이 형편없고 SAT(수학능력시험) 점수도 낮았지만 나는 버지니아 주의 작은 남자 대학인 랜돌프 메이컨 대학에 합격했다. 에이번 스쿨을 다닐 때 친하게 지내던 친구가 1년 먼저 대학에 입학했는데, 그 친구가 학교가 마음에 든다고 했다. 그것이면 충분했다.

그해 봄은 일찍 찾아왔고, 모든 사람들이 비틀즈에 열광했다. 수업이 끝나면 우리는 교실 창문을 열어두곤 했다. 교정에는 음악이 가득

했다. 매 시간 'Can't Buy Me Love'와 'I Want to Hold Your Hand'[24]가 크게 흘러나왔다. 어떤 선생님은 라디오를 꺼버리기도 했지만 어떤 선생님은 후렴 부분을 따라 부르곤 했다. 고등학교 과정이 거의 끝나고 있었고, 나는 처음으로 희망을 느끼기 시작했다.

그러나 그때 시어링 고등학교의 스완 이사장이 교사에 들어왔다. 이사장이 교사로 건너온다는 것은 주로 일부 학생이 심각한 문제에 직면했다는 의미였다. 스완 이사장은 딱 부러지는 독일 악센트에 회색 머리를 땋아 왕관처럼 올림머리를 한 매우 사나운 여자였다.

그녀는 인상을 쓰면서 나를 책상 앞에 앉혔다.

"학교에서는 네가 몰래 숨겨 놓은 것을 발견했다."

'몰래 숨겨 놓은 거? 대체 뭘……' 그때 기억났다. 시원하게 하려고 콜라 두 병을 기숙사 변기 물탱크에 넣어두었다. 변기는 아무 문제 없이 작동했는데 뭐가 문제란 말인가?

"너는 당분간 정학이야. 부모님께도 이 사실을 알릴 거고. 앞으로 3일 동안 집에 돌아가 있어. 다음 주 봄 방학이 끝날 때까지 학교에 나올 수 없어. 이번을 계기로 더 책임감 있게 행동하고 후배들에게 더 좋은 귀감이 되는 것이 무엇인지 생각해보길 바란다."

집으로 가는 기차 여행은 길었다. 부모님이 나를 어떻게 맞이할지 전혀 감이 오지 않았다. 어머니는 나를 보자마자 대체 어떻게 된 일인

---

24 비틀즈의 대표곡들이다.

지 말하라고 했다. 물론 스완 이사장이 이미 전화했다는 것을 나는 알고 있었다.

"엄마가 이해할 수 있게 설명해봐." 어머니는 웃음을 참으면서 말했다. "콜라를 시원하게 하려고 변기 물탱크에 넣어둔 것에 대한 벌칙이 3일간의 방학이라고?" 우리 둘 다 폭소를 터뜨렸다. 그 즈음 어머니와 나는 친구처럼 지내고 있었다. 가끔 어머니는 읽고 있는 책에 대해 나와 이야기를 나눴고, 좋아하는 오페라에 대해서도 말해줬다.

봄 방학이 끝나고 나는 학교에서 해방될 날만 손꼽아 기다리고 있었다. 그러던 5월이 끝나갈 무렵 본 힐다 선생님이 나를 불렀다. 이번엔 또 무슨 짓을 한 거지?

"리전트 점수가 나왔단다." '젠장, 드디어 올 것이 왔군!' "생물에서 49점을 받았던데."

나는 울면서 교무실 문을 박차고 나갔다. '이럴 줄 알았어.' 생물 선생님은 평화유지군으로 나가 있다가 학교로 막 돌아온 사람이었다. 수업은 대체로 자유로운 토론으로 진행되었고, 많이 배우지 못했다. 이제 졸업도 못하게 생겼다. 나는 벽을 주먹으로 여러 번 내리쳤다.

"농담이야." 잠시 후 복도를 따라 선생님의 목소리가 울려 퍼졌다. "94점이야."

믿을 수 없었다. 선생님은 왜 그런 농담을 했을까?

시간이 흘렀다. 나는 애써 졸업식에 갈 마음이 없었지만 부모님이 볼티모어에서 학교까지 차를 타고 왔기 때문에 참석했다. 스완 이사장이 미리 준비한 장황한 연설을 하는 동안 나는 접이식 철제 의자에 똥마려운 강아지마냥 앉아 있었다. 이어서 학생들에게 시상하기 위해 선생님 두 분이 연단으로 올라갔다. 나는 아무 관심도 없었다. 빨리 모든 것이 끝나기만을 기다렸다.

다음으로 에드워드 선생님이 시상대로 올라갔다. "시어링 고등학교는 올해부터 문예창작상을 수여하기로 했습니다." 그리고 이어서 말했다. "올해 수상자는 토니 와그너입니다."

나는 너무 놀라 자리에서 천천히 일어났다. 비틀거리며 어찌어찌 시상대까지 갔고, 에드워드 선생님이 내미는 작은 상자를 받았다. 선생님은 따뜻한 손으로 내 손을 감싸면서 부드럽게 악수해주었다. "수상을 축하한다. 행운을 빌게."

나를 각성시킨 두 권의 책

고등학교를 졸업하고 맞이한 여름, 나는 돌이켜 생각해보면 내 지적 각성에 매우 중요한 영향을 미쳤다고 할 수 있는 책 두 권을 읽었다. 먼저 읽은 것은 존 스타인벡의 《분노의 포도》이다. 초등학교 때부터 2년에 한 번씩 미국 역사에 대해 공부했고, 선생님들이 항상 대공황에 대해 말해줬지만 나는 대공황을 겪은 사람들의 고통을 전혀 이해하지 못했다. 가장 충격적이었던 것은 탐욕스러운 은행가와 대지주들이 어떻게 오키(오클라호마 사람들)를 부려먹고 경찰력을 이용하는지 묘사한 부분이었다. 오키 사람들이 단체를 조직해 집단행동을 하려고 하자 경찰은 그들을 살해했다. 학교에서는 왜 우리에게 날짜와 단순 사실을 퍼붓기만 하고 우리와 다른 시대의 삶은 어땠는지 가르쳐주지 않았을까? 오늘날과 마찬가지로 그때도 단순 암기가 학습의 대부분을 차지했다. 아이들에게 제공되는 수업과 아이들이 해야만 하는 숙제는 엄청 따분하고 무의미했다. 내가 생각하기에 할 가치가 없는 것들이었다.

두 번째 책 《서머힐Summerhill》은 내가 학교에서 보낸 시간을 이해하려고 노력했을 때 아주 깊은 영향을 미쳤다. 영국의 기자 출신 교육자 A. S. 니일A. S. Neill이 쓴 이 책은 잉글랜드 서포크에 세운 실험적 기숙학교에 관한 이야기이다. 니일은 책을 통해 자신의 교육철학을 보여주었다. 아이들은 나면서부터 현명하고, 학교는 아이들의 자연적 발달을 방해해서는 안 된다는 것이 그의 신념이다. '아이들이 진정한 나로 살아갈 수 있도록 자유를 허용하는 학교를 만들어야 한다. 이를 위해 모든 훈육, 지시, 제안, 도덕 교육, 종교적 교리를 다 버려야 한다.'

서머힐 학교에서는 교사와 학생들이 매주 전체 조회에서 교칙을 결정했고, 모든 구성원이 각기 투표권을 행사했다. 학생들은 언제든 자유롭게 음악이나 미술, 목공예를 하거나 밖에서 놀 수 있었다. 수업은 선택이었고 시험이나 점수가 없었다. 니일은 가끔 '재미 삼아 시험 문제를 내곤' 했다. 예를 들면 학생들에게 이렇게 묻는 것이다. "다음의 것들은 어디에 있을까? 마드리드, 써스데이 아일랜드Thursday Island, 어제, 사랑, 민주주의, 증오, 내 주머니 스크루드라이버." 학교 생활은 활기로 넘쳐났다.

니일이 자신의 접근 방법을 한 줄로 요약한 대목이 있었는데, 내게는 그 부분이 특히 인상적이었다. '첫 아내와 함께 이 학교를 시작했을 때 우리는 한 가지 중요한 생각을 가지고 있었다. 아이를 학교에 맞출 게 아니라 '학교를 아이에게 맞추자'라는 생각이었다.' 나는 어른들이 나를 학교에 '맞추기' 위해 압박하고 내가 기대에 부응하지 못하자 호되게 꾸짖던 과정을 생각해봤다. 선생님들은 성적표에 나에 대한 부정적인 평을 썼고, 부모님은 끝없이 설교를 했다. 대부분의 아이들처럼 나는 낙제한 것이 내 탓이라며 나 자신을 비난했다. 게으르고, 똑똑하지 않다고. 어쨌든 나는 '개판'인 아이였다. 두더지 선생님이 그렇게 말했지만, 사실 다른 선생님들도 심지어 부모님도 나를 그렇게 생각하고 있다는 것을 알고 있었다.

그 반대였더라면 어떻게 되었을까? 부모님이 나에게 맞는 학교를 찾아줬더라면 어땠을까? 잉글랜드 해안 너머에는 그런 학교가 있었을까? 그런 학교를 다닌다는 것은 어떤 것일까? 그랬다면 내 인생과 내 교육은 어떻게 달라졌을까?

하나는 분명하게 말할 수 있다. 서머힐 학교의 아이들처럼 나도 흥미와 호기심을 바탕으로 한 교육을 받을 수 있었을 것이다. 진정한 학습은 오직 아이가 내재적 동기를 가지고 있을 때 일어난다고 니일은 믿었다. 시험을 잘 보거나 선생님과 부모님을 만족시키기 위해 공부하는 것이 아니라 자연스레 흥미를 느끼는 것을 이해하고 싶은 욕구가 생길 때 진짜 교육이 일어난다는 것이다.

'마지못해 책 읽는 학생'이라는 꼬리표가 붙어 있었지만 나는 비행기 조종사로 자원입대했던 아버지에 대해 알려고 노력하면서 2차 세계대전에 관한 책들을 탐독했다. 위험을 안고 살아간다는 것과 자신이 믿는 것을 위해 싸운다는 것이 어떤 것인지 알고 싶었다. 열한 살 소년이었던 나는 학교 숙제는 거부해도 무선 전파, 주파수, 대기의 전리층에 관해 많은 공부를 했다. 성서에 관해서 내 나름의 해석을 해보라는 격려의 말을 들은 후에는 시간을 들여 불가지론 같은 복잡한 개념에 대해 깊이 생각했다. 단편소설을 쓰는 과제를 한 후로 다양한 형식의 글을 습작했다. 니일이 옳았다. 나는 무엇인가에 흥미를 느끼고 그 흥미가 이끄는 곳을 어디든 따라갈 수 있는 자유와 용기를 얻었을 때 열정적인 학습자가 되었다. 심지어 나는 좋은 학습자였다.

서머힐 학교에 관한 또 다른 인상적인 점은 학생과 교사 사이의 격식을 따지지 않는 편안한 관계이다. 내 학교생활을 되돌아보면, 램지 선생님이 수업하는 방식이 매력적이기는 했지만 길먼 스쿨에서 종교를 가르쳐줬던 피니 선생님이나 시어링 고등학교에서 개인적으로 글쓰기 지도를 해주었던 에드워드 선생님처럼 나에게 깊은 인상을 심어주지는 않았다. 내가 피니 선생님과 에드워드 선생님이 가르쳐주는 것에 관심이 있었던 것도 맞지만, 그것만이 아니라 두 선생님은 한 인간으로서 나에게 신경 쓰고 있다는 느낌을 전달해주었다. 격언에도 있듯이 '당신이 얼마나 관심을 가지고 있는지 알기 전까지 아무도 당신이 얼마나 많은 것을 알고 있는지 관심 갖지 않는다.'

놀이에 관한 니일의 생각도 흥미로웠다. 니일은 어린아이들이 책에서 배울 수 있는 것보다 더 중요한 많은 것들을 놀이를 통해 배운다고 생각했다. 자유로운 놀이는 창의성을 키울 수 있고, 다른 아이들과 사이좋게 지내는 법을 배울 수 있는 기회라고 니일은 말하고 있었다. 몇 년 뒤 나는 많은 교육 이론가들의 책을 읽으면서 아이들이 상상력의 창구로서 또는 사교 기술을 습득하는 기회로서 뿐만 아니라, 주변 세상을 이해하기 위해 놀이를 어떻게 사용하는지 이해하게 되었다. 캘리포니아 대학교 버클리 캠퍼스의 철학 교수 앨리슨 고프닉Alison Gopnik이 주장하듯이 유아들은 과학자이며, 놀이를 통해 실험하면서 사물의 성질을 이해한다.

그때 나는 '정오의 기쁨' 농장의 언덕과 숲에서 아무 방해도 받지 않고 놀았던 시간이 얼마나 그리웠는지 모른다. 그전에는 놀이가 무언가를 배우는 방법이라고 생각해본 적이 없었다. 이제 5년 동안 참가했던 뉴햄프셔에서의 여름 캠프를 새로운 시각에서 보기 시작했다. 나는 캠프 경험이 교육과 관련이 있다고 생각하지 않았다. 그러나 그곳에서의 시간은 놀이를 통한 배움 그 자체였다. 그렇다고 서머힐 학교나 우리 집 농장에서처럼 자유로운 놀이를 한 것은 아니었다. 달랐다. 뭐랄까? 조금 더 진지하고 목적이 더 뚜렷했다.

2장

자연 학교 '모글리스'

부모님은 TV를 많이 보지 못하게 했지만 나는 〈론 레인저Lone Ranger〉
는 꼭 보게 해달라고 애원하곤 했다. 흰색 카우보이모자를 쓰고 실버
라는 말을 타고 다니는 론 레인저는 은 총알을 장전한 총을 차고 여기
저기 다니면서 착한 사람을 돕고 악당과 싸웠다. 그의 조수 톤토는 말
이 없는 인디언이었는데, 그가 입을 열 때는 복면 쓴 론 레인저를 케
모사비라고 부를 때뿐이었다.

　내 카우보이모자는 검정색이고, 내 6연발 권총은 병뚜껑 총알만 발
사되고, 내 톤토는 스머티라는 이름의 그레이트데인[1] 이었지만 나는
농장의 론 레인저가 되어 모험을 찾아 언덕을 누비며 도둑들로부터
농장의 검정소를 지켰다. 여름에는 땀에 흠뻑 젖도록 마음껏 돌아다

<hr />

1 큰 키를 자랑하는 독일 원산의 초대형견

니다가 옷을 벗고 파이너런 개울로 들어가 물장구치며 놀았다. 그래서 여름이 되기만을 손꼽아 기다리곤 했다.

그러나 열 살이 되던 해 여름, 부모님은 뉴햄프셔에 있는 '모글리스'라는 청소년 수련원에 나를 보내기로 했다고 말했다. 아버지도 어릴 적에 그곳에 갔다고 했지만 어떤 정보도 귀띔해주지 않았다. 그저 뉴파운드라는 이름의 호수 근처 산속에 있다고만 했다. 볼티모어에서 보스턴까지는 기차를 타고 가고, 다시 보스턴에서 모글리스까지 버스를 타고 가기로 했다.

모든 것이 갑작스럽게 진행되었다. 고막을 찢는 듯한 경적 소리와 다급한 종소리를 내며 거대한 디젤 기차가 선로를 따라 느릿느릿 들어와 어머니와 내가 기다리고 있는 승강장 앞에 멈췄다. 나는 회색 모직 셔츠와 회색 반바지로 구성된 모글리스 유니폼을 입고 있었다. 캠프 지도교사가 바로 알아볼 수 있도록 어머니가 미리 옷을 주문해두었다. 내 옷과 똑같은 옷을 입은 어른이 몇 계단을 한 번에 내려와 내 손을 잡고 자신을 소개했다. 나는 어머니와 짧은 포옹을 한 후 선생님을 따라 기차에 올랐다. 기차가 서서히 역을 빠져나올 때 유리창에 코를 바싹 대고 밖을 봤다. 어머니에게 손을 흔들어 보이고 싶었지만 어머니는 벌써 사라지고 없었다.

기차가 역에 멈춰 설 때마다 많은 아이들이 기차에 올랐다. 어떤 아이들은 모글리스 유니폼을 입고 있었고, 또 어떤 아이들은 다른 유니폼을 입고 있었다. 다른 캠프에 가는 아이들이었다. 보스턴에 도착하자 회색 유니폼을 입은 아이들은 버스로 갈아탔다. 버스는 천천히 북쪽을 향해 달려갔다. 그때의 여행에 대해 기억나는 것은 거의 없지만 장이 꼬였던 것은 기억난다. 처음으로 집을 떠난 여행이었고, 8주는 나에게 아주 긴 시간처럼 느껴졌다.

캠프 '모글리스'

드디어 흙길을 달리던 버스가 먼지 날리는 평지에 멈춰 섰다. 곧 알게 되었지만 그곳은 수련원의 중심이었다. 생활 안내 사항을 듣거나 한 주간 일정을 확인하기 위해 으레 모이는 집합 장소였다. 우리는 매일 저녁 그곳에 줄지어 서서 차렷 자세를 하고 장내 방송으로 흘러나오는 '국기에 대한 경례' 나팔 연주에 맞춰 국기가 내려오는 동안 경례를 했다.

집합 장소 한쪽으로 '회색 형제들의 강당'이라는 큰 건물이 있었다. 수련원의 다른 건물들과 마찬가지로 진갈색으로 칠해져 있었다. 건물 앞면을 감싸고 있는 현관 안으로 들어가면 민무늬 소나무로 마감된 벽면 한쪽 끝으로 무대가 있고, 반대편 끝에는 사람이 들어가 서 있을 수 있을 만큼 큰 석재 벽난로가 있었다. 무대 앞에는 그림이 그려진 커다란 무명천 커튼이 달려 있었다. 숲속 동물과 한 소년의 모습을 실사 크기로 그린 그림이었다. 소년은 벌거벗은 채 늑대들에 둘러싸여 땅바닥에서 놀고 있었다. 새끼 늑대 두 마리가 소년과 함께 놀고 있고, 그것을 어른 늑대들이 지켜보고 있었다. 덩치가 엄청 큰 흑곰이 경호원인 양 소년 뒤에 서 있었다. 바위 위에는 침착한 표정으로 소년을 바라보고 있는 검은 표범이 있었고, 멀리 떨어진 곳에 소년에게 몰래 접근하고 있는 호랑이가 보였다.

무대의 양쪽 벽에도 그림이 그려져 있었다. 한쪽 벽에는 터질 듯한 근육질의 소년이 파란 천으로 가운데만 가린 채 기다란 나무 두 그루 사이에 서 있었다. 연한 푸른색 이파리 몇 개가 달려 있는 두 나무는 손을 오므린 것처럼 청년을 향해 휘어져 있었다. 소년은 자신을 완전히 휘감고 있는 거대한 뱀을 향해 웃고 있었다. 그들은 친구처럼 보였다. 다른 쪽 벽화에서는 칼집에 넣은 휘어진 단검을 목에 걸고 있는 한 청년이 두 손을 흑표범과 흑곰 위에 올려놓고 서 있었다. 그리고 회색 늑대 한 마리가 바로 뒤에 서 있었다.

두 그림 모두 단순했다. 크림색 바탕에 색만 칠하면 되는 컬러링북 그림과 비슷했다. 그림들은 모두 오른쪽 아래 구석에 '와파냐'라는 서명이 있었다. 나는 그림을 그린 화가가 톤토와 같은 인디언은 아닌지, 생동감 넘치는 이 그림들이 어떤 이야기를 전하고 있는지 궁금했다. 그렇게 아주 오랫동안 그림을 응시하며 그 앞에 서 있었다.

나는 러디어드 키플링Rudyard Kipling의 《정글북》에 대해 잘 모르고 있었다. 그래서 그림 속 캐릭터들을 바로 알아차리지 못했다. 그림 속 소년과 청년은 《정글북》의 주인공 모글리다. 모글리는 어릴 때 숲속에서 늦대 무리에게 발견되어 늦대 가족의 일원으로 자랐다. 늑대 무리 중 새끼 늑대들이 모글리의 '회색 형제들'이다. 거대한 뱀 카아는 모글리의 진정한 친구이고, 흑곰 발루는 모글리의 선생이다. 흑표범 바기라도 모글리의 선생이다. 수련원 시설들은 《정글북》에서 이름을 따온 것이 많았다. 나처럼 어린 캠프 참가자들이 사용하는 통나무집 기숙사는 발루라고 불렀고, 더 큰 아이들이 사용하는 기숙사는 투마이(코끼리 조련사), 아켈라(늑대 무리의 우두머리), 흑표범이라 불렀다. 늑대굴이라 이름 붙인 통나무집은 가장 나이 많은 15~16세 아이들이 사용하는 기숙사였다. 모든 기숙사는 주통행로에서 조금만 걸어가면 되는 거리에 있었다. 주통행로는 완만한 경사를 이루며 회색 형제들의 강당에서 키가 큰 소나무 숲을 통과해 대략 400미터 산 아래 호숫가까지 이어졌다.

통나무 기숙사의 구조는 단순했다. 짙은 갈색 판자들이 중간 높이까지 덧대어져 있고, 낮은 지붕까지 중간 공간은 뚫려 있었다. 내부의 소나무 벽과 지붕은 마감되지 않은 상태였고, 그것들을 받치고 있는 두께 2인치 폭 4인치 크기의 각목 지지대가 해골 갈비뼈처럼 노출되어 있었다. 통나무집 안에는 12~15개의 소나무 침대가 세로 방향으로 두 줄로 배열되어 있었다. 침대 옆에는 키 작은 선반 책상이 보초병처럼 하나씩 놓여 있었다. 통나무집 한쪽 끝으로 캠프 교사 두 명의 침대도 있었다. 아이들 말소리를 다 들을 수 있을 만큼 가까워서 가끔씩 말소리가 들리면 조용히 하라고 했다.

각 기숙사의 현관에는 여유 공간이 있어서 민무늬 나무 탁자와 긴 의자 몇 개를 놓을 수 있었다. 비 내리는 날이면 그곳에서 보드 게임이나 카드놀이를 하곤 했다. 탁자와 의자에는 어김없이 이름들이 조잡하게 새겨져 있었는데, 오래 묵은 나무에 아주 깊이 새겨진 것도 있었다. 통나무집은 대부분 지어진 지 50년이 넘은 오래된 것들이었다. 나는 아버지의 이니셜도 어딘가에서 찾을 수 있지 않을까 생각했다.

모든 통나무집 앞에는 테더볼[2] 을 즐길 수 있는 구장이 있었다. 대략 3미터 높이의 금속 장대 꼭대기에 단단한 고무공이 줄로 매달려 있었다. 우리는 자유시간에 두 명씩 짝을 지어 대결을 펼쳤다. 장대에 줄을 먼저 감는 사람이 이기는 게임이다. 아이들은 무리 지어 서서 친구를 응원하거나 자기 순서를 기다리며 구경했다. 다른 경쟁 스포츠도 그랬지만 나는 테더볼이 별로 재미있지 않았다. 아마 어릴 때는 내가 느리고 통통했기 때문이었을 것이다. 편을 갈라 소프트볼 게임을 할 때면 나는 항상 한쪽 팀의 주장이 가장 마지막에 선택하는 아이 중 한 명이었다.

솔잎으로 뒤덮인 길을 지나 기숙사까지 주통행로를 따라가다 보면 길가 좌우로 눈에 띄지 않는 작은 오솔길들이 나 있었다. 여러 활동 장소로 이어지는 길들이었다. 어떤 길은 양궁장으로 이어졌고, 어떤 길은 가다보면 소총 사격장이 나왔다. 또 어떤 길은 축구장과 소프트

---

2 장대에 공을 매달아 두고 2명이 서로 공을 치는 게임으로 공이 더 이상 움직이지 않을 때까지 줄이 장대에 감기면 게임이 끝난다.

볼 구장으로 이어졌다. 호숫가에 도착하기 전 마지막 샛길 하나를 따라 오른쪽으로 올라가면 백송, 단풍나무, 물푸레나무, 자작나무들이 빽빽하게 들어찬 숲이 나왔다. 2~3분 걸어가면 12개의 돌계단이 나오고, 계단을 올라가면 꼭대기에 종이 매달려 있는 소박한 석조 아치문이 나왔다. 그 문은 야외 예배당의 입구를 나타내는 것이었다. 야외 예배당은 나에게 매우 특별한 장소가 되었다. 기숙사의 소음과 그칠 줄 모르는 짓궂은 장난에서 벗어나 무엇인가 탐색을 해야 할 때면 나는 혼자 그곳을 찾았다.

성적 대신 리본

처음 맞이한 일요일 오후, 소집을 알리는 종소리가 천천히 울렸다. 나는 발루 통나무집 아이들과 캠프교사를 따라 한 줄로 섰다. 우리는 예배당을 향해 길을 따라 조용히 걸어갔다. 계단을 오르고 아치문을 통과했다. 아치문은 충분히 높고 넓어서 두 명이 한꺼번에 통과할 수 있었다. 예배당은 사방에 세워진 무릎 높이의 아기자기한 돌담으로 주변과 경계를 두고 있었다. 그 안에는 수련원 건물들과 똑같은 진갈색의 기다란 직각 등받이 벤치가 20개 놓여 있었다. 임시 신도석으로 쓰는 벤치들은 제단으로 이어지는 중앙 통로 좌우로 10개씩 배열되어 있었다. 우리가 벤치로 걸어가는 동안 거의 가려져서 보이지는 않았지만 제단 뒤 작은 오두막에서 오르간 연주가 흘러나왔다. 느리고 엄숙한 교회 음악이었다. 머리 위로 지붕처럼 우거진 나무들 사이로 햇빛이 들어왔다.

우리는 자리에 서서 벤치 위에 놓인 종이를 보며 찬송가를 불렀다. 그러고 나서 자리에 앉았다. 오르간의 지루한 저음이 서서히 사라질 때 즈음 처음 듣는 이상한 새소리가 들렸다. 메릴랜드에 있는 우리 농장에서는 한 번도 들어본 적 없는 소리였다. 나는 처음으로 제단을 유심히 봤다. 제단은 이끼로 얼룩진 다양한 크기와 모양의 자연석으로 만들어졌고, 눈에 보이지 않게 회반죽으로 고정되어 있었다. 제대보[3]도 없고 광택 나는 황동 촛대도 없었다. 제단 위에는 우유색깔 자작나무 십자가만 있었고, 양쪽 끝에서 여린 고사리 몇 가닥이 바람에 흔들리고 있었다.

모글리스 수련원장 킹슬리 선생님이 맨 앞줄 벤치에서 일어나 제단을 등지고 우리를 향해 섰다. 우리처럼 모글리스 캠프 유니폼을 입고 있었다. 하지만 우리와 다르게 셔츠에 파란색 주머니가 달려 있었다. 주머니에 새겨진 흰색 M자는 선임 지도교사임을 나타내는 표시였다. 나중에 알았지만 일반 지도교사의 셔츠에는 M자가 새겨진 회색 주머니가 달려 있고, 캠프 참가 학생들 셔츠에는 주머니가 아예 없었다.

킹슬리 선생님은 올백으로 넘긴 머리를 한 손으로 만지면서 우리

---

3 제단을 덮는 천

를 환영했다. 그는 근엄한 목소리로 엘리자베스 포드 홀트Elizabeth Ford Holt가 1903년에 '자연 학교'라 명명한 이곳을 어떻게 세우게 되었는지 설명했다. 이곳은 우리처럼 북적거리는 도시나 도시 근교에서 자란 소년들이 자연 속에서 야외생활에 필요한 기술을 배울 수 있는 장소였다.

홀트는 유명한 《정글북》의 작가 러디어드 키플링에게 편지를 보내 모글리의 이름을 딴 청소년 수련원을 지을 수 있게 허락을 구했다고 한다. 킹슬리 선생님은 모글리가 정글에서 살아남기 위해 영리하고 강해지는 법을 어떻게 배웠는지, 동물 친구들이 모글리를 어떻게 도와줬는지 설명했다. 동물들은 모글리에게 숲에 사는 모든 것을 사랑하고 존중하도록 가르쳤다.

이어서 킹슬리 선생님은 홀트의 뒤를 이어 1925년에 모글리스 수련원을 인계받고 27년 동안 운영했던 알콧 파라 엘웰Alcott Farrar Elwell 대령이 쓴 글을 낭독했다. 모든 소년에게서 선한 품성을 계발하는 것에 관한 글이었다. 킹슬리 선생님이 말하는 동안 나는 가만히 앉아 있을 수 없었다. 허벅지 뒤쪽의 맨살이 거친 의자 표면에 할퀴어 쓰라렸고, 사방에서 달려드는 모기도 쫓아내야 했다.

도대체 내가 이곳에서 무엇을 하고 있는지 모르겠다. 나는 농장에 살고 있다. 시골에 가본 적 없는 그런 아이가 아니다. 그런데 캠프 교사들이 꼭 해야 한다며 시키는 것에 붙잡혀 있었다. 우리는 거의 매일 '활동'을 하러 나갔고 활쏘기, 목공, 미술공예, 연극, 캠핑, 테니스, 사격, 카누 타기, 보트 타기 같은 활동에서 리본을 받기 위해 애썼다. 물론 수영도 예외가 아니었다. 수영은 실내 수영장이 아닌 차갑고 맑은 호수에서 했다. 일주일에 한 번씩 당일 도보여행을 하고, 야간 도보여행도 했다. 모든 활동은 입소한 바로 다음 날부터 시작되었다. 나는 가장 먼저 하고 싶은 활동이 무엇인지 결정할 수 없었다.

킹슬리 선생님은 짧은 성경 구절을 인용하며 환영 인사말을 끝마쳤다. 교회에서 들었던 다른 성경 구절처럼 나에게는 아무 의미가 없는 말이었다. 드디어 기숙사로 돌아갈 시간이 되었다. 나는 자리에서 일어나 순서를 기다렸다가 중앙 통로로 나가 대열에 합류했다. 대열을 따라 예배당 아치문을 통과하면서 기숙사로 돌아갈 수 있어서 정말 다행이라고 생각했다.

그날 밤, 좁은 식당에서 떠들썩한 저녁식사를 마친 후 우리는 첫 캠프파이어를 하러 나갔다. 캠프파이어는 주통행로인 진흙길에서 조금 떨어진 작은 숲에서 열렸다. 까맣게 그을린 돌로 만든 화덕 주변으로 대충 만든 나무 의자 80여 개가 반원형으로 배열되어 있었고, 원추형으로 쌓아 놓은 장작이 불이 붙여지기를 기다리고 있었다. 의자는 길이가 1미터 넘는 소나무 판자들로 만들어져 있었다. 한쪽 끝으로 비스듬한 등받이가 있고 다른 쪽 끝에는 발판이 있었다. 판자들을 고정시키기 위해 한쪽 면에 긴 판자가 덧대어져 있었다. 어린 아이들은 다리가 짧아 쭉 뻗을 수 있지만 큰 아이들은 무릎을 얼굴 앞까지 오도록 구부리고 앉아야 했다.

우리가 꼼지락거리며 의자에 앉자 킹슬리 선생님이 '회의 바위'라 알려진 바위에서 내려와서 화덕에 불을 지폈다. 저녁 하늘을 향해 솟아오르는 불꽃 앞에서 선생님은 불 가까이 안쪽 자리에 앉기 위해서는 리본 네 개를 얻어야 한다면서 방법을 말해줬다. 불 가까이에 앉아 있던 큰 아이들은 자신감이 넘쳐 보였다. 수련원이 자기 것인 양 주변을 활보하고 다니는 아이들이었다.

캠프파이어가 끝나고 우리는 기숙사로 돌아와 춤추는 등유 램프 불빛 아래서 양치를 하고 임시 화장실에서 볼일을 봤다. 나는 하품을 하며 얇은 매트리스 위에 면포를 씌워 놓은 딱딱한 침대 위로 기어 올라갔다. 그리고 차가운 밤공기를 피해 높이 포개 놓은 껄끄러운 양털담요 속에 몸을 파묻었다. 캠프 지도교사가 램프 하나만 남겨두고 모든 불을 껐고, 켜진 램프를 방 한가운데 의자 위에 올려두었다. 그러고 나서 그 옆에 앉아 책을 읽어주기 시작했다. '하디 보이즈(The Hardy Boys) 미스터리 시리즈'[4] 중 하나였다.

조 하디와 프랭크 하디 형제 그리고 그들의 고등학교 친구 두 명이 오토바이를 타고 시골로 간다. 언덕 위에 있는 폐가에 가보기로 한 것이다. 그 집에는 구두쇠 할아버지가 살았는데, 강도에게 살해되었다. 아이들이 그 집에 들어갔을 때 하늘이 점점 어두워지고 있었다. 안에 들어가자 비명소리가 들리고, 아이들은 줄행랑을 친다. 그러나 프랭크는 다시 들어가자고 다른 아이들을 설득한다. 아이들은 다시 집 안으로

---

4 1927년에 처음 출판된 아동 및 청소년을 위한 도서로 소년 탐정 프랭크 하디, 조 하디 형제가 사건을 해결하는 모습을 그린 미스터리 시리즈물이다.

들어가고 밖에서는 천둥과 번개가 친다. 다시 비명소리가 들린다. 아이들이 서둘러 문 밖으로 뛰쳐나오자 천정의 일부분이 무너져내린다.

결국 조와 프랭크는 언덕의 후미진 곳에서 비밀 동굴을 발견하는데, 동굴에는 폐가의 내부로 이어지는 계단이 있었다. 아이들은 붙잡히게 되지만 곧 빠져나와 아버지를 구출한다. 유명 탐정이었던 아버지가 며칠 동안 그곳에 붙잡혀 있었던 것이다.

모글리스 캠프에 참가한 몇 년 동안《숨겨진 금화를 찾아서(Hunting for Hidden Gold)》,《해안도로의 미스터리(The Shore Road Mystery)》,《동굴의 비밀(The Secret of the Caves)》을 포함해 하디 보이즈 시리즈 수십 권을 접했다. 누군가 나에게 책을 읽어준 것은 모글리스에서가 유일했다. 매일 밤 긴장감과 흥분, 모험이 등유 램프의 희미하고 둥근 불빛 너머 어둠 속을 채웠다. 나는 아무리 피곤해도 한 번도 이야기가 빨리 끝났으면 하고 바란 적이 없었다.

인디언 선생님의 수업

다음 해 여름, 나는 다시 모글리스로 돌아왔다. 투마이[5] 기숙사에 들어온 첫날, 보통 아이들과 다른 새로 온 아이가 있다는 것을 알았다.

---

5 《정글북》은 모글리의 이야기를 비롯해 일곱 편의 단편을 수록하고 있는데, 투마이는 그중 하나인 〈코끼리들의 투마이〉의 주인공 소년 조련사이다.

그 아이는 짙은 갈색 눈동자, 어두운 적갈색 피부에 새까만 머리를 왁스를 발라 완전히 뒤로 넘긴 스타일을 하고 있었다. 두꺼운 검은 테 안경을 쓰고 있었고 말할 때 독특한 억양이 있었다. 미국 남부 억양은 아니었지만 남부 특유의 느린 말투였다. 다른 아이들이 노닥거리는 동안 그 아이는 경계의 눈초리로 반쯤 웃는 표정을 지으며 구경하기만 했다. 하지만 수줍어하지도, 쭈뼛거리지도 않았다.

그 아이 이름은 지미 웨스트였다. 며칠 지나 우리는 서로 말을 하기 시작했다. 지미는 오클라호마에서 온 순수 혈통 샤이엔 인디언이었다. 캠프 교사로 온 아버지를 따라 모글리스에 온 것이었다.

지미는 다른 아이들처럼 되려고 하거나 아이들에게 인기를 얻으려고 하지 않았다. 하지만 아이들과 잘 어울렸고 아이들이 하는 농담에 웃을 줄도 알았다. 게다가 앞니가 튀어나온 나를 놀리지 않았고 우리 기숙사 아이들처럼 '토끼 이빨'이라고 부르지도 않았다. 지미가 왜 나와 친구가 되고 싶어 했는지는 잘 모르겠다. 아마 나도 자기처럼 다른 종류의 아이라고 생각했기 때문이었을 것이다. 게다가 나는 다른 아이들처럼 지미의 말투를 흉내 내지 않았다. 첫 주가 지나고 지미는 아이들 몇 명이 자기 아버지에게 인디언 전통을 배울 것이라면서 나도 같이 하고 싶은지 물었다.

그해 여름 첫 캠프파이어 시간에 킹슬리 선생님이 웨스트 선생님을 소개했다. 그의 이력이 소개되는 동안 지미의 아버지는 가만히 서 있었다. 몸집이 매우 큰 그를 보면서 나는 정말 대단하다고 생각했다.

다른 지도교사들보다 키도 크고 어깨도 넓고 팔뚝 근육이 불룩 솟아 있었다.

킹슬리 선생님은 웨스트 선생님의 인디언 이름이 와파나야이고, 샤이엔 인디언 말로 '가벼운 발을 가진 달리는 사람'이라는 뜻이라고 말해줬다. 그는 1912년 오클라호마의 한 원추형 천막에서 태어났고, 모글리스에 교사로 처음 온 것은 1939년이었다. 킹슬리 선생님은 그가 유명한 화가이자 교사이며, 회색 형제들의 강당에 있는 무대 커튼 그림도 그가 1940년에 그린 것이라고 덧붙였다.

그러니까 1년 전 내가 넋을 잃고 봤던 그림을 그린 화가였다. 나는 화가를 직접 만나본 적이 한 번도 없었다. 그리고 톤토와는 다른 부족의 인디언이지만 어쨌든 진짜 인디언이었다. 나는 빨리 웨스트 선생님을 수업에서 만나보고 싶었다.

웨스트 선생님 수업은 매일 오후 먼지투성이 도서관에서 진행되었다. 도서관은 회색 형제들의 강당 한쪽 구석에 자리 잡은 좁고 아주 조용한 방이었다. 책을 읽으려고 도서관을 찾는 아이들은 매우 적었다. 웨스트 선생님은 지미와 나를 포함한 네 명의 학생에게 여름이 끝나갈 무렵 전통춤을 공연할 때 입을 의상을 만드는 과제를 냈다.

우리는 가죽 조각을 잘라 로치roach라는 작은 머리장식부터 만들었다. 로치 장식은 머리의 윗부분만 덮는 것이 아니라 이마에서부터 뒷목까지 내려오기 때문에 쓰고 있으면 모히칸 머리 스타일 같았다. 우리는 펜치를 사용해 U자 모양 철사를 가죽에 한 줄 박고, 조심스럽게 흰 새털의 깃대를 밀어넣는 법을 배웠다. 깃대는 여러 가지 가는 색실로 미리 감아 두고, 철사 하나에 깃털을 하나씩 끼우는 것이었다. 가죽의 양쪽 끝에는 어두운 색의 커다란 깃털을 한 가닥씩 붙였다. 그러고 나서 로치의 네 귀퉁이에는 가죽 끈을 달았다. 로치를 머리에 착용할 때 가죽 끈을 턱 아래에서 묶으면 된다.

웨스트 선생님 말에 따르면, 우리가 사용하고 있는 새털은 원래 칠면조 털인데 독수리 깃털처럼 보이게 염색한 것이었다. 독수리 깃털은 용맹한 전사들에게 상으로 주던 것이다. 그러나 이제 독수리가 멸종 위기에 처해 있기 때문에 인디언들만 독수리 깃털을 가질 수 있고, 그것도 종교적 의식에만 사용해야 한다.

선생님은 옆에 앉아서 우리 것보다 훨씬 긴 깃털 4개를 장식했다. 그것은 진짜 독수리 깃털처럼 보였다. 그런데 로치를 만들고 있는 게 아니었다. 그 깃털로 무엇을 할 계획인지 도무지 알 수 없었다. 선생님은 아주 가는 실로 말총 묶음을 깃털 끝에 단단히 고정시켰다. 그다음에는 실에 구슬을 꿰고 깃대 아래까지 채웠다. 각 깃털의 밑부분이 독특한 모양이 되도록 청록색, 은색, 붉은색, 검은색 구슬을 서로 다르게 배합했다.

나는 넋을 잃고 구경했다. 내 작은 손으로도 로치에서 삐죽 나온 철사에 찔리지 않고 깃털을 끼우느라 애먹고 있는데, 선생님은 어떻게 그렇게 큰 손으로 작고 섬세하고 아름다운 무늬를 만들 수 있는 것일까? 내가 애먹고 있다는 것을 선생님이 알아차렸다. 선생님은 서두르지 않고 커다란 손을 내 손 위에 포개고 말없이 부드럽게 내 손을 이끌었다. 선생님이 가르쳐주자 내 손은 점점 안정감을 찾아갔다.

머리장식을 다 완성한 후, 우리는 의상의 나머지 부분인 원형 깃털 장신구 버슬[6]을 만드는 작업에 들어갔다. 두 개를 만들어야 하는데, 소형 버슬은 망토처럼 목에 둘렀을 때 어깻죽지 아래까지 내려와야 하고, 대형 버슬은 허리받이처럼 허리춤에 묶어서 허리에 두른 치마를 덮어야 한다. 이번에도 가는 실로 깃대를 감쌌다. 나는 깃털 끝에 붙인 빨간색 장식과 색을 맞추기 위해 짙은 빨간색 실을 골랐다. 마지막으로 버슬의 깃털을 받치고 있는 둥근 가죽 천에 간단한 구슬 장식을 꿰매어 달았다.

우리가 작업하는 동안 웨스트 선생님은 샤이엔 부족에 대한 이야기를 들려줬다. 오래전 그들은 농사를 지었지만 살던 땅에서 쫓겨나면서 사냥을 하게 되었다. 살아남기 위해 적응할 수밖에 없었던 것이다. 선생님은 샤이엔 부족의 종교에 대해서도 말해주었다.

샤이엔족은 정령신앙을 가지고 있다. 모든 생명체와 장소에 영혼이 깃들어 있다고 믿는 것이다. 샤이엔족의 창조신 마허오는 인간을 창조하기 훨씬 전에 동물들로 하여금 세상을 창조하는 일을 돕게 했다. 인간을 지상에 만들어 놓은 후 신이 마지막으로 창조한 것은 들소였다. 들소는 샤이엔 부족에게 의식주를 제공해주는 원천이었다.

---

6 버슬은 미국 원주민 남성들이 연례 축제나 춤 공연을 할 때 등을 장식하기 위해 착용하는 깃털로 만든 원형의 장신구이다.

기독교인들처럼 샤이엔족에게도 '달콤한 약'이라 불리는 예언자가 있었다. 그 예언자는 백인들이 말과 소를 이끌고 나타나 도전을 해올 것이라고 예언했다. 그리고 그런 시련에 맞서기 위해 한 사람에게 모든 권력을 몰아주는 것은 좋은 생각이 아니라고 조언했다. 달콤한 약의 가르침에 따라 샤이엔족은 44인의 추장들이 모여 중대사를 결정하는 회의 제도를 만들었다. 부족을 열 개 무리로 나눠 각 무리에서 추장을 네 명씩 선출하고, 추가로 전체 부족에서 현명한 원로 네 명을 선출해 회의를 구성했다.

달콤한 약은 누군가 잘못을 저질렀더라도 기회를 한 번 더 줘야 한다고 가르쳤다. 백인들이 아무 이유 없이 공격해왔지만 샤이엔족은 예언자의 가르침에 따라 그들을 용서하고 평화를 이루기 위해 계속 노력했다. 샤이엔족은 모든 사람들이 더 나은 사람이 되기 위해 노력해야 한다고 믿었다. 이것은 내가 교회에서 배운 것과도 비슷하다. 그러나 그들에게는 예배당이 따로 없고, 지루한 설교나 단조로운 찬송가도 없다. 하늘에 있는 존재에게 기도하지도 않는다. 그들은 자연을 숭배하고, 순수하고 소박했다.

그 무렵 나는 신의 존재나 성경 이야기를 믿지 않았던 것 같다. 그전에 배운 대로 자기 전에 기도문 외는 일을 더 이상 하지 않았다. 하지만 혼자 가만히 고요한 숲속에 있으면 자연에게 기도하고 있는 것 같은 느낌이 들었다.

웨스트 선생님이 들려준 샤이엔족 이야기에 나는 완전히 마음을 빼앗겼다. 더듬거리며 영어를 쓰는 톤토와는 사뭇 다르게 웨스트 선생님의 목소리는 깊고 풍성하고 울림이 있었다. 선생님의 말하는 모습은 TV에서 함성을 지르며 정착민들을 공격하는 인디언 전사들의 이미지와 매우 달랐다.

웨스트 선생님이 여러 이야기를 들려주는 동안 우리는 의상 만드는 일을 계속했다. 펠트[7]로 허리에서 무릎까지 내려오는 허리 치마의 앞, 뒤판도 만들었다. 내 치마에는 선홍색 바탕에 태양의 색깔을 한 독수리와 눈처럼 하얀 번개 그림이 그려져 있었다. 우리는 팔뚝 위에 두르는 깃털 장식 팔띠와 무릎 아래에 매는 방울 달린 가죽 띠 그리고 양 가죽으로 된 팔찌도 만들었다. 우리가 신을 모카신을 받았을 때 나는 기분이 좋았다. 그것까지 만들지 않아도 되어서 더 좋았다.

나는 춤을 추었다

여름이 절반쯤 지났을 때부터 우리는 춤과 노래를 연습하기 시작했다. 의상이 아직 준비되지 않았기 때문에 캠프 유니폼을 입은 채 연습했다. 웨스트 선생님은 도서관 창가 선반에 전축을 올려놓고 인디언 음악이 담긴 레코드판을 틀어 볼륨을 높였다. 그러면 우리는 덥고

---

7 양털이나 다른 동물의 털을 압축해서 만든 부드러운 천

먼지 날리는 연습 장소를 향해 터덜터덜 걸어갔다. 가끔씩 다른 아이들이 지나가다 멈춰 서서 우리가 연습하는 것을 구경했다. 그럴 때면 나는 집중을 못 했다. 껑충껑충 뛰어다니며 단조로운 노래를 계속하고 있는 우리가, 특히 내가, 그 아이들 눈에 얼마나 우스워 보일지 걱정되었다. 나는 다른 아이들처럼 음악에 맞춰 몸을 움직일 수 없었다. 다리가 말을 듣지 않았다.

드디어 캠프의 마지막 주, 공연하는 날 저녁이 되었다. 집합 장소 한가운데에 거대한 장작더미가 쌓여 있었다. 그곳에서 우리의 춤 공연이 펼쳐질 예정이다. 나는 도서관 창문 너머로 전체 학생이 무리 지어 들어와 자리에 앉는 것을 지켜보고 있었다. 모닥불이 지펴지자 마치 불꽃놀이처럼 불꽃이 잿빛 하늘 위로 튀어 올랐다.

우리는 문 입구에 한 줄로 섰다. 웨스트 선생님이 다가와서 직접 만든 의식용 독수리 깃털을 하나씩 나눠주었다. 무훈 깃털이라 불리는 것으로 용감하게 적에 맞서 싸운 전사에게 수여되는 것이라고 설명해 줬다. 나는 맨 뒤에 서 있었다. 저기 있는 나의 '적'에 대한 생각이 머릿속을 떠나지 않았다. 내가 깃털을 받을 차례가 되었다. 선생님은 깊은 갈색 눈동자로 나를 내려다보면서 내 어깨에 손을 얹었다. 그리고 말했다. "저 애들에 대해 생각하지 마. 음악에 집중하는 거야. 그러면 잘 해낼 수 있어."

풍성한 깃털 장식 전투모를 쓴 와파나야를 따라 우리는 어둠 속으로 들어갔다. 음반에 담긴 북소리와 노래가 울려 퍼지자 한 명씩 서서히 발을 구르며 첫 번째 춤을 추기 시작했다. 우리는 식량을 얻기 위해 동물의 목숨을 앗아야 하는 사냥꾼이다. 동물들의 영혼을 위로하기 위해 기도를 하고 있다. 나는 중후한 북소리를 느끼기 위해 눈을 감았다. 소리는 점점 커졌다. 노래를 부르며 맨땅에 발을 구르자 다리에 달린 방울에서 소리가 났다. 불빛 너머에 있는 얼굴들은 잊었다.

우리는 점점 빠르게 춤을 췄다. 두 번째 춤은 동물의 춤이다. 숲속에 사는 신성한 동물들의 움직임을 흉내 냈다. 나는 어린 회색 곰이다. 까만 하늘을 향해 울부짖고, 팔짝팔짝 뛰면서 여기저기 활보하고 다닌다. 바로 이어서 쉬는 시간 없이 마지막 승리의 춤이 시작되었다. 나는 전쟁에서 승리를 거두고 집으로 돌아오는 용감한 전사다. 그쯤 되자 음악을 따라가기가 무척 버거웠고 숨이 차서 헐떡거렸다. 그러나 나는 와파나야가 지켜보고 있는 가운데 다른 무용수들에 맞춰 몸을 위아래로 그리고 좌우로 흔들며 계속 춤을 췄다.

춤이 끝났다. 우리에게 보내는 박수 소리를 들으며 우리는 옷을 갈아입기 위해 다시 도서관으로 갔다. 정말 열광하며 치는 박수인지 그냥 예의상 치는 박수인지 분간할 수 없었다. 어쩌면 관중들이 공연을 즐겼느냐 아니냐는 중요하지 않다. 앞으로 살면서 스스로 자랑스러워할 무엇인가를 성취했다는 것이 중요했다. 나는 웨스트 선생님에게 평생 잊지 못할 많은 것들을 배웠다.

그해 여름 종종 그랬듯이 나는 다음 날 오후 기숙사 점검이 끝난 후 몰래 빠져나와 예배당으로 향했다. 이번에는 2킬로미터 가까이 숲을 통과해야 하는 조금 긴 둘레길을 따라갔다. 사람들이 거의 다니지 않는 길이었다. 늦은 오후 햇살이 나무 사이로 비스듬히 비쳤다. 바람에 나무들이 흔들리면서 길 위를 비추는 햇살도 덩달아 앞뒤로 흔들렸다. 사냥감을 노리는 사냥꾼처럼 조용히 느린 걸음으로 걸어가는데 갈색지빠귀 소리가 들렸다. 이어서 개똥지빠귀가 지저귀는 소리도 들렸다. 개똥지빠귀가 노래하는 소리의 마지막 음은 인디언 피리 소리 같은 울림이 있었다. 이제 이곳 새들에 관해 배웠기 때문에 대부분의 새소리에 익숙했다.

나는 측면 입구를 통해 예배당으로 들어가 제단에서 가장 가까운 의자에 앉았다. 이끼 낀 돌과 자작나무 십자가 위에서 햇빛이 희미하게 일렁거렸다. 신을 믿는 것은 아니었지만 마치 그곳에 신이 있는 것처럼 느껴졌다.

웨스트 선생님 수업에서 아주 열심히 했지만 리본을 받진 못했다. 인디언 전통 수업에 대해서는 왜 리본을 주지 않는 것일까? 리본을 받을 수 있는 활동을 결정하는 것은 누구일까? 인디언 전통은 테니스 같은 '활동'보다 중요하지 않다는 것일까? 도무지 이해할 수 없었다.

웨스트 선생님은 다른 교사들과 확연히 달랐다. 노력을 낭비하거나 쓸데없는 말은 하고 싶지 않은 듯 부드러우면서도 매우 집중해서 행동하거나 말했다. 선생님 곁에 있으면 뭔가 다른 느낌이 들었다. 왠지 더욱 나다운 내가 될 수 있을 것 같았다. 지미도 대부분의 다른 아이들과는 달리 결코 시끄럽거나 역겹게 구는 법이 없었다. 자기 아버지처럼 여유롭고 자신에게 만족하는 아이였다. 그리고 나에게 호의적이었다.

그러나 내가 이 두 사람에게서 배운 것이 무엇이든, 내가 그들에게 느낀 유대감이 무엇이든 그것을 집에 가져갈 수는 없었다. 부모님이 내가 샤이엔족 전통춤을 추는 것을 보고 싶어 하리라고는 상상조차할 수 없었다. 나는 너무 쑥스러워서 허리에 두른 치마의 옆트임 사이로 흰색 면 반바지가 보이는 인디언 전통 의상을 입지도 못할 것이다. 나는 지미와 함께 샤이엔족의 자연 숭배 이야기와 자연이 어떻게 나에게 많은 의미를 주는지에 대해 이야기를 나누곤 했다. 그렇다고 부모님에게 일요일마다 교회에 가고 싶지 않다고, 차라리 숲에 가고 싶다고 말할 수 없을 것이다. 부모님은 그런 나를 이해하지 못할 것이고, 억지로라도 나를 교회로 데려갈 게 뻔하다.

지미는 다음 여름에 이곳에 다시 오지 않을 것이라고 했다. 오클라호마에서 오기에는 너무 먼 거리여서 아주 긴 여행을 해야 했기 때문이다. 우리는 서로 계속 연락하자고 말했지만 나는 지미를 다시 만나거나 소식을 들을 수 없을 것이라 생각했다.

개똥지빠귀 한 마리가 근처 나무 꼭대기에서 노래하기 시작했다. 새의 달콤한 멜로디가 숲을 가득 메웠다. 나는 다음 여름에도 분명 이곳에 올 것이다. 처음에는 모글리스에 적응하려고 애쓰느라 힘들었지만 무엇인가가 이곳에 대한 소속감을 느끼게 해줬다. 지금까지 학교를 다니면서 결코 느껴보지 못한 감정이었다. 어쩌면 다음 여름에는 더 강하고 더 자신감 있는 아이로 성장해 있을 것이다. 지미처럼 말이다.

주황색 리본을 따내다

모글리스에서의 네 번째 여름이 끝나갈 무렵 나는 거의 모든 특별 활동과 체험 활동에 몰입하고 있었다. 그중 몇 개만 꼽자면 자연 관찰, 일기예보, 캠핑 기술, 연극, 목공, 공예 등이다. 사진술 수업을 처음으로 받았고, 통나무집 기숙사로 오가는 길을 주제로 수필도 쓰고 수련원 연감 〈늑대 소리〉에 실을 바보 같은 시도 썼다. 게다가 야외 예배당은 마법처럼 내가 혼자 있는 시간이 필요할 때마다 계속해서 손짓을 했다.

이제 수영 솜씨가 제법 훌륭해졌다. 나는 멀리 호수 한가운데 있는 바위까지 1.6킬로미터를 헤엄쳐 가서 다시 출발점으로 돌아오는 '와인강가 강[8] 왕복 수영'에 성공한 몇 안 되는 캠프 참가자였다. 연습을 통해 22구경 소총도 꽤 잘 쏘게 되었다. 사격연습장에서 NRA[9] 메달을 연달아 받았지만 리본을 받기에는 아직 충분하지 않았다. 조정과 카누에 대한 안전 교육도 통과했다. 그래서 호수 멀리까지 혼자 보트

---

8 인도 중부에 흐르는 강으로 《정글북》에 와인궁거 강이라는 이름으로 나온다. 현대식 이름이 와인강가 강이다.
9 전미총기협회

를 타고 나갈 수 있었다. 그렇게 새로운 시도를 많이 할 수 있는 기회가 나로 하여금 계속해서 모글리스로 돌아오게 했다. 모글리스는 일반 학교와 정반대였다. 일반 학교에서는 해가 바뀔수록 더 지루하고 더 위축되고 더 압박받는 느낌이 들었다. 그런 학교에서 보내야 하는 9개월은 암울하기 짝이 없었다. 반대로 8주간의 여름 방학은 총천연색의 삶이 펼쳐지는 시간이었다.

여러 날 동안 노를 저어 빠르게 흐르는 강물을 따라 내려가기도 하고, 바람 부는 호수들을 가로지르기도 했다. 가끔씩 도중에 물고기를 잡기도 했다. 갓 잡은 민물송어를 타닥타닥 소리를 내며 타는 모닥불에 베이컨과 함께 구우면 근사한 점심식사가 되었다. 또 어떤 때는 뉴햄프셔 북부 화이트 산맥을 누비고 다녔다. 뜨거운 햇볕을 가려주는 그늘이 전혀 없는 산등성이를 가로질러 몇 시간 동안 걸으면서 산들바람이 불어오기만을 간절히 바랐다. 옆으로 불어오는 돌풍에 너무 추워서 판초 속에 몸을 떨며 움츠린 채 돌풍이 지나가기만 기다리는 날도 있었다. 우리는 뱀처럼 구불구불 움직이며 험한 비탈을 올랐고, 드디어 정상에 도착해 벌거벗은 바위 위에 올라서자 선명한 파란색 하늘을 배경으로 겹겹이 쌓인 산들이 돌연 눈앞에 펼쳐졌다. 그런 놀라운 경관을 보면서 나는 울창한 숲의 고요한 속삭임과 짙은 야생의 향기에 둘러싸이는 것을 차츰 소중히 여기기 시작했다.

나는 길을 내고, 무거운 배낭을 싸서 운반하고, 텐트를 치고, 불을 피우고, 그 불에 요리하는 법을 배웠다. 한번은 저녁식사를 마치고 나무릎 깎아 지팡이를 만들다가 허벅지를 깊이 베었다. 너무 아파서 눈물이 다 나오려는 것을 입술을 깨물며 참았다. 다행히 지혈하는 방법을 알고 있어서 아무도 알아차리지 못하게 얼른 지혈했다. 그때 무릎 바로 위에 생긴 창백한 초승달 모양 흉터가 지금도 남아 있다.

열심히 배워도 잘하지 못하는 것들도 있었다. 능숙한 궁수가 되기엔 힘이 부족했고, 목공에 필요한 꼼꼼함과 인내심이 없었다.

길먼과 에이번에서 운동 시합이 필수였던 것처럼 모글리스에서도 비슷하게 여러 종류의 시합이 잇달아 열렸다. 하지만 나는 한 번도 참가하지 않았다. 소프트볼, 깃발 빼앗기, 줄다리기, 편자 던지기[10] 시합뿐만 아니라 일일 점검에서 어느 기숙사가 가장 깨끗하게 정돈했는지 겨루는 시합도 있었다. 방구석에서 먼지 덩어리가 발견되거나 셔츠나 담요가 정확하게 개어서 정리되어 있지 않으면 감점되었다. 가끔 유난히 까다로운 지도교사가 들어와서 흰색 장갑을 끼고 먼지가 있는지 확인할 때도 있었다.

해마다 여름 캠프가 끝날 무렵이면 교사들은 캠프 참가 학생들을 홍팀과 청팀으로 나눴다. 우리는 팀에 대한 충성을 나타내기 위해 일주일 동안 이마에 띠를 두르고 다녔다. 일주일 내내 수련원은 상대팀을 이기겠다는 구호와 응원 소리, 행렬과 집회, 떼 지어 다니는 아이들로 가득했다. 경쟁의 절정은 조정 경기였다. 노 젓는 데 숙달되지 않은 사람도 탈 수 있도록 뱃전이 높이 설계된 7인승 나무 조정 보트

---

10 말굽에 붙이는 U자 모양의 쇳조각을 편자라고 하는데, 말뚝을 박아놓고 조금 떨어진 거리에서 편자를 던져 말뚝에 많이 걸리는 쪽이 이기는 놀이다.

가 두 대 있었다. 우리는 기숙사별로 연습했다. 노 젓는 실력에 따라 4개의 부로 나뉘었는데, 가장 낮은 3부부터 그 위로 2부, 1부 그리고 조정부가 있었다. 4년째 되던 해에 나는 1부로 선출되었다. 나는 시합에 대한 부담감이 정말 싫었다. 노를 너무 물속 깊이 넣어서 충분히 빨리 위로 잡아당기지 못하고 보트 전체의 리듬에 맞추지 못해 모든 사람들이 지켜보는 가운데 헛물살만 가를까봐 걱정되었다.

내가 기억하기로 그때 우리 팀은 시합에서 졌다. 그래도 나는 60세가 되던 해 여름에 1인 조정을 배우기 위해 다시 도전했다. 모글리스에서 차로 한 시간도 걸리지 않는 호숫가 작은 집에 살면서 6개월 동안 거의 하루도 빠짐없이 아침마다 노를 저었다. 나는 기술을 향상시키려고 노력했고, 소금쟁이처럼 경쾌하게 미끄러지듯 수면 위를 달리는 느낌이 늘 좋았다. 그리고 내 자신과 경쟁하는 것도 좋았다. 관중은 원하지도 않거니와 필요하지도 않았다.

모글리스에 입소한 첫 해 여름, 다양한 활동에 대한 입문 교육을 마친 우리는 모든 에너지를 리본을 받는 데 쏟았다. 10년 후 보이스카우트에서 만들어낸 공훈 배지와 마찬가지로 모글리스 리본은 특정 활동에 대한 능숙함이 일정 수준에 이르렀다는 증거였다. 늑대굴이라 불리는, 가장 나이 많은 학생들 기숙사를 '졸업'하려면 누구나 최소 2개의 리본을 받아야 했다. 리본을 받아서 재봉사에게 가져가면 우리가 어디를 가든 항상 쓰고 다니는 회색 베레모에 박아주었다. 활동 종류에 따라 리본의 색도 달랐다. 캠핑은 녹색, 보트 타기는 은색, 테니스는 노란색, 하이킹은 갈색, 카누 타기는 빨간색, 활쏘기는 금색 화살 모양, 공예는 검은 색, 소총 사격은 빨강, 파랑, 흰색이 혼합된 색이었다.

리본은 쉽게 얻을 수 있는 것이 아니었다. 리본 하나를 따려면 많은 활동 중에서 한두 가지 활동에만 몰입하며 여러 해 여름을 보내야 할지도 모른다. 예를 들어 초록색 캠핑 리본을 받으려면 다양한 캠핑 난로를 능숙하게 사용할 줄 알아야 하고, 빗속에서 불을 피우고, 지도와 나침반을 가지고 황야에서 길을 찾고, 식용 식물을 잘 골라서 캐고, 날씨를 예측하는 데 도움이 되는 다양한 구름 모양을 구분할 수 있어야 한다. 매듭 묶는 법과 응급 처치법도 배워야 한다. 그런 다음, 판초와 밧줄, 성냥과 물, 약간의 음식 등 가장 기본적인 것만 가지고 1박 2일 단독 여행을 계획해서 성공적으로 끝마쳐야 한다.

모글리스 수련원을 찾은 첫 해부터 나는 이런 리본들을 따내야 한다는 생각에 겁을 먹고 있었다. 아주 엉망인 학교 성적은 도움이 되지 않았다. 게다가 내가 생각하기에도 나는 운동 신경이 없었다. 그러나 공부를 해서 봐야 하는 학교 시험과는 달리 캠프에서의 이런 도전은 해볼 만한 가치가 있다고 생각했다. 그래서 기꺼이 시도했다.

내가 왜 도끼 사용 기술 주황색 리본에 공을 들이기로 했는지 잘 모르겠다. 그것은 따내기 가장 어려운 리본 중 하나로 여겨졌고, 실제로 베레모에 주황색 리본을 꿰맨 아이를 한 명도 보지 못했다. 도끼 사용 기술은 이전에 모글리스 수련원 원장이었던 알콧 파라 엘웰 대령이 가르치고 있었다. 그에게는 무엇인가 특별한 것이 있었다. 몇 년 전까지 수련원장으로 있다가 은퇴했지만 여전히 허리가 곧고 키가 큰 백발의 대령은 거의 매일 수련원 주변을 활보하고 다녔다. 그는 걸음을 멈추고 캠프 참가 학생이나 교사들과 활기찬 대화를 나눌 때가 많았다. 수련원에는 구기 운동장이 여럿 있었는데, 엘웰 대령은 그중 한 곳 바로 옆에 붙은 북극성이라는 이름의 조그마한 흰색 집에 살고 있었다. 모글리스 캠프에 세 번째로 참가했을 때 나는 도끼 사용 기술에 도전했고, 그때 그는 70대 중반이었다.

그해 여름 거의 매일 오후가 되면 나는 엘웰 대령과 함께 수련원에서 출발해 길을 가로질러 조림지까지 올라갔다. 그는 다른 수석 캠프 교사들과 마찬가지로 파란색 주머니가 달린 회색 양모 셔츠를 입고 있었다. 하지만 나이는 훨씬 많았다. 햇빛 속에서 수십 년을 보낸 흔적으로 얼굴이 그을리고 깊은 주름이 있었다. 깊은 갈색 눈동자에는 웨스트 선생님을 생각나게 하는 엄숙함과 인내가 담겨 있었다. 내가 아직 그럴 만한 행동을 하지 않았는데도 대령님이 나를 바라볼 때 나를 존중해주는 듯한 느낌이었다.

먼저 대령님은 숲에서 도끼를 안전하게 운반하는 법을 가르쳐주었다. 도끼날을 몸 바깥으로 향하게 하고 도낏자루는 몸 바로 앞에 일자가 되게 한 상태로 도끼날과 도낏자루 사이에 있는 목을 잡으라고 했다. 그래야 도끼가 덤불에 엉키지 않는다는 것이다. 그러고 나서 새 도끼가 생겼을 때 도낏자루의 끝부분을 톱으로 잘라내는 법을 가르쳐췄다. 그렇게 잘라내면 도낏자루가 쪼개질 위험이 낮아진다.

다음 단계로 도끼날을 가는 법을 가르쳐주었다. 도끼가 날카로울수록 다칠 위험이 적다고 설명했다. 날이 무딘 도끼는 자칫 반동에 의해 사용자를 덮칠 위험이 있다. 필요한 홈을 파거나 깔끔하게 빗각으로 자르기 위해서는 도끼 양면을 번갈아가며 도끼머리의 등부터 도끼날까지 천천히 줄칼로 갈아줘야 한다. 처음에 도끼머리에 줄칼을 대고 누르면 얇은 줄칼의 손잡이가 손바닥을 찌르지만, 곧 크게 다치지 않도록 줄칼을 쥐는 법을 배우게 된다.

다음 순서는 숫돌이다. 기름을 바른 돌을 천천히 원형을 그리면서 도끼날의 위에서 아래까지 문지른다. 매일 수업이 시작되면 도끼날을 연마했는데, 정말 힘든 일이었다. 그러나 도끼날을 얼마나 날카롭게 만들 수 있는지 보는 것이 좋았다. 가끔은 너무 날카롭게 갈아서 종이를 갖다 대면 반으로 갈라졌다.

다른 나무의 꼭대기에 걸리지 않고 원하는 위치에 나무가 쓰러지도록 베는 것은 특히 배우기 어려웠다. 우선 쓰러트리려 하는 방향의 나무 몸통에 지름의 약 3분의 1까지 V자 모양으로 홈을 판다. 그다음으로 반대편에 홈을 파는데, 처음보다 약 30센티미터 위를 판다. 두 번째 홈은 나무가 쓰러질 수 있게 하는 경첩 역할을 한다. 한 번인가 두 번은 계획한 방향으로 나무가 쓰러지지 않고 다른 나무의 높은 가지에 걸리고 말았다. 그러나 대령님은 전혀 귀찮아 하거나 짜증 난 기색을 보이지 않았다. 오히려 무엇이 잘못되었는지 찾기 위해 V자 홈에서부터 나무가 어떻게 부러졌는지 살펴라고 가르쳐주었다.

다음 순서는 가지를 잘라내는 작업이었다. 항상 나무줄기가 내 몸과 도끼날 사이에 오도록 서 있는 쪽이 아닌 반대편 가지를 잘라내야 한다고 배웠다.

그다음으로 나무를 60센티미터 길이로 토막 내는 작업을 했다. 나무줄기를 따라 45도 각도로 정확한 크기의 홈을 내야 한다. 통나무를 놓칠 경우 도끼머리에 다리가 깊이 베일 위험이 있으므로 그 점을 생각해서 자리를 잡고, 흙속에 숨어 있는 돌이 있는지 살펴야 한다. 나무를 하나씩 쓰러트리면서 내 손은 땀에 젖어 물집이 생기고 피부가 벗겨졌다. 하지만 손바닥이 점점 단단해졌다.

마지막 단계는 내가 가장 좋아하는 통나무 쪼개기이다. 대령님은 갓 벤 푸른 나무가 말랐을 때보다 쪼개기 훨씬 쉽다고 알려주었다. 갓 벤 나무에 도끼를 그냥 내리치면 벼락을 맞은 것처럼 완벽하게 반으로 쪼개진다. 하지만 정확히 나무의 어느 부분을 쳐야 하는지 알아야 하고, 조준을 잘하는 것이 중요하다. 통나무를 잘못 내리치면 도낏자루가 깨질 수 있다.

긴 여름날의 오후 내내 숲에서 작업을 하다보니 손과 등이 아팠고, 날벌레들이 눈 속으로 날아들었다. 짠맛 나는 땀에 온몸이 흠뻑 젖었고, 얼굴 위로 쏟아지는 땀에 앞을 보기 어려웠다. 그러나 도끼로 통나무를 내리칠 때 나는 소리가 좋았고, 나무 부스러기들이 튀고 장작더미가 점점 높이 쌓이는 것을 지켜보는 것이 좋았다. 게다가 조용히 가르치는 대령님의 방식도 마음에 들었다. 내가 통나무 하나를 제대로 쪼개면 대령님은 옆에서 조용히 웃어주었다. 내가 여름 내내 작업해서 쌓아놓은 장작더미가 얼마나 되는지 최종 확인하고 나서 환한 얼굴로 "축하한다. 주황색 리본을 따냈구나."라고 말해주던 순간은 평생 잊지 못할 것이다.

한계를 가르치는 학교 교육

웨스트 선생님이 어떤 사람인지는 캠프 학생들에게 교사를 소개하는 시간을 통해 그리고 선생님이 들려준 자기 부족에 대한 이야기를 통해 어느 정도 알게 되었다. 그래서 1950년대에 학교에 다니면서 수업이 재미없다고 느꼈을 때 생동감 넘치는 다른 문화에 대해 배우고 싶어 한 것도 당연한 일이었다. 그러나 엘웰 대령님에 대해서는 아는 것이 거의 없었다. 기껏해야 모글리스 초기에 어떤 역할을 했는지 킹슬리 선생님이 말해준 것이 전부다. 우리가 왜 서로 잘 맞았는지는 이해되지 않는다. 부모님이 농장을 팔고 볼티모어 근교로 이사를 가게 되었기 때문에 도끼 기술은 인디언 전통보다 더 의미 있는 것이 아니었다. 그래도 나는 끝까지 대령님에게 배웠다. 왜였을까?

그때로부터 60여 년이 흘러 나는 대령님에 대해 더 알고 싶어서 현재 모글리스 수련원장으로 있는 닉 로빈슨Nick Robbins에게 연락을 했다. 2017년 6월, 닉은 캠프가 본격적으로 시작되기 전에 수련원에 한 번 오라고 초대했다.

화창하고 산들바람이 부는 여름 날, 나는 차를 타고 모글리스를 찾았다. 내가 캠프 참가자라면 아침에 아주 신나 하면서 일어났을 날씨였다. 식당으로 들어가자 닉이 따뜻하게 맞이해주었다. 우리는 40여 명의 캠프 교사와 직원들과 함께 점심식사를 했다. 모두들 어릴 적 내가 수없이 게걸스럽게 식사를 했던 바로 그 간이식탁과 긴 의자에 앉아 있었다. 나무판자로 만든 낮은 천장, 허리 높이까지 덧댄 소나무 외장, 사방으로 설치된 방충망. 식당은 옛날 모습 그대로였다. 바뀐 게 있다면 이제는 여자 캠프 교사도 있다는 것이었다. 나는 여자 교사들이 내가 있었을 때처럼 남자들만 있던 수련원 구석구석 스며들어 있는 과도한 남성 호르몬의 순화 작용과 감성적 효과를 조금이라도 일으키기를 바랐다.

닉은 깔끔하게 다듬은 밤색 수염에 운동선수 같은 다부진 체격이어서 얼핏 봐도 야외 활동을 좋아하는 사람처럼 보였다. 그는 평생 여름 캠프와 관련된 삶을 살고 있다고 했다. 캠프에 참가한 학생에서 출발해 캠프 지도사로 활동했고, 지난 5년 동안은 모글리스의 운영을 책임지고 있었다. 그가 모글리스를 맡은 후로 등록자 수가 두 배로 늘었다고 한다.

점심식사를 마친 후 나는 시간을 내서 예배당에 가볼 수 있는지 물었다. 내가 기억하고 있는 것처럼 정말 여전히 신비한 곳인지 궁금했다. 옛날에는 툭 하면 혼자 그곳을 찾았지만 이번에는 혼자가 아니었다. 모글리스 동문회 사무국장이자 비공식 캠프 역사학자인 짐 하트 Jim Hart와 닉이 동행하고 싶어 했다. 그들은 내가 기억하는 수련원의 모습에 대해 더 알고 싶다고 했다. 회색 형제들의 강당과 통나무집 기숙사를 지날 때, 얼른 호수에 뛰어들고 싶어서 앞에 나 있는 길을 막 달려가는 어린 시절의 나를 볼 수 있었다.

여느 때처럼 예배당 아치문은 한낮의 태양이 드리운 옅은 그림자 속에서 조용히 보초를 서고 있었다. 비어 있는 좌석은 나에게 손짓하며 고요 속에 앉아 귀를 기울이고 생각을 떨쳐버리라고 말하는 듯했다. 그러나 이곳에 오래 머물 수가 없었다. 어쨌든 오늘은 날이 아니다. 닉과 짐 둘 다 시간적 여유가 없었다.

언덕을 다시 올라오며 짐이 물었다. "그 시절 단짝이 누구였나요?"

나는 쓸쓸하게 웃었다. 어떻게 설명해야 할까? "한 해는 웨스트 선생님과 인디언 전통에 대해 공부했습니다. 그 선생님이 이곳에 있는 동안 그분 아들 지미와 친구였지요. 하지만 가장 생생히 기억나는 선생님은 엘웰 대령님입니다."

"원하신다면 대령님의 논문을 볼 수 있는 링크를 보내드리겠습니다." 짐이 제안했다.

논문이라고? 나는 엘웰 대령이 모글리스 수련원장을 역임했고, 걸걸한 목소리와 따뜻한 미소를 지닌 현명한 노인이었고, 도끼 사용 기술을 가르치는 선생님이었다는 것을 제외하면 아는 것이 없었다.

사실 알콧 파라 엘웰 대령은 교육비평가이자 선지자였다. 나와 관심 분야가 같은 인물이었던 것이다. 그는 1886년 매사추세츠 케임브리지에서 조각가이자 박물관 학예사인 아버지 프랭크 에드윈 엘웰과 어머니 몰리나 마리 힐드레스 사이에서 쌍둥이 아들로 태어났다. 쌍둥이 형의 이름은 브루스이고, 그의 이름 알콧은 대모인 루이사 메이 알콧의 이름을 딴 것이었다. 어린 시절의 대부분은 유럽에서 지냈고, 미국 공립학교에서 중·고등학교 교육을 받아야 할 시기에 맞춰 케임브리지로 돌아왔다.

모글리스가 설립되고 2년 후인 1905년, 모글리스 설립자 엘리자베스 포드 홀트는 알콧 엘웰을 캠프 보조 교사로 채용했다. 엘웰은 50년 넘게 거의 매해 여름이 되면 모글리스로 돌아왔다. 1914년에는 모글리스 부원장으로 임명되었고, 홀트가 사망한 이듬해인 1925년 모글리스 수련원을 인수해 원장이 되었다.

그는 1906년 하버드 대학교에 입학했지만 학사 학위를 받기까지 11년이 걸렸다. 학비 마련을 위해 여러 차례 휴학을 해야 했기 때문이다. 그 기간 동안 와이오밍 주 지질탐사대에서 요리사로 일한 적이 있고, 간호사와 자동차 수리공으로 일하기도 했다. 게다가 남자아이들을 위한 학교도 설립했다. 1차 세계대전 기간이었던 1917년에 장교로 입대해 신병을 훈련하는 임무를 맡았다. 그 후 하버드로 다시 돌아왔고 1921년에 석사 학위를 받고, 1925년에 박사 학위를 받았다.

그의 박사 논문 제목은 '여름 캠프: 교육의 새로운 요소'이다. 홀트와 마찬가지로 엘웰 대령은 사회가 점점 산업화되면서 아이들이 시골 생활을 접할 수 있는 기회가 사라지고 있는 것을 매우 안타까워했다. 그는 이렇게 적고 있다. '지금 이 시대는 도시가 시골에서 인구를 끌어들이고 있으며 사회적·정신적·신체적 측면에서 개인을 기계적 생존에 국한시키고 있다. 농장이 사라지면서 교육의 한 측면으로서 개인이 경험할 수 있는 기회가 다소 파괴되었다.' 엘웰은 점점 활발해지는 '자연 학교' 설립 움직임을 19세기 뉴잉글랜드에서 벌어진 초월주의 운동의 타당한 확장이라고 여겼다. '에머슨과 소로[11]가 한두 세대 전에 어른들을 위해 했던 것을 오늘날 보이스카우트, 걸스카우트, 캠프파이어 걸스,[12] 우드크래프트 리그[13] 가 아이들을 위해서 하고 있다.'

그러나 엘웰이 미적 또는 영적인 이유에서 '자연으로의 회귀'를 주장한 것은 아니었다. 학교가 쉬는 방학 동안에 아이들이 즐겁게 지낼 수 있는 장소로서 여름 캠프를 설립하는 데도 관심이 없었다. 오히려 20세기 학교 교육이 아이들에게 가르치고 있는 것에 대해 깊이 우려하고 있었다. 그는 다음과 같이 주장했다. '요즘 교육 동향을 보면 많은 아이들에게 성공보다는 한계, 심지어 실패에 대한 전망을 가르치

---

11 19세기 미국 초월주의의 위대한 철학자로 손꼽히는 랠프 월도 에머슨과 헨리 데이비드 소로는 인간의 영혼을 자연의 일부라고 여기고 자연과 함께하는 삶을 추구했다.
12 원래 소녀들을 위한 비종교, 다문화 단체로 1910년 미국에서 설립되었지만 지금은 모든 청소년을 대상으로 하며 주로 야영 및 야외 활동을 한다.
13 1901년 미국 코네티컷 주에 설립된 청소년 프로그램으로 야영생활에 필요한 지식과 기술을 배우는 활동에 중점을 둔다.

고 있다. 몇몇 공립학교를 찾아가서 살펴보라. 20퍼센트의 아이들은 성공하는 법을 배우고, 80퍼센트의 아이들은 제한되는 법을 배우고 있다. 다시 말해, 할 수 있는 것이 아니라 할 수 없는 것이 무엇인지 배우고 있다.'

내 마음을 더욱 사로잡은 것은 최근 만들어진 '대학 입시 준비' 고등학교 교육과정에 대한 요구와 그런 교육과정이 부추기는 강의 중심 교수법을 정면으로 비판하는 대목이었다. 엘웰은 '대학의 요구에 따라 고등학교가 제한되어 있으며, 심지어 대학에 가지 않는 학생들에게도 적용된다.'고 주장했다. 나처럼 엘웰도 대부분 추상적인 학문 중심 교육과정으로는 대다수의 학생들에게 의미 있는 일을 하고, 평생 교육에 참여하고, 적극적이고 참여 의식이 높은 시민이 되도록 준비시켜주지 못한다고 생각했다. 그런 교육과정은 학생들이 세상에 대한 호기심을 유지하거나 가장 깊은 관심사를 발견하도록 도와주지도 못한다.

IQ와 그릿

미국 고등학교 교육과정은 본래 1894년 찰스 엘리엇Charles Eliot 하버드대 총장을 위원장으로 하는 이른바 '10인 위원회(Committee of Ten)'라 불리는 특별 위원회에서 만들었다. 10인의 전문가들은 대학에 들어오기 위해서는 누구든 특정 교과목에 대해 정해진 시간의 수업을 받아야 한다고 발표했다. 그들이 정한 교육 성취 측정 단위를 카네기 학점(Carnegie Unit)이라 부른다. 카네기 학점으로 1학점을 따려면 정해진 수업 이수 시간을 채워야 한다. 대략 한 과목에 대해 1년에 120시간 수업을 받아야 1학점이다. 카네기 학점 제도는 오늘날까지 변함없이 유지되고 있고, 주마다 차이가 있지만 고등학교를 졸업하려면 카네기 학점으로 18~20학점을 취득해야 한다.

그러나 필수 카네기 학점을 이수하는 것만으로는 대학에 입학할 수 없다. 어떤 과목에서 학생들이 받은 성적은 그 학생이 수업을 얼마나 훌륭히 이수했는지 반영하는 것이고, 평점과 등수는 다른 학생들에 비해 얼마나 더 잘 했는지 나타내는 척도로 여겨진다. 이런 수치들이 여전히 전형적인 고등학교 성적표를 구성하고 있고, 실제로 거의 모든 미국의 대학에서 입학 사정을 할 때 고등학교 성적표를 요구한다.

이 같은 대학 입시 제도를 만들 때 10인 위원회는 상대적으로 소수의 학생들만 성공할 수 있는, 학문적으로 박식해지는 것을 매우 중요시했다. 학생들을 비교하기 위해 필요한 전형적인 종 모양 성적분포 곡선은 학생들을 소수의 성공한 학생, 즉 A학점 받은 학생과 나머지 학생으로 분류한다. 그래서 낮은 성적을 받은 학생으로 하여금 자신이 게으르거나 지능이 떨어지거나, 때때로 둘 다 해당한다고 여기게 하는 등 스스로 부족하다고 느끼게 만든다. 엘웰은 이런 제도가 청소년들에게 미치는 영향에 대해 고심했다. 그는 대학 입학 준비를 위한 교육과정 가운데 '전문적인 필수요건'이 소수의 학생에게만 유리하고 대다수의 학생들에게 '열등감'을 불러일으키는 것은 '사회적 손실'이라고 생각했다.

엘웰 대령은 교육 제도의 변화에 관해 단순히 고민만 하고 넘어가지 않았다. 1920년대의 다른 사회비평가들처럼 엘웰은 그 시대의 특징이었던 서로 잡아먹고 먹히는 치열한 경쟁과 돈 버는 것에 대한 집착을 깊이 우려했다.

그는 '그늘이 너무 짙어지기 전에 문명화된 인간에게 협동심을 심어줄 수 있는지' 물었다. 또한 '인생에서 필요한 한 가지 요소는 개인의 성공을 바라보는 새로운 관점이다. 내가 갖는 것에서 남에게 주는 것으로 관점이 바뀌어야 한다.'라고 주장했다.

심화된 경쟁과 자기중심적 사고방식을 해결할 수 있는 해독제는 다름 아닌 놀이라고 엘웰은 분명히 말하고 있다. 아이들은 함께 놀면서 '페어플레이' 정신이 발달하고 자기중심적 사고에서 벗어난다. 나는 20대에 처음 읽은 장 피아제Jean Piaget의 《아동의 도덕 판단(The Moral Judgment of the Child)》을 통해 이런 사실을 알게 되었다. 엘웰도 비슷한 주장을 했다. '인간들은 더욱 형제처럼 가까워졌고 그래서 좋은 놀이동무가 되었다. 그리고 보다 나은 협동을 추구하고 있다. ……성숙한 놀이를 제공하는 교육이 마련되어야 할 시기가 빠르게 다가오고 있다. 그것은 생존의 길에 서 있는 이정표요, 인간이 처음으로 숨 돌릴 수 있는 시간이다.'

청소년들이 창의적 문제 해결 능력을 계발하고 혁신의 시대에 대비할 수 있는 가장 좋은 방법을 연구하면서, 나는 놀이와 취미 그리고 목적의 역할에 주목했다. 내가 깨달은 것은 사회적 목적이든 예술적, 과학적 목적이든 어떤 목적을 추구하는 것은 절제된 어른들 놀이의 한 형태라는 것이다.

교육의 목표 중 하나는 학교에서 놀이를 장려하는 것이어야 한다. 다시 말해, 학교는 청소년들이 열정을 가지고 추구할 수 있는 취미와 목적을 발견할 수 있도록 새로운 것을 시도하고 관심사를 추구할 수 있는 기회를 마련해주어야 한다. 이와 같은 내재적 학습 동기가 계발되지 않는다면 교육은 그저 단순 암기와 수업 이수 시간 채우기에 지나지 않는다. 아이들이 오늘날의 세상으로 나갔을 때 아무 도움도 되지 못한다는 말이다.

엘웰이 박사 논문을 쓰고 있을 무렵 전미교육협회(National Education Association)[14] 산하 학교관리자부(Department of School Superintendence) 초대 사무국장으로 셔우드 닷지 섄클랜드Sherwood Dodge Shankland가 임명되었다.(섄클랜드는 25년 동안 학교관리자부를 운영했고, 그 조직은 1937년에 미국학교행정가협회로 명칭이 바뀌었다.) 섄클랜드는 컬럼비아 대학교에서 한 연설에서 '교육 목표의 네 가지 필수요건'이 있다고 말했다.

---

14 미국 최대의 교원 노동조합으로 회원은 공립 초중등 학교 및 대학 교직원, 교육가, 퇴직 교사, 예비교사 등을 총망라한다.

1. 현재의 요구가 무엇인지 아는 것
2. 변화에 적응할 수 있는 지식
3. 상대방의 관점을 아는 것
4. 영혼을 일깨우는 지식

엘웰은 샌클랜드의 필수요건에 대해 '이 중 적어도 세 가지는 학교생활보다 캠프 생활을 통해 더 잘 가르칠 수 있다.'라고 말했다.

엘웰은 산업화시대에 일어난 변화에 비추어 '교육의 목적은 무엇인가? 어떻게 하면 그 목적에 가장 잘 부합할 수 있을까?'라고 진심으로 묻고 있었다. 내 필생의 연구는 대체로 엘웰과 똑같은 질문에 대한 답을 찾으려는 시도였다. 다른 게 있다면 이제 혁신의 시대가 시작되었고, 인터넷과 다른 기술의 등장으로 사회 변화가 가속화되고 있다는 점이다. 엘웰 대령은 놀라운 해답을 찾아냈고, 그것은 오늘날 나에게 깊은 울림을 준다.

여름 캠프는 교육은 정신적 훈육이고, 불쾌할 정도로 어렵고 추상적이지 않다면 그것은 교육이 아니라고 보는 사고를 깨도록 도와준다. 우리가 배우는 것이 아니라 우리가 이용하는 것이 바로 우리의 능력을 형성한다. 캠프는 '사용 가능한 능력'을 창조할 수 있게 도와준다.……여름 캠프는 교육의 보조 활동이 아니라 그 자체가 교육이다. 아이의 삶이 어느 미래 시간의 삶을 위한 준비과정이 아니라 바로 지금 존재하는 삶 자체인 것과 같다.

아이들이 배운 것을 적용해보는 교실 프로젝트를 통해 사용 가능한 능력을 계발할 수 있도록 기회와 효과적인 지도법을 제공한다면 아이들의 잠재력이 크게 확장될 수 있음을 이해하기 시작한 교육자들이 점점 늘고 있다.

예를 들면 스탠퍼드 대학교 심리학과의 캐롤 드웩Carol Dweck 교수는 '성장 마인드셋(growth mindset)'의 역할에 대해 기술했다. 우리 모두 노력하면 향상될 수 있고, 우리의 능력은 태어날 때부터 고정된 것이 아니라고 보는 마음가짐이다. 펜실베이니아 대학교 앤절라 더크워스Angela Duckworth 교수는 인내, 끈기, 자기 훈련, 호기심을 종합해 놓은 '그릿grit'이 낡은 방식의 IQ 지수보다 성공에 더 중요한 요소로 작용한다고 주장한다.

여러 가지를 미루어볼 때 이 두 개념이 전 세계 교실의 모습을 바꿔놓고 있다. 학생들은 단순한 능력보다 노력이 더 중요하다는 것을 배울 수 있고, 할 만한 가치가 있다고 여겨지는 과제를 할당받을 때 학생들의 그릿 '근육'은 점차 강해질 수 있다. 전에는 달성할 수 없다고 생각했던 목표를 위해 더 끈질기게 더 열심히 노력하는 법을 배우면서 학생들은 자신의 성공을 느낀다. 그것은 자신감을 향상시키고 자기강화를 일으킨다.

학교에서 교사가 해야 하는 일은 학생들을 케케묵은 방식의 시험에 대비시키면서 수업 시간을 허비하거나 학생 개인의 성취를 다른 학생과 비교해서 평가하는 것이 아니라 이런 잠재력을 계발시켜주는 것이어야 한다.

엘웰은 이와 같은 진리를 한 세기 전에 이미 깨닫고 있었던 것이다. 그는 '자연 학교'의 목적이 다음 네 가지 요소를 가르치는 것이라고 설명했다.

1. 성공에 대한 기대감
2. 앞날에 대한 두려움 없는 전망
3. 사그라지지 않는 희망
4. 끝까지 관철시키려는 욕구

'불행히도 이 요소들은 학교 교육과정에 포함되어 있지 않다.'라고 말하면서 엘웰은 안타까움을 드러낸다. 그리고 다음과 같이 덧붙였다. '다만 학교 교육과정의 내용을 모두 살펴봤을 때 그 이면에 이 요소들이 존재하는지 여부에 따라 사안이 결정된다.'

마지막 문단에서 엘웰 대령은 다음과 같은 장황한 말로 끝을 맺고 있다. '자연 학교는 소박함과 원시적인 현실을 경험하기 위한 학교이다. 자아에 대한 더 나은 이해와 더불어 사회적 이상과 협동심이 성장하는 곳이다. 그저 자연을 이해하고 자연의 속까지 들여다볼 수 있는

아이는 '생명의 책'15을 찾을 수 있는 열쇠를 얻을 것이다. 이것이 교육이다.'

모글리스에서 배운 것들

되돌아보면 모글리스에서 보낸 나의 여름은 확실히 '자연의 속을 들여다보는' 법을 가르쳐주었다. 게다가 기량 검증의 증거로 리본 획득을 강조한 모글리스 프로그램은 스카우트 운동의 공훈 배지 제도와 더불어, 내가 21세기 고등학교 졸업장에 대한 비전을 구상할 때 상당히 큰 도움이 되었다. 나는 고등학교 졸업장이 정해진 카네기 학점을 다 이수했다는 확인서라기보다 전문성(mastery)을 갖췄음을 인정하는 인증서여야 한다고 생각한다. 즉 필수 기량과 교과 영역에서 능력을 검증했을 때 그 증거로서 배지(또는 리본)를 수여하고, 정해진 수의 필수 과목과 선택 과목의 배지를 모았을 때 졸업장을 주는 것이다.

과학을 예로 들면, 나는 학생들에게 화학 원소 주기율표나 종·속·과·목·강·문·계 같은 생물 용어의 정의처럼 변할 수 있거나, 스마트폰으로 검색하면 바로 찾을 수 있는 정보를 암기하라고 요구할 것이 아니라 과학적 방법을 사용할 수 있는 능력을 입증하라고 요구

15 《성경》에 나오는 책으로 천국에 들어갈 충실하고 의로운 삶을 사는 사람들에 대해 기록한 책

해야 한다고 생각한다. 혼자든 팀 단위든 모든 고등학생은 가설을 설정하고, 가설 검증을 위한 실험을 설계하고, 설계에 따라 실험을 실시하고, 실험 결과를 분석하고 발표할 수 있어야 한다. 이처럼 과학적 방법을 능숙하게 사용할 수 있다고 입증되었을 때 오직 1학점이 부과되는 것이다.

내가 그렇게 자랑스러워하는 주황색 리본을 받기 위해 나는 정해진 시간 내에 도끼의 역사와 도끼의 부위별 명칭에 대한 선다형 시험을 본 적이 없었다. 나무가 계획한 대로 쓰러지지 않았을 때 점수가 깎인 적도 없었다. 종 모양 성적 분포 곡선에 맞춰 내 성적이 나온 것도 아니었다. 실패는 없었다. 오직 시행착오를 통한 배움만 있었다. 리본을 획득하기 위해 필요한 수행 기준을 충족시킬 때까지 그저 계속해서 작업했다. 나는 엘웰 대령이 말하는 '사용 가능한 능력'을 보여줘야 했다. 가장 중요한 것은 무엇을 알고 있느냐가 아니라 알고 있는 것으로 무엇을 할 수 있느냐이다.

엘웰 대령은 학교 교육의 본질을 바꿀 수 있다고 생각하지 않았다. 대신 그의 전략은 모든 어린이들이 도시를 벗어나 자연을 경험할 수 있는 공공 여름캠프 프로그램을 세우는 것이었다. 그런 프로그램이라면 몇 달에 걸쳐 실내에서 받아야 하는 학교 교육을 보완할 수 있고 '소년법원, 청소년 선도 경찰관, 소년원과 관련된 수천 달러의 경비를 절약할 수 있다'고 생각했다. 캠프 프로그램은 당연히 그런 효과를 낼 수 있다. 그러나 엘웰이 주장한 공공 캠프 프로그램은 한 번도 체계적으로 세워지지 않았다.

엘웰 대령의 비전이 교육을 완전히 바꿀 수 없었던 것처럼 모글리스 캠프 경험은 내 학교생활을 전혀 보충해주지 못했다. 아마 캠프에 참가하던 당시에는 웨스트 선생님과 엘웰 대령에게 배운 것이 삶의 중요한 교훈임을 깨닫지 못했을 것이다. 캠프는 학교가 아니었다. 시험을 보거나 성적표를 받는 것도 아니었다. 그러니 어떻게 뭐라도 배울 수 있었겠는가?

그러나 나는 배우고 있었다. 웨스트 선생님은 나에게 다른 문화에 대한 깊은 이해를 일깨워주었고, 나중에 그것은 여행하면서 인류학을 공부하고 싶은 갈망으로 바뀌었다. 웨스트 선생님은 말로 가르쳐주지는 않았지만, 서로 달라도 괜찮고 나와 다른 사람과 동질감을 가질 수 있다는 것을 가르쳐주었다. 게다가 종교에 관해서 완전히 새로운 사고방식을 접하게 해주었다.

엘웰 대령과 숲속에서 작업하면서는 끈기를 배웠고 스스로 정한 목표를 성취했을 때 느끼는 자부심도 배웠다. 게다가 진정한 숙련과 전문성을 계발한다는 것이 어떤 의미인지 처음으로 경험했다. 그때 엘웰 대령이 나에게 기가 막히도록 자신과 비슷한 평생의 직업을 갖도록 은근히 영향을 미치는 말을 했을까? 정말 궁금하다.

전체적으로 봤을 때 모글리스에서 배운 교훈은 나머지 9개월 동안 학교에서 배운 주된 교훈, 즉 내가 실패자이고 낙오자라는 느낌을 지워버리기에 충분하지 않았다. 8주간의 여름 캠프로는 턱없이 모자랐다. 그럼에도 불구하고 모글리스에서 보낸 시간은 배움과 내 자신에 대한 가능성을 일깨워주었다. 그곳에서 시간을 보내지 않았더라면 나는 결코 그 가능성을 알지 못했을 것이다. 세월이 더 흐르고 여러 대학을 다녀보고 나서야 나는 경험과 책을 통해 배운 것들이 통합되고, 지식은 머리뿐만 아니라 마음에서 나온다는 것을 이해하게 되는 곳을 발견했다.

LEARNING
BY HEART

3장

나의 학교 방랑기

랜돌프 메이컨Randolph-Macon은 남부 연합 수도였던 리치먼드 북쪽으로 약 한 시간 거리에 위치한 버지니아의 한 시골 마을 외곽에 붙어 있는 작은 남자대학이었다. 실제로 애쉬랜드라 불리는 그 마을은 정말 보잘것없었고, 대학 캠퍼스라고 했지만 포장된 작은 길로 서로 연결된 낡은 벽돌 건물들이 무질서하게 모여 있는 곳이었다. 늦여름 뜨거운 햇볕에 잔디와 나무들은 물론이고 건물까지 바짝 말라가고 있었다. 내가 지낼 곳을 포함해 일부 기숙사는 새로 지은 것이었지만 모든 건물이 먼지 날리는 시골길에 서 있는 낡은 단층짜리 모텔 같은 매력을 풍겼다. 대학 근처에는 탐사하러 갈 만한 숲이나 들이 없었다. 고작해야 민들레와 바랭이로 뒤덮인 풀밭이 사방에 펼쳐져 있었고, 그 위로 쓸쓸해 보이는 나무 몇 그루가 듬성듬성 서 있었다. 그곳은 그야말로 낯선 불모지 같았다.

내가 대학에 들어간 이유는 하나였다. 내가 아는 아이들이 모두 고등학교를 마치고 대학에 갔기 때문이었다. 무슨 이유가 그럴까? 그때 다른 대안은 없었을까? 아버지가 말한 대안은 군에 입대하거나 주유소에서 일하는 것이었다.

대학은 다를 것이라 생각했다. 나는 흥미를 자극하는 공부와 진리를 탐구하는 토론을 기대했다. 그러나 아니었다. 활기 없는 강의가 하나 끝나면 또 다른 강의가 기다리고 있고, 시험을 보기 위해 쓰레기 같은 것들을 잔뜩 외워야 했다. 대부분 고등학교에서 외워야 했던 것과 내용이 같았다.(물론 고등학교 다닐 때는 외우지 않았던 것들이다.) 나는 마음을 잡고 공부에 집중할 수가 없었다. 어떤 것도 내 호기심을 자극하지 않았고, 어떤 것도 배우고 싶은 마음이 들도록 영감을 주지 않았다.

내가 상상했던 대학은 활발한 사교 활동이 일어나는 곳이다. 그래서 매력적인 사람들을 많이 만날 수 있다고 생각했다. 이것 역시 틀린 생각이었다. 나는 무턱대고 시골 지역에 있는 한 남자 대학을 선택했다. 대학들을 자세히 조사해보고 여러 곳에 지원할 생각을 하지 못한 탓이다. 그래야 한다는 것을 몰랐다. 아무도 내게 그런 말을 해주지 않았다. 에이번 스쿨에서처럼 랜돌프 메이컨 대학의 학생들은 대부분 운동을 좋아했다. 1학년 필수 과목인 체육 수업에서 학생들은 체력 테스트를 여러 번 받았다. 내가 그 수업에서 거의 최고 수준이 되자 체력 테스트를 감독하던 코치가 학교 대표 운동부에 지원할 생각이 있는지 물었다. 그러나 나는 별 관심이 없었다.

남학생 사교클럽에도 관심이 없었다. 사교클럽 가입을 권유하기 위해 여는 파티에 두어 번 간 적이 있는데, 그곳에서 비치보이스[1]의 '서핑 USA'를 들으면서 마을에서 유일하게 구할 수 있는 농도 3.2%짜리 '맥주 아닌 맥주'를 취하도록 마시는 남자아이들을 구경했다.

시어링 고등학교를 다닐 때 나는 에드워드 선생님 지도를 받으며 글쓰기에 많은 시간을 보냈고, 그래서 소설가가 되고 싶다는 생각을 가지고 있었다. 그러나 대학 1학년 작문 과목에서 첫 과제로 제출한 에세이가 F를 받았다. 나는 소로가 남긴 "우리는 세세한 것에 인생을 낭비하고 있다.(Our life is frittered away by detail.)"라는 말에 대해 글을 썼다. 역사 속에서 우리가 배우고 또 잊어버리는 모든 사실과 사람들이 저녁 식탁에서 나누는 피상적인 대화를 예로 제시했다. 나는 내 에세이에 대한 그린버그 교수의 평을 읽어보고도 믿을 수가 없었다. '학생은 설명문 쓰기를 무척 싫어하는 것 같다. 첫 단락부터 정말 형편없다. 글쓴이가 쓰기 싫어한 만큼이나 읽는 이에게도 재미없는 글이다.'

"그린버그 교수님, 교수님의 수업은 정말이지 믿을 수 없을 만큼 재미없습니다. 제게는 시간 낭비입니다."라고 되받아치고 싶었다. 그러나 하지 않았다.

정말 다행히도 브라이언과 주디를 알게 되었다. 그들이 없었다면

---

1 1961년에 결성된 미국 밴드. 미국 서해안 젊은이들의 문화를 소재로 하는 서프음악(surf music)을 대중화시킨 대표적인 밴드

나는 너무 많은 시간을 혼자 보내야 했을 것이다. 브라이언은 키가 크고 마르고 듬성듬성 자란 염소수염을 하고 있는 졸업반 학생이었다. 주디는 그의 아내이다. 에이번 스쿨에서 한 방을 썼던 친구가 먼저 대학에 들어와 브라이언 부부와 친구가 되었고, 내가 입학하자마자 그들을 소개해준 것이다. 그들은 기숙사 건너편에 있는 몇 채 안 되는 결혼한 학생들을 위한 작은 집에 살고 있었다. 주디는 매우 상냥한 사람이었다. 부드러운 남부 사투리와 다정한 미소로 항상 나를 저녁식사에 초대했다.

브라이언은 포크 음악을 무척 좋아했다. 기타도 칠 줄 알았고, 최근에는 오토하프를 배우기 시작했다. 브라이언의 소개로 나는 피트 시거Pete Seeger, 시거가 결성한 밴드 위버스the Weavers, 카터 시스터스the Carter Sisters. 미시시피 존 허트Mississippi John Hurt, 데이브 반 론크Dave Van Ronk, 우디 거스리Woody Guthrie 같은 포크 음악가들을 알게 되었다. 브라이언이 열광하는 새로운 젊은 가수도 있었는데, 바로 밥 딜런Bob Dylan이었다.

나는 밥 딜런이 콧소리로 노래하는 것 같아서 그의 목소리를 별로 좋아하지 않았다. 하지만 그의 노래 가사는 그야말로 순수한 시였다. 브라이언과 주디의 집에서 저녁을 먹고 나면 우리는 거실 바닥에 앉아 싸구려 와인을 마시면서 음악을 듣곤 했다. 딜런의 음반 'The Times They Are a-Changin'을 틀어놓을 때는 열띤 토론이 벌어지기도 했다. 거의 매일 밤 마틴 루터 킹 주니어 목사가 뉴스에 나왔고, 고용과 공공장소에서의 차별을 금지하는 민권법이 막 통과되었다. 나는 이런 것들이 진정한 발전의 조짐이라고 생각했지만 브라이언은 강력하게 아니라고 말했다. 그는 지난여름 미시시피 KKK단[2]이 세 명의 젊은 민권 운동가 마이클 슈버너Michael Schwerner, 제임스 채니James Chaney, 앤드류 굿맨Andrew Goodman을 살해한 사건을 지적했다. 브라이언은 버지니아의 시골에서 자랐다. 그는 법이 사람들의 믿음이나 행동을 바꾸지 못할 것이라고 말했다.

딜런의 'A Hard Rain's A-Gonna Fall'은 곧 내가 가장 좋아하는 노래가 되었다. 어머니가 아들에게 어디에 갔는지 묻고, 아들은 자신이 여행하면서 만난 모든 거짓과 위선 그리고 부조리를 설명한다. 그 노래를 처음 들은 후로 아마 20번째쯤 듣고 있을 어느 늦은 저녁, 문득 어머니와 보낸 하루가 생각났다. 농장에서 볼티모어 근교의 골프장이 달린 주택으로 이사한 직후였다. 나는 어머니와 함께 세탁물을 맡기기 위해 외출했다.

어머니는 자동차를 끌고 여기저기 구멍이 팬 도로를 따라 운전했다. 길 양쪽으로 금방이라도 무너질 듯한 판잣집들이 줄지어 있었다. 퍼석퍼석 부스러지는 콘크리트 블록 위에 불안하게 서 있는 나무판자로 만든 작은 집들이었다. 비막이용으로 덧붙여놓은 외부 판벽의 페인트는 벗겨지고 지붕을 덮고 있는 얇은 철판은 녹슬어 있었다. 길을

---

2 큐 클럭스 클랜Ku Klux Klan의 줄임말로 미국 백인 우월주의 인종차별 단체

따라 가다가 어머니는 어느 집 앞에 차를 세우고, 잠시 기다린 후 조심스레 자동차 경적을 눌렀다. 얼굴에 깊은 주름이 팬 백발의 흑인 여자가 앞치마에 손을 닦으면서 찢어진 칸막이 문에서 나왔다. 그 여자는 우리 스테이션왜건[3] 자동차로 다가와서 뒷좌석에서 빨랫감이 높이 쌓여 있는 무거운 버들가지 광주리를 꺼냈다. 여자는 "다음 주 초까지 해놓겠습니다."라고만 말했고, 어머니는 고개를 끄덕였다.

길 건너편에는 내 또래 아이 두어 명이 땀으로 얼룩진 찢어진 티셔츠를 입고 공을 차고 있었다. 한 아이가 내 쪽으로 돌아서서 나를 쳐다봤다. 무척 더운 날이었지만 나는 유리창을 올리고 차가 그곳을 빠져나갈 때까지 무릎만 내려다보았다.

내가 왜 시선을 돌렸는지, 어째서 내가 본 모습에 대해 어머니에게 한마디도 안 하고 조용히 앉아 있기만 했는지 이해가 되지 않는다. 밥 딜런의 노래가 머릿속을 떠나지 않는 대학생이 되고 나서 그때 일을 떠올려보니 얼굴이 화끈거렸다. 순백의 특권층 세상에서 성장한 나는 대부분의 사람들이 어떻게 살아가는지 전혀 모르고 있었다. 우리 가족이 사는 언덕 위 큰 벽돌집에서 그리 멀지 않은 곳에 어떻게 그런 삶을 살고 있는 사람들이 있을 수 있을까? 그 일이 있은 뒤 얼마 지나지 않아 학교에서 어떤 아이들이 흑인들이 우리와 함께 수업받는 것을 허락하지 말아야 한다고 말했을 때 나는 왜 가만히 있었을까?

---

3 차체 뒷부분에 큰 짐을 실을 수 있는 공간이 있는 차

딜런의 노래를 듣고 브라이언 부부와 밤늦도록 이야기를 나누면서 나는 주변 세상에 눈을 뜨기 시작했다. 민권 운동가들이 불타는 버스에서 끌어내려지고 구타당하고, 평화 시위를 벌이는 사람들을 향해 경찰이 물을 뿌리고 몽둥이를 휘두르는 모습이 야간 뉴스에 비춰졌다. 나는 이런 사건들을 마치 움직이는 기차 창문 너머로 보이는 광경인 양 그냥 보고 지나쳤다. 그러나 TV 화면에 비치는 모습과 노래 가사에 담긴 이야기 모두 지금 주변에서 일어나는 일이라는 것을 깨달았다. 나는 흑인이라고는 경비원밖에 없는 대학에 다니고 있었고, 부모님이 다니는 교회나 골프장에서는 흑인을 찾아볼 수 없었다. 우리 집에서 1킬로미터도 채 떨어지지 않은 곳에 가난에 찌든 현실이 있었다. 갑자기 이 모든 것들이 매우 당황스럽고 잘못된 것이라는 생각이 들었다.

왜 나는 한 마디도 귀 기울여 듣지 않는 강의에 참석하고 밤마다 과제를 뒤로 미루는 짓을 하고 있는 것일까? 왜 아직도 실제로 나에게 중요하지도 않은, 그저 '기성세대'가 중요하다고 정해놓은 것을 배우기 위해 노력하는 척하고 있을까? 대학의 목적은 대체 무엇인가? 내가 변호사나 금융가나 사업가 같은 '정상적인' 직업을 얻을 수 있도록 준비시켜주기 위한 곳인가? 그런 일은 내 스스로도 내가 하리라고 도무지 상상할 수 없는 것들이다.

브라이언은 졸업반인데도 학교를 중퇴할까 생각 중이라고 말했다. 대학은 그가 포크 가수가 되는 데 아무 도움이 안 될 것이다. 내가 작가가 되는 데도 도움이 안 될 것이다. 나에게 필요한 것은 진짜 세상에 대해 배우고 그런 세상을 담은 글을 쓰는 것이다. 그때가 12월이었다. 그러니 어딘가 따뜻한 곳으로 가야 한다. 아마 플로리다 같은 곳 말이다.

청소년기 특유의 성급함과 허세를 장착한 나는 무엇인가 의미 있는 일을 할 계획을 세웠다. 학교를 중퇴하고 히치하이크[4]로 남쪽으로 가서 그곳에서 일자리를 얻고 소설을 쓸 것이다.

학생이 아닌 청년의 세상살이

포트로더데일 비치 호텔 뒤편의 좁은 직원 기숙사에서 사는 것은 내가 랜돌프 메이컨 대학을 그만두면서 상상했던 삶이 아니었다. 호텔 측은 월급에서 숙식비를 미리 공제했다. 내게 제공된 것은 스프링이 삐걱거리는 2층 침대와 보급용 군대 담요가 고작이었다. 그러나 룸서비스 웨이터 일은 수입이 꽤 많았고 주방 종업원에게 음식을 공짜로 얻을 수 있어서 생활비가 거의 들지 않았다. 게다가 밤에는 글을 쓸 수 있는 시간이 있었다. 그저 손전등을 켜놓고 일기를 쓰는 것에 불과했지만 주기적으로 글을 쓰는 것은 대학을 그만두면서 나 자신에게

---

4 남의 차를 얻어 타고 다니며 여행하는 것

한 약속을 지키는 일이었다. 그것은 언젠가 진짜 작가가 될 수 있다는 희망의 불씨가 꺼지지 않게 도와주었다.

한 달이 지나자 80cc 야마하 오토바이를 살 수 있는 돈이 모였다. 이제 자유롭게 어디든 갈 수 있다. 쉬는 날이 되면 나는 오토바이를 타고 바람과 따뜻한 햇살이 얼굴에 닿는 것을 느끼면서 포트로더데일5 주변을 돌아다녔다. 가끔 분주한 항구에서 시간을 보내면서 선창가를 따라 사람들이 바쁘게 움직이는 것과 대형 크레인이 전 세계에서 온 화물선에서 선적물을 내리는 것을 구경했다. 언젠가 나도 헤밍웨이의 작품 속 노인처럼 참치나 돛새치, 청새치를 찾아서 작은 어선을 타고 바다로 나갈 것이다. 나는 내가 상상하는 '작가의 삶' 즉, 경험과 모험이 가득한 삶을 간절히 바랐다.

가끔씩은 호텔 앞 해변에서 산책을 했다. 그곳은 나의 새로운 파이니런(어린 시절 농장의 개울)이자 숲속 예배당이었다. 나는 발가락 아래로 축축한 무엇인가가 으깨지는 것을 느끼면서 찰싹거리는 파도가 마지막으로 모래를 남겨놓고 가는 선을 따라 걷는 것을 무척 좋아했다. 그다음 파도가 슬그머니 다시 들어오면 바닷물은 무릎 주변을 빙빙 돌다가 포말로 변했다. 태양이 회색빛 하늘에 옅은 주황색 줄무늬를 남기면 나는 느린 걸음으로 기숙사로 돌아와 그 장면을 일기장에 그대로 묘사해보려 했다.

1월 말이 되자 호텔 매니저들과 요구 사항이 많은 무례한 손님들 비위를 맞춰야 하는 상황에 점점 화가 나고 기숙사 생활도 짜증이 났다. 이러려고 대학을 그만둔 게 아니다. 정확히 어디인지는 나도 몰랐지만 서둘러 어딘가로 가고 싶었다.

야간 근무가 없는 날이면 시간을 보내던 작은 커피숍 하나가 있었다. 그곳 주변은 임대료가 싼 지역이었다. 나는 커피숍 뒷골목에 있는 방을 하나 빌리고, 로열 캐슬[6]점에서 햄버거 빵을 굽는 일자리를 구했다. 급여는 시간당 92센트이고, 원하는 메뉴를 아무것이나 먹을 수 있었다. 그런데 '유니폼 대여' 명목으로 급여의 상당 부분을 떼어가서 무척 기분이 나빴다. 나는 쥐꼬리만 한 급여를 더 올릴 방법을 생각해냈다. 다들 원하지 않는 야간 근무를 맡는 것이다. 밤 8시부터 시작해서 다음 날 아침까지 총 10시간을 일하기 때문에 하루 세 끼 식사 중 두 끼는 그곳에서 해결할 수 있었다.

아니, 끼니를 때울 수 있었다고 해야 맞다. 그 가게는 종이처럼 얇고 완전히 익힌 기름투성이 패티를 푹신푹신한 흰색 빵 사이에 넣고 손님 취향에 따라 머스터드, 케첩, 피클을 곁들이는 버거가 전문이었다. 한 개에 15센트였고, 커피나 탄산음료에다가 사이드 메뉴로 감자튀김까지 추가하면 30분 동안은 왕이나 여왕이 될 수 있었다. 식사를 천천히 하면 더 오래 그런 호사를 누릴 수도 있다. 실제로 그렇게 하

---

6 미국 마이애미에 본사를 둔 햄버거 체인점

는 사람들이 많았다. 지칠 대로 지친 온갖 피부색의 사람들이 밤새 가게 문을 넘나들었다. 술 취한 사람들, 매춘부, 얼마 안 되는 버거 값을 계산하려고 주머니를 뒤져 잔돈을 긁어모으는 사람들, 모두 내가 이곳에서 일하지 않았더라면 결코 만나지 못할 사람들이었다.

근무 시간이 끝난 새벽, 나는 오토바이를 타고 천천히 요리조리 길을 달려 자취방으로 돌아왔다. 프라이팬에서 튄 기름을 샤워로 씻어내고 정돈되지 않은 침대 위로 그냥 쓰러졌다. 글을 쓸 기력이 조금도 남아 있지 않았다. 오후 3시에 일어나 길 건너 식료품점에서 간단히 커피와 도넛을 먹은 후 어디든 다른 곳으로 떠나고 싶다고 생각하면서 다시 천천히 햄버거 가게로 향했다. 일주일에 6일을 그렇게 생활했다. 이건 작가의 삶이 아니다. 아니 삶이라고 할 수도 없었다.

나는 다른 일자리를 찾기 위해 구인 광고란을 뒤졌다. 마침내 하나가 눈에 들어왔다. 어떤 남자가 길이 20미터짜리 범선 작업을 할 사람을 찾고 있었다. 신이 나서 얼른 전화를 했다. 남자는 배가 건선거[7]에 있고, 철로 만든 선체에 사포질하고 페인트를 칠하는 작업이 필요하다고 말했다. 임금은 한 시간에 1달러 50센트로 시작한다고 했다. 나는 "배가 다 완성되면 저를 선원으로 써주시겠습니까?"라고 물었다. 여전히 바다에 나가보는 것이 꿈이었고, 나중에 글감으로 사용할 수 있도록 물고기를 쫓고 잡는 경험을 하고 싶었다. "그럼요. 물론입

---

7 항구에서 물을 빼서 배를 만들거나 수리할 수 있게 만든 곳

니다." 그가 대답했다. 나는 그날 바로 햄버거 가게에다 일주일 후에 그만두겠다고 알렸다.

남자가 알려준 주소 앞에 오토바이를 세웠을 때 금방이라도 무너질 듯한 골진 양철 지붕 작업장 안에 나무로 받쳐 놓은 녹슨 배가 보였다. 선실도 없고 갑판도 없었다. 철재 선체와 용골[8]만 있었다.

"이게 그 배입니까?" 내가 물어봤다. 아무래도 내가 실수한 것 같다는 생각이 들었다.

"그렇소."

그는 나를 데리고 측면 사다리로 올라갔다. 위에서 내려다보니 배의 내부 구조가 모두 제거되어 있다는 것을 알 수 있었다. 배 내부의 세로 방향을 따라 십자 모양의 작업대 발판들이 설치되어 있었고, 아무것도 씌우지 않은 전구 몇 개가 전선에 매달린 채 희미한 빛을 내고 있었다. 남자는 사포를 이용해 선체 벽면의 녹을 제거하는 것이 내가 할 일이라고 설명했다. 그는 비품들이 어디에 있는지 보여주며 가끔 확인하러 오겠노라 약속하고서는 메르세데스 오픈카를 타고 쌩하고 사라졌다.

처음 몇 주 동안은 정말 일을 많이 했다. 사포질은 하면 할수록 녹이 더 많이 떨어져 나오는 것 같았다. 나는 종종 작업 발판에 등을 대고 누워 그의 자동차 바퀴가 자갈을 밟으면서 들어오는 소리가 들릴

---

8 배의 바닥 중앙을 받치는 길고 큰 목재 또는 철재 구조

까봐 반쯤 신경을 곤두세운 채 토막잠을 자곤 했다. 4월 어느 날, 결국 낮잠을 자다가 주인에게 들켰다. 나는 녹가루 때문에 너무 힘들어서 누워 있었다고 말했다. 처음에는 변명이 먹혀들었다. 그러나 두 번은 아니었다. 결국 나는 해고되었다.

차라리 잘된 일이었다. 무미건조하게 최저 임금을 받고 일하는 것은 이제 충분히 경험했다. 나는 내 자신에게 '진짜 세상'에 대해 배우겠다고 말하면서 대학을 그만뒀다. 그리고 조금은 배웠다. 얼마나 많은 사람들이 생계를 유지하기 위해 고군분투하고 있는지 직접 목격했고, 겨우 몇 달간의 체험이었지만 밑바닥 일을 하며 근근이 살아가는 것이 어떤 것인지 이해하게 되었다. 집에 전화해서 도움을 구하는 것 못지않게 가까운 곳에서도 쉽게 도움을 구할 수 있다는 것도 알게 되었다. 로열 캐슬 햄버거 가게에서 일한 이후로 내 주변에서 보이는, 대부분 피부색으로 결정되는 듯한 불평등에 더욱 깊은 분노를 느꼈다. 나는 미국에서 벌어지는 이러한 부조리의 근원에 대해 더 알고 싶었다. 이곳에 가만히 있어서는 알 수 없을 것이다.

게다가 이곳에서 오토바이를 타고 여기저기 누비고, 해변을 따라 한가로이 걷고, 햄버거 빵을 굽고, 얼마 없는 여가 시간에 일기를 쓰는 식으로는 내가 꿈꾸던 작가가 될 수 없다는 것을 깨달았다. 작가가 되고 싶다면 학교로 돌아가야 한다. 에드워드 선생님 같은 좋은 선생님도 필요하고, 마음이 맞는 사람들과 소설에 대해 토론하고 생각을 나누고 싶었다. 늦은 밤 브라이언과 주디와 함께 나누었던 대화가 그리웠다. 두 사람은 내 눈에 보이기 시작한 것을 내가 이해할 수 있도록 도와주었던 것이다. 혼자 힘으로는 할 수 없다는 것을 이제야 알겠다.

북부 지역은 봄이었다. 1년 중 가장 좋아하는 시간이다. 나는 다시 학교에 다니기로 결심했다. 랜돌프 메이컨 대학으로는 돌아가지 않을 것이다. 플로리다에서 지냈던 것처럼 자유롭게 자취하면서 다닐 수 있는 남녀공학 대학을 찾아볼 것이다. 이번에는 그냥 하기로 되어 있어서가 아닌 스스로의 선택으로 대학을 다닐 것이다.

민권운동에 눈뜨다

1965년 가을, 나는 마침내 지금은 버지니아 커먼웰스 대학교(Virginia Commonwealth University)로 불리는 리치먼드 전문학교(Richmond Professional Institute, 이하 RPI)에 등록했다. 이 학교를 선택한 이유는 도시에 있었기 때문이다. 외진 곳에 있는 학교는 완전 신물이 났다. 게다가 브라이언과 주디가 사는 곳과 가까웠다. 제멋대로 뻗어 나간 리치먼드 시내에 자리 잡은 캠퍼스는 조금 부자연스러운 느낌이었다. 강의실로 사용하기 위해 현대식으로 수리한 오래된 건물들이 대부분이었다. 직장을 다니거나 전문 자격증을 따려는 학생들이 많았다. RPI는 미술대학으로 유명해서 이곳 학생들은 랜돌프 메이컨에서 만난 학생들보다 더 유행에 밝고 더 다양했다. 사실 이 점에 관해서는 다른 어떤 곳보다 돋보였다.

나는 플로리다에서 번 돈으로 학교에서 몇 블록 떨어진 곳에 작은 원룸을 빌리고 중고 오토바이도 샀다. 이번에는 배기량이 250cc인 야마하 오토바이를 샀다. 방은 좋아하는 포크 가수들 포스터로 장식하고 시집과 소설책으로 책장을 채웠다.

그때 읽기 시작한 책들이 앨런 긴즈버그Allen Ginsberg, 로렌스 퍼링게티Lawrence Ferlinghetti, 게리 스나이더Gary Snyder 같은 비트 세대(the Beats)⁹ 작가들의 작품이었다. 그중에서도 특히 케네스 패천Kenneth Patchen의 작품을 좋아했다. 패천의 《앨비언 달빛의 기록(Journal of Albion Moonlight)》은 한 젊은이가 2차 세계대전 초기에 느낀 환멸을 묘사한 소설로 의식의 흐름 기법으로 쓰였고, 시와 그림이 사이사이에 배치되어 있는 것이 특징이다. 나는 패천이 글을 써야만 하는 이유에 대해 한 말을 정말 좋아했다. "황홀한 순간이 있다면 그 순간을 기념하고, 고통이 있다면 그 고통을 멈추게 하기 위해서이다."

지금도 상당히 그러는 편이지만, 당시 나는 무엇보다 느낌과 직감으로 세상을 이해했다. 내가 보고 듣고 경험하는 것들이 나를 '가르치고' 있었다. 지루한 수업과 강의로는 불가능했던 방식이었다. 그러나 느낌과 직감을 이해하기 위해서는 경험하고 있는 것들을 글로 쓸 필

---

9 1950년대 경제성장을 누리던 미국의 풍요로운 물질 문화와 체제 순응적 가치관에 반기를 들고 획일적인 사회에 저항하고 자유를 주창한 예술가 집단

요가 있었다. 글 쓰는 행위를 통해 느낌과 생각은 서로 융합되어 의미를 형성한다. 그때 나는 어린 시절에 대한 글을 쓴다면 나를 괴롭히고 있는 질문의 답을 찾는 데 도움이 될 것이라 생각했다. 그래서 원룸으로 이사하고 나서 곧바로 내 성장 이야기를 쓰기 시작했다. 거의 매일 아침에 글을 썼고, 9월 본격적으로 학기가 시작될 무렵 책상에는 타자기로 작성한 원고가 80장이나 쌓였다. 나는 수업을 받기 시작해도 글을 계속 쓰겠다고 다짐했다. 그리고 이번에는 공부를 미루지 않고 매일 할 생각이었다.

그러나 학기가 시작되기 무섭게 의욕이 꺾였다. 신입생 필수 과목, 교재, 강의, 모든 것이 전과 똑같았다. 유일하게 드러나는 차이는 강의실이 더 크고 여학생도 있다는 것뿐이었다. 수업을 같이 듣는 학생들은 대부분 지루한 강의가 진행되는 동안 조용히 노트 필기를 하며 앉아 있었다. 예전과 다를 바 없는 수업을 들으면서 점점 인내심을 잃었다.

몇 주가 지나자 더 이상은 견딜 수 없었다. 나는 고대사 강의 중간에 혼자 웅얼거리는 교수의 말을 끊으며 손을 들었다.

예상 못한 상황인 듯했지만 교수는 내 이름을 불렀다. "왜 왕들과 그들이 벌인 전쟁에 대해 공부해야 하는지 이해되지 않습니다. 당시에 살았던 일반인들에 대해서는 왜 배우지 않는 것입니까?" 젊은 교수였기 때문에 나는 대립할 위험을 무릅쓰고 질문했다. 그리고 실제로 그가 귀를 기울일지도 모른다고 생각했다.

"수업 끝나고 찾아오세요." 교수는 그렇게만 말하고 정확하게 중단된 부분에서부터 다시 강의를 시작했다.

나는 첫 시험에서 91점을 받았다. 그래서 내가 단지 게으름 피우려고 한 질문이 아니라는 것을 교수도 알고 있을 것이다. 그러나 그가 무슨 말을 할지 전혀 감이 잡히지 않았다.

"학생은 모르고 있을 겁니다." 그는 그렇게 첫마디를 시작해서 종신 재직권이 없는 교수의 상황을 설명했다. 게다가 배정받은 과목의 수업계획서를 엄격하게 따라야 하는 문제가 있었다. 그렇다. 그의 말이 맞다. 나는 모르고 있었다. 그것은 내가 모르고 있는 '고등교육기관'의 유일한 문제가 아니었다.

학기 첫 주 내내 대학본부 건물 근처 보도에서 서너 명의 학생들이 전단지를 나눠주고 있었다. 호기심에 나도 하나 받았다. 제목이 '예수님이 우리 학교에 다닐 수 있을까요?'였다.

바로 지난 5월에 긴 머리 자르기를 거부한 남학생이 퇴학당하는 일이 있었다. 그리고 9월, 성적이 우수한 4학년 학생 세 명이 여름방학 동안 머리를 어깨선까지 기르고 구레나룻과 염소수염을 길렀다는 이유로 등록을 거부당했다. 세 학생은 다른 학생들과 함께 '개인의 권리를 위한 학생들 모임'을 결성했다. 그들은 이 문제로 소송을 걸었고, 사람들의 지지를 얻어야 했다.

그해 가을, 나는 그들이 여는 모임에 참석해 돕겠다고 자원했다. 며칠 동안 오후가 되면 학생들이 많이 다니는 분주한 길목에 서서 대학의 자유를 주장하는 전단지를 배포했다. 전단지를 받으려는 학생은 거의 없었다. 받더라도 한 번 획 보고는 꼬깃꼬깃 뭉쳐 바닥에 버렸다. 한 학생은 나에게 공산주의자냐고 묻기도 했다. 나는 귀로 듣고도 못 믿겠다는 듯이 학생을 바라봤다. 나는 장발도 아니고 수염도 기르지 않았다. 심지어 전단지 내용은 프랜시스 케펠Francis Keppel 전 미국 교육부 장관의 말을 인용한 것이었다.

10월에 열린 다음 모임에서 게일이라는 이름의 여학생이 일어나 자기소개를 했다. 그녀는 버지니아 학생민권위원회라는 새로 생긴 단체 소속이었다. 그 단체는 여름에 버지니아 남부에서 열린 '자유의 여름' 행사를 후원했다. 바로 전년도에 미시시피에서 열린 행사를 본떠 기획한 행사로, 간이식당 같은 공공장소에서의 분리 정책을 폐지하고 더 많은 흑인을 선거인 명부에 등재시키는 것이 목적이었다. 흑인들은 버지니아 인구의 절반을 차지하지만 선거인 명부에 등재된 사람은 18퍼센트밖에 되지 않았다. 민권 운동가들은 지방선거관리사무소로 가는 교통을 제공해서 흑인들의 등록 수를 올리려 하고 있었다. 그러자 선거인 등록 담당관이 사전 공지 없이 업무 시간을 제멋대로 바꾸기 시작했다. 선거인 등록이 그런 식의 문제라는 것을 나는 그때까지 전혀 모르고 있었다. 그러나 나를 동요시킨 것은 그녀가 그다음에 한 말이었다.

1965년 여름 버지니아의 인권 단체들이 더욱 적극적으로 활동하자 KKK가 공격적으로 대응했다. 노스캐롤라이나 KKK단은 버지니아 지부의 그랜드 드래곤[10]으로 일하면서 버지니아 주에서 백인 저항 세력의 기폭제가 되어줄 그랜드 클로카드[11]를 고용했다. 그의 이름은 마샬 코네게이였다. 그는 빅토리아 시 외곽에서 대규모 노동자의 날 집회를 조직했다. 수천 명이 참석한 집회에서 코네게이는 마틴 루터 킹은 공산주의자이며 존슨 대통령과 대법원이 소련 독재자들처럼 미국에 인종 혼합을 강요하고 있다고 외치며 대중을 선동했다. KKK단은 20미터 높이의 십자가를 불태우면서 집회를 마무리했다. 게일은 그날 십자가가 몇 시간 동안 꺼지지 않고 밤하늘을 밝혔다고 말했다.

게일은 KKK단이 빅토리아에서 사람들에게 나눠준 전단지 한 장을 높이 들어 보인 후 천천히 읽었다. "우리의 평화로운 니그로[12]들을 자신들의 더러운 '흑색 혁명'에 이용하려는 뉴욕의 공산주의 인종 선동가들에게 버지니아를 확실하게 지옥으로 만들어 보여주자." 게일은 KKK단과 그들의 메시지를 비난하는 팻말을 내걸기 거부하는 빅토리아 시내의 백인 소유 사업장에 대한 보이콧을 실시할 계획이라면서 도와줄 자원봉사자가 필요하다고 말했다.

정말로 무엇인가 한다는 생각에 흥분된 나는 자원봉사자 신청을 했다. 그러나 모임을 마친 후 희미한 가로등 불빛이 비추는 거리를 따라 집으로 돌아올 때 몸이 떨리는 것을 느꼈다. 추위에 떠는 것이 아니었

---

10 KKK단의 주요 간부를 가리키는 명칭
11 KKK단의 선동가
12 흑인을 비하해 부르는 호칭으로 현대 사회에서는 금기시될 정도로 인종차별적 의미가 강하다.

다. 한 번도 느껴보지 못한 두려움이었다. 게일이 한 말이 떠올랐다. "폭력 사태가 벌어질 수 있다는 걸 알고 있어야 합니다. 돌이 날아다니고, 더 심한 일이 벌어질 수도 있어요."

두려움과 용기 사이

다음 날 오전, 마지막 수업이 끝난 후 나는 야마하 오토바이에 시동을 걸고 빅토리아 시로 향했다. 늦게 수확한 담배가 널려 있는 잿빛 밭 사이로 구불구불하게 난 시골길을 따라 달렸다. 뜨거운 여름 태양이 강렬하게 내리쬐는 들판에서 매일 무겁고 넓은 담뱃잎을 잡아당기고 따내고 운반하는 일이 어떨지 상상조차 할 수 없었다. 여태껏 내가 했던 어떤 일보다 힘들 게 분명했다.

오후 중반쯤 되었을 것이다. 앞에 자동차 서너 대가 거북이걸음으로 직선 구간을 막고 있었다. 나는 빨리 빅토리아에 도착하고 싶었다. 그래서 기어를 저단으로 내리고 스로틀[13]을 개방했다. 밑에서부터 오토바이의 힘이 솟아오르는 것에 전율을 느꼈다. 오토바이는 앞으로 뛰쳐나갈 준비가 되었다. 첫 번째 차를 추월하고 두 번째 차도 추월했다. 그런데 자동차들이 줄지어 선 맨 앞에 좌회전하고 있는 어두운 색

---

13 오토바이 연료 분사 조절 장치

픽업트럭이 갑자기 나타났다. 브레이크를 세게 밟았지만 너무 늦었다는 것을 알았다. 나는 미끄러졌고 이어서 금속이 부서지는 소리가 들렸다.

정신을 차려보니 나는 헬멧이 벗겨진 채 나무 아래 앉아 있었다. 온몸을 다쳤다. 극심한 두통이 몰려왔지만 출혈은 없었다. 경찰관 한 명이 손에 교통 딱지를 들고 내 옆에 서 있었다.

"괜찮아요?" 경찰관이 물었다. 나는 고개를 끄덕였다.

그는 도로 한편에 구부정하게 서 있는 작업복 차림의 흑인 남자를 손으로 가리키며 말했다. "픽업트럭이 방향지시등을 켜지 않았어요. 저 깜둥이 고발할 거죠?"

나는 고개를 저었고, 경찰관은 사라졌다. 도대체 여기 앉아서 뭘 하고 있지?

얼른 오토바이가 얼마나 망가졌는지 살펴보았다. 옆면에 약간 긁힌 것을 제외하면 문제가 되는 것은 휘어진 흙받이뿐이었다. 나는 최대한 힘을 써서 원래 상태로 돌려놓고 다시 오토바이에 올라탔다.

드디어 다음 날 아침 보이콧을 시작하기 전에 하룻밤 머물기로 한 주소지에 도착했다. 빅토리아 변두리에 있는 곳이었다. 현관으로 올라가자 나이 든 흑인 남성이 문을 열고 나왔다. 그는 긴장된 얼굴로 거리를 살피더니 얼른 안으로 들어오라고 말했다.

그는 자신을 사무엘이라고 소개하면서 나를 작은 거실로 안내했다. 요즘 시내 상황이 긴박해지고 있는데 내가 와줘서 고맙다고 했다. 백인 남성들이 시내 중심가를 순찰하기 시작했고, 가끔씩은 소총과 엽총을 차창 밖으로 내민 채 돌아다닌다는 것이었다.

사무엘은 나를 거실로 안내한 후 저녁식사 준비를 하는 아내를 도우러 갔다 올 동안 자리에 앉아 있으라고 했다. 거실에는 띄엄띄엄 가구들이 배치되어 있었다. 투명 비닐로 덮인 황갈색 소파가 한쪽 벽면을 차지하고 있었고, 어두운 목재 커피 테이블이 방 한가운데 놓여 있었다. 거실 한쪽 구석에는 레이지보이La-Z-Boy[14] 의자가 있었고, 다른 쪽 구석에는 유리로 된 작은 진열장이 서 있었다. 진열장 위로 한 소년의 사진 액자들이 일자로 걸려 있었다. 사진 속 소년은 나이는 달랐지만 같은 얼굴이었다.

소파에 앉자 뻣뻣한 비닐이 치직 소리를 냈다. 나는 흑인 가정집에 가본 적이 없었다. 내 자신이 그들 세상에 서 있는 이방인처럼 느껴졌다. 그들도 긴장한 듯했다. 나는 그들이 백인을 집에 재운 적이 있었을까 하고 생각했다.

고기 국물에 가까운 소고기 스튜로 간단히 저녁식사를 한 후 사무엘이 나를 방으로 안내했다. 그의 아들 방이었다. 아들은 지금 베트남 전쟁에 참전 중인 군인이었다.

다음 날 아침 일찍 게일이 낡은 폭스바겐 딱정벌레차를 끌고 나를 태우러 왔다. 나는 갑자기 메스꺼웠다. 아침식사가 부대껴서일까, 녹

---

14 미국의 가정용 가구 제조업체

슨 마루판 틈으로 올라온 연기 때문일까, 아니면 다가오는 위험 때문일까? 게리와 나는 시내까지 가는 동안 아무 말도 하지 않았다.

주말 이틀 동안 나는 세 블록 뻗어 있는 허름한 '쇼핑 거리' 길모퉁이에 서서 전단지를 돌렸다. 전단지에는 "니그로[15] 들이여 단결합시다. 십자가를 불태우거나 유색 인종을 혐오하는 사람들을 지지하는 가게에서는 땡전 한 푼 쓰지 맙시다!"라고 쓰여 있었다. 사무엘이 경고했던 대로 백인 무지렁이들을 태운 승용차와 픽업트럭들이 수시로 내 옆을 지나가면서 "원래 살던 데로 돌아가. 이 공산주의자 새끼야!"라고 소리치며 나를 위협했다. 아침에 느꼈던 메스꺼움은 장꼬임으로 바뀌었다.

첫날 임무를 마치고 게일과 흑인 남자 한 명, 백인 남자 두 명, 그리고 나까지 다섯 명의 자원봉사자는 '자유의 집'에서 만났다. 버지니아 학생민권위원회가 빅토리아 시 외곽에 임대해둔 작은 판잣집이었다. 게일이 보이콧 운동의 성과에 대해 보고하는 동안 한 명은 마대를 쓰고 창가에서 망을 봤다.

자원봉사자들이 이곳에서 와서 운동을 벌인 주말마다 가게들은 400~500달러씩 손해를 보고 있었다. 이 지역에서는 꽤 큰 금액이다. 빅토리아 시에 사는 흑인 가운데 약 4분의 1이 1년에 1,000달러도 벌지 못하고, 대부분 막노동이나 담배와 관련된 일을 한다고 게일이 설

---

15 니그로는 흑인 경멸적인 호칭으로 요즘은 금기시되지만 민권 운동이 한창인 1960년대에 마틴 루터 킹 주니어 목사와 맬컴 엑스를 비롯한 흑인들도 사용했다.

명했다. 흑인 학생들의 학교 중퇴율은 약 70퍼센트로 백인 아이들의 두 배였다.

게일과 다른 자원봉사자 모두 아직 20대 중반으로밖에 보이지 않았지만 민권 운동에 관해서는 이미 베테랑이었다. 나는 민권 운동에 대한 이야기를 들을 수 있지 않을까 기대했지만 짧은 상황 보고를 마친 후에는 베트남 전쟁으로 화제가 바뀌었다. 두 백인 남자는 민주사회학생회라는 학생 단체의 회원이었다. 그해 봄 워싱턴 D.C.에서 처음 열린 베트남 전쟁 반대 시위를 후원한 단체였다. 두 사람은 대학을 중퇴한 상태였기 때문에 징집되지 않을까 걱정하고 있었다. 그중 한 명이 나에게 민주사회학생회 설립 강령이 담긴 포트 휴런 성명서(Port Huron Statement) 한 부를 건네며 말했다. "단순한 인권 투쟁 이상의 것입니다. 한번 읽어보세요. 그러면 내 말의 의미를 이해할 수 있을 겁니다."

폭력 사태 없이 이틀이 지나갔다. 일요일 오후 늦게 집으로 돌아온 나는 침대 위로 쓰러졌다. 살면서 그렇게 피곤한 적이 없었던 것 같다. 여전히 뻐근한 몸에서 두려움과 흥분이 서서히 빠져나갔다. 그제야 그곳에서 죽을 수도 있었다는 사실을 깨닫기 시작했다. 제기랄, 사람들이 나에게 총을 쏠 수도 있었던 것이다. 만약 그랬으면 아마 경찰은 아무 조치도 취하지 않고 내버려뒀을 것이다.

희망의 발견

다음 날 아침 수업 받으러 가기 전에 민주사회학생회 회원이 준 소책자를 펴봤다. 첫 장은 이렇게 시작하고 있었다. "우리는 보통 이상의 안락한 환경에서 성장해 지금은 대학이라는 곳에 소속되어 있으면서 우리가 물려받은 세상을 불편한 마음으로 바라보고 있는 이 시대 사람들입니다." 분명 맞는 말이었다. 나는 그 책을 다 읽기 위해 첫 수업을 건너뛰었다.

하나의 선언문처럼 포트 휴런 성명서는 '간과하기에는 너무 심각한 사건들'을 묘사하고 있었다. 그것은 내가 살아오면서 경험한 것들이었다.

첫째, 인종적 편협성에 항의해 미국 남부에서 벌어지고 있는 투쟁이 상징적으로 보여주듯이, 인간성 타락이라는 참담하고 만연한 현실은 우리들 대부분에게 침묵에서 벗어나 행동하게끔 강요한다.

둘째, 핵무기 개발로 대변되는 냉전을 둘러싼 현실은 우리 자신, 우리의 친구, 그리고 공동의 위험 때문에 더 직접적으로 알게 된 수백만 명의 추상적 '타인' 모두가 언제든 몰살될 수 있다는 인식을 불러일으켰다.

갑자기 나는 에이번 스쿨 구내식당 밖에 서 있었던 순간으로 돌아가 있었다. 쿠바 미사일 위기가 시작되면서 우리 모두 죽게 될 것이라는 두려움에 떨면서 밤하늘의 별을 바라보고 있었다. 노란색과 검정색으로 '방사성 낙진 지하 대피소'라 적힌 대형 삼각표지판을 응시하면서 어두운 학교 복도를 느릿느릿 걸어갔다. 정기 방공 훈련 시간이 되었다. 선생님의 지시에 따라 엉성하게 만들어진 책상 아래로 몸을 숨기고 얼굴을 가렸다. TV 다큐멘터리에서 하늘로 치솟는 거대한 화구와 버섯구름을 슬로모션으로 보여주었다. 나는 엄청난 충격을 받았다. 나와 같은 세대의 사람들은 평생 그런 두려움을 안고 살아왔다. 그리고 나는 그것이 정상이라고 생각했다.

우리 세대는 인종분리정책도 정상적이라고 믿으며 자랐다. 법으로 규정된 것은 아니었지만 관습에 의해 그런 생각을 가지게 되었고, 아무도 의문을 제기하지 않았다. 이제 나는 인종분리정책이 정상적이지 않다는 것을 알고 있었다. '분리하되 평등'[16]이라는 것은 존재하지 않는다. KKK단과 빅토리아 경찰의 행동도 정상이 아니다. 어른들은 이처럼 엉망으로 미쳐 돌아가는 세상을 임시로 만들어놓고서는 그것을 '정상'이라고 불렀다. 포트 휴런 성명서를 읽어 내려갈수록 나는 더욱더 화가 났다.

많은 젊은이들이 포트 휴런 성명서를 읽고 나와 같은 감정을 느꼈

---

16 1896년 미국 연방대법원은 인종분리정책에 대해 '분리하되 평등'한 시설은 인종차별을 금지하는 헌법 조항에 위배되지 않는다고 판결했다.

다. 포트 휴런 성명서가 발표된 지 50주년을 기념하여 역사학자 마이클 카진Michael Kazin은 〈디센트Dessent〉[17]에 글을 기고했다. 그는 '미국 좌파 역사상 가장 야심차고, 가장 명확하고, 가장 감동적인 문장으로 쓴 성명서'라며 찬사를 보냈다. 포트 휴런 성명서는 그런 글이었다. 하지만 나에게는 그것 이상의 의미를 주었다.

포트 휴런 성명서 덕분에 나는 생애 처음으로 무의미한 세상을 이해하기 시작했다. 몇 년 동안 학교생활에 계속 실패하자 나는 내 자신에게 근본적인 문제가 있다고 생각했고, 과거에도 그랬지만 앞으로도 항상 '개판'일 것이라던 두더지 선생님의 말이 옳다고 믿었다. 그러나 이제 깨달았다. 어쩌면 개판은 내가 아니라 우리 세대가 물려받은 이 세상일지도 모른다.

포트 휴런 성명서는 나에게 희망도 안겨주었다. 성명서 작성자들은 '인간은 자기계발, 자기방향성, 자기이해, 창의성과 관련해서 실현되지 않은 잠재력을 가지고 있다.'라고 말했다. '인간과 사회의 목적은 인간의 독립성이다. 그것은 대중적인 은유가 아닌, 개인적으로 진정한 삶의 의미를 찾는 것과 관계 있는 것이다.' 성명서를 읽으면서 나는 순응적이고 전원생활을 추구하는 부모님과는 근본적으로 다르게 성취감을 얻을 수 있는 미래를 건설할 수 있다는 믿음이 생겼다.

나는 책자 뒤편에 있는 민주사회학생회 가입 신청서를 작성했다.

---

17 1950년대 창간된 미국 좌파 지식인 잡지

그리고 그날 오전 늦게 수업 받으러 가는 길에 가입비와 함께 우편으로 부쳤다. 하지만 무엇인가 더 해야 한다. 몇 주 후면 민주사회학생회가 공동 후원하는 대규모 베트남 전쟁 반대 시위가 있을 예정이었다. 가두시위에 참가하려면 전쟁을 반대하는 이유는 알아야 한다는 생각이 들었다.

프리랜서 언론인 로버트 시어Robert Scheer가 쓴 베트남 전쟁 기원에 관한 짧은 역사서가 있었다. 100년 동안 프랑스의 식민지로 있었던 베트남이 1954년 성공적으로 프랑스인들을 몰아낸 과정을 설명한 책이다. 프랑스와 전쟁을 끝내기 위해 베트남 국민들은 일시적으로 국가가 분단되는 상황을 받아들일 수밖에 없었다. 북베트남은 호치민Ho Chi Minh이 이끌었고, 남베트남은 응오딘지엠Ngo Dinh Diem이 이끌었다. 누가 통일된 베트남의 지도자가 될 것인가를 결정하는 선거를 1956년에 치르기로 되어 있었다. 선거가 치러진다면 호치민 의장이 압도적인 승리를 거둘 것이라고 모두들 확신하고 있었다. 미국 정부는 응오딘지엠과 결탁해 선거가 치러지지 못하도록 막았다.

존슨 대통령은 베트남의 갈등을 '공산주의자들의 공격을 억제하기 위한' 투쟁이라고 묘사했다. 그러나 로버트 시어의 설명과 베트남 전쟁에 대해 이것저것 조사하면서 찾은 여러 자료를 보면 베트남전은 '내전'이라고 주장하고 있다. 호치민이 공산주의자였을지 모른다. 하지만 그는 한때 미국에 거주했고 미국 독립선언문을 인용하기 좋아했다. 신문과 저녁 뉴스에서는 그런 사실을 생략하고 편리한 대로 보도

했다. 호치민은 공산주의자이기에 앞서 민족주의자였던 것이다.

베트남에 대해 조사하면서 나는 시험에 나온다는 것 외에 다른 어떤 이유도 없이 꼭 배워야 한다고 들어왔던 모든 '죽은 역사'들이 계속해서 생각났다. 펠로폰네소스 전쟁, 색슨 전쟁, 백년 전쟁, 장미 전쟁, 프랑스-스페인 전쟁, 잉글랜드-스페인 전쟁, 9년 전쟁 등등 수많은 전쟁들이 있었고, 왕좌에서 쫓겨난 왕들과 승리에 도취된 장군들, '중요한' 전투와 날짜들이 뒤죽박죽 섞여서 도대체가 아무것도 이해할 수 없었다.

그러나 인도차이나[18]에 대한 공부를 하다 보니 역사를 형성하고 실제 사람들의 삶에 영향을 미치는 힘이 어떤 것인지 점차 이해되었다. 지금 세상에서 벌어지고 있는 사건과 행동에 의미를 부여하는 것이 바로 살아 있는 역사이다. 살면서 스스로 무엇인가에 대해 공부하기로 마음먹은 것은 그때가 처음이었다. 이제 사람들이 왜 시위를 벌이고 있는지 이해되었고 나 역시 그래야 한다고 생각했다.

반전 가두시위가 벌어지기 이틀 전, 게일은 정책연구소(Institute for Policy Studies)에서 열리는 회의에 참석하기 위해 워싱턴 D.C.로 갔다. 정책연구소는 전직 케네디 행정부 직원 두 명이 최근에 세운 신좌파 두뇌집단으로, 설립되자마자 행동주의의 중심이 되었다. 나도 게일의 차를 얻어 타고 회의에 참석했다. 회의 참석자들은 반전 운동과 인권

---

18 베트남이 위치해 있는 반도

운동을 통합시켜 더 큰 저항 운동으로 발전시켜야 할 필요성에 대해 논쟁을 벌였다. 나는 그 자리에 있는 것만으로도 극도로 흥분되었다. 마치 군사 작전실에서 적군과의 전투 계획을 짜는 일을 돕는 듯한 기분이었다.

가두시위는 그야말로 전율 그 자체였다. 대학생 나이의 청년들과 더 나이 많은 어른들 수만 명이 플래카드를 높이 들고 백악관 주변을 행진하면서 "즉각 협상!" "폭격 중단!"을 외쳤다. 그날 오후 민주사회 학생회 신임 회장 칼 오글레스비Carl Oglesby가 워싱턴 기념탑 앞에서 기성세대에게 보내는 간곡한 부탁의 메시지를 발표했다. "우리가 세상을 만들어갈 수 있도록 도와주십시오. 인간의 소박한 희망에 따라 미래를 건설할 수 있게 도와주십시오."

다음 날 〈워싱턴 포스트〉 지는 3만 명 이상이 가두시위에 참가했다고 보도했다. 봄에 열린 첫 번째 반전 시위 참가자의 두 배가 넘는 수였다. 하지만 이 신문은 웨스트모어랜드Westmoreland 장군이 존슨 대통령에게 베트남 파병 미군 지상군 수를 15만에서 40만으로 증원을 요청했다는 기운 빠지는 소식도 함께 전했다. 우리가 벌인 시위가 아무 소용이 없다는 말인가?

캠퍼스로 돌아왔을 때 학생처장실에서 온 편지가 나를 기다리고 있었다. 학생처장이 당장 만나기를 원한다는 내용이었다.

단 1분도 견딜 수 없다

내가 누구인지 이름을 말하자 학생처장실 비서가 얼굴을 찡그렸다. 그녀는 벽면에 붙여놓은 긴 의자에 앉으라고 손짓하고서는 전화 수화기를 들었다.

"와그너 학생이 왔습니다." 그녀는 그렇게만 말하고 수화기를 내려놓았다.

수업을 몇 번 빼먹긴 했지만 아직까지는 잘하고 있다. 그러니 학업 문제 때문에 불려온 것은 아닐 것이다. 기관총 소리 같은 타자기 치는 소리와 어디에 있는지 보이지는 않지만 재깍거리는 시계 소리 때문에 잠깐 기다리는 시간이 몇 시간처럼 느껴졌다.

마침내 비서실 인터폰이 울렸다. 비서는 타자기에서 고개를 들어 차가운 목소리로 "이제 안으로 들어가보세요."라고 말했다.

나는 커다란 참나무 문 안으로 들어갔다. 한쪽 벽면에 걸린 실물 크기 인물화가 가장 먼저 눈에 들어왔다. 남부군 장군처럼 보이는 인물이 회색 말을 타고 있는 그림이었다. 나는 로버트 리Robert E. Lee 장군일 것이라 추측했다. 초상화 반대편 벽에는 남북전쟁의 한 전투 장면을 묘사한 거대한 그림이 걸려 있었다. 줄지어 선 군인들이 서로 마주보고 있고, 총구에서는 작은 불꽃이 뿜어져 나오고 있었다.

두 그림 사이 유리창 달린 벽 바로 앞에 학생처장의 커다란 마호가니 책상이 배치되어 있었다. 커튼이 걸힌 창으로 쏟아지는 햇빛에 눈이 부셔서 나는 실눈을 뜨고 학생처장을 바라보았다. 내 자신이 이제 막 심문을 받기 위해 눈부신 등 아래로 끌려나온 죄수처럼 느껴졌다.

학생처장 앞에는 서류철이 놓여 있었다. "앉게나." 그는 나를 쳐다보지도 않고 펜으로 책상 옆 직각 등받이 의자를 가리키며 말했다.

그가 서류철 문서들을 살피는 동안 나는 그를 쳐다보지 않으려고 애썼다. 하지만 조끼까지 갖춰 입은 가는 줄무늬 파란 정장에 갇힌 그의 뚱뚱한 배가 얼마나 힘겨워 보이던지 절로 시선이 갔다. 그렇게 터질 듯한데 조끼 단추가 어떻게 떨어지지 않고 버틸 수 있는지 의아할 정도였다.

마침내 학생처장이 나를 쳐다봤다. 검정 테 안경을 책상 위에 올려놓고 의자에 깊숙이 기대어 앉아 두 손을 깍지 낀 채 배 위에 얹었다. 그러고는 몸을 앞뒤로 흔들면서 엄지손가락을 마주 대고 빙빙 돌렸다. 나를 바라보는 어둡고 딱딱한 얼굴이 잔뜩 일그러졌다.

"와그너 군. 자네가 공산주의자에 동성애자이고 마약까지 사용했다는 거 다 알고 있네." 계속 몸을 흔들면서 나를 응시하는 그의 얼굴이 점점 심하게 일그러졌다.

'무슨 말도 안 되는 소리야?' 전혀 사실이 아니었다. 그래, 마리화나를 두 번 피워본 적은 있다. 하지만 반전운동을 벌이는 학생들 대부분이 그랬다. 그게 전부다. 실제로 미술과 여학생과 동거하고 있는데 동성애자라니. 게다가 맹세코 공산주의자가 아니다. 나는 민주주의를 믿는다. 하루 빨리 투표를 하고 싶은 청년이었다.

"처, 처, 처장님. 전 공산주의자가 아닙니다." 나는 더듬거리며 말했다. 나머지 두 가지 혐의에 대해서도 아무 말 하지 않으면 죄를 인정하는 것처럼 들릴 것이라 생각했다.

학생처장은 무시하듯 손을 내저으며 소리쳤다. "내 사무실에서 나가게."

나는 비틀거리면서 자취방으로 돌아왔다. 두려움과 분노로 온몸이 떨렸다. 마리화나를 피운 것은 어떻게 알았을까? 그냥 추측한 것일까? 대학 캠퍼스 안에 스파이를 심어뒀나? 그러면 여자친구가 있다는 것도 알았을 것이다. 학생처장과 학교 당국이 역겨웠다. 이런 곳에 그냥 머물 수 없다. KKK단과 인종차별주의자 경찰, 신뢰할 수 없는 어른들 천지인 '딕시'[19]의 중심지에서는 단 1분도 견딜 수 없었다.

가두행진이 벌어지기 전에 열린 정책연구소 회의에서 빌 힉스Bill Higgs라는 30대 후반의 키 크고 옅은 갈색머리 남자를 알게 되었다. 그는 자신을 워싱턴 D.C.에서 민권 법안을 통과시키기 위한 운동을 주도하고 있는 변호사라고 소개하면서 상근직 자원봉사자를 찾고 있다고 했다. 그러면서 만약 관심 있으면 자기에게 전화하라고도 했다. 그래서 나는 그에게 전화해 여전히 사람이 필요한지 물었다. 그는 그렇다면서 한 달에 75달러의 급여를 줄 수 있고 캐피톨힐Capitol Hill[20]에 있는 자신의 집에서 무료로 숙식을 제공해주겠다고 했다. 힉스와

---

19 미국 남부 지방의 통칭
20 미국 국회의사당이 있는 워싱턴 D.C.의 한 지구

함께 일한다는 것은 변화를 만들어내는 일을 도우면서 더 큰 무엇인가의 일부가 될 수 있다는 의미였다.

스스로 찾은 일

RPI를 그만두고 크리스마스를 가족과 보내기 위해 집으로 내려간 것은 큰 실수였다. 나는 4일 동안 아버지와 논쟁을 벌였다. 처음에는 베트남 전쟁에 관한 말이 오갔다. 베트남 전쟁의 역사에 관해 말해도 아버지는 전혀 들으려고 하지 않았다. 아버지는 내가 전쟁을 반대하는 것은 그냥 겁먹어서 그런 것이라고 생각했다. 그리고 더 이상 대학을 다니지 않을 것이므로 입대해야 한다고 말했다. 그다음은 저녁식사 시간에 내가 재킷을 입고 넥타이를 매는 것을 거부하자 아버지가 심하게 화를 냈다. 그래서 모두들 침묵 속에 식사를 했다. 그리고 나서 나는 아버지에게 시민단체에서 일할 생각이라고 말하는 실수를 저지르고 말았다. 아버지는 비웃었다. "맙소사. 그건 남자 간호사보다 더 형편없는 일이잖아." 동생들은 아버지의 장황한 연설의 대상이 자신들이 아닌 것에 안도하며 멀찍이 물러나 있었다. 어머니는 아버지가 고함을 지르자 겁을 먹고 주먹을 꽉 쥔 채 무력하게 나를 바라보기만 했다. 어머니도 아버지와 같은 생각을 가지고 있는지 어쩐지는 알 수 없었다.

며칠 후 오토바이를 타고 워싱턴 D.C.로 향하면서 억압적인 분위기의 부모님 집에서 벗어나게 되어 살 것 같았다. 그러나 깊은 슬픔이 마음 한구석을 파고들었다. 또 다시 대학을 그만두기로 했다고 말했을 때 가족들 얼굴에 비친 암울한 표정과 고통을 안 보려 해도 안 볼 수가 없었다. 부모님은 분명 내가 대단한 사람이 되리라는 기대를 포기했을 것이다. 어쩌면 두더지 선생님처럼 부모님도 나를 그저 모든 것이 개판인 아이라고 결론 내렸을 것이다. 나는 학교를 다니기 시작한 처음부터 매학기 형편없는 성적표를 받아왔다. 게다가 부모님은 길먼 스쿨에서 나를 받아주지 않겠다는 말도 들었고, 지난 2년 동안 하나라도 진득하니 하지 않고 자꾸 뭔가 다른 것을 찾아 헤매는 것을 봐왔다. 에이번 스쿨에서 뛰쳐나오고, 랜돌프 메이컨 대학을 그만두고, 느닷없이 플로리다로 갔다가 갑자기 집에 돌아오더니 리치먼드 직업전문학교에 들어간다고 했다가 또 그새 그만두지 않았는가. 내 자신도 내 이런 선택과 변화를 완전히 이해하지 못하는데 어떻게 부모님에게 제대로 설명할 수 있겠는가?

다가오는 1966년에는 달라질 것이다. 이제 더는 수동적으로 반응하지 않고 스스로 찾아 행동할 것이다. 나는 무엇인가 성취하고 싶었다. 비록 내 목적이 부모님을 자랑스럽게 만들지 못할지라도 목적의식을 가지고 앞으로 나아가고 싶었다.

워싱턴 D.C.에 도착했을 때 빌 힉스가 나를 작고 낡은 연립주택으로 안내했다. 집 안은 구세군 기부 물건들로 꾸며놓은 것처럼 보였다.

"좀 누추하지만 그래도 다섯 블록만 가면 캐피톨힐이야." 그가 미안해하며 말했다. 나는 서재로 썼던 아래층에서 지내기로 했다.

저녁을 먹으면서 빌은 자기가 워싱턴에 어떻게 오게 되었는지 말해줬다. 그는 미시시피 그린빌에서 자랐고, 미시시피 대학교를 졸업했다. 나중에 하버드 대학교에 들어가 법을 전공했고 1958년에 학위를 받았다. 변호사로 개업하려고 미시시피 잭슨 시로 돌아갔다. 그 지역 백인 변호사들이 아무도 맡으려고 하지 않는 민권 소송을 맡으면서 그의 명성이 높아졌다. 그가 변론을 맡은 가장 유명한 의뢰인은 제임스 메러디스James Meredith로, 빌의 도움으로 1962년 최초로 미시시피 대학교에 입학한 흑인이다.

타지에서 온 민권 운동가들에게 거처를 제공하기 시작하자 빌은 생명의 위협을 받았다. 1963년 초에는 조작된 풍기문란 혐의로 재판에 회부되었다. 다른 지역에서 열리는 시상식에 참가하기 위해 미시시피 주를 떠나 있는 틈에 궐석 재판이 열렸고, 전원 백인으로 구성된 배심원들이 유죄 평결을 내렸다. 6개월 형을 선고받은 빌은 미시시피로 돌아갈 수 없었다. 그래서 워싱턴 D.C.로 방향을 바꿨고, 그곳에서 역사적인 1964년 민권법의 주요 조항에 대한 초안 작성을 도왔다.

다음 날, 빌은 내가 할 일을 설명해줬다. 워싱턴 D.C. 시내버스 회사를 소유하고 있는 배부른 자본가 오로이 초크O. Roy Chalk가 얼마 전 버스 요금을 20센트에서 25센트로 인상하겠다고 발표했다. 식당이나 사무실 건물에서 잡일을 하는 시민들은 대부분 흑인이었고, 그들은 출퇴근할 때 버스에 의존하고 있었다. 아침저녁으로 5센트씩 더 낸다는 것은 그들에게 엄청난 타격이었다. 학생비폭력조정위원회(Student Nonviolent Coordinating Committee) 워싱턴 D.C. 지부장이었던 매리언 배리 주니어Marion Barry Jr.가 앞으로 일주일 뒤인 1월 24일에 일일 버스 보이콧 운동을 벌이자고 제안했다. 내가 맡은 일은 일주일 동안 베닝로드 주요 버스 노선을 따라 오토바이로 다니면서 다양한 거주 지역에 들러 버스 보이콧의 세부 계획이 담긴 전단지를 배포하는 것이었다.

보이콧 운동은 주도면밀하게 조직되었다. 평상시 버스를 이용하는 사람들에게 출퇴근 시간 무료 카풀과 특별 버스 운행을 제공하기로 했다. 주요 집합 장소는 네 곳이었고, 가게나 교회 앞 45곳을 동네 정류소로 확보해두었다. 카풀 자원봉사 운전자는 수백 명에 이르렀고, 교회 20여 곳에서는 '자유의 버스'를 제공하며 운동에 동참했다.

24일 아침이 밝았다. 살을 에는 듯한 추운 날이었다. 나는 다시 베닝로드로 나가 버스 정류소에 서 있는 사람들에게 무료 차량을 이용할 수 있는 가장 가까운 장소를 알려줬다. 텅 빈 '초크 버스'가 잇따라 지나가는 것을 보고 나는 쾌재를 불렀다.

그날 저녁 〈이브닝 스타〉지는 베닝로드에서 버스 보이콧 운동이 90퍼센트 이상의 성공률을 보였다고 보도했다. 다음 날 저녁, 그 신문은 보이콧에 동참한 버스 승객 수가 13만에 이른다고 추정했다. 결국 버스 회사는 요금 인상을 철회했다.

양심적 병역 거부자

두 번째 임무는 내 아이디어로 시작되었다. 미국이 북베트남에 대한 강력한 폭격을 재개한 직후부터 막강한 외교관계위원회 위원장인 아칸서스 주 제임스 윌리엄 풀브라이트J. William Fulbright 상원의원이 베트남 전쟁의 역사와 전쟁 수행에 대한 공청회를 열기 시작했다. 일부 공청회는 텔레비전으로 중계되었다. 내가 본 중계방송에서 딘 러스크 Dean Rusk 국무장관은 미국이 공산주의자들에 맞서 대항하지 않는다면 평화를 전망할 수 없을 것이라고 주장했고, 풀브라이트 의원은 베트남 전쟁은 미국의 사활적 이익과 관련 없을뿐더러 '세계 대전을 촉발하는 도화선'이 될 수 있다고 반박했다.

가장 존경받는 상원의원으로 꼽히는 인물이, 그것도 남부 출신의 상원의원이 국영방송에서 베트남 전쟁에 의문을 제기하다니 정말 놀라운 일이었다. 그의 의견은 베트남 전쟁 반대 운동에 타당성을 실어줬다. 우리는 그저 문제나 일으키는 비주류의 잡다한 급진주의자 집단이 아니었다. 널리 존경받는 상원의원이 우리와 뜻을 같이하고 있었다.

"'풀브라이트를 대통령으로'라는 글씨를 박은 배지를 만들면 어떨까요?" 2월의 어느 나른한 오후, 거실에서 빌과 함께 꿈쩍도 하지 않고 작은 흑백 TV 앞에 앉아 있던 나는 문득 이런 생각이 들어 툭 내뱉었다.

"기가 막힌 생각인데, 토니!" 빌이 함박웃음을 지으며 말했다.

일주일 뒤 나는 캐피톨힐을 돌아다니기 시작했다. '풀브라이트를 대통령으로'라는 글씨가 박힌 파란색과 흰색을 결합한 커다란 배지를 셔츠 주머니에 달고 자랑스럽게 뽐내면서 상·하원 회관을 드나들었다. 배지는 수백 개 제작했는데, 사람들에게 나눠주려고 조금씩 가지고 다녔다. 내 셔츠에 달린 배지를 봤을 때의 사람들 반응을 보면 베트남 전쟁을 어떻게 생각하는지 알 수 있었다. 사람들은 길을 가다 멈추고 가만히 내 배지를 응시했다. 그들의 반응은 인상을 쓰거나 웃거나 둘 중 하나였다. 나는 만나는 사람마다 배지를 받고 싶은지 물었다. 대부분은 거절했다. 그래도 찾아간 의원 사무실마다 안내데스크 위에 눈에 잘 띄게 배지를 몇 개씩 꼭 두고 나왔다.

마지막 남은 배지까지 모두 배부한 지 얼마 지나지 않아 관할 징집위원회로부터 편지가 왔다. 이제 학생이 아니기 때문에 병역 등급이 '현역병 입영 가능'인 1-A로 조정되었음을 알리는 통지서였다. 언젠가는 이런 통지를 받을 것이라고 예상하고 있었지만 그래도 몇 달 동안은 괜찮을 것이라고 생각하고 있었다. 어쩌면 내 소재를 파악하지 못할지도 모른다고 생각했다.

어떤 친구들은 캐나다로 가려고 한다고 말하는 것을 들은 적이 있다. 그러나 그것은 비겁한 도피 같았다. 없는 병을 만들어 징병 유예를 받으려고 애써도 헛수고일 것이다. 우리 가족 주치의는 절대 없는 병을 만들어주지 않을 것이다. 몇몇 사람들처럼 정신질환이 있는 척

행동해도 군의관은 단번에 알아낼 게 뻔하다.

그런데 선발징병청(Selective Service System)은 형제교회(Church of the Brethren),[21] 메노파,[22] 퀘이커교[23] 같은 전통적으로 평화주의를 표방하는 교회의 신도들이 양심적 병역 거부를 신청하면 2년간 사회봉사로 병역 임무를 대체하는 대체복무를 허용하고 있었다. 나는 어릴 때부터 영국성공회 교회를 다니며 성장했다. 전쟁을 반대하는 교회라고는 볼 수 없는 교회이다. 게다가 이제 더 이상 신을 믿지 않았다. 하지만 농장의 숲과 들판, 개울을 돌아다니고 모글리스의 야외 예배당에서 명상하면서 보낸 시간을 통해 나는 자연과 살아 있는 모든 생명체에 대한 깊은 경외심을 느낄 수 있게 되었다. 누군가를 죽인다는 것은 상상할 수도 없는 일이었다.

만약 누군가에게 공격을 당한다면 나는 자신을 방어하게 될까? 아버지처럼 나도 2차 세계대전에 참전해서 적과 싸웠을까? 아버지의 말대로 나는 정말 겁쟁이일까? 마음속 깊은 곳에서는 시체 운반용 부대에 담겨 집으로 돌아오게 될까봐 두려워하고 있는 것은 아닐까? 이런 질문들이 머릿속에서 떠나지 않았다. 징집위원회는 고사하고 내자신에게 정직하게 대답할 수 있을지 확신이 안 섰다. 나 스스로를 방

---

21 종교 개혁 시기에 등장한 개신교 종파로 유아 세례를 부인하고 성인이 되어서 세례를 받아야 한다고 주장하는 재세례파의 교파
22 형제교회와 마찬가지로 재세례파의 일파
23 영국성공회에서 분리된 기독교 교파로 하느님 앞에 모두 평등하다는 의미로 종교친우회 (Religious Society of Friends)라 불리기도 한다.

어하는 것은? 그래, 할 것이다. 그런데 그 과정에서 다른 사람을 죽이는 것은? 그건 할 수 없을 것이다. 하지만 만약 1941년에 군에 징집되었다면 내가 무엇을 했을지 누가 알겠는가. 아버지처럼 스핏파이어 전투기를 타고 공중전을 벌이는 어린 시절의 상상은 논밭에서 일하는 베트남 농부들에게 기총소사를 하는 중무장 헬리콥터를 조종하는 현실과는 전혀 다르다.

스스로도 될까 싶은 의심이 들긴 했지만 어쨌든 나도 양심적 병역 거부자로 인정받을 수 있을지 궁금해지기 시작했다. 빌은 최근의 판결 사례들을 조사해서 내 상황과 관련 있는 판결이 있는지 확인해보라고 했다. 나는 빌이 잔뜩 가져다준 법학 저널들을 샅샅이 살펴보았다. 그래서 '미합중국 대 시거Seeger 사건'을 찾아냈다.

1965년 대법원은 양심적 병역 거부는 신을 믿는 사람들에 대해서만 인정될 수 있는 것이 아니라고 판결했다. 전쟁에 대한 관점이 "병역 면제 자격을 인정받은 사람들 마음속에 차지하고 있는 신에 대한 믿음에 비견될 정도로 그 신념의 소유자의 삶에 깊게 자리 잡고 있는 진지하고 유의미한 신념"에서 나온 것이라면 양심적 병역거부 자격을 얻을 수도 있다는 것이었다. 성공 확률이 낮다고 생각했지만, 나는 내 영적인 믿음을 설명하는 편지를 써서 징집위원회에 보냈다. 법원 판결 사례를 인용하는 것도 잊지 않았다.

오래 기다릴 것도 없이 일주일 후 답변이 왔다. 표준양식 통지서에 '양심적 병역거부자' 신청이 기각되었다고 적혀 있었다. 통지서에는 결정에 항의하기 위해 직접 설명할 기회를 신청하고 싶으면 표시하는 칸이 있었다. 나는 곧바로 표시를 하고 통지서를 다시 보냈다. 그러나 그다지 큰 기대는 하지 않았고, 베트남으로 파병된다는 생각에 괴로워하며 며칠 밤을 뜬눈으로 보냈다.

징집위원회에 출석할 날이 가까워지자 내 신념이 '진지하고 유의미한' 것이라고 어떻게 설득시킬지 걱정되기 시작했다. 나를 지지하는 글을 써달라고 부탁할 수 있는 사람이 누가 있지? 반대로 내가 베트남에 가야 하니 지지하는 글을 써달라고 하면 선뜻 달려들 사람들을 떠올려보았다. 두더지 선생님, RPI의 학생처장, 심지어 아버지도 있다. 아버지는 내가 전쟁에 참가해봐야 남자다운 남자가 되리라 생각하고 있을 것이다. 항상 "행실을 착실히 하라"고 잔소리를 했는데, 아마 아버지는 전쟁에서 그렇게 하는 법을 배워서 그랬을 것이다. 또 누가 있지? 법률 사건이라면 빌이 도와줄 수 있지만, 워싱턴 D.C.의 민권 운동 변호사는 되는 대로 생겨난 볼티모어 카운티 교외 끝에 위치한 레이스터타운 시골의 징집위원회 위원들에게는 깊은 인상을 주지 못할 것이다. 징집위원회는 농부와 소상인들로 구성되어 있을 게 뻔했다.

그때 좋은 생각이 떠올랐다. 나는 고등학교를 다닐 때도 방학 동안 집에 오면 집 근처 작은 성공회 교회에 계속 나갔다. 교회 건물은 1740년에 벽돌로 지은 고풍스럽고 아름다운 건물이었다. 나는 오르간에서 나오는 웅웅거리는 묵직한 소리와 스테인드글라스 창을 매우 좋아했다. 일요일 예배가 끝난 후 열리는 성경 토론도 흥미로웠다. 찬송가, 기도, 설교 같은 것은 귀에 들어오지 않았지만 헨리 라이터 신부님은 참 훌륭한 분이셨다. 가벼운 아칸서스 억양에 부드러운 미소와 밝은 눈동자가 인상적이었다. 게다가 신부님에게는 아름다운 딸이 있었는데, 나는 몇 번 그 애와 같이 영화를 보러 갔다. 그 애를 데리러 가면 신부님은 늘 친절하게 안으로 들어오라고 했고, 학교생활이 어떤지 물었다.

나는 징집위원회에 출석하기 며칠 전에 볼티모어로 가서 신부님을 만나봐야겠다고 생각했다. 내게는 유일한 희망이었다.

라이터 신부님 집 현관문을 두드리면서 이렇게 방문하는 것이 괜한 시간 낭비는 아닌지 걱정되기 시작했다. 신부님이 내 신념이 진지하고 유의미하다고 보지 않고 도움 요청을 거절한다면 어떻게 하지? 그러나 신부님은 웃으면서 나를 반겼다. 다정하게 내 어깨에 손을 얹고 워싱턴에서 하는 일은 어떤지 물으며 서재로 안내했다. 우리는 소파에 앉았고, 내가 영적 신념에 대해 설명하는 동안 신부님은 이따금 고개를 끄덕이며 내 말에 집중했다. 내가 신을 전혀 언급하지 않았다는 사실이 신부님에게는 크게 신경 쓰이지 않았던 모양이다. 대화가 끝날 즈음 신부님은 나를 위해 기꺼이 징집위원회에 편지를 써주겠다고 했다.

그로부터 3일 후, 새로 이발도 하고 정장 차림에 넥타이를 맨 나는 레이스터타운 징집위원회 단칸방 사무실을 찾아갔다. 탁자에 앉아 있는 세 명의 위원들은 저마다 탁자 위에 놓인 두 장의 종이를 자세히 보고 있는 것 같았다. 하나는 내가 보낸 편지의 복사본이라는 것을 알 수 있었다. 나는 다른 하나가 라이터 신부님의 추천서이기를 바랐다.

드디어 가운데 앉은 나이 든 남자가 마치 내가 서 있다는 것을 그제야 알아차린 듯 쳐다봤다. "베트남에서 간호병으로 복무하는 것은 왜 할 수 없죠?" 그가 쏘아붙였다. 나는 그들이 나에게 1-A-0 등급 판정을 내릴 수 있다는 것을 알고 있었다. 그렇게 되면 비전투 인력으로 베트남에 파병될 것이다. 나는 그 질문에 대답할 준비가 되어 있었다.

"선생님, 간호병과 비전투 인력도 다른 군인들과 똑같이 기본 군사 훈련을 받아야 합니다. 싸우고 죽이는 법을 배우는 훈련입니다. 저는 그것을 선택한 사람들을 존중합니다. 그러나 제 신념은 저에게 그들처럼 하지 말라고 말합니다." 나는 말을 하면서 떨었다.

그 남자는 양옆으로 동료들을 쳐다보고는 다른 질문이 있는지 물어봤다. 양쪽 모두 고개를 저었다. "몇 주 후에 결정을 알려드리도록 하겠습니다." 그는 나지막이 말하면서 나에게 가도 좋다고 손짓했다. 그러고 나서 앞에 놓인 종이에 다시 눈길을 돌렸다.

새롭고 흥미로운 대학

내가 징집위원회의 결정을 기다리는 동안 빌은 내 마음을 사로잡을 중대한 프로젝트를 새로 준비하고 있었다. 그는 흑인 활동가인 줄리어스 홉슨Julius Hobson과 함께 협력해서 활동을 해오고 있었다. 홉슨은 미국연방사회보장국(Social Security Administration)에서 통계학자로 일하면서 직장 일로 바쁘지 않을 때는 지역단체연합(Associated Community Teams)이라는 조직을 이끌었다. 홉슨은 거의 20년 동안 임금 인상, 공정 주택 거래, 워싱턴 D.C. 경찰 인력 가운데 흑인 경사 증원 등을 요구하는 시위를 조직했다.

1964년 홉슨은 자신의 상징인 중절모를 쓰고 파이프 담배를 피우면서 큰 쥐를 가득 넣은 상자들을 차에 실은 채 상류사회의 대명사인 조지타운 곳곳을 돌아다녔다. 상자 속 쥐는 흑인 빈민가에서 잡은 것이라고 하면서 쥐가 들끓고 있는 빈곤 지역의 문제를 정부 차원에서 해결하지 않는다면 쥐들을 풀어놓겠다고 협박했던 것이다. 이후 언론과의 인터뷰에서 홉슨은 새로 부상한 블랙파워 운동(Black Power Movement) 지도자들을 언급하면서 이렇게 말했다. "여러분은 제 항의 방식이 마음에 들지 않을 것입니다. 그러나 여러분이 제 말을 무시했는데 스토클리 카마이클과 맬컴 엑스가 이곳에 온다면 여러분은 차라리 제 말을 들었으면 좋았을 텐데, 라고 생각할 겁니다."

이제 홉슨은 흑인 학생들을 차별하는 워싱턴 D.C. 관내 공립학교들을 고소할 계획이었다. 그는 빌에게 소송 준비를 해달라고 부탁했고, 빌은 나에게 교육구(school district)[24] 정책을 조사하는 일을 맡겼

---

24 한국의 지역교육청과 비슷한 기능을 수행하는 미국의 교육행정기관

다. 1954년 '브라운 대 교육위원회 판결'[25] 이후로 미국 교육구들은 인종 통합 교육을 실시하도록 규정되어 있었다. 나는 많은 다른 지역 교육구와 마찬가지로 워싱턴 D.C. 교육구가 학생들을 분리하기 위한 기발하고 새로운 방법을 고안해서 이런 규정을 교묘하게 회피하고 있음을 알아냈다. 시험 점수와 이전의 학업성취도에 따라 학생들은 우등생 과정, 대학준비 과정, 일반 과정, 기초 과정 이렇게 엄격하게 4개의 과정으로 나뉘었다. 1956년부터 워싱턴 D.C. 관내 고등학교 학생들을 대상으로 과정별 교육이 실시되었고, 1959년에는 중학교와 초등학교에서도 확대 실시되었다.

실제로 거의 모든 백인 학생들은 상위 두 과정에 편성되었고, 흑인 학생의 압도적 다수는 하위 두 과정에 편성되었다. 워싱턴 D.C.처럼 오늘날에도 여전히 우열반 분리 교육을 하고 있는 지역에서 경제적으로 어려운 가정의 아이들은 어휘력과 기본적인 읽기 능력 부족으로 대개 하위 반에 편성된다. 부모가 힘겹게 여러 일을 하며 살아가느라 잠자리에 들기 전에 자녀에게 책을 읽어주거나 주말에 자녀를 박물관에 데려갈 수 있는 여유를 누리지 못하기 때문에 아이들은 어휘력과 읽기 능력이 뒤떨어진다. 우리 부모님이 나에게 해줬던 것처럼 자녀가 학업을 따라갈 수 있도록 개인 교사를 고용할 형편은 더더욱 못

---

25 흑인 아이들은 흑인만 다니는 학교를 다녀야 하는 인종 분리 정책이 본질적으로 불평등하다며 흑인 학부모들이(학부모 중 한 명이 브라운이다) 교육당국을 상대로 소송을 제기했고, 미국 대법원은 학부모들의 손을 들어줬다.

된다. 읽기 능력 부족은 불가피하게 낮은 성적과 등급으로 이어진다. 열반 편성을 벗어나지 못하는 아이들은 학교를 그만두는 경우가 훨씬 빈번하고, 대학에 입학할 기회가 거의 없거나 아예 없으며, 학교를 졸업했을 때 일반적으로 최저 임금 일자리밖에 얻지 못한다.

돌이켜보면 나는 그때 가난이 교육에 미치는 영향이나 우열반 운영의 유해한 영향에 대해 아무것도 몰랐다. 심지어 압도적으로 백인 학생들이 많은 교외 지역 학교에서도 우열반 편성이 매우 해롭다는 것을 깨닫지 못하고 있었다. 몇 년이 지나고 나서야 우열반 운영이 아이들의 자아존중감과 학습 동기에 정서적 해를 끼친다는 것을 알 수 있었다. 우열반으로 나누지 않고 다양한 아이들이 섞여 있는 교실에서 가르치는 것은 더더욱 어렵다는 사실은 한참 더 시간이 지나고 나서야 이해했다. 홉슨의 소송을 돕기 위해 실시한 조사를 통해 나는 오늘날 공립학교 교사들이 직면하고 있는 가장 긴급한 문제에 대해 처음으로 어렴풋이나마 알게 되었다.

홉슨에게 우열반 운영은 교육적 문제일 뿐만 아니라 매우 개인적인 문제이기도 했다. 그는 공무원이자 민권 운동가로 활동하기 전에 터스키기 대학(Tuskegee Institute)[26]과 컬럼비아 대학교를 다녔다. 게다가 자녀들에게 책도 읽어주고 박물관에도 데려갔다. 그러나 지적 호기심이 많고 학습 능력이 뛰어난 중학생 딸이 가장 낮은 반에 배정되

---

26 1881년에 설립된 미국 최초의 흑인들을 위한 고등교육기관으로 교사 양성이 목적이었다.

었다. 그때를 계기로 소송을 결심하게 된 것이다.

우리는 우열반 운영이 사실상 인종 분리 교육이라는 명백한 증거를 찾아냈다. 그러나 빌은 미시시피에서 변호사 자격을 박탈당해 어디에서도 변호사로 일할 수 없는 상황이므로 빌의 오랜 친구인 뉴욕 출신 변호사 윌리엄 쿤슬러William Kunstler를 불러들였다. 쿤슬러는 민권과 인권을 위해 싸우는 전국적으로 유명한 변호사였고, 미국시민자유연맹(American Civil Liberties Union) 이사로 활동하고 있었다. 두 사람은 1961년 쿤슬러가 미시시피에서 프리덤 라이더스Freedom Riders[27]의 변호를 도울 때 만났다. 쿤슬러는 최근 리 하비 오스왈드Lee Harvey Oswald[28]를 총으로 죽인, 텍사스의 한 나이트클럽 사장 잭 러비Jack Ruby의 변호를 맡기로 하면서 뉴스를 도배하고 있었다.

아마도 쿤슬러가 그렇게 유명했기 때문이겠지만, 첫 번째 미팅을 위해 그가 빌의 집 거실로 성큼성큼 걸어왔을 때 실제보다 훨씬 더 커 보였다. 그는 머리가 크고 머리카락은 정돈되지 않은 어두운 색이었고 큰 안경을 이마 위에 올려놓고 있었다. 울리는 듯한 그의 목소리는 마치 자세를 바로 하고 경청하라고 요구하는 것 같았다. 빌과 홉슨, 쿤슬러가 법과 전략에 대해 논의하는 그 자리에 함께 있다는 것은 정말 감동적이었다.

---

27 흑인과 백인으로 구성된 민권 운동가 집단. 인종차별을 하지 말라는 대법원 판결에도 불구하고 여전히 실시되고 있는 남부의 인종 분리 정책을 규탄하기 위해 1961년 5월 'Freedom Riders'라고 적힌 버스를 타고 워싱턴 D.C.를 출발해 남부 여러 주를 돌아다녔다.
28 케네디 대통령의 암살범으로 지목된 인물

쿤슬러는 시에 대한 열정을 가지고 있었다. 법적 전략을 논의하다가 쉬는 시간에 그와 문학에 대해 얘기를 나눴는데 서로 마음이 잘 맞았다. 내가 징집위원회에서 겪은 일에 대해 이야기하자 그는 민권 운동에서 잠시 벗어나 휴식을 취하라고 하면서 주말에 뉴욕 근교에 있는 자기 집으로 초대했다. 나는 기쁜 마음으로 초대에 응했다.

4월 초 쿤슬러와 그의 아내 로트, 딸 제인과 함께 한 저녁식사는 지금까지 경험한 어떤 것과도 비교할 수 없게 특별했다. 그들은 먼저 그날의 뉴스에 대해 이야기했다. 소련이 첫 번째 달 탐사선을 막 발사했으며, 소련의 인공위성이 달 주위를 돌면서 지구로 신호를 보내고 있다고 했다. 쿤슬러는 제인에게 인간을 달에 보내겠다는 케네디 대통령의 공약이 아직도 자원 낭비라고 생각하는지 물었다.

"물론이죠." 제인이 대답했다. "인간을 달에 보내기 위해 그렇게 많은 돈을 쓸 게 아니죠. 그 돈이면 빈민가를 새롭게 세울 수 있어요." "하지만 과학 발전을 목표로 한다면 어떠니?" 이번에는 로트가 물었다. "우리나라에서 굉장히 많은 사람들이 빈곤 속에 살고 있고 매일 밤 배고픔에 허덕이고 있다면 과학이 무슨 소용 있겠어요?" 제인이 반박했다. "처음에는 베트남 전쟁에 돈을 쏟아붓더니 이제는 인간을 달에 보내겠다고 하고 있어요. 지금 다뤄야 할 국내 문제들이 있단 말이에요."

여유로운 식사 시간 내내 활기찬 논쟁이 주거니 받거니 이어졌다. 그들은 저녁 식탁에 함께 앉아 서로 이야기하는 것을 진정으로 즐기는 듯했다. 나는 쿤슬러와 로트가 딸에게 자기 의견을 표현하도록 격려하는 방식에 매우 놀랐다. 저녁마다 성난 논쟁과 쓰디쓴 침묵이 가득했던 우리 집 저녁식사 시간과 얼마나 대조적인가.

우리는 저녁식사를 마치고 거실 벽난로 앞에 앉았다. 쿤슬러는 딜런 토머스Dylan Thomas[29] 시를 낭송한 후 자신의 자작시도 낭송했다. 복잡했던 내 머릿속은 타다 남은 불씨의 온기와 쿤슬러의 서정적인 목소리 그리고 시의 운율에 취해 한참 평화로웠다. 그러나 그때 징집위원회에 보낸 신청서가 기각될 것이 확실하다는 생각이 들었고, 그랬을 때 실제 내 앞에 닥치게 될 가혹한 선택에 대해 이런저런 생각이 들기 시작했다. 왜 나는 대부분의 다른 학생들처럼 학교에 남아 있지를 못해서 이렇게 학생 징병 유예 혜택을 못 받는 것일까?

내 기분이 바뀐 것을 눈치챘는지 쿤슬러가 시 낭송을 중단하고 무슨 문제냐고 물었다. 머릿속에 박혀 있던 생각이 모두 쏟아져 나왔다. 어째서 학교에는 내가 있을 자리가 없는지를 시작으로 두더지 선생님이 한 말, 에이번 스쿨을 뛰쳐나오게 된 과정, 대학을 한 번도 아니고 두 번씩이나 중퇴한 이유, 그리고 지금 징집될까 두려워한다는 말까지 모두 했다.

RPI 학생처장이 한 말을 이야기했을 때는 쿤슬러가 폭소를 터트렸다. 나도 웃었다. 나는 왜 이런 집에 태어나지 않았을까? 이런 가족이

---

29 20세기 영국 시인. 그의 시 '순순히 어두운 밤을 받아들이지 마오'는 영화 〈인터스텔라〉에도 나온다.

라면 내가 학교에서 겪는 어려움을 이해해주었을 것이고, 나를 지지해주었을 것이다.

"요즘에는 새롭고 흥미로운 대학들이 있더군." 쿤슬러는 나를 안심시키며 고등학교 2학년인 제인이 탁자 한쪽에 쌓아둔 대학 안내 책자더미 앞으로 갔다. 안내서들을 뒤적거리더니 파란색 마분지 표지에 중철 제본된 소책자를 내밀었다. 평범한 검정 활자로 '프렌즈 월드 대학(Friends World Institute)'이라고 쓰여 있었다.

소박한 그 안내 책자는, 그리고 나중에 실험적인 이 학교에 지원하기로 한 결정은, 내 인생 경로를 완전히 바꿔놓았다.

4장

나의 길을 찾아서

위싱턴행 기차가 철로를 따라 덜컹거리며 달리는 동안 나는 쿤슬러가 저녁식사 후에 건네 준 안내 책자를 찬찬히 읽었다. 읽으면서도 도무지 믿을 수가 없었다. "프렌즈 월드 대학은 갈수록 상호의존적인 세상에서 창의적이고 건설적인 삶을 살아갈 수 있는 잠재력 계발에 집중하는 교육 프로그램을 제공합니다. 우리는 이런 대학 프로그램을 찾고 있는 도전적인 학생들을 기다리고 있습니다." 개인의 창의적 잠재력 계발에 집중하는 학교라고? 믿기지 않는다. 솔직히 말해 오전 강의를 빼먹고 포트 휴런 성명서를 읽었던 그날 이후로 나의 잠재력에 대해 생각해본 적이 없었다.

프렌즈 월드 대학은 '글로벌 교육의 새로운 실험'을 시도하는 퀘이커교 단체가 바로 1년 전인 1965년에 설립한 학교였다. 현재 4년제 대학으로 인가받기 위해 절차를 밟는 중이었다. 교육과정은 전통적인 교과목보다 사회 문제 연구로 구성되어 있고, 학생들은 매학기 세계 각지로 가서 그 지역 특정 문제에 대해 배운다. 나는 모글리스에서 웨스트 선생님을 만난 후로 줄곧 다른 문화에 대해 배우고 싶었다. 프렌즈 월드 대학에서는 매일 세미나 수업[1]이 진행되고 정식 시험이나 학점이 없다. 대신에 학생들은 배움 과정을 일지로 기록한다. 이것은 나도 이미 해본 것이다. 게다가 어른이 아이에게 무엇을 하라고 시키는 것이 아니라 학생과 교수가 함께 지역사회의 문제를 논의하고 다루는 정기 모임도 있다. 프렌즈 월드 대학은 내가 처음 읽었을 때부터 흥미롭게 느껴졌던 A. S. 니일의 《서머힐》 학교 제도와 비슷했다.

빌 힉스의 집으로 오자마자 나는 입학지원서를 작성하고 우편함에 넣었다. 입학 에세이는 전에 다녔던 대학에서 "학교 공부가 내 교육을 꾸준히 방해한다."라고 느낀 이유를 설명했다. 이 말은 마크 트웨인이 했다고 알려진 말이지만 그다음은 오롯이 내 생각을 문장으로 적었다. "나는 암기가 아니라 배움을 원하고 반복이 아니라 연결 지어 생각하길 원한다."

일주일 후 프렌즈 월드 대학 입학처에서 전화가 왔다. 통화하는 동안 가슴이 미친 듯이 뛰었다. 그 직원은 프렌즈 월드 대학 재학생들이 캐피털 벨트웨이[2] 외곽에 있는 교외 지역인 메릴랜드 주 그린벨트로 현장학습을 갈 예정이라고 설명하면서 학생들이 머무는 야영장으

---

1 보통 1~2주에 한 권 정도 주제와 관련된 다양한 책을 읽고 토론하는 수업 방식
2 미국 워싱턴 D.C.와 메릴랜드 주와 버지니아 주의 교외 지역을 둘러싸고 있는 고속도로

로 방문해서 프렌즈 월드의 북미 지역대학 학장과 면접을 볼 수 있는
지 물었다. 나는 '현장학습'이 무엇을 말하는 것인지 몰랐지만 면접을
볼 생각에 그저 흥분되고 긴장되었다. 그리고 어떤 학생들이 이 실험
적인 학교에 다니는지 궁금했다.

며칠 뒤 나는 야마하 오토바이를 타고 전화로 안내받은 야영장을
찾아갔다. 학생 예닐곱 명이 폭스바겐 버스 세 대에서 캠프 용품을 내
리고 텐트를 칠 준비를 하고 있었다. 어디에도 교사처럼 보이는 사람
은 없었다. 나는 종이상자에서 냄비와 프라이팬을 꺼내고 있는 꽤 어
려 보이는 여학생에게 다가가서 나를 소개했다. 그녀는 가슴에 빨간
자수가 놓인 퍼프 반소매 흰색 페전트블라우스[3]와 청치마를 입고 있
었다. 웨이브 있는 짙은 갈색 머리가 등의 절반까지 풍성하게 늘어져
있었다.

그녀의 이름은 코네마라였다. 19명으로 구성된 반 전체 학생이 도
시 계획과 소비자 조합에 대해 배우기 위해 그린벨트 시에 왔다고 했
다. 코네마라는 1930년대 뉴딜 정책의 일환으로 연방 정부가 이 지역
담배밭을 도시로 개발했다고 설명했다. 도시 설계의 일차적 목표는
공무원 증원에 따른 주택 부족 문제를 해결하는 것이었지만, 도시 설
계자들은 어떻게 해야 도시를 더 잘 조직할 수 있는지도 보여주고 싶
었다. 시내의 주요 가게들은 모두 생활협동조합이었고, 모든 주민이

---

3 유럽 농부나 집시 의상에서 유래한 것으로 목둘레나 손목 둘레 끝단에 고무줄이나 끈을
넣어 잔주름을 만들고 품이 넉넉한 스타일의 블라우스

지분을 가지고 있어서 가게 운영에 관여할 권리가 있었다. 코네마라의 말을 빌리면 모리스 미첼Morris Mitchell 프렌즈 월드 총장은 그린벨트 도시 설계 같은 사회적 실험이 얼마나 전망이 밝은지 학생들이 직접 경험해야 한다고 믿고 있다. 즉, 책을 통해서만 배우는 것이 아니라 현장에서 직접 배우는 것이 필요하다는 것이다. 코네마라는 이번이 첫 현장학습이었다.

나를 뚫어지게 보며 조용하고도 단호한 목소리로 말하는 코네마라는 아주 진지하고 매우 성숙한 사람처럼 보였고, 내 나이 또래 다른 여자들과는 사뭇 다르게 느껴졌다. 그녀는 대학에 가기 전까지 농장에 세운 퀘이커교 기숙학교를 다녔고, 그곳을 졸업한 후 대학에서 섬유학을 공부했다. 그러나 프렌즈 월드에서 몬테소리 교육법 같은 새로운 교육 방법을 배우기 위해 다니던 대학을 그만뒀다고 한다. 나는 몬테소리라는 이름을 그때 처음 들었다.

그 즈음 학생들은 텐트 치는 일을 모두 마치고, 몇 명은 캠프장 화덕에서 저녁식사 준비를 돕기 위해 돌아다니고 있었다. 코네마라는 현장학습을 나갈 때 학생들은 경비를 줄이기 위해 대체로 야영을 한다고 말했다. 캠퍼스로 돌아가서도 근로 장학생으로 일한다고 했다.

코네마라는 나를 어떤 텐트로 데리고 가서 프렌즈 월드 북미지역대학 학장에게 나를 소개했다. 주름진 카키색 바지와 파란 셔츠를 입은 중년 남성의 이름은 아서 메이어Arthur Meyer였다. 나는 이전에 다녔던 대학 경험을 말하고, 빌을 도와 워싱턴 D.C.의 공립학교들을 상대로 소송 준비를 했던 이야기도 했다. 내 이야기를 들으면서 그는 다정하게 고개를 끄덕였다. 그리고 프렌즈 월드가 유치하려는 학생이 바로 나 같은 학생이라고 말했다.

세계를 여행하고, 같은 생각을 지닌 흥미로운 학생들과 멋진 토론을 하고, 사회 문제를 해결하는 새로운 방법을 배운다니⋯⋯, 야영장을 떠나면서 머릿속은 이런 생각으로 활기가 넘쳤다. 하루라도 빨리 다시 학생이 되고 싶었다. 이번에는 다를 것이다. 그리고 코네마라도 다시 볼 수 있으면 좋겠다.

몇 주 동안 내 감정 기복은 롤러코스터 급이었다. 어떤 순간에는 마냥 행복했다가 바로 다음에는 기분이 바닥까지 떨어졌다. 징집위원회에서 나를 양심적 병역거부자로 인정한다는 통지를 받았을 때 나는 기뻐서 함성을 질렀다. 그런데 편지를 끝까지 읽어보니 병역 대체복무로 2년 동안 정신병원에서 잡일을 해야 하고 그러기 위해서는 한 달 이내에 버지니아 주에 신고해야 한다고 쓰여 있었다. 2년 동안 꼼짝 못 하고 화장실 변기를 청소하고 병원 바닥을 닦으면서 보내는 모습이 그려졌다. 며칠 뒤 프렌즈 월드에서 편지가 도착했다. 나는 간절한 마음으로 봉투를 뜯었다. 합격이었다. 나는 곧바로 징집위원회에 학생 징병 유예 신청서를 보냈다. 징병 유예 신청이 기각되었다는 통지를 받는 데는 일주일밖에 걸리지 않았다. 너무 화가 나서 눈물이 났다. 나는 통지서를 갈기갈기 찢어버렸다. 그때 문득 프렌즈 월드 대학이 퀘이커교 학교이므로 그곳에서 대체복무를 하는 것이 허용될지도 모른다는 생각이 들었다.

프렌즈 월드는 내 의견을 기꺼이 받아들여주었고, 놀랍게도 징집위원회에서도 허락했다. 선발징병청 규정에 보면 양심적 병역거부자의 대체복무는 힘들고 고생스러운 것이어야 한다고 명시되어 있었다. 그래서 징집위원회는 내가 집에서 가까운 곳보다 뉴욕까지 가서 일한다면 더 큰 고생이 될 것이라고 판단했을 것이다. 뉴욕에서는 내가 학생이 될 수도 있다는 사실을 그들은 몰랐고, 알아야 할 필요도 없었다.

1966년 6월, 나는 빌 힉스에게 그동안 배운 모든 것에 대해 정말 감사하다고 말하면서 작별 인사를 했다. 그런 다음 오토바이를 팔고 롱아일랜드 웨스트버리에 위치한 미첼필드로 떠났다. 프렌즈 월드 대학은 공군기지였던 미첼필드의 빈 건물 몇 동을 임대해 기숙사와 강의실로 사용하고 있었다. 9월 학기가 시작되기 전, 나는 인근에 있는 해로우힐이라 불리는 작은 건물에서 행정보조로 일하기로 되어 있었다. 그곳은 프렌즈 월드 '국제본부'로 쓰라고 기부받은 곳이었다.

대학 소식지나 발전 기금 홍보물 또는 안내책자를 인쇄기로 찍어내고, 봉투에 담고, 우표를 붙이는 것이 내 업무였다. 단조롭지만 꼭 필요한 일이었다. 혼자만의 시간을 가질 수 있는 저녁이 되면 쿤슬러가 추천해준 제임스 조이스의 《젊은 예술가의 초상》을 읽었다. 나는 주인공 스티븐 디덜러스의 의식의 흐름을 따라 완전히 빨려 들어갔다. 스티븐이 정신적으로 성장해나가는 과정을 보며 일종의 동료 의식을 느꼈다. 고등학교 때 읽었던 토머스 울프의 소설 속 등장인물보다 그런 느낌이 훨씬 강했다. 나처럼 스티븐은 '다른 사람과 떨어져서 자신만의 지혜를 배우거나 세상에 놓인 덫 사이를 배회하면서 스스로 다른 사람의 지혜를 배울 운명이었다.'

일을 시작한 지 일주일 쯤 지났을 때 모리스 미첼이 나를 총장실로 불렀다. 책들이 가득 꽂혀 있는, 천장까지 닿는 책장들로 그렇지 않아도 좁은 사무실이 더 좁아 보였다. 모리스는 깊은 주름이 접히고 속이 두툼한 밤색 가죽 의자에 앉아 있었다. 주변에는 아무렇게나 쌓아둔 서류와 잡지들이 보였다. 그는 어깨가 넓고 체격이 컸다. 두껍고 짙은 눈썹이 숱이 없는 흰머리와 뚜렷한 대조를 이루고 있었다. 창으로 들어온 햇빛이 우락부락한 그의 얼굴을 비췄다. 그는 자기 의자와 똑같이 생긴 맞은편 의자를 가리키며 나에게 앉으라고 했다. 의자에 앉자 키가 178센티미터쯤 되는 내 몸이 거의 파묻히다시피 했다. 순간 내가 보잘것없는 사람처럼 느껴졌다.

모리스는 재빨리 나를 편안하게 해줬다. 내가 징집 문제에 대해 적극적으로 나서서 양심적 병역거부자로 인정받은 것을 축하해주었다. "2차 세계대전 당시 나는 양심적 병역거부자 수용소의 소장이었네." 모리스가 중후한 목소리로 말했다. 그는 말할 때 두 엄지를 돌리며 원을 그리는 이상한 버릇이 있었다. 나중에 안 사실이지만 1차 세계대전 당시 젊은 소위였던 모리스는 참호에서 심한 부상을 입고 독가스 공격을 당했는데, 그 영향으로 그런 버릇이 생긴 것이었다. 모리스는 전쟁의 여파로 평화주의자가 되었고 흔히 퀘이커교라 불리는 친우회

(Society of Friends)의 일원이 되었다.

"우리는 우리 대학 졸업생들이 사회 변화를 이끌어갈 동력이 되기를 바라고 있네." 그의 말은 마치 대학의 목표를 소개하는 오리엔테이션처럼 들렸다. "우리 학생들이 최근 떠오르는 창조적 힘에 대한 이해력을 갖출 수 있으면 좋겠어. 창조적 힘은 제대로 발휘되기만 한다면 세계에서 가장 긴급한 여러 문제에 대해 극적인 영향을 미칠 수 있는 잠재력이 있다네." 나는 동의의 표시로 고개를 끄덕였다. 그가 말하는 창조적 힘이 무엇인지 몰랐지만 빨리 배우고 싶었다.

모리스 미첼의 혁신 교육

모리스 미첼 총장도 모글리스에서 도끼 사용 기술을 가르쳐주었던 알콧 파라 엘웰 대령과 매우 비슷한 교육 이상가였다. 하지만 엘웰은 학교 교육이 낳은 최악의 영향을 여름 캠프 경험을 통해 개선할 수 있다고 믿은 반면, 모리스는 학교에서 경험하는 교육을 근본적으로 바꾸려고 했다.

모리스는 1895년 켄터키 주 조지타운에서 태어났다. 그의 아버지 사무엘 차일즈 미첼은 처음에는 역사학 교수로 있다가 대학 총장까지 지낸 교육자였고, 미국 남부 흑인 학생들의 교육 개선을 위한 재단에서 이사로도 활동했다. 어머니 엘리스 버지니아 브로더스는 전도사이자 대학교 총장이었던 부모 밑에서 성장했다.

그런 가정환경 덕에 모리스는 어린 시절부터 교육과 사회 정의에 관한 토론을 많이 접했다. 그러나 그에게도 문제가 있었다. 학교 가는 것을 싫어했고 학교에서 번번이 말썽을 일으켰다. 1912년에 드디어 고등학교를 졸업했지만 그전에 다니던 학교 두 곳(공립학교 한 곳과 사립학교 한 곳)에서 자퇴를 강요받기도 했다. 고등학교 졸업 후에는 대학 세 곳을 연달아 다녔다. 여러 대학에서 총장을 역임한 아버지가 새로운 학교로 갈 때마다 모리스도 학교를 옮긴 것이다. 1차 세계대전이 발발하자 모리스는 학업을 중단하고 군에 입대했고, 전쟁이 끝난 후 다시 복학해 1919년에 학위를 받았다.

전쟁을 경험한 모리스는 그 여파로 오늘날 외상 후 스트레스 장애라 불리는 심리 장애를 겪었다. 의사는 치료를 위해 안정이 필요하다고 했다. 그래서 졸업 후 노스캐롤라이나 마스턴으로 옮겼다. 형의 도움을 받아 그곳에 통나무집을 짓고 복숭아나무를 심었다. 겨울에는 할 일이 거의 없었기 때문에 벌이도 시원찮았다. 빈약한 소득을 보충하려고 모리스는 엘러비라는 인근 마을에서 교사로 일했다.

1925년 모리스는 엘러비에서의 경험을 담아 '내 사람들(Mine Own People)'이라는 제목의 글을 〈월간 애틀랜틱〉에 발표했다. 벤저민 해리슨 체피Benjamin Harrison Chaffee라는 필명으로 페더럴이라는 가상의 마을을 설정해 묘사했는데, 아마 그 가난한 마을에 만연한 영양실조, 질병, 과도한 밭 노동, 아동 학대 등의 문제를 적나라하게 묘사하고 싶어서 가명을 사용했을 공산이 크다. 그 스스로도 자신이 목격한 것에 경악하지 않을 수 없었다. 글의 끝부분에서 모리스는 교육을 위해 헌신하겠다고 다짐하고 있다. "내 분노는 엄숙한 결심으로 바뀌었다. 굶주림으로 고통받는 이 사람들을 결코 내버려두지 않을 것이다. 이제부터 교육은 나에게 종교와도 같은 것이 될 것이다."

교사로서 어떤 훈련도 받지 않았지만 모리스는 엘러비에서 계속 교사로 활동하면서 점차 체계를 잡아갔다. 우선 십여 명으로 구성된 반 아이들에게 지역사회로 직접 나가서 사람들이 흔히 겪고 있는 질환과 영양실조에 대해 더 많은 것을 알아오게 했다. 학생들은 다시 교실로 돌아와 문제를 어떻게 해결할 수 있을지 공부했고, 기본적인 읽기ㆍ쓰기와 수학ㆍ과학 공부도 병행했다. 몇 년 후 〈리더스 다이제스트〉[4]는 로버트 리텔이라는 기자를 파견해 모리스가 엘러비의 학교를 어떻게 변화시켰는지 취재하게 했다.

어떤 학급은 수업 시간에 이웃집 닭의 혈액 검사를 했고, 또 어떤 학급은 노스캐롤라이나 모래사장에서 카이사르에 대해 공부하고 헬베티족[5]과 전투를 벌이는 야외 수업을 했다. 수

---

4 다양한 읽을거리를 제공하는 미국의 대중 잡지. 우리나라에서도 한때 영한 대역판이 발행되었다.
5 지금의 스위스와 독일 남부에 살던 갈리아 부족 중 하나로 기원전 1세기 무렵 게르만족에 밀려 남쪽으로 내려오면서 로마의 속주와 충돌하게 되었다. 카이사르가 구원병을 이끌고 헬베티족과 전투를 벌였고, 결국 카이사르의 승리로 끝났다.

학 수업도 지켜봤는데, 아이들이 학교 인쇄기로 인쇄된 돈을 가지고 은행 놀이를 막 시작하려 하고 있었다.……

모리스의 학생들은 책상에 앉아 학습지의 문제를 풀고, 똑같은 문제를 집에서 숙제로 풀고, 그러고 나서 마지막으로 시험을 보는 그런 방식으로 수학을 배우지 않았다. 화폐를 만들어 사용하고 학교 은행을 통해 가상의 화폐로 금융 거래를 해보면서 수학을 배웠다.

체험 중심, 문제 기반의 교육 방법은 첫 해부터 성공적이었다. 그 결과 학교에 다니지 않던 많은 아이들이 학교에 등록했다. 모리스의 작은 학교는 교사 세 명을 추가로 고용해야 할 정도로 규모가 커졌다. 마을에서는 새로 학교 건물을 지었고, 4년 후에는 교실이 8개 더 늘었다.

모리스는 엘러비 학교를 2년 간 휴직해 피바디 교육대학(Peabody Teachers College) 대학원을 다녔고, 1926년에 박사 학위를 받았다. 그 때 대학원을 다니면서 우연히 존 듀이John Dewey의 철학을 접하게 되었는데, 모리스에게 듀이의 글은 계시이자 신앙고백 같은 것이었다. '듀이는 내가 실제로 실천해왔던 것을 이론으로 정립한 인물이었다.' 라고 모리스는 말한다. 그는 듀이를 찾아가 자신의 멘토가 되어 달라고 했고, 1년 동안 컬럼비아 대학교에서 듀이와 함께 연구했다.

두 사람은 그들 시대에 (이 문제에 대해서라면 우리 시대도 마찬가지지만) 교육이라며 전달되는 것, 즉 교과서 내용을 암기하고 주로 단순 사실을 묻는 시험을 치르는 것이 학생들의 학습에 지속적인 영향을 끼치지 못한다고 생각했다. 시험을 보기 위해 공부한 것들은 금방 잊어버리기 쉽고 필수 기술을 개발하거나 기본 개념을 이해하는 데 거의 도움이 되지 않는다는 것이다. 모리스가 엘러비에서 학생들에게 요구했던 것처럼 학생들은 자신의 주변 세상에 적극적으로 부딪쳐보고 탐구해야 한다. 교사는 끊임없이 제공되는 대부분 쓸모없는 정보를 관리하고 전달하는 사람이 아니라 학생들을 지도하는 코치이자 안내자이다.

듀이와 모리스는 학생들이 단지 명령을 따르는 로봇이 아닌, 민주 사회에서 독립적으로 사고하고 행동할 수 있는 시민이 되도록 준비시키는 것이 교육의 목표이어야 한다는 데 의견을 같이 했다. 하지만 모리스는 듀이보다 이런 생각을 한 단계 더 발전시켰다. 처음에는 전쟁을 경험하고 이후 엘러비에서 가난을 목격하고, 마지막에는 대공황을 겪으면서 혁신주의자가 된 모리스는 1937년 스칸디나비아 반도와 러시아로 '현장학습'을 떠났다. 모험에서 돌아온 후 미국 조지아 주 마케도니아 마을에 1,000에이커 부지를 매입하고 이상향적인 협력 공동체를 설립하려고 시도했다. 그런 과정을 거치면서 그는 규제 없는 자본주의와 균형을 잡아주는 평형추로서 협동조합 운동과 사회개발이 중요하다는 것을 점점 확신하게 되었다. 모리스는 전쟁, 빈곤, 인종차별, 환경 파괴의 참화로부터 세상을 구하기 위해서는 학생들이 이 개념을 이해하고 수용할 필요가 있다고 생각했다.

모리스는 늘 자신의 이론을 자유롭게 실천할 수 있는 장소를 찾고 있었던 것으로 보인다. 1930년대와 40년대를 거치는 동안 교사로서 또는 학교 관리자로서 한 학교에 오래 머무는 법이 없었다. 그러던 중 1950년에 듀이의 또 다른 제자 카메리타 힌튼Carmelita Hinton으로부터 교사 교육 프로그램을 시작해보라는 제안을 받았다. 힌튼은 15년 전에 버몬트 주 남부에 미국 최초의 남녀공학 기숙학교 퍼트니 스쿨 Putney School을 세웠다. 이 학교는 진보적 교육운동에 선도적인 역할을 하는 학교로 널리 알려져 있었다. 이제 힌튼은 미래의 교사들에게 듀이의 사상에 흠뻑 젖어 그의 사상을 실천할 수 있는 기회를 제공하고 싶었다. 예산이 빠듯했지만 힌튼은 모리스에게 전권을 위임해 예비 교사를 교육하는 새로운 방법을 개발해 달라고 했다.

그 후 14년 동안 퍼트니 교육대학원은 많은 사상을 탄생시킨 사상 양성소가 되었고, 모리스는 이후 프렌즈 월드의 교수 학습 방법에 그 사상들을 적용했다. 모리스가 만든 교육과정의 핵심은 현장학습이었다. 교육대학원 학생들은 버몬트 시골 지역의 지속가능한 조림지, 뉴욕의 사회복지관 그리고 민권 운동가와 노동조합 조직책을 교육하는 테네시의 하이랜더 포크 스쿨Highlander Folk School을 방문했다. 모리스는 이곳들을 '조용한 혁명 장소'라고 불렀고, 그의 학생들은 새내기 혁명가들이었다.

국적이 다양하고 여러 인종이 섞인 남녀 학생들이 미국 남부 지역을 여행 다닐 때는 자주 편견에 부딪혔다. 한번은 조지아에서 길을 따라 걸어가고 있는 두 학생에게 트럭에 타고 있던 백인 남자들이 퇴비를 뿌렸다. 그 일이 있은 뒤 모리스가 학생들에게 물었다. "무엇 때문에 그런 행동을 하는 것일까? 그런 행동에 영향을 끼쳤을지도 모르는 지역사회의 힘은 무엇일까? 이번 일을 겪으면서 여러분은 무엇을 느꼈는가?" 모리스는 학생들에게 개인, 문제, 관념을 더 깊이 이해하기 위한 방법으로 자신의 경험을 되돌아보라고 끊임없이 격려했다.

1964년 퍼트니 교육대학원이 안티오크 대학Antioch College과 통합되었고, 71세의 모리스는 남은 인생을 농사를 지으면서 보낼 생각으로 다시 조지아로 향했다. 바로 그때 새로운 모형의 대학을 세우고 싶어 하는 한 퀘이커교 단체로부터 전화를 받았다.

프렌즈 월드

프렌즈 월드는 뉴욕의 정신과 의사이자 유명 퀘이커교도인 조지 니클린George Nicklin의 발상으로 탄생했다. 니클린은 어린 나이에 2차 세계대전에 참전해 전쟁의 공포를 경험한 사람이었다. 그는 수년에 걸쳐 동료 퀘이커교도들에게 평화로운 공존에 기여하는 대학을 설립하자고 설득하고 회유했다. 1963년까지 시범 프로젝트인, 유엔 대사 자녀들을 대상으로 하는 국제 여름 프로그램을 운영할 수 있는 충분한 자금을 모았다. 프로그램은 성공적이었고, 프렌즈 월드 대학 설립 위원회는 초대 학장 모집에 나섰다.

위원회가 모리스를 면접했을 때 그는 그들이 상상했던 것보다 훨씬 더 과감한 대학 비전을 제시했다. 모리스는 여러 국적의 학생들을 모아놓고 함께 공부하는 기회를 제공하는 것에 그치지 말고 북미, 중미, 서유럽, 동유럽, 아프리카, 남아시아, 동아시아 이렇게 7개 지역에 지역대학을 세워 학생들이 해당 지역대학에 등록하고 졸업할 때까지 학기마다 지역을 순회하면서 공부하게 하자고 제안했다. 학생들은 7학기 동안 각 지역대학에서 지역 문제와 가능한 해결방안에 대해 집중적으로 다룬 후 마지막 학기에는 소속 지역대학으로 돌아가 자신이 관심 갖는 특정 문제에 대해 더 연구해서 졸업 논문을 쓰는 것이다.

모리스는 최종 임용되었고 1965년 프렌즈 월드의 첫 입학생이 들어오기 몇 달 전 여름, 가족과 함께 해로우힐로 이사했다. 그가 그리던 글로벌 대학을 현실로 바꾸기 위한 실행 계획은 시작부터 상당한 난관에 부딪쳤다. 첫째, 대학의 자원이 매우 제한적이고 교직원 수도 턱없이 부족했기 때문에 지역대학 네트워크를 관리하는 데 어려움이 있었다. 모리스와 루스 메리 힐Ruth Mary Hill 부학장이 지역대학 직원으로 고용한 사람 중에는 가끔 자격이 안 되거나 신뢰할 수 없는 사람도 있었다. 지역대학 부지와 세부 계획도 자주 변경되었고, 등록금 문제와 장학금 부족 때문에 북미 지역 이외의 지역대학은 등록률이 매우 저조했다.

하지만 내가 보기에 더 심각한 문제는 다른 곳에 있었다. 바로 모리스가 설정한 학교 목표에 근본적인 모순점이 있다는 점이다. 그는 개인의 고유한 능력을 최대한 계발하고 가장 잘 실현시키는 수단이 교육이며, 진정한 교육은 적극적인 발견의 과정을 통해 얻어진다고 믿었다. 그러나 동시에 세상이 위험에 처해 있다고 보고, 세상을 위험으로부터 구할 수 있는 유일한 방법은 더 나은 세상을 만들기 위해 반드시 필요하다고 여겨지는 몇 가지 개념과 제도의 중요성을 학생들에게 교육시키는 것이라고 확신했다. 그래서 모리스는 학생들을 이끌고 한 세대 이전에 시작된 뉴딜정책[6] 사업들을 둘러보았다. 그린벨트를 방문하면 협동조합과 도시계획으로 만들어진 지역사회의 장점을 증명할 수 있고, 테네시 강 유역 개발공사(Tennessee Valley Authority) 견학이 다른 지역에서 모방할 수 있는 지역개발의 훌륭한 예를 볼 수 있다고 생각했던 것이다. 모리스는 학생들에게 문제와 해법(그가 생각해낸 해법)을 동시에 제시했다. 그렇게 하지 말았어야 했지만 마음대로 되지 않았다.

메릴랜드 교외 지역의 가게와 트랙하우스tract house,[7] 테네시 곳곳에 산재한 거대하고 흉측한 댐에서 모리스는 혁신적인 사업 실행을 목격했지만 학생들 눈에는 단지 평범하고 시대에 뒤처진 것으로만 보였다. 많은 학생들이 보기에 모리스는 너무 낡은 사고방식을 가지고

---

6 대공황으로 침체된 경제를 살리기 위해 미국 루스벨트 대통령이 1933~1936년에 추진한 경제부흥정책
7 주택 단지를 조성하는 같은 형태의 규격형 주택

있었고, 그래서 그의 생각이 무의미하게 들렸다. 어쨌든 1960년대는 많은 청년들이 '서른이 넘은 사람은 누구든 믿지 마라.'라는 말을 신봉하던 시대였다. 사실 학생들 대부분은 대학 안내 책자에 명시되어 있는 다른 비전 즉, 개인의 자율과 자아실현 그리고 억압적인 학교 분위기와 권위에서 벗어나 자유를 누릴 수 있다는 말로 해석되는 문구에 이끌려 프렌즈 월드 대학에 들어왔다.

이처럼 서로 대립되는 생각을 가진 두 세력 사이에 갈등이 생겼고, 그것은 개교 초기 학교와 학생 모두에게 상당한 영향을 미쳤다. 다른 사람들처럼 나도 그 시기의 대혼란에 갇혀 있었다. 그러나 다른 한편으로 프렌즈 월드에서 제공한 교육 기회를 붙잡음으로써 내 인생은 완전히 바뀌었다.

토니 와그너는……매우 뛰어났다

그해 여름, 나는 프렌즈 월드 대학이 인수한 옛 미첼 공군기지 병영생활관에 있는 작은 장교 숙소에서 지내고 있었다. 9월 개강 첫날이 되자 남녀 반반 섞인 40명의 학생이 들어왔다. 각자 개조된 방갈로에 방을 배정받고 짐을 풀었다. 철조망 담장이 황량한 단지 주변을 높이 에워싸고 있고 잡초가 무성했지만 아무도 알아차리지 못한 듯했다. 학생들은 서로 자기소개를 하면서 이야기를 나누느라 정신이 없었다.

오후에 우리는 세미나실에 모여 정식으로 자신을 소개하는 시간을 가졌다. 거의 모든 학생들이 전에 다른 대학에 다니다 중퇴한 학생들 이었다. 나처럼 그들도 다른 종류의 교육을 받기 위해 이곳에 온 것이 었다. 드디어 제임스 조이스의 소설 속 등장인물이 아닌 현실에서 나 와 생각이 비슷한 사람들을 만나게 되었다.

저녁이 되자 학생들을 환영하기 위해 모리스가 해로우힐에서 찾아 왔다. 그날 밤 나는 내 정식 학습일지 첫 페이지에 모리스의 환영 인 사말의 요지를 써놓고 말뜻을 이해하려고 했다. '우리에게 겁을 주고, 경고를 했다. '우리는 꼭 해야 한다'라고 말했고, 우리를 사랑하고 우 리가 오기를 기대했다……' 그의 말은 조금 뜻밖이었고, 우리에게 거는 기대가 아주 높다는 것을 제외하고는 무슨 말을 하는 것인지 정 말 이해되지 않았다. 환영사가 끝난 뒤 우리는 민권에 대한 민중가요 를 불렀다.

다음 날부터 수업이 시작되었다. 첫 학기는 개인적 차원이나 동네, 도시, 지역, 국가, 세계 차원의 문제에 대한 입문 과정이었다. 실제로 현대 사회의 병폐에 대한 강연이 홍수처럼 쏟아져 나왔다. 주어진 주 제에 대한 전문지식을 제공하기 위해 초청 교수들이 매일 아침 학교 를 찾았다. 첫째 주는 가정 문제, 소통 문제, 신체적·정신적 건강 유 지의 필요성, 성적 취향과 정체성 문제 등 개인과 사회에 관한 주제였 다. 만일 이런 주제를 한 주에 하나씩 다루면서 깊이 있는 토론을 할 수 있는 시간이 허락되었다면 모든 것이 괜찮았을 것이다.

그러나 강연은 무차별적으로 쉼 없이 쏟아졌다. 몇 주 내내 우리는 자동화, 노동의 개념, 노동자 소외, 중재, 화해, 조정, 블랙파워 운동(흑인 지위 향상 운동), 백인의 사고방식, 도시 황폐화, 시골 지역의 빈곤, 현대 사회가 주는 파괴적 압박에 관한 강연을 들었다. 하루는 자칭 마르크스주의자라는 사람들의 강연을 들었고, 그다음은 퀘이커교도의 강연을 들었다. 학생들 머릿속에서는 누구를 믿고, 무슨 말을 믿어야 할지에 관한 질문이 끊임없이 맴돌았다. 하나라도 제대로 이해할 수 있는 시간이 주어지지 않았다. 우리는 이유도 모른 채 뉴욕 항만공사를 견학했고, 모리스의 필수 목록에 있었던 '세계의 정부' 유엔 본부도 간단히 둘러봤다. 어느 날 저녁에는 모리스가 협동조합에 관해 설교 같은 강연을 했다. 그는 지나친 자본주의의 폐해를 즉시 치료할 수 있는 '묘약'이 바로 협동조합이라고 설명했다.

그리고 나서 우리는 불쑥 국제 문제들을 다루기 시작했다. 수요일 주제는 '국가 간 적대감과 전쟁을 어떻게 이해할 수 있을까?'였고, 목요일은 '포드재단(Ford Foundation)과의 대화' 시간이었다. 금요일 오후, 아프리카 대륙에 관한 초청 강연에서는 '빈곤에 시달리는 대다수의 인류를 위해 인적·물적 자원을 개발하는 문제를 어떻게 이해할수 있을까?'를 다뤘다. 이어서 토요일 오전에는 '인도는 인적·물적 자원을 어느 정도까지 개발할 수 있었는가?'라는 주제로 넘어갔다. 그다음 주에는 냉전의 역사와 쿠바 미사일 위기, 핵무기의 위험성, 방어 전략으로서 '상호확증파괴[8]'가 지닌 오류, 군비제한 및 군비축소 실패 등을 공부했다.

우리는 정보의 홍수 속에서 허우적대고 있었다. 거의 모든 토론식 수업이 문제에 초점을 맞추고 있었고, 모리스가 직접 강연한 수업을 제외하고는 해결책을 다룬 수업이 거의 없었다. 학생들에게는 모든 것이 부담스러웠다. 점점 많은 학생들이 권장 도서 읽기를 중단했고, 세미나 수업에 빠지기 시작했다. 부엌과 식당에서 맡은 일도 제대로 하지 않았다. 대부분의 아이들이 마리화나를 피웠고, 어떤 학생들은 강력한 환각제인 LSD도 복용했다. 한 학생은 신경쇠약에 걸려 집으로 돌아갔다.

학교 구성원 모두가 참석하는 전체 회의에서 교직원들은 학생들에게 조금 더 책임감을 가져줄 것을 호소했고, 학생들은 독서 활동과 세미나 수업이 지루하고 심한 경우 무의미한 것도 있다고 불평했다. 학생들은 세상에 산재한 문제에 대해 듣는 것이 신물이 났다. 사람들이 쏟아내는 쓸데없는 말에 나는 급속도로 피로감을 느꼈다.

나는 마리화나를 피우지 않았다. 토론식 수업에 참석하고, 추천도서 중 적어도 몇 권은 꾸준히 읽으려고 노력하고 있었다. 전체 회의에서 나는 교직원 편에 서 있었다. 그 결과, 마침내 나에게 맞는 곳이라

---

8 대립하는 양국이 핵무기를 보유하고 있을 때, 어느 한쪽이 상대방에게 핵무기 선제공격을 받아도 핵전력이 보존되어 보복 공격을 할 수 있을 경우 상호 파괴를 확증하는 상황이 되므로 이를 피하기 위해 핵전쟁이 발생하지 않게 된다는 핵전략 이론

고 생각한 바로 이곳에서 나는 대부분의 다른 학생들로부터 점차 소외되었다.

날이 갈수록 커지는 환멸과 외로움을 극복하기 위해 나는 문제뿐만 아니라 해결책도 연구할 수 있는 기회를 제공하는 도전적인 연구 프로젝트에 몰입했다. 앞으로 수십 년에 걸쳐 인도를 어떻게 발전시킬지를 주제로 모의 회의를 여는 것이 프로젝트 내용이었다. 참가 신청을 한 학생들은 네 팀으로 나뉘었다. 세 개 팀은 각각 인도, 중국, 미국 대표단을 맡고, 네 번째 팀은 인도의 저명한 정재계 지도자 집단을 맡았다. 각국 대표단은 인도에 대한 발전 계획을 연구해 발전 계획안을 네 번째 팀에게 제공해야 한다. 인도 정재계 지도자들이 맡은 역할은 세 대표단의 발표를 듣고 그들에게 어려운 질문을 던지는 것이었다. 나는 중국 대표단의 수석대표를 맡겠다고 자원했고, 인도의 문제와 이른바 제3세계라 불리는 국가들을 발전시키기 위한 중국 공산주의 방식의 접근법을 다룬 자료들을 탐독했다.

연설문 원고를 쓰는 것은 즐거웠다. 나는 우리 팀이 발표할 때 강의실을 돌아다니면서 마오쩌둥의 책을 높이 들고 인용구절을 직접 읽을 수 있도록 하기 위해 《마오쩌둥 어록》을 찾아 그리니치빌리지의 한 서점을 뒤졌다. 그것 또한 즐거웠다. 나는 약간 허세를 부리며 인도 정재계 인사들에게 말하기 시작했다. "중국 국민들은 자립의 개념을 국가 발전의 가장 중요한 요소로 꼽습니다. 이것은 실질적인 발전이 전개될 수 있으려면 먼저 외국 제국주의자들을 여러분 나라에서 몰아내야 한다는 것을 의미합니다." 그리고 나서 인도의 최근 5개년 계획에서 4억 5000만 달러라는 막대한 적자는 외국인 투자와 차관에 지나치게 의존한 결과라고 주장했다. 실제로 외국인 투자와 차관은 계획대로 되지 않았다. 나는 더 많은 것을 알아갈수록 더욱 흥분되었다. 중국식 관점에 매료되어서가 아니라 드디어 문제에 대해 깊이 연구하고 여러 가능한 해결책을 조사하고 있었기 때문이다.

프렌즈 월드 대학의 성적표에는 학점이 아니라 학생의 발전 상황에 대한 지도 교수의 종합 의견이 기록된다. 내 성적표에는 이렇게 적혀 있었다.

'토니 와그너는 지난 학기 동안 모든 연구에서 매우 뛰어났다. 시간을 신중하게 계획했고, 폭넓은 주제에 대한 비판적 읽기를 했으며, 힘든 일을 꾸준히 할 줄 아는 놀라운 능력을 보여주었다. 학습 일지를 보면 생활과 학습을 훌륭하게 융합시켰고, 자신의 정치적 견해를 간결하고 뛰어난 문체를 사용해 시로 표현했다.'

정말 나에 대한 평가가 맞단 말인가? 중학교를 그만두라는 말을 듣고, 고등학교에서 도망쳐 나오고, 대학을 두 곳이나 중퇴한 그 토니 와그너에 대한 글이란 말인가? 나는 처음으로 내 학업성취에 대해 진정으로 자부심을 느꼈다.

학교 전체 회의 시간에 말다툼이 있었고 사회적으로 고립되는 느낌을 받았지만 드디어 나에게 적합한 학교를 찾은 것이었다.

멕시코에서 만난 벽화

우리를 태운 버스는 해가 다 지고 나서야 멕시코시티에 도착했다. 여기 멕시코의 수도에서 며칠 동안 예비 교육을 받은 후 남쪽으로 한 시간 거리에 있는 쿠에르나바카로 이동해 본격적인 공부를 할 것이라고 했다. 나는 빨리 이 도시를 탐사하고 싶었다. 그래서 다음 날 아침 일찍 우리 반 학생들이 머물고 있는 프렌즈 지역대학에서 출발해 파세오데 라 레포르마 대로를 따라 걸었다. 알아들을 수 없는 스페인어와 토착어로 말하며 바삐 움직이는 사람들의 끝없는 흐름을 따라갔다. 빠른 속도로 지나가는 선명한 초록색, 노란색의 택시들이 아무 이유 없이, 아니면 자기네가 만들어내는 소음이 듣기 좋아서인지 제각기 다른 음의 경적을 울리며 불협화음을 만들어냈다.

거리 모퉁이마다 갈색 피부의 여성들이 빨강, 주황, 초록색, 자홍색 꽃으로 장식한 블라우스와 짙은 색의 긴 치마를 입고 모포 위에 앉아 있었다. 허리까지 내려오는 길게 땋은 검은 머리가 밝은 햇살을 받아 더욱 윤기가 났다. 여자들 앞에는 반짝이는 은팔찌와 귀걸이, 채색된 항아리, 거의 모든 여자들이 보자기로 단단히 감싸서 등에 업고 있는 아기를 축소시켜 놓은 듯한 수제 헝겊 인형 등, 갖가지 물건이 인도 위까지 펼쳐져 있었다. 그들은 눈을 동그랗게 뜨고 간청하는 시선으로 지나가는 행인들을 쳐다봤다. 아무 말도 하지 않았지만 그들의 눈에서 기품이 느껴졌다.

불에 타는 숯과 바비큐 고기의 매캐한 냄새가 대기를 가득 채웠다. 길을 따라 들어선 노점에서는 남자 상인들이 육즙이 떨어지는 뜨거운 소고기나 닭고기로 속을 채운 엄청 큰 토르티야를 팔고 있었다. 즙이 많은 파인애플과 망고, 딸기 그리고 처음 보는 과일을 종이컵에 넘치도록 담아 팔고 있는 행상들도 보였다. 알고 보니 그들은 손님이 과일을 선택하면 계란을 함께 넣어서 밀크셰이크를 만들어주고 있었다. 상인들 중 몇몇은 때 묻은 서양식 셔츠와 어울리지 않는 바지를 입고 있었고, 멕시코 전통의 하얀색 작업복 바지와 셔츠를 입고 어깨에 두른 무지개 색상의 세라피[9] 위로 머리를 내밀고 있는 상인들도 있었다. 하지만 복장에 상관없이 모두들 폐타이어를 재활용해 만든 밑창에 가죽 끈을 고정시킨 똑같은 스타일의 샌들을 신고 있었다.

드디어 뉴욕 센트럴파크보다 훨씬 더 넓은 차풀테펙 공원이 보였다. 멕시코시티의 중심이라 할 수 있는 그 공원에는 엄청 큰 헬륨 풍선 다발과 향기로운 꽃을 한아름 들고 다니며 손님을 찾는 사람들이 있었다. 소풍을 즐기는 가족들도 보였다. 아이들은 푸른 잔디밭에서 뒹굴면서 웃고, 연인들은 팔짱을 끼고 산책을 즐기고 있었다. 모든 사람들이 어린아이처럼 웃고, 만지고, 손을 잡고 있는 것처럼 보였다. 눈에 보이지는 않지만 수천 마리의 새들이 높은 나무 지붕에서 이상한 노래를 불렀고, 도시 너머 높이 솟은 눈 덮인 포포카테페틀 화산과

---

9 아름다운 기하학적 무늬가 직조된 멕시코 전통의 남성용 숄

이츠타치우아틀 화산이 바다처럼 파란 하늘을 떠받치고 파수를 보고 있었다.

'개발도상국' 하면 떠오르는 것은 지저분하고 가난하고 고통에 시달리는 나라이다. 분명 이곳 멕시코에서도 그런 모습을 보게 될 것이다. 그러나 지금 이 순간은 예상했던 것과 전혀 다른 모습에 정신이 멍했다. 이처럼 감각적인 곳은 가본 적이 없었다. 나는 심리적으로 그리고 물리적으로 부드럽고 순수하게 어루만져주는 감미로운 물결에 완전히 빠져드는 것처럼 느꼈다.

사람들을 실컷 구경한 후 나는 공원 위쪽에 자리 잡은 성을 향해 긴 언덕길을 천천히 걸어갔다. 1910년 혁명이 일어나기 전까지 소작농들을 통치하기 위해 스페인에서 파견된 총독과 황제들이 살던 성이다. 지금은 역사박물관으로 사용되고 있었다. 멕시코시티의 다른 곳들도 그랬지만 박물관 또한 매우 놀라웠다.

박물관에는 방마다 2차원 공간을 벗어난 듯한 강렬한 색상의 실물 크기 벽화들이 있었다. 모글리스에서 웨스트 선생님이 그린 키플링의 《정글북》 장면 벽화를 본 이후로 그렇게 생동감 넘치는 미술 작품은 처음이었다. 그러나 이곳 그림들은 매우 다른 의미를 가지고 있었다. 수세기 동안 멕시코 사람들이 겪은 역사와 고통을 묘사한 그림들이었다. 어떤 그림에서는 잔인한 아즈텍 전사가 경쟁자의 심장을 꺼내 돌로 된 제단에 재물로 바치고 있었다. 다른 그림에서는 말에 탄 채 총과 칼을 휘두르는 철갑 두른 스페인 정복자들이 원주민들을 발로 차고 채찍질하고 있었다. 최상류층 거물들로 구성된 한 집단이 입을 굳게 다문 채 벌거벗은 소작농의 사형을 주재하고 있고, 성직자들은 그저 냉담하게 바라보기만 하는 그림도 있었다. 또 어떤 그림에서는 가슴이 다 드러난 채 벽에 매달려 있는 한 여인이 손목에 채워진 거대한 족쇄를 풀려고 벽에서 뛰어내릴 듯이 몸부림치고 있었다. 배경에 보이는 백인 남자들에 저항하는 여인의 의지는 매우 확고해 보였다.

그다음 그림들은 혁명을 묘사한 것들이었다. 솜브레로[10]를 쓰고 십자 모양으로 어깨에 탄띠를 두른 소작농 무리, 폭격으로 까맣게 타버린 대지 위에 흩어져 있는 사람과 말의 사체들, 그 옆으로 여기저기 버려져 있는 대포들, 의기양양하게 웃으면서 멕시코의 새로운 국기를 들고 키 큰 옥수수 밭과 도로 위로 승리의 행진을 하고 있는 메스티소[11]의 자부심이 벽화로 표현되어 있었다. 고대 원주민이든 현대인이든 멕시코 사람들은 모두 원초적인 힘과 투지를 물씬 풍기고 있었다. 심지어 외부의 공격에 취약한 반나체 상태로 있어도 그렇게 보였다. 반면에 유럽인들은 창백한 얼굴에 성난 표정을 짓고 있고, 모두가 칼이나 총 또는 채찍을 옆에 두고 있었다.

이곳의 그림들은 미국 박물관에서는 결코 볼 수 없는 것들이다. 나는 이렇게 강렬한 그림을 누가, 왜 그렸는지 알고 싶어서 박물관 입구에서 집어든 영어로 된 안내 책자를 열심히 읽었다.

---

10 챙이 넓은 멕시코 모자
11 스페인인과 아메리카 원주민의 혼혈로 오늘날 멕시코 인구의 과반수를 차지한다.

그림은 주로 디에고 리베라Diego Rivera, 호세 클레멘테 오로스코José Clemente Orozco, 다비드 알파로 시케이로스David Alfaro Siqueiros 이 세 명의 화가가 그린 것이었다. 그들은 모두 혁명가였고, 예술은 단지 부자들만의 소유물이 아닌 모든 사람들을 위한 것이어야 한다고 믿고 있었다. 그래서 멕시코시티의 많은 공공건물에 벽화를 그리기 시작했다. 게다가 예술의 중요한 목적은 국민들이 조국의 역사와 유산을 이해하도록 돕는 것이라고 믿었다. 자존심이 강한 멕시코인이 과거 백인 정복자에 의해 노예가 되었다. 그래서 이 화가들은 멕시코 동포들이 정체성과 존엄성을 회복하도록 돕고 싶었다.

미술작품에 집단의식이 담겨 있다는 점에 매료된 나는 박물관 야외 벤치에 앉아 이 벽화들이 나에게 어떤 의미인지 생각해보았다. 멕시코에서 보내는 한 학기 동안 3개월은 스페인어 집중 수업과 라틴 아메리카에 관한 세미나 수업으로 구성되어 있고, 그 후 1개월은 독립연구 프로젝트를 진행하기로 되어 있다. 이제 독립연구 시간을 어떻게 보내야 할지 알겠다. 나는 이 놀라운 화가들에 대해 더 조사해볼 것이다.

위대한 예술가

며칠이 지난 후 우리는 문화교류문헌자료센터(Centro Intercultural de,

이하 CIDOC)[12]에 도착했다. 쿠에르나바카 시내가 내려다보이는 언덕 위, 꽃밭으로 둘러싸인 거대한 농장 안에 자리 잡은 CIDOC는 공부하기에 더없이 멋진 장소였다. 고풍스럽고 귀족적인 건물 외관은 건물 내부의 혁신적인 사상과 대조를 이뤘다.

CIDOC는 오스트리아 빈 출신의 가톨릭 신부 이반 일리치Ivan Illich가 설립했다. 이반 일리치는 피렌체 대학교를 거쳐 로마의 그레고리 대학교를 다녔고, 로마에서 사제 서품을 받았다. 이어서 잘츠부르크 대학교에서 역사학으로 박사학위를 받았고, 자원해서 뉴욕에서 가장 가난한 지역 중 하나인 워싱턴하이츠 교구 사제가 되었다. 그곳은 미국으로 갓 이주한 푸에르토리코 이민자들이 많이 사는 지역이었다.

30세에 푸에르토리코 가톨릭 대학교 부총장으로 임명되었지만 몇 년 후 피임 정책과 다른 사회 문제에 대한 가톨릭교회의 입장을 강하게 비난하면서 자리에서 물러났다. 그 후 라틴아메리카 곳곳을 여행하다가 멕시코에 정착했고, 1961년에 CIDOC를 세웠다.

일리치 신부는 CIDOC의 아버지 같은 존재였다. CIDOC에 상주하면서 점심을 먹기 위해 현관에 모인 학생들에게 학자들을 소개해주고, 복도에서 학생들과 일대일로 열정적인 토론을 벌였다. 그는 이제 더 이상 사제복이나 성직 칼라를 착용하지 않았지만 항상 빳빳하게 다린 흰색 셔츠와 주름이 잘 잡힌 어두운 색 바지를 입고 있어서 타고

---

12 멕시코 쿠에르나바카 시에 위치한 지역 개발 종사자와 선교사 교육과 스페인어 교육을 제공하는 고등교육기관

난 진지함과 겸손한 품성이 더 강하게 풍겼다. 나는 그가 가끔씩 치아를 드러내며 미소 짓는 것은 본 적이 있지만 웃는 소리는 들은 기억이 없다.

일리치 신부는 선교사, 성직자, 수녀, 지역 개발 종사자들이 지역에서 맡은 임무를 더욱 잘할 수 있도록 준비시키는 것을 목표로 삼았다. 그는 자신이 일하고 있는 지역의 언어를 배우는 것이 중요하다고 생각했고, 실제로 6개 언어에 유창했다. CIDOC에서 제공하는 스페인어 집중 프로그램은 멕시코에서도 단연 으뜸으로 쳤다. 그러나 일리치는 라틴아메리카에 일하러 오는 사람들 가운데 상당수가 가난한 사람들에 대해 우월의식을 가지고 있고 생색 내는 태도를 보이고 있다며 깊이 우려했다. 그런 사람들은 서구 생활방식에 대한 이해가 부족하고 신앙심이 없는 지역 소작농에게 복음을 전파하면서 자신들이 신의 부름을 받고 일하고 있다고 생각한다. 이처럼 원주민 문화에 대한 산업사회의 심리적 지배를 가리켜 일리치는 '산업 헤게모니'라고 부른다. 그래서 CIDOC에 '탈서구화 센터'를 세우려고 노력했다.

라틴아메리카 전역에서 자국의 미래에 대해 강연하고 대안을 논의하기 위해 많은 지식인들이 CIDOC를 찾았다. 라틴아메리카의 '진짜' 역사, 즉 원주민을 노예로 만든 유럽인의 정복 역사를 주제로 한 강연도 열렸다. 제3세계 국가에서 주로 부자의 이익에만 기여하는 서구식 경제발전의 문제점에 대해 긴 토론이 진행되었다. 권력자에 대한 맹목적인 복종을 주장하는 가톨릭교회의 신학 이론이 소작농들을 어떻게 종속시키는지에 대한 토론도 있었다. 라틴아메리카에서 대중의 인기를 얻은 사회주의 성향의 지도자들을 축출하는 데 미국 중앙정보부 CIA가 어느 정도 개입했는지를 두고 뜨거운 논쟁이 벌어졌다.

내가 몇 차례 CIDOC를 방문했을 때 강연한 연설자들은 쿠바 혁명 이후로 쿠바의 보건과 교육이 향상되었음을 지적했고, CIDOC의 몇 안 되는 직원들은 피델 카스트로Fidel Castro[13] 정권의 목표에 동조하는 듯했다. 그중 한 명은 혁명에 참가해 체 게바라Che Guevara[14] 바로 옆에서 싸웠다는 소문도 있었다.

나는 미국의 인종차별과 베트남 전쟁 문제에 집중하고 있었기 때문에, 우리 미국의 경제 시스템이 온갖 종류의 상품을 만들어내고 그것에 대한 끝없는 시장 수요를 창출함으로써 다른 나라를 어느 정도까지 '정복'했는지 전혀 모르고 있었다.

멕시코시티 시내 한복판에 설치된 자동차와 술, 담배를 광고하는 대형 옥외 광고판을 보면 그런 '문화제국주의'가 여실히 드러났다. 광고 속의 사람들은 모두 즐거운 시간을 보내고 있지만, 그들은 모두 하얀 얼굴을 하고 있었다. 광고는 '미국식 생활방식'뿐만 아니라 하얄수록 더 좋다는 관념을 심어주고 있었다. 나는 그제야 박물관으로 개조

---

13 쿠바의 공산주의 혁명가로 친미적인 풀헨시오 바티스타 독재 정권을 전복하고 혁명으로 권력을 잡아 쿠바의 총리가 되었다. 쿠바를 일당 독재 공산주의 국가로 만들고 50여 년 동안 통치했다.
14 아르헨티나 출신 의사이자 공산주의 혁명가로 멕시코 망명 중에 피델 카스트로를 만나 그에게 공감하고 그를 도와 혁명을 성공으로 이끌었다.

된 성에서 본 벽화를 그린 화가들이 왜 자국민의 이야기를 담기 위해 애썼는지 이해되었다.

그 세미나 수업은 전에 들었던 어떤 수업보다 재미있고 깨닫게 하는 것도 많았다. 그러나 매일 세 시간씩 집중적으로 듣는 어학 수업은 집중하기가 여간 어려운 게 아니었다. 녹음된 스페인어 어구나 문장을 헤드폰으로 듣고, 들은 것을 마이크에 대고 반복해서 말하면 강사가 듣고 가끔씩 발음 교정을 해줬다. 수업이 모두 끝난 후 좁고 어두운 방에 앉아 문법과 단어나 암기하면서 시간을 보낼 수는 없었다. 나는 새로운 세상 밖으로 나가 '행함으로 배움(learning by doing)'을 실천 하고 싶었다.

나는 거리에서 시간을 보내면서 책에서 배우지 못한 것을 보충하고, 또 그 이상으로 많은 것을 배웠다. 거의 매일 버스를 타고 쿠에르나바카 시내로 나갔다. 카페나 넓은 노천 시장에서 스페인어를 실제로 사용해보는 것에 자부심을 느꼈다. 사람들에게 "뮤이 부에나스 따르데스Muy buenas tardes"라고 따뜻한 인사말을 건네고 나서 파인애플이나 가죽 끈 샌들 혹은 눈독 들이고 있던 세라피의 가격을 흥정했다. 이곳에서는 상인과 손님들이 한바탕 인상을 썼다가 수긍했다가 서로 웃었다가 하면서 값을 흥정하는 것이 하나의 중요한 사회적 기능으로 작용하는 것 같았다. 새로운 언어로 이렇게 흥정을 벌이는 것이 나는 즐거웠다.

3개월이 지나자 내 스페인어 실력은 '멕시코의 사회적 변화 도구로서의 미술'이라는 독립연구 프로젝트를 시작할 수 있을 만큼 유창해졌다. 나는 멕시코의 화가, 작가, 학생, 지성인들을 인터뷰했다. 박물관을 찾아가고 연극을 관람했다. 관람한 연극 중 하나가 안데르센 동화 '벌거숭이 임금님'의 라틴아메리카 버전이었다. 그 연극의 감독은 인터뷰에서 멕시코 어린이들에게 권력을 지닌 사람들은 대개 바보라는 사실을 가르쳐주기 위해 각색했다고 말했다.

연구를 진행하면서 가장 좋았던 점은 다비드 알파로 시케이로스 David Alfaro Siqueiros와 이야기를 나눌 수 있었다는 것이다. 스스로 마르크스주의자라 부르는 시케이로스는 스페인 내전은 물론이고 멕시코 혁명과 러시아 혁명에도 참가했고, 1920년에는 디에고 리베라와 더불어 멕시코 벽화 운동을 시작했다. 1960년에는 멕시코 대통령을 공개적으로 비판해서 투옥된 적이 있었고, 가장 최근에는 레닌 아트상 (Lenin Art Prize)[15]을 받고 상금 25,000달러 전액을 북베트남에 기부했다.

CIDOC에서는 몇몇 학생들에게 쿠에르나바카 시내 남쪽에 위치한 시케이로스의 작업실을 견학할 수 있게 해줬다. 우리가 작업실에 도착하자마자 시케이로스도 모습을 드러냈다. 그는 페인트투성이인 바지와 물방울무늬 셔츠를 입고 머리에는 중절모와 카우보이모자를 혼합한 듯한 낡은 모자를 쓰고 있었다. 그는 간단한 인사말과 자기소개

---

15 레닌상은 소련 최고의 상으로 과학, 문학, 예술, 건축 및 기술 분야에 뛰어난 개인에게 수여했다.

를 한 후 우리를 작업장으로 안내했다. 불이 환히 켜진 아무렇게나 어질러진 창고에는 다양한 작업 단계에 있는 벽화들이 벽면을 빈틈없이 채우고 있었고, 사방에 사다리와 작업발판이 세워져 있었다.

시케이로스는 '인류의 행진'이라는 제목의 새로운 벽화를 작업하고 있었다. 완성까지 4년을 예상한다는 이 그림은 세계에서 가장 큰 벽화가 될 것이라고 설명했다. 그는 합판 몇 개를 손으로 가리켰다. 몇몇 남자가 저항적인 모습으로 공장 앞에 서 있고, 근육질의 한 남자는 밭에서 농작물을 경작하고 있었다. "저들은 멕시코의 땅과 산업이 멕시코 국민의 것이라고 말하고 있지요."

다음 그림에 가까이 갔을 때 나는 정말 깜짝 놀랐다. 관능적이고 아름다운 여자 농부가 나체로 새까만 머리를 허리까지 풍성하게 늘어뜨리고 있었다. 발밑에는 꽃이 깔려 있었다. "이 그림에는 숨겨진 뒷이야기가 있습니다." 시케이로스가 말했다. 나는 소문이 무성한 그의 여러 연인 중 한 명에 얽힌 일화를 기대했다. "멋진 옷을 입은 귀족부인의 초상화를 소장하고 있는 친구가 있었어요. 그 친구가 집에 없을 때 내가 이 그림을 그려서 그 초상화와 바꿔 걸어두었죠. 친구가 집에 돌아와서는 도대체 자기 그림을 어떻게 했는지 묻더군요. 그래서 깨끗하게 청소하려고 그림을 가져갔다고 말해줬어요." 시케이로스의 얼굴에 장난스러운 미소가 서서히 번졌다.

견학이 거의 끝날 무렵 나는 용기 내어 시케이로스에게 질문했다.

"선생님은 왜 그렇게 정치 운동에 깊이 참여하고 있습니까?" 나는 머뭇거리다 말했다.

"난 예쁜 과자를 만드는 사람이 아니에요. 예술을 창조하는 사람이
죠. 그러나 사람을 위한 예술이지요. 그래서 벽화를 선호하는 것이랍
니다." 그 위대한 화가는 잠시 말을 멈추고 고개를 돌려 작품을 가만
히 바라보았다. "그러나 가끔 그림을 그리는 것만으로는 충분하지가
않아요. 1936년에 스페인 내전에 참가했던 것도 그런 이유지요."

독립연구 프로젝트와 시케이로스의 작업실 방문은 사회 비판과 사
회의식의 도구로써 예술이 지닌 중요성을 훨씬 더 깊이 이해할 수 있
게 해주었다. 뿐만 아니라 '나는 세상에 영향을 끼칠 수 있는 것을 만
들 수 있을까? 어떻게 세상을 변화시킬 수 있을까?'라고 자문하며,
어렴풋이 끓고 있던 열정에 불을 지피는 계기가 되었다. 소설을 쓰는
것은 달 여행만큼이나 까마득하게 느껴졌다. 심지어 어디에서부터 시
작해야 할지도 몰랐다. 쿠에르나바카에서 그림 그리기 수업을 받아봤
지만 곧바로 재능이 없다는 것을 깨달았다. 심지어 드로잉도 형편없
었다. 어쩌면 영화 학교로 옮길 수도 있었다. 그러나 다른 곳으로 옮
기기 전에 대체 복무를 1년 더 해야 한다.

학기 말에 대학 측에서는 런던에 있는 유럽 지역대학으로 가지 말
고 6개월 더 멕시코에서 머물면서 여러 가지 잡다한 행정 업무를 도
와달라고 요구했다.

쿠에르나바카에서 한 학기 더 보내는 것도 나쁘지 않았다. 나는 이
곳 사람들과 음식과 풍경을 매우 좋아한다. 그러나 학교에서 요구하

는 일을 다 하려면 비정규 학생으로 등록해야 했다. 나는 마치 인생과 공부를 일시 정지하라고 요구받는 것 같았다. 그리고 여러 면에서 실제로 그러고 있었다.

신은 그대 안에 존재한다

1967년 가을, 나는 막 스물한 살이 되었고 멕시코에서 보낸 지 거의 1년이 다 되었다. 나를 제외하고 우리 반 학생들은 모두 지난 학기가 끝나고 다른 지역대학으로 옮겨갔다. 멕시코에서 생활하는 동안 나는 이곳 지역대학으로 새로 들어오는 어느 학생과도 친하게 지내지 않았다. 우리 반 아이들도 대부분 그랬지만 이곳에 오는 학생들은 멕시코라는 나라에 대해 배우는 것보다 언제든 구할 수 있는 마리화나의 품질에 더 관심이 많은 듯했다. 게다가 남자아이들의 너무 긴 머리와 여자아이들의 너무 짧은 치마는 멕시코 사람들을 불쾌하게 만들었다. 나는 고독한 몇 개월을 보냈다.

에리히 프롬Erich Fromm의 《사랑의 기술》을 다시 읽기 시작한 게 그때였다. 그 책을 처음 접한 것은 미첼필드 막사에서 첫 학기를 보낼 때였다. 그때 매우 감명 깊게 읽어서 《젊은 예술가의 초상》과 몇몇 다른 책과 함께 멕시코에 올 때 가져왔다. 책에서 에리히 프롬은 사랑이란 우리가 수동적으로 '빠져드는' 신비한 것이 아니라 매일 실천하는 삶의 일부이며, 그렇기 때문에 배려, 존중, 책임감, 지식을 지닐 수 있는 능력을 계발해야 한다고 설명한다. 그는 자기애는 오만 또는 자기 중심과 반대되는 개념이며, 다른 사람을 적극적으로 그리고 진심으로 사랑하기 위해서는 먼저 자기 자신에 대한 배려와 존중, 책임감과 지식을 갖춰야 한다고 주장한다. 프롬은 궁극적으로 명상과 운동, 독서와 음악 감상을 매일 실천하는 등 균형과 절제가 있는 삶을 살면서 인간으로서 자신을 충분히 계발하는 것이 삶의 목표이어야 한다고 주장한다.

나는 집에서 가족 간의 사랑이 자란다는 것을 그다지 느껴본 적이 없었다. 사랑할 수 있는 능력을 기른다는 것이 무슨 의미인지도 생각해본 적이 없었다. 지금은 새롭게 성장하기 위해, 즉 보다 더 인간다운 인간이 되기 위해 노력해야 한다는 생각에 사로잡혀 있었다. 프렌즈 월드 대학에서는 퀘이커교 예배 모임에 참석하는 것이 선택사항이었다.

나는 예배에 참석하면서 침묵의 힘을 경험했다. 그리고 자기수련의 방법으로서 명상이 지닌 의미에 대단한 흥미를 느끼게 되었다. 나는 선불교에 관한 책을 몇 권 찾아 읽었고 하루에 20분씩 조용히 앉아 내 미래에 대한 질문으로 가득 찬 마음을 차분히 가라앉히려고 노력하며 좌선을 하기 시작했다.

CIDOC 장미 정원의 돌 벤치에 혼자 앉아 명상을 하려고 애쓰고 있을 때였다. 일리치 신부가 조용히 다가와 내 옆에 앉았다. 멕시코에

머문 지 거의 1년이 되었지만 나는 그와 얘기를 나눈 적이 거의 없었다. 그는 다른 더 중요한 세상에 있는 존재처럼 보였다.

"토니 군, 고민이 있어 보이는군." 일리치 신부가 드디어 조용한 목소리로 내게 말했다.

'어떻게 알았지?' 나는 신부가 내 이름을 알고 있으리라는 생각도 못 했다. 그는 유심히 나를 쳐다보면서 내가 입을 열기를 기다렸다.

"그냥, 멕시코에서 지내는 시간이 거의 끝나가고 있는데, 무엇을 다시 해야 할지 도무지 모르겠어요." 나는 개인적인 문제로 그를 귀찮게 하는 것은 아닌지 몰라서 머뭇거리다 대답했다.

"뉴욕에 있는 지도교수님에게 들었어요. 지금 프렌즈 월드 대학이 어떻게 보면 위기에 빠져 있다고.······많은 학생들이 학교를 그만두고 있고, 남아 있는 학생들은 더 유연한 프로그램을 원하고 있대요. 6개월마다 지역을 옮겨 다녀야 하는 게 싫고, 개별 연구 프로젝트를 진행할 수 있는 시간을 더 많이 요구하고 있대요."

"자네는 무엇을 원하나?" 그가 물었다.

"잘 모르겠어요. 그러니까 제 말은······대학에 남고 싶지만, 배우는 것에 진지하지 않은 아이들 틈에 있는 것은 싫어요. 그리고 자유롭게 독립연구 프로젝트를 수행하고 싶어요. 하지만 잘 해낼 수 있을지 모르겠어요."

나는 말을 멈추고 가만히 발을 내려다보았다.

"계속 해보게." 그가 부드럽게 말했다.

"저에게 충분한 자기 절제와 자신감이 있는지 모르겠어요."

"토니, 자네는 벌써 신을 만났나?"

'여기에서 신이 왜 나오지?' 나는 일리치의 질문에 당황했고, 어떻게 대답해야 할지 몰랐다.

"여름 캠프에 갔을 때 숲속 작은 예배당에서 기도를 하곤 했어요. 아, 저는 그게 기도였다고 생각해요. 그런데 그때……" 나는 마침내 대답하기 시작했지만 나머지 얘기를 계속 해도 될지 고민되었다. 얘기를 다 듣고 나면 나를 존중하는 마음이 사라지지는 않을까? "그런데 그때부터……신이 없다고 생각했어요."

일리치 신부는 빙그레 웃었다. "하늘에 있는 신성한 존재를 말하는 게 아닐세. 마음속에 존재하는 신을 말하는 것이라네."

"퀘이커교도들이 신에 대해 그렇게 말하더군요. 그러나 저는 한 번도……."

"신은 자네 안에 존재한다네. 그러나 신을 발견하기 위해 자네 스스로 시간과 공간을 내야 해."

그가 내 어깨에 손을 얹었다. 나는 고개를 돌려 그와 눈을 맞췄다. 그는 잠시 가만히 있다가 일어나 자리를 떴다.

일리치 신부가 의미하는 것이 무엇인지 아직 확실하게 아는 것은 아니었지만 나는 축복받은 느낌이었다.

마리포사의 날개

이틀 후 나는 쿠에르나바카에서 서쪽으로 25킬로미터 남짓 떨어진 테포즈테코 산기슭에 자리 잡은 인구 5천 정도의 작은 마을 테포스틀란으로 가는 버스에 몸을 실었다. 그 마을은 아즈텍족이 신으로 널리 숭배하던 깃털 달린 뱀 케찰코아틀의 탄생지로 알려져 있다. 다른 신성한 장소들도 있었다. 마을 위로 솟은 높은 절벽 위에는 용설란 과육으로 만든 멕시코에서 가장 오래된 전통 술 뿔께pulque의 신 테포스테카틀을 섬기기 위해 지은 고대 사원 유적지가 있었다.

나는 신을 찾아, 나의 신을 찾아 사원으로 순례 여행길에 올랐다. 그러나 먼저 그 마을까지 가야 한다.

멕시코 사람들에 대해 알게 된 사실 중 하나는 길을 물어보면 언제나 확신하며 알려준다는 것이다. 그것이 그들에게는 예의였다. 심지어 본인이 길을 잘 모를 때도 그런다. 나는 다섯 명의 현지인에게 스페인어를 실습해본 후에야 혼잡한 쿠에르나바카 버스터미널에서 무사히 빠져나와 제대로 된 버스를 탈 수 있었다.

멕시코 버스는 차체만 보면 미국의 대형 노란색 통학버스와 비슷하지만 그 자체로 고유한 예술작품이라 할 만했다. 옆면은 밝은 색상의 띠로 장식되어 있고, 범퍼에는 꽃 그림이 그려져 있었다. 앞창 유리 위쪽 공간은 벽화가 그려져 있거나 종교적 문구로 채워져 있다. 테포스틀란으로 가는 버스의 앞 유리 위에는 JESÚS EN TÍ CONFÍO, '예수님, 저는 당신께 의탁합니다'라는 글씨가 크게 쓰여 있었다.

버스 백미러에 십자가상과 묵주가 걸려 있는 것이 보였다. 운전수는 예수님이 자신을 돌봐주리라 확신하는 듯이 운전했다. 버스는 끼익하는 소리를 내며 산길 모퉁이를 돌고, 좁고 가파른 골짜기를 돌진하며 내려갔다. 앞이 잘 안 보이는 커브길인데도 천천히 달리는 트럭들을 추월했다. 한편으로는 죽음의 질주였고, 또 한편으로는 곡예 주행이었다.

버스는 움푹 팬 아스팔트 길가 곳곳에 서서 손을 드는 농부들을 태우기 위해 급정거를 했고 그때마다 한 차례 곡예가 펼쳐졌다. 버스가 멈출 때마다 마치 폭스바겐 딱정벌레차에 몇 명이나 탈 수 있는지 시합하는 듯한 진풍경이 펼쳐졌다. 여자들과 아이들이 포개지다시피 버스 안에 타면 남자들은 허름한 여행 가방과 노끈으로 묶은 쭈그러진 종이상자, 곡물 포대, 꼬꼬댁거리는 닭을 넣은 나무상자를 버스 지붕에 싣고 나서 가족들 옆으로 비집고 들어갔다. 원래 2명이 앉을 수 있는 찢어진 비닐 좌석에 3~4명씩 빽빽하게 앉았고, 좌석이 꽉 차면 남자들은 복도에 서거나 버스 뒤에 매달려서 갔다. 나는 길가에서 벌어지는 광경을 재미있게 구경했다. 그런데 그때 버스가 뒤로 흘러내리기 시작했다. 나는 다시 겁을 먹었고, 바짝 긴장한 채 앞좌석을 단단히 붙잡았다. 마침내 기적처럼 모든 사람과 모든 물건이 무사히 테포스틀란에 도착했다.

나는 마을 중심에 서 있는 고딕 양식의 회색 석조 건물 앞에 잠시 멈춰 섰다. 에르난 코르테스Hernán Cortés[16] 시대 직후 가톨릭 선교사들이 세운 교회였다. 거대한 나무문을 밀고 들어가자 길고 높은 아치형 공간이 나타났다. 스테인드글라스 창문으로 들어온 햇살이 안을 환하게 비추고 있었다. 반대편 끝으로 거대한 흰색 기둥 네 개가 재단을 떠받치고 있었다. 기둥 뒤로 재단의 양쪽 벽면에는 각각 벽화가 그려져 있었다. 긴 예복을 입은 한 남자가 쏟아지는 황금빛 아래에 서서 애원하듯 하늘을 향해 손을 뻗고 있었다. 재단 위에는 가시 면류관을 쓰고 십자가에 못 박혀 피 흘리는 예수를 그린 1.5미터 높이의 십자 고상[17]이 서 있었다. 달콤하고 강한 향 냄새가 대기를 가득 채우고 있었다. 재단에 가까이 갔을 때 소박한 나무로 만든 신도석 앞에 미사포로 머리를 가리고 검은 옷을 입은 나이 든 여인이 적갈색의 바닥에 무릎을 꿇고 있었다. 나는 밖으로 나오면서 그 여인의 신은 이곳에 있을지도 모른다는 생각이 들었다. 하지만 나의 신은 아니다.

늦은 오후 태양이 만들어내는 긴 그림자 아래 나는 먼지 날리는 자갈길을 따라 천천히 걸었다. 마을에서 산까지 이어지는 길이었다. 휴경지들을 지나 모퉁이를 돌았을 때 길이 어느새 흙길로 바뀌었다. 수확이 끝난 늦은 가을이었다. 이제 곧 우기가 시작될 것이다. 30분 정도 걸었더니 내가 찾던 길이 나타났다. 가파른 그 길을 따라 올라가면 숲이 나오고 숲을 지나 대략 600미터 더 올라가면 사원이 나올 것이

16 16세기 초 아즈텍족을 정복하고 멕시코 지역을 스페인의 식민지로 삼은 스페인 정복자
17 십자가에 못 박힌 예수의 상

다. 여기저기 바위가 박혀 있는 험준한 길을 오르는 동안 캔버스 천으로 만든 배낭끈은 어깨를 파고들었고, 셔츠는 땀으로 흥건해졌다. 해가 지기 시작했다. 저 멀리 파란 하늘이 회색으로 바뀌며 공기가 차가워졌다.

허물어진 석조 피라미드가 있는 절벽에 도착했을 때 해는 이미 저물어 사방이 어둑어둑했다. 배낭에서 손전등을 꺼내 길을 비추었다. 나무로 만든 외쪽지붕을 지나 하룻밤 묵으려고 계획했던 건물 안으로 천천히 들어갔다. 그 건물은 하늘을 향해 10미터 가까이 솟아 있는 소박한 사원이었다. 크기가 조금씩 다른, 각석으로 만든 작은 집 세 채를 크기순으로 쌓아올려 놓은 듯했다. 나는 밑에서 꼭대기까지 이어진 계단을 올라갔다.

몸을 떨면서 앉은 채 땅거미가 진 어둠 속을 바라보았다. 멀리 산등성이 위로 어렴풋이 붉은 석양의 흔적이 보였고, 아래쪽으로는 테포스틀란의 몇 개 안 되는 불빛이 계곡 바닥을 날아다니는 반딧불이마냥 깜박거리고 있었다. 머리 위로는 희미하게 빛나는 무수히 많은 별들이 수정처럼 맑은 새까만 하늘을 뒤덮고 있었다. 나는 가방에서 외투와 물을 꺼냈다. 호일에 쌌지만 속에서 즙이 흘러나오는 토르티야 두 개도 꺼냈다. 참깨와 시나몬, 초콜릿이 들어간 알싸한 맛의 소스를 듬뿍 바른 치킨 요리인 몰레 포블라노Mole Poblano는 내가 가장 좋아하는 멕시코 음식이다. 밤하늘을 보면서 먹는 몰레 포블라노 맛이 그렇게 좋을 수가 없었다.

"부엉" 하고 고독한 부엉이가 울었다. 마치 '누구?'라고 하는 것처럼 들렸다. 나는 그 어느 때보다 오롯이 혼자였다. 희미하게 호수에서 들려오는 아이들의 목소리를 들으면서 모글리스의 숲속 예배당에 혼자 있을 때보다 지금이 더 혼자인 셈이다. 그러나 이상하게도 외롭거나 쓸쓸하지 않았다. 이곳에 혼자 올라와 있으면 무서울 것이라 예상했지만 전혀 그렇지 않았다.

오히려 이상한 평온을 느꼈다. 마음속에서 요란하게 재잘거리던 것이 서서히 멈췄다. 명상을 하면서 찾으려 했지만 결코 찾지 못했던 것이 바로 이런 생각의 고요였다.

이것이 일리치 신부가 말한 것일까? '이것이 신이 내 안에 존재한다는 것일까?' 그럴지도 모른다. 어쨌든 분명한 것은 바로 이 순간, 태어나서 처음으로 고요한 자신감 같은 것을 느꼈다는 것이다. 나는 흉측하게 갈라진 어린 시절의 번데기에서 빠져나오고 있었다. 이제 곧 날개를 펼 수 있을 것이다.

마리포사. 스페인어로 나비다. 나는 미소를 지었다. 이제 길을 찾아 날아갈 것이다.

5장

배움의 이유

1968년 봄은 비폭력주의를 믿었던 미국의 이상주의자 젊은이에게 잔인한 시간이었다. 4월, 마틴 루터 킹 주니어 목사가 총에 맞아 쓰러지고 워싱턴 D.C.와 시카고, 볼티모어 그리고 다른 수십여 도시 빈민가에서 뜨거운 분노가 터져 나왔다. 나날이 악화되는 베트남 전쟁을 반대하는 시위를 벌이기 위해 백만 명 이상의 학생들이 수업을 거부하고 학교 건물을 점령했다. 학생들은 더욱 분노했고 더 공격적으로 변했다. 그러던 6월, 베트남 전쟁을 끝내기 위해 대통령이 되고자 한다던 로버트 F. 케네디Robert F. Kennedy[1]가 암살당했다. 너무 놀랍고 충격적인 사건이었다. 나는 킹 목사와 케네디가 우리를 더 나은 '약속의 땅'으로 데려다줄 지도자라고 믿고 있었다. "미국美國은 아름다운 나

---

1 미국 정치인으로 존 F. 케네디 대통령의 동생이다. 흑인 인권 개선과 베트남 전쟁 반대 운동에 적극 가담해 진보층의 지지를 얻고 대선 출마를 선언했지만 경선 도중 암살당했다.

라인가?" 더는 아니었다. 미국은 갈가리 찢겨지고 있었다.

이 모든 일들이 벌어지고 있는데도 불구하고 나는 진지하게 배우려는 마음이 없는 학생들 무리에 섞여 대체복무를 마친 후 세계 곳곳의 프렌즈 월드 지역대학을 돌아다녀야 하는 목적이 무엇인지 이해할 수 없었다. 한 지역대학에서 고작 6개월을 보내는 것으로는 기껏해야 그 지역 문화에 대해 아주 피상적인 것만 알 수 있다. 멕시코에서 꼬박 1년을 보냈는데도 멕시코에 대해 여전히 배워야 할 것이 많았다. 나는 미국의 최고 수출품 중 하나가 소비 문화라고 생각하는데, 당시 암처럼 자라고 있는 소비 문화를 다루는 것에도 깊은 관심을 가지고 있었다. 가난한 사람들은 꼭 필요하지 않을뿐더러 구매할 여유도 없는 물건인데도 일단 외상으로 사라고 끊임없이 충동질하는 마케팅에 노출되어 있었다. 그들은 물건을 더 많이 소유하면 그것들이 마법처럼 '더 나은 삶'을 살게 해줄 것이라고 믿고 있었다.

그것이 거짓말임을 나는 잘 알고 있었다. 우리 부모님이나 친구 분들을 보면 물질적인 것을 많이 소유한다고 해서 더 행복해지지는 않았다. 사실 내 눈에는 내가 자란 부유한 도시 근교 주민들보다 멕시코의 작은 시골마을 사람들이 일상에서 더 큰 만족감을 느끼고 공동체의식도 더 강한 것 같았다. 그런데 세계 소비의 중심지인 미국이 다른 나라 국민들에게 미국 제품을 많이 사야 한다는 생각을 심어주기 위해 매우 공을 들이고 있었다. 나는 그런 현실에 정말 화가 났다.

나는 소비가 아닌 다른 경로의 삶, 즉 창조와 배움에 기반을 둔 삶을 찾기 위해 미국 젊은이들이 앞장서야 한다고 믿었다. 문제는 프렌즈 월드 대학이나 다른 곳에서 만난 아이들처럼 우리 세대의 상당수가 길을 잃고 화가 나 있다는 것이다. 너무나 많은 젊은이들이 쾌락을 위해 약에 기대고 있고, 마리화나를 피우거나 환각제를 복용하는 것이 혁명적 행위이자 전쟁이 아닌 평화와 사랑을 창조하는 방법이라고 주장하고 있었다. 실제로 그런 젊은이들 가운데 평화적이고 다정한 사람은 거의 없었다.

전에 읽었던 반란과 혁명의 차이를 다룬 에리히 프롬의 에세이가 지금 내가 목격하고 있는 현상을 이해하는 데 도움이 되었다. 내 주변의 아이들은 억압적인 가정과 사회제도 그리고 순응 압력[2]으로부터의 '자유'를 추구했다. 자신을 무능하게 만드는, 미리 정해진 삶의 방식에 저항하고 있었다. 하지만 약물 말고는 달리 자신을 표현할 길이 없었다.

프롬은 진정한 혁명가란 자신을 발전시키면서 더욱 온전하고 정의로운 사회를 위해 노력할 수 있는 '자유'를 추구하는 사람이라고 주장했다. 그런 삶을 추구하려면 다른 무엇보다 진정한 자기 훈련이 필요하다. 나는 명상을 해보고, 책 읽고 글 쓰는 시간을 더 많이 내려고 노력하면서 목적의식을 가지고 사는 것이 얼마나 어려운지 서서히 깨달았다. 차라리 약물에 의존하는 것이 훨씬 더 쉽다.

---

2 개인에게 집단의 규범이나 관습, 기준을 따르라고 하는 요구

성장과 자기발전을 얻기 위한 개인의 노력을 지지해주는 공동체나 문화는 어떤 모습일까? 보다 완전하게 자아를 실현할 수 있게 도와주는 교육은 어떤 것일까?

프렌즈 월드에서 병역 대체복무를 마치기 몇 달 전, 나는 이 문제를 주제로 독립연구 프로그램을 연장해서 진행할 수 있는지를 지도교수와 상의했다. 지도교수의 도움을 받아 철학과 종교, 심리학 도서 목록을 만들고 전체 교수회에 제출할 연구계획서를 작성했다. 나는 연구계획서에 지금 대도시에 생겨나기 시작한 이른바 자유대학이라 불리는 대학에 가서 강의를 듣고, 주말에 열리는 인간계발 세미나에 등록하고, 코뮌(공동생활체)을 방문할 것이라고 적었다. 독립연구 프로그램의 두 번째 해, 즉 마지막 해는 논문을 쓰는 데 집중할 것이라고 적었다. 졸업하려면 논문이 필수였다. 그러나 내 논문은 지금까지 배운 모든 것을 조합하고 통합하려는 시도에 따라 소설 형식으로 쓸 계획이었다. 논문 제목은 '부의 빈곤'이라고 적었다.

독립연구를 위해 떠나다

학교에 독립연구 프로그램을 신청하기로 한 학생은 나 혼자가 아니었다. 2년 전 그린벨트 야영장에서 처음 만난 후로 코네마라와 나는 계속 연락하며 지냈다. 꾸준히 편지를 주고받았고, 매 학기 각자 프렌즈 월드 지역대학을 돌며 공부하다가 방학 때 만나서 함께 시간을 보내기도 했다. 1968년 5월, 우리는 미첼 필드에서 재회했다. 이제는 커플이었다. 코네마라는 프렌즈 월드에서의 마지막 해를 보내고 있었다. 그녀 역시 새로운 교육 방법에 관한 논문을 쓰기 시작한 터라 다른 학생들의 산만함에서 벗어나기를 간절히 바라고 있었다. 그녀는 발도르프 학교(Waldorf school)를 설립한 루돌프 슈타이너Rudolph Steiner[3]와 마리아 몬테소리Maria Montessori[4]의 교육 사상을 주제로 연구 계획서를 작성했다.

우리는 지도교수에게 만일 독립연구 계획이 받아들여지지 않으면 프렌즈 월드를 그만둘지도 모른다고 말했다. 교수들은 우리 두 사람을 프렌즈 월드 학생 가운데 배움에 대해 가장 진지한 학생이라고 생각했다. 우리의 연구 계획은 승인되었다. 그래서 코네마라와 나는 프렌즈 월드의 정규 교육과정을 완전히 벗어나 학생이 직접 연구를 설계하고 진행하는 시범 사례가 되었다. 우리는 계속 연구일지를 기록하고, 매달 우편으로 지도교수에게 확인받고, 학기 말에 캠퍼스로 돌아와 연구를 검토하기로 했다. 이 사항만 지키면 원하는 장소에서 원하는 방식으로 자유롭게 연구를 할 수 있게 되었다.

---

3 독일계 오스트리아 인지학자로 1919년 독일에 혁신적 대안교육기관인 발도르프 학교를 창시했다.
4 이탈리아 교육학자이자 의사로 아동의 독립성과 특성에 따른 교육방법을 추구하는 몬테소리 교육법을 고안했다.

멕시코에 있을 때 마이클 매코비Michael Maccoby라는 심리분석가를 만난 적이 있다. 그는 에리히 프롬 밑에서 수학한 학자였다. 나는 불행한 내 유년기와 끔찍했던 청소년기를 이해하고 싶어서 그에게 상담받았다. 매코비는 CIDOC 센터에서 프롬과 함께 주로 멕시코의 작은 마을에서 한 인류학 연구를 주제로 강연을 했고, 교육에 관한 논문도 몇 편 썼다. 그런 매코비가 스탠퍼드 대학교에 재직하고 있다는 소식을 듣고 코네마라에게 샌프란시스코로 함께 가자고 제안했다. 나는 계속 상담을 받을 수 있고, 코네마라는 논문 지도를 부탁할 수 있을 것이다. 매코비는 코네마라의 부탁을 받아들였다. 그래서 우리는 연장된 독립연구를 하기 위해 미국 대륙을 가로질러 서부로 갔다.

오늘날에는 '개인 맞춤형 교육(personalized learning)'이라 부르는 독립학습은 최근 교육계에서 엄청나게 유행하고 있다. 혁신적 접근 방법을 자랑하는 학교들이 온라인으로 '학생 각자의 속도에 맞춰 학습'하거나 소프트웨어 프로그램의 '플레이 리스트'에서 선택할 수 있게 하고 있다. 그러나 이런 접근 방법들은 대부분 정해진 동일한 학습 내용을 학생들에게 차례차례 보여주도록 설계되었고, '맞춤식'이라고 해봤자 학생의 학습자료 이해 속도나 학습할 단원의 순서를 고려하는 것이 전부였다. 맞춤식 학습 방법은 진보적인 접근법처럼 들리지만 학생의 호기심이나 자기 훈련 또는 자기 주도성을 계발하는 데는 아무 도움이 되지 않는다. 게다가 일반적으로 그런 프로그램에서는 학생들이 하루의 대부분을 혼자 공부하고 동료 학생이나 교사로부터 배울 수 있는 기회가 거의 없다.

하지만 코네마라와 내가 설계한 독립학습 프로그램은 전혀 다른 것이 될 수 있다. 우리는 깊은 관심을 가지고 있는 주제와 질문에 대한 학습 계획을 설계했고, 우리의 학습 프로그램에는 자기 주도 학습과 진정한 자기 훈련이 요구되었다. 물론 동료 학생에게서 배울 수 있는 기회와 우리를 도와줄 수 있는 학습 멘토도 찾아야 한다는 것을 알고 있었다. 그러나 가장 먼저 집부터 구해야 했다.

우리는 아는 사람 한 명 없고 머물 곳도 없는 낯선 샌프란시스코의 거리에 도착했다. 나는 신문을 사고 10센트짜리 동전을 한 묶음 구한 뒤 임대 광고란에 나열된 번호로 전화를 걸기 시작했다. 그러나 모든 방이 다 나간 상태였다. 그래서 거리를 돌아다니면서 유리창에 '임대'라고 팻말을 써 붙인 곳을 찾았다.

놀랍게도 한 시간이 채 지나지 않아 한 곳을 찾을 수 있었다. 우리는 가파르기로 유명한 샌프란시스코 언덕 꼭대기 근처에 있는 우아한 빅토리아풍 회색 집 현관문을 두드렸다. 주인은 꼭대기 층에 있는 방두 칸에 작은 부엌이 딸린 집을 보여줬다. 그곳에서 내려다본 전망은 장관이었다. 서쪽으로 골든게이트 공원과 바다가 보이고, 북쪽으로 금문교의 붉은 색 교각이 보였다. 그 너머로 마린 카운티의 언덕들까지 보였다. 나는 첫 달과 마지막 달 임대료를 수표로 지불하면서 집주인에게 주소를 물어봤다.

"모르고 있었어요?" 집주인이 말했다. "여기는 애쉬버리가 964번

지예요. 언덕 아래 세 블록만 가면 헤이트-애쉬버리 거리[5]가 나와요."

바로 지난해 1월, 골든게이트 공원에서 휴먼비인Human Be-In 집회가 열렸다. 앨런 긴즈버그와 로렌스 퍼링게키의 시 낭송, 코미디언 딕 그레고리Dick Gregory를 비롯한 많은 인사들의 연설, 그리고 나중에 유명해지는 제퍼슨 에어플레인과 그레이트풀 데드, 빅 브라더 앤드 더 홀딩 컴퍼니 등 록밴드들의 음악을 듣기 위해 3만 명의 히피들이 모여들었다. 디거Digger라 불리는 공동생활체에서는 무료로 음식을 나눠주었다. 그 자리에 모인 군중들은 엄청난 양의 환각성 약물 LSD를 복용했고, 티모시 리어리Timothy Leary[6]가 "흥분하라, 빠져라, 이탈하라(turn on, tune in, and drop out)"라고 외치자 함성으로 그에게 호응했다. 집회가 끝난 직후 누군가 1967년을 '사랑의 여름(Summer of Love)'[7]으로 만들자고 제안했고, 헤이트-애쉬버리 거리가 그 중심지가 되었다. '꽃의 아이들(flower children)'이라 불리는 히피족 10만여 명이 헤이트-애쉬버리로 몰려들었고, 공동생활체와 무료 숙박시설, 명상센터, 요가교실, 무료 음식배급소, 보건소, 무료 학교가 세워졌다.

그러나 1년이 지난 지금의 헤이트-애쉬버리는 최근 이곳으로 이주

---

5 샌프란시스코의 헤이트 가와 애쉬버리 가가 만나는 지역으로 1960년대 미국 히피 문화의 발상지로 알려져 있다. 더 헤이트The Haight라고도 불린다.
6 미국의 심리학자. 환각성 약물이 정신의학적 치료에 효과적으로 사용될 수 있다고 생각하고 환각제 복용을 옹호했고, 1960~1970년대 당시 히피족의 선구자로 추앙받았다.
7 1967년 여름부터 히피족을 중심으로 시작된 미국의 사회적 현상으로 미국뿐만 아니라 유럽의 히피들까지 샌프란시스코로 모였고 히피 문화, 록 음악, 마약, 표현의 자유 등 반문화 운동의 절정을 이뤘다.

해온 사람들이 찾던 유토피아가 결코 아니었다. 일종의 히피 쇼핑몰 거리가 되었고, 젊은이들이 약물에 취하게 되는 곳으로 변해버렸다. 가게마다 히피 의상에서부터 비즈, 향, 샌들, 나팔바지, 홀치기염색 셔츠, 어둠 속에서 섬광등이 몽롱하게 번쩍이는 몽환적인 분위기의 포스터, 마리화나 실내 재배용 전등에 이르기까지 히피들의 '필수' 아이템들을 팔고 있었다. 모든 블록에 마약용품을 판매하는 '마약상점 (head shop)'이 있었다. 지저분한 복장의 십 대, 이십 대 청소년과 청년들이 거리에서 공개적으로 마리화나를 피우고 환각제를 복용했다. 몇 걸음만 옮기면 돈을 구걸하는 걸인도 만날 수 있었다. 술에 취해 더러운 길 위에 아무렇게나 대자로 뻗어 있는 사람들도 있었다.

이른바 반문화라 불리는 이런 현상이 미국 소비문화의 또 다른 축을 이루고 있었다. 코네마라와 나는 이런 모습을 보기 위해 이곳 샌프란시스코까지 온 게 아니었다.

진보 교육과 삶의 방식

그럼에도 불구하고 그 후 9개월은 신나는 탐사 시간이었다. 나는 천천히 샌프란시스코의 다른 곳에 대해서도 배웠다. 전차를 타고 종점까지 가보는 것이 재미있었고, 특히 전차가 자욱한 안개를 가르며 지나갈 때 내는 종소리가 좋았다. 나는 샌프란시스코 만 주변 지역에서 열리는 대안적 생활방식에 관한 강연과 지역 선원[8]에서 주관하는 강의를 들으러 다녔다.

코네마라는 초등교육에 대한 새로운 접근법을 연구하면서 지역 자유학교에서 자원 봉사 교사로 일하기 시작했다. 학교 설립자가 A. S. 니일의 《서머힐》에서 영감을 얻어 세운 학교라고 했다. 나는 호기심에 어느 날 아침 코네마라와 함께 그 학교를 방문했다. 고등학교 졸업 후 《서머힐》을 읽으면서 상상했던 학교와 비슷한지 보고 싶었다.

학교는 교회 지하실에 있었다. 희미한 전등이 켜진 지하실 안으로 들어가자 다섯 살에서 열 살 사이 아이들 십여 명이 소리치고 뛰어다니고 물건을 던지면서 다투는 것이 보였다. 한쪽 구석에는 한 남자아이가 나무블록으로 정교한 다리를 만드는 일에 열중하고 있었다. 그러나 다른 아이가 발로 차는 바람에 다리는 금세 무너지고 말았다.

"야, 이 거지 같은 놈아!" 아이는 뒤로 물러나 있는 침입자의 등에 나무블록을 던지며 소리쳤다.

방의 다른 한쪽에서는 여자아이 둘이 변장놀이용 옷더미 위에서 싸우고 있었다. "내가 먼저 왔어." 한 아이가 징징거렸다. 그 아이는 다른 아이의 손에서 드레스를 홱 잡아당겼다. 그 바람에 옷소매가 뜯어졌다.

"선생님들은 어디에 있어?" 나는 코네마라에게 물었다.

---

8 선불교 사원

"아마 위층에서 커피 마시면서 수다 떨고 있을 거야. 아이들은 어른들 개입 없이 하고 싶은 것을 마음껏 해야 한다고 믿는 사람들이야." 코네마라가 설명했다. "아이들은 그냥 놔두면 자기들끼리 알아서 해결한대."

아이들이 소리를 지르는 통에 코네마라의 말을 거의 알아들을 수 없었다. 아이들은 계속 미친 듯이 방 안을 뛰어다녔다. 코네마라가 너무 심하게 말썽 피우는 남자아이들을 집합시키려고 하는 사이 나는 그곳에서 나왔다.

도무지 A. S. 니일이 의도한 학교라고 할 수 없었다. 어떤 학습도 진행되지 않았고, 책도 한 권 보이지 않았다. 니일은 아이들에게 규제 없는 자유를 줘야 한다고 믿었지만 어쩌면 그것은 정답이 아닐지도 모른다. 그가 아이들에게 주자는 것은 '방종이 아닌 자유'이다. 그런데 자유와 방종 사이에 경계선이 있을까?

나는 혼란스러웠다. 그래서 코네마라가 가지고 있던 몬테소리 교육 관련 책들을 읽어보았다. 몬테소리 교육은 니일의 교육 모델보다 더 체계적인 교육 방법을 제공하면서도 아이들에게 많은 자율을 준다고 코네마라가 말했다. 1870년 이탈리아에서 태어난 마리아 몬테소리는 의학을 공부해 의사가 되었지만 점차 아동 교육에 관심을 갖게 되어 어린 아이들을 가르치는 방법을 개발했다. 몬테소리의 방법은 신중하게 선택된 학습 교구로 '배움터(learning station)'를 조성하고, 아이들이 직접 교구를 선택하게 하는 것이다. 읽기 코너와 블록 놀이 코너,

그림 그리기 코너, 변장놀이 코너 등이 있다. 아이들이 학습을 확장하거나 각자의 흥미를 바탕으로 새로운 활동을 선택할 때 도와주기 위해 몬테소리 교사들은 아이들을 지켜보다가 조용히 개입하도록 훈련받았다. 전 세계 수천 곳에 몬테소리 학교가 설립되어 있었다. 그러나 대부분이 초등학생들을 위한 학교들이었다.

코네마라가 가지고 있는 진보 교육 관련 책들은 모두 몬테소리처럼 어린 아이들에 초점을 맞추고 있었다. 나는 고등학교 시절을 회상하면서 몬테소리 교육이 십 대 청소년에게 어떻게 적용될 수 있을지 궁금했다. 고등학생들이 원하는 과학 실험을 선택해서 실시하고, 유난히 흥미롭다고 생각되는 역사 시대에 대해 조사하고, 국어 시간에 관심 분야의 소설을 읽는 것이 가능할까? 수학 수업은 또 어떨까?

그때는 이 물음의 답을 찾을 시간이 없었다. 하지만 연구 일지에 '교육 문제' 란을 새로 만들어 질문을 적어두었다. 그런 다음 원래 논문 주제로 정했던 질문 '소비를 기반으로 하지 않는 사회는 어떤 모습일까, 또는 그런 생활방식은 어떤 것일까?'에 다시 집중했다. 나는 사회학과 심리학 서적, 유토피아에 관한 역사서, 선불교 안내서, 소설과 시집을 읽었고, 매일 일지를 써서 공부하고 있는 것을 기록하고 그것에 대해 고찰했다.

웨스트 선생님에게 받은 매력적인 미국 인디언 전승에 관한 수업은 여전히 내 기억 속에 남아 연구계획서에 포함시킬 도서 목록을 정하는 데 영향을 미쳤다. 인류학 분야에서 처음 선택한 책은 시어도라 크로버Theodora Kroeber의 《두 세계 속 아이쉬(Ishi in Two Worlds)》였다. 아이쉬는 캘리포니아 북부지역에 살던 한 인디언 부족의 마지막 생존자였다. 그는 유럽인과 미국인들을 피해 40년 동안 황야에서 숨어 지내다가 1911년에 모습을 드러냈다. 다행히 시어도라 크로버의 남편이자 인류학자인 앨프레드 크로버Alfred Kroeber의 도움을 받게 되었다. 앨프레드는 아이쉬가 죽기 전까지 몇 년 동안 계속 아이쉬를 보호하고 함께 지내면서 그 부족의 생활방식에 대해 배웠다.

시어도라 크로버가 묘사한 캘리포니아 원주민의 특성과 문화는 내가 멕시코 마을을 방문했을 때 보고 느낀 것 즉, 현대 문명이 주는 편리함 없이도 소박하게 살 수 있다는 것을 확인하는 데 도움이 되었다. 사실 그렇게 사는 것이 내가 생각하는 질적인 삶이다.

이 캘리포니아 인디언은 내성적이고 과묵했으며 생각이 깊고 철학적이었다. 그는 삶에 면면이 스며들어 있는 초자연적이고 신비한 것들과 조화를 이루며 편안하게 살고 있었다.…… 절제, 존엄, 청렴을 지니고 있고 중도를 걷는 이상적인 인간상이었다.…… 삶은 탄생에서부터 죽음에 이르기까지 그리고 죽은 후에도 고유한 패턴의 범위 안에서 계속되었다. 세상이 시작될 때부터 있었던 관습에 따라 각기 형성된 종교 의식과 구애 의식, 춤, 노래, 연회가 삶의 반복되는 리듬에 간간이 더해졌다.

오늘날에도 그런 삶을 사는 것이 가능할까? 20세기의 미국에서 '중도'란 무엇을 의미할까? 나는 프렌즈 월드 연구 일지에 질문들을 기록했다.

스콧 니어링과 헬렌 니어링 부부가 쓴 《조화로운 삶(Living the Good Life)》에서 몇 가지 답을 찾을 수 있었다. 니어링 부부는 대공황이 한창이던 1932년 뉴욕을 떠나 버몬트 주의 숲으로 들어가 그곳에서 20년을 살았다. 주변에서 주운 돌로 집과 별채를 짓고, 직접 농사를 지어 채식을 했다. 이 책에서 가장 마음에 드는 부분은 '조화로운 삶'을 묘사한 대목이다. 그들은 매일 4시간씩 육체노동을 하고, 또 4시간은 악기 연주나 글쓰기, 독서 등 지적 활동이나 예술 활동에 할애했다. 이것은 에리히 프롬이 《사랑의 기술》에서 묘사한 절제되고 균형 잡힌 삶과 매우 비슷했다.

종합해보면 위의 세 책 《두 세계 속 아이쉬》, 《조화로운 삶》, 《사랑의 기술》은 내가 어떤 삶을 살고 싶은지에 대한 생각을 정리할 수 있게 해주었다. 내가 원하는 삶은 분명 우리 부모님이 추구했던 삶과는 매우 다른 것이다. 코네마라가 논문을 다 끝내고 나면 함께 시골로 이주할까 하는 생각을 했다. 캐나다 시골에 퀘이커교 기숙사 학교가 있다는 말을 들은 적이 있는데, 학위를 받으면 그 학교 교사직에 지원해볼까도 생각해보았다. 고등학교에서 국어를 가르치는 내 모습을 상상해보았다. 교사가 된다면 내가 학생이었을 때 배운 방식과는 아주 다른 방식으로 가르칠 것이다. 교사로 일하면 글을 쓰고 여행 다닐 여유도 더 생길 것이다.

니어링 부부에게 영감을 받은 나는 글쓰기와 책읽기에 대한 더욱 절제된 접근법을 통해 나만의 '조화로운 삶'을 추구하기 시작했다. 그리고 RPI를 그만둔 후 처음으로 정식 수업을 들었다. 멘토링과 토론의 도움 없이 혼자 힘으로 배우기 어렵다는 것이 드러나고 있었다.

혁명의 생태학

첫 번째로 수강한 과목은 로버트 레베란트Robert Leverant가 가르치는 서정적 글쓰기 워크숍이었다. 미국 동부의 유명 대학 몇 곳을 다니다 중퇴한 로버트는 30세 정도 되어 보였고, 곱슬머리에 덥수룩한 수염을 기르고 있었다. 그는 주로 사진 액자 세공사로 일하면서 생계를 꾸리고 있었고, 가끔씩 특강을 나가면서 글쓰기에 대한 열정을 유지하고 있었다.

나는 그의 워크숍 강의가 재미있었다. 그래서 특강이 다 끝났을 때 로버트에게 일주일에 한 번씩 글쓰기 개인 강습을 해줄 수 있는지 물어봤다. 그는 내 부탁을 들어주었고, 과거 시어링 고등학교의 에드워드 선생님처럼 다양한 글쓰기 형식을 실험해보도록 격려해주었다. 고등학교 때와 다르게 로버트는 내가 탐독해야 할 책과 저자를 소개해주었다. 일주일에 한 번 만나는 시간은 내가 쓴 글에 대해 피드백을 받는 시간이면서 활기찬 의견 교환의 장으로 발전했다. 로버트가 가장 좋아하는 단편집 셔우드 앤더슨Sherwood Anderson의 《와인스버그 오하이오Winesburg, Ohio》와 내가 새로 좋아하게 된 이반 투르게네프Ivan Turgenev의 단편집 《사냥꾼의 수기(A Sportsman's Sketches)》에 실린 단편소설들에 대해 서로 이야기를 나누었다.

로버트는 매우 훌륭한 사진작가이기도 했다. 그는 샌프란시스코 만 지역에서 열리는 여러 미술 공예 박람회에 작품을 출품하거나 판매했다. 아파트 안에 작은 작업장을 마련해 그곳에서 아름답고 결이 거친 원목 액자에 자연을 담은 사진을 넣었다. 내가 시각 예술의 진가를 알아보기 시작한 것은 멕시코 벽화 화가들에 대해 연구하면서였다. 그리고 매주 로버트에게 글쓰기 강습을 받기 전에 그의 사진을 감상할 기회가 있었다. 그러다가 1968년 후반에 드디어 시내 전당포에서 펜탁스Pentax 중고 35mm 일안반사식 카메라[9]를 샀다. 나는 생애 첫 카메라를 들고 로버트에게 달려가 글쓰기에 이어 사진술까지 가르쳐달라고 부탁했다.

어느 날 로버트는 최근에 내가 찍은 사진의 밀착 인화지를 점검하는 대신 나를 샌프란시스코 현대미술관에 데리고 갔다. 나는 추상예술을 매우 싫어했지만 로버트에게 등 떠밀려 다양한 색과 모양의 캔버스 앞에 섰다. 로버트는 내가 작품의 패턴을 파악하고 설명할 수 있

---

9 한 개의 렌즈와 반사경을 가지고 촬영하는 카메라로 필름에 포착되는 상을 사진사가 똑같이 눈으로 확인할 수 있다.

을 때까지 계속 그림을 보게 했다. 패턴을 파악하고 나면 그림 속 인물의 눈이 어디로 향하고 있는지 등 이미지의 움직임에 주의를 기울이게 했고, 추상화가 어떻게 내가 좋아하는 멕시코 화가들의 벽화와 같은 구도 원리를 사용하고 있는지도 살펴보라고 했다. 정말 놀라운 몰입 교육의 경험이었다.

돌이켜 생각해보건대 혼자였으면 나는 절대 미술관에 가지 않았을 것이다. 혼자 힘으로는 그림의 구도에 대해 더 깊이 이해하지 못했을 것이다. 로버트나 에드워즈 선생님, 엘웰 대령처럼 좋은 교사는 배움을 한 단계 더 높이기 위해 학생에게 필요한 것이 무엇인지 파악하고 압박과 지원을 적절히 혼합해서 이끌어준다. 그것이 바로 그날 로버트가 나를 미술관으로 데려가서 해준 것이었다.

훈련을 통해 안목이 더 나아진 나는 손에 카메라를 들고 마린 카운티의 타말파이스 산을 에워싸고 있는 가파른 언덕을 올라갔다. 높이 자란 풀에서 풍기는 달콤한 향기에 농장에서 건초 작업을 하던 때가 떠올랐다. 높이 치솟은 삼나무를 넋 놓고 올려다보면서 한가로이 뮤어우즈 숲을 지나갔다. 포인트레이스 반도[10]의 바위 절벽 위에 도달했을 때 공기에서 짠내가 느껴져 코를 킁킁거리며 걸었다. 절벽 아래로 파도가 끊임없이 밀려들어 높이 치솟았다가 다시 부서지고 있었다. 파도는 절벽 바위와 자갈 해변에 부딪치며 천둥 같은 소리를 냈

10 샌프란시스코 북쪽에 위치한 삼각형 모양의 반도

다. 카메라 렌즈로 보니 세상이 새롭게 보였다. 글을 쓸 때도 그랬지만 사진을 찍으면서 보낸 시간은 순간처럼 흘러갔다. 마치 손가락 사이로 빠져나가는 모래처럼 시작도 끝도 없이 사라져버렸다. 나는 앞으로 늘 내 인생의 일부분이라도 의미 있고 아름다운 것을 창조하기 위해 노력하면서 보낼 것이다.

나는 작가나 사진작가로 밥벌이할 생각은 없었지만 1969년 겨울, 샌프란시스코 지역 대안신문[11] 중 하나인 〈프리덤 뉴스Freedom News〉에서 기획한 포토 에세이 작업에 자원했다. 인간의 활동이 샌프란시스코 만 지역의 아름다운 자연을 어떻게 파괴하고 있는지 기록하는 일이었다. 나는 며칠에 걸쳐 태고의 습지에 흩어져 있는 플라스틱 병과 기름 웅덩이, 천연 해안선까지 가지런히 늘어선 송전탑과 그것을 세우기 위해 넓고 길게 개간된 땅, 오염되지 않은 천연 서식지에 깊은 상처를 내듯 땅을 깎아 만든 주택 단지 등의 모습을 찾아내 사진으로 담았다.

내가 찍은 사진이 신문 특집란에 실려 있는 것을 보고 성취감을 느꼈다. 그러나 곧 좌절감으로 바뀌었다. 인간이 어떤 식으로 환경을 파괴하고 있는지 기록하는 것은 좋다. 그런데 정작 우리는, 나는 실제로 무엇을 하고 있단 말인가? 나는 자연과 더욱 조화를 이루며 사는 생활방식을 이야기하는 《샌드 카운티 연감(A Sand County Almanac)》과

---

11 주류 언론의 지배질서를 거부하고 시민의 시각으로 사건을 해석하고 의미를 부여하는 진보적 신문

《숲과 바다(The Forest and the Sea)》 같은 책은 물론이고 《약탈당한 우리의 행성(Our Plundered Planet)》,《침묵의 봄(Silent Spring)》,《인구 폭탄(The Population Bomb)》을 탐독했다.

그러나 책을 읽는 것만으로는 충분하지 않다고 생각했다. 그래서 천연자원 보존을 주제로 하는 강좌와 일반 생태학 입문 이렇게 두 개의 캘리포니아 대학교 공개 강좌에 등록했다. 강의실에 처음 들어갔을 때 등록 신청을 잘못했다는 생각이 강하게 들었다. 공기 중에 떠다니는 분필가루가 입에 씹혔고, 거부감에 몸이 뻣뻣해졌다. 그곳은 내가 나쁜 경험을 했던 너무도 많은 다른 장소들과 비슷한 모습이었고 비슷한 냄새까지 풍겼다. 그러나 전통적인 강의라 할지라도 과거 학생이었을 때 들었던 것과는 뚜렷이 다르다는 것을 곧 깨달았다. 지금은 내가 궁금해 하는 질문의 답을 찾기 위해 듣는 것이기 때문이었다. 공부하고 있는 내용에 관심이 있었기 때문에 자연스레 나에게 큰 도움이 되는 정보를 선별하고 기억하려고 하면서 더 적극적으로 강의 내용을 경청할 수 있었다.

두 강좌 모두 자연의 섬세한 상호관계망을 이해하는 데 도움이 되었다. 고등학교에서 강제적으로 들어야 했던 생물과 화학 수업보다 훨씬 더 일상생활과 관련되어 있었다. 왜 생태학이 아니라 생물, 화학이 필수 과목이었을까? 필수 과목은 누가 정했을까? 나는 다른 질문을 포함해 이 질문들을 연구일지의 확장교육(expanding education) 란에 적어뒀다.

그해가 지나면서 신좌파라는 이념 아래 가두행진을 벌이는 단체들의 광란에 나는 점점 화가 났다. 시카고에서 열린 민주당 전당대회를 둘러싸고 일어난 폭동이 텔레비전으로 널리 보도되었다. 역겨웠다. 제리 루빈과 애비 호프만 그리고 이피yippie[12] 집단이 펼치는 위험한 행동에 분노가 치밀었다. 그들의 정치 시위는 마리화나에 취해서 벌이는 광대놀음으로 변질되었고, 중산층에게 혐오감을 줬다. 공공장소에서 마리화나를 피우고 경찰과 대치하는 것으로는 전쟁을 끝내거나 동맹국을 얻지도 못할뿐더러, 그들이 말하는 더 정의롭고 더 공정한 사회를 만들 수도 없을 것이다.

그해 봄, 나는 스탠퍼드 대학교에서 열린 다른 시위에 참가했다. 우리는 대학당국이 국방부를 위해 대규모 비밀 연구를 수행하고 있는 스탠퍼드 연구소를 후원하는 것에 항의했다. 우리의 슬로건은 간단했다. 전단지에는 '죽음이 아닌 생명을 연구하라.' '네이팜[13]을 더 치명적으로 만드는 방법이 아닌 암 치료제와 빈곤 해결책을 연구하라.'라고 적혀 있었다. 평화 시위는 많은 시민의 참여를 유도했다. 시위 군중에는 장발에 수염을 기른 평범한 이십 대 젊은이들뿐만 아니라 어린아이를 데리고 나온 가족들도 있었다. 지금 우리가 벌이는 활동의 기반이 된 정신이 초기 민권운동과 반전운동의 정신과 많이 비슷하다

---

12 1960년대 후반 권위적 기성사회에 맞서 제리 루빈과 애비 호프만 등 반체제, 반문화, 신좌파 성향 젊은이들의 주도로 창당된 청년국제당(Youth International Party) 당원을 말한다.
13 화염성 폭약의 원료

고 느껴졌다. 즉, 적대가 아닌 긍정의 정신이었다.

나는 스탠퍼드 대학 시위에서 목격한 것과 강의를 통해 배운 것 사이의 연관성을 일지에 쓰려고 자리에 앉았다. 글을 쓰면서 문득 사회적 변화는 지구를 구하기 위해 꼭 필요하다고 소개하는 것이, 아주 식상해진 분노에 찬 이데올로기적 수사법보다 훨씬 사람들에게 설득력이 있을 수 있다는 생각이 들었다.

일지에 적은 글은 신좌파에게 보내는 공개편지로 바뀌었고, 이어서 성명서로 발전했다. '오늘날 가장 근본적인 질문은 우리 행성에서 생명이 계속 생존할 수 있느냐 없느냐이다. 우리는 추워서 감각이 마비될 때까지 경제적 대안에 대해 토론을 벌일지도 모르지만, 무제한적이고 무한한 경제 성장, 즉 점점 확대되는 무분별한 '발전'은 제한적이고 유한한 환경에서는 그렇게 오래 유지될 수 없다는 것이 부인할 수 없는 생태학적 현실이다.' 나는 성난 시위 대신 공터에 작은 공원을 조성하는 사업을 제안하고, 모든 고등학교 과학 수업에 과거, 현재, 미래의 물리적 환경에 대한 내용을 포함시킬 것을 촉구하는 글을 써내려갔다. 그리고 행동으로 실천할 것을 요구하면서 끝맺었다. '지구는 하나뿐이다! 우리는 인구를 억제하고, 자원 착취를 중단하고, 환경을 정화하고, 전체적으로 살기 좋은 행성으로 만드는 데 우리의 모든 주의를 기울여야 한다.'

나는 '혁명의 생태학'이라 제목을 붙이고 이 글을 뉴욕의 영향력 있는 신좌파 잡지 〈WIN 매거진〉에 보냈다.(WIN은 'workshop in nonviolence' 즉, 비폭력 워크숍의 약자였다.) 몇 주 후 내 글을 싣겠다고 알리는 편지가 왔다. 처음으로 출판된 내 글이었다. 그리고 그 글은《생태전술: 환경운동가를 위한 시에라 클럽 안내서(Ecotactics: The Sierra Club Handbook for Environmental Activists)》와 대학 읽기 교재《오염보고서(The Pollution Papers)》에 실리게 되었다. 나는 도무지 믿을 수 없었다.

그것은 독립연구 기간에 여러 일들이 일어나면서 그 과정에 갑자기 생긴 마법이었다. 광범위한 주제에 대한 호기심에 이끌려 계속 글을 끄적이고, 겉으로 보면 무작위로 읽는 것 같은 독서를 계속 하고, 워크숍과 강의를 찾아 들은 것들이 결합되어 전혀 예상하지 못한 결과를 만들어낸 것이었다. 나는 다른 사람들에게 영향을 주기 위해 글을 썼고, 이제 그 글을 수천 명의 사람들이 읽고 있다. 그렇다보니 교육에 대한 나의 사명감과 목적의식이 느껴지기 시작했다. 나는 프렌즈 월드 대학 졸업 논문으로 소설을 쓰기로 했던 원래 계획을 접고 절박한 환경 위기를 주제로 진짜 논문을 쓰기로 결심했다.

물레질을 하는 혁명가

1969년 봄, 코네마라의 논문이 통과되었고, 프렌즈 월드 대학 졸업장이 우편으로 도착했다. 그해 6월, 우리는 1년 동안 참가했던 샌프란시스코 퀘이커교도 예배 모임에서 결혼식을 올렸다. 그리고 결혼식을 마친 후 곧바로 볼보 자동차에 짐을 싣고 다시 동부로 돌아갔다. 그렇지 않아도 시골에서 생활하고 싶었는데 마침 버몬트 주 이스트 바너드에 있는 '매의 언덕'이라는 시범 조림지에서 인턴으로 일하면서 새로 관심 갖게 된 생태학에 대해 더 공부해보라는 지도교수의 조언이 있었던 터였다.

가는 도중에 우리는 길을 우회해서 펜실베이니아 해버포드 대학에서 열리는 전쟁저항자 인터내셔널(War Resisters' International) 300차 학술대회에 참가하기로 했다. 그해가 간디 탄생 100주년이었기 때문에 회의 주제는 '간디의 유산: 자유와 혁명'이었다. 샌프란시스코 만 지역의 히피, 이피 그리고 다양한 정치집단 사이에서는 소외감을 느꼈지만 어떤 형태의 전쟁도 반대하는 이 사람들 속에서는 동질감을 얻을 수 있기를 기대했다. 나는 이 조직의 사람들은 생태 위기에 대해 얼마나 고민하고 있는지 궁금했다. 그러나 기조연설뿐만 아니라 분과회의 토론도 주로 베트남 전쟁을 반대해야 할 필요성에 초점을 맞추고 있었다. 의제 목록에 환경이나 생태학은 없었다.

폐회식 총회에서 분위기를 전환할 수 있는 기회가 찾아왔다. 발언 기회를 얻으려고 손을 들었는데 사회자가 정말 나를 지목했다. 나는 긴장되고 다리에 힘이 없었지만 회의장에 모인 수백 명의 사람들 앞에서 일어섰다. 간단히 내가 생각하는 전쟁 기계와 환경 파괴의 연관성에 대해 설명하고, 전쟁저항자 인터내셔널 내에 생태학 분과위원회를 만들어야 한다고 제안했다. 놀랍게도 내가 발의한 안건은 바로 통과되었고, 나는 새로운 분과를 맡아달라는 요청을 받았다.

개인적으로 그 학술대회에서 가장 의미 있었던 것은 간디의 개인 비서였던 사람의 아들과 나눈 대화였다. 나라얀 데사이Narayan Desai는 어릴 적 간디의 아쉬람[14]에서 성장했고, 인도평화단(Indian Peace Brigade)의 젊은 지도자 중 한 명이 되었다. 그는 학술대회가 거의 끝나갈 즈음 늦은 오후에 자기 방에서 우리를 만나주었다.

데사이는 열린 창으로 햇빛이 쏟아져 들어오는 좁은 방 안에 아무것도 깔지 않은 채 나무 바닥에 앉아 작은 이동식 물레 위로 몸을 구부리고 있었다. 사십 대 중반의 데사이는 민무늬의 헐렁한 흰색 재킷과 파자마처럼 보이는 바지를 입고 있었다. 그는 코네마라와 나에게 자기 옆으로 와서 앉으라고 말했다. 대화를 나누는 동안에도 그는 물레에서 뽑아져 나오는 울퉁불퉁한 가는 실에서 시선을 떼지 않았다. 한 손으로 물레 손잡이를 돌리면 다른 한 손에 잡고 있는 솜뭉치에서 마법처럼 가느다란 실이 뽑아져 나왔다.

데사이는 카디khadi라는 무명실을 잣고 있다고 설명했다. 간디는 인도 국민들에게 영국의 식민지 지배에 대한 저항의 표시로 실잣기를 장려했다. 만일 인도 국민들이 직접 천을 만들고 그 천으로 옷을 만들어 입는다면 영국산 수입품에 대한 불매운동을 벌일 수 있고, 독립에

---

14 힌두교도들이 수행하며 거주하는 곳

한 발 더 다가갈 수 있다고 생각했다. 물레는 곧 간디의 독립운동에서 중요한 상징이 되었다. 간디가 제안한 독립 인도의 국기 한가운데에도 물레 그림이 들어가 있었다.

그러나 간디가 오직 정치적 행동으로서만 물레로 실 잣는 일을 장려한 것은 아니었다. 데사이는 이성을 잃은 군중들 사이에서 비폭력을 유지하기 위해서는 내면에서 영적·심리적 대비를 해야 하고 진정한 혁명을 위해서 인내심이 꼭 필요하다고 말했다. 그는 인내를 기르기 위해 물레를 돌리고 있던 것이다. 물레에서 뽑아지는 실은 늘 끊어지기 쉬우니 말이다.

1년 동안 나는 자신을 혁명가로 부르는 온갖 종류의 사람들을 만났지만 데사이 같은 사람은 없었다. 나는 그가 말하는 '혁명'이 무엇을 의미하는지 물었다.

창밖의 따뜻한 오후를 한참 바라보던 그가 마침내 조용하면서도 엄숙한 목소리로 대답했다. "혁명이란 개인의 덕목이 사회적 가치로 변환되는 역동적인 과정입니다."

어떻게 그런 혁명이 일어날 수 있을까? 나는 궁금했다. 한 세대 전체가 아즈텍 사원 꼭대기에 혼자 올라가 명상을 시작하거나 자신 안에서 신을 찾으려 하지는 않을 것이다. 나는 우리로 하여금 권력에 복종하고, 환경에 맞추려고 노력하고, 순응하는 법을 배우고, 아무 생각 없이 일하고, 결코 의문을 갖지 말고 준비된 답을 받아들이면서 그저 현상 유지를 하도록 준비시키는 많은 학교 교육 방식에 대해 생각해보았다.

학교 교육이 우리에게 혁명을 준비시켜준다면 어떨까? 약에 취한 히피족이나 거리에서 경찰에게 욕설을 퍼붓는 아이들이 주장하는 '혁명'이 아닌 데사이가 말하는 그런 혁명 말이다. 데사이의 방에서 가부좌를 틀고 앉아 물레에서 뽑아져 나오는 실을 넋 놓고 바라보면서 나는 단순히 생계 수단이 아닌 더 나은 세상을 만드는 데 기여할 수 있는 수단으로써 가르치는 일에 대해 고민하기 시작했다.

"하버드라고?"

버몬트 주에 도착한 코네마라와 나는 지은 지 100년이 된 농가에 세를 들었다. 내가 일할 조림지가 있는 이스트 버너드와 다트머스 대학교가 있는 뉴햄프셔 하노버의 중간 지점에 있었다. 민무늬 나무판자가 덧대어진 그 집은 큰 비버 연못이 내려다보이는 오르막 지대에 자리하고 있었고, 사방은 깊은 숲과 완만한 구릉지로 둘러싸여 있었다. 어렸을 적에 살았던 '정오의 기쁨' 농장이 생각났다. 소 떼는 없지만 대신 사슴과 꿩이 있었고 아주 가끔 곰이 나타나기도 했다. 가장 가까운 이웃집은 바퀴 자국이 깊이 팬 진흙길을 따라 1.5킬로미터 이상 내려가야 있었다.

코네마라는 베틀로 천 짜는 일을 시작했고, 나는 조림지로 출근하기 시작했다. 좋은 상복수림을 관리하려면 주기적으로 가지치기를 해주고, 주변의 작은 나무들을 솎아내어 나무가 튼튼하게 자랄 수 있도록 해주고, 주기적으로 나무에 열린 열매를 따줘야 한다. 이 모든 작업은 숲속 길이 잘 정비되어 있지 않으면 불가능하다. 그래서 내가 처음 맡은 일은 길 위에 쓰러져 있거나 돌출되어 있는 나무들과 쌓여 있는 나뭇가지를 치우는 것이었다.

나는 다시 숲속에 있게 된 것이 무척 좋았다. 나무 사이로 들어와 얼굴에 닿는 햇살과 소나무 향기, 바람에 흔들리는 나무들의 속삭임이 좋았고, 능숙하게 작은 나무를 베거나 가지치기를 할 때 손에 쥔 도끼에서 전달되는 익숙한 느낌도 좋았다. 9월의 어느 이른 아침, 휘어진 자작나무를 처리하기 위해 도끼에 첫 홈을 내자 전날 밤 내린 비를 한가득 머금고 있던 나뭇잎에서 거대한 물방울이 쏟아졌다. 갑작스러운 물벼락에 나는 크게 소리 내어 웃었다.

숲에서 몇 달 일하다 보니 나는 생태학이라는 과학 그 자체보다 생태학적 위기의 사회적 요인에 더 큰 관심을 갖게 되었다. 우리가 어떻게 생태학적 위기에 빠지게 되었고 어떤 조치를 취할 수 있는지에 대해 더 많은 것을 알고 싶었다. 그래서 숲에서 일하는 것도 매우 좋았지만 그 일을 그만두고 새로운 길을 개척하기로 결심했다. 책과 논문을 통해 이르는 그런 길이다. 《젊은 예술가의 초상》의 대사가 다시 떠올랐다. 스티븐 디덜러스는 '다른 사람과 떨어져서 자신만의 지혜를 배울 운명이었다.' 나 역시 다시 그래야 할 운명인 것 같았다.

프렌즈 월드의 지도교수는 이해심이 많은 분이었다. 계속해서 격려해주고 읽을 책을 추천해주고 피드백을 제공해주었다. 하지만 기본적으로는 내가 알아서 해야 했다. 매일 아침 일찍 식사를 마친 후 나는 커피를 들고 서재로 쓰는 작은 방에 들어가 독서와 노트 정리에 집중했다. 들판이 온통 흰 눈에 파묻히면 코네마라와 나는 점심을 먹은 후 나무로 만든 설피[15]를 신고 바람 부는 눈 덮인 언덕을 가로질러 걷곤했다. 그렇게 걸으면서 흩어져 있던 생각들을 정리해 논문 아이디어를 추출했다.

아직까지는 아이디어만 여러 페이지 썼지만 1969~1970년 학년 말이면 논문을 완성할 수 있으리라는 확신이 점점 강하게 들었다. 졸업을 하면 무엇을 할지 계획을 세워야 한다. 나는 자격증이 있는 교사가 되겠다는 목표를 세우고 대학원 진학에 눈을 돌렸다. 모리스 미첼이 1964년에 설립한 안티오크-퍼트니 교육대학원(Antioch-Putney Graduate School)에 입학하고 싶다는 생각이 들었다. 대학 두 곳을 중퇴한 데다 학점이 표시되어 있지 않고 이상한 교과목 이름만 적혀 있는 프렌즈 월드 대학 성적표를 가지고는 다른 학교에 지원해봤자 합격하지 못하리라 생각했다. 그러던 중 마이클 매코비가 하버드 대학교 교육대학원에 지원해보라고 권했다. 처음 그 말을 들었을 때 나는 농담이라고 생각하고 웃었다. 그러나 그는 진지했다. 매코비는 하버

---

15 눈에 빠지지 않도록 신발 바닥에 대는 덧신

드에서 심리학 박사학위를 받았다. 그는 자기가 배웠던 교수 중에 데이비드 리스먼David Riesman 교수를 한번 만나보라고 제안했다. 리스먼은 사회학자이자 미국인의 성격을 묘사해 널리 호평받는《고독한 군중(The Lonely Crowd)》의 저자였다.

새해가 시작되고 얼마 지나지 않아 나는 리스먼 교수를 만나기 위해 케임브리지로 갔다. 그는 기꺼이 추천서를 써주겠다고 했다. 그렇게 기쁜 소식을 듣고는 입학 지원에 필요한 것들을 준비하기 시작했다. 입학 지원 에세이에서 나는 나라얀 데사이가 말한 "개인의 덕목이 사회적 가치로 변환되는 역동적인 과정"이라는 혁명의 정의를 인용하며 시작해, 어째서 가르치는 일이 이런 목표를 실현하는 최선의 방법이라고 생각하는지 설명했다.

그러나 막상 입학 지원 서류를 우편으로 부칠 때가 되자 괜히 하버드 입학에 공을 들이면서 내 시간과 리스먼의 시간까지 허비한 것은 아닌가 하는 생각이 머릿속을 맴돌았다. 원래 계획대로 그냥 안티오크-퍼트니 교육대학원에만 지원했어야 했다.

나는 졸업 논문을 완성하기 위해 본격적으로 논문에 매달렸다. 70쪽에 달하는 논문은 무한 성장과 계획적 구식화[16]로 가속화된 소비 중심 자본주의 경제와 유한한 환경의 한계가 빚어낸 모순에 관해 발표한 4편의 글을 더 섬세하게 다듬은 고심작이었다.

---

16 기업에서 새로운 상품의 판매를 촉진하기 위해 계획적으로 구식으로 만들어서 상품의 수명을 줄이는 전략. 품질 보증 기간이 지나면 고장이 잘 나는 제품이 그 예이다.

내 논평은 단지 경제적인 면만 조명하지 않았다. 나는 얼마나 많은 것을 소유했는지를 잣대 삼아 삶의 가치를 측정하는 우리의 물질 중심 사회가 정신적으로 피폐하다고 썼다. 우리는 인간의 잠재력을 최대한 계발하는 데 초점을 맞추는 경제적·사회적 제도를 만들어야 한다. 교육을 바꾸는 것이 그 첫 단계이다. 아이들을 교육의 수동적 소비자로 보기보다 아이들에게 비판적 사고 능력과 창의성을 계발시켜 주어야 할 필요가 있다.

졸업 논문으로 너무 바빴기 때문에 대학원 입학 지원서를 낸 것에 대해서는 거의 잊고 지내고 있었다. 잔뜩 흐리고 눈이 내리는 3월 어느 날, 우편함까지 터벅터벅 걸어가 살펴보니 봉투 두 개가 도착해 있었다. 하나는 안티오크-퍼트니 교육대학원에서 온 것이고 다른 하나는 하버드에서 온 것이었다. 부엌으로 들어가 식탁에 앉아 안티오크-퍼트니 교육대학원에서 온 것부터 열어보았다. 감사하게도 합격했다. 미래의 계획이 생긴 것이다. 그다음은 하버드에서 온 봉투를 무심히 열어 읽어보았다. "이 소식을 알게 되어 기쁩니다. 우리 대학 입학사정위원회에서는⋯⋯." 나는 집이 떠나가라 소리를 질렀다. 깜짝 놀라 뛰쳐나온 코네마라에게 함박웃음을 지으며 편지를 보여주었다.

그날 밤, 몇 달 동안 말 안 하고 지내던 아버지에게 전화를 걸어 대학원 합격 소식을 전했다.

한참 침묵이 흐른 뒤 아버지가 말했다. "하버드라고?" 아버지는 믿기지 않는다는 듯이 되물었다. "하버드 교육대학원이라고?"

"네, 하버드요."

아버지는 믿을 수 없는 모양이었다. 하기야 믿을 수 없기는 나도 마찬가지였다.

4월 말 나는 프렌즈 월드 대학의 지도교수에게 졸업 논문을 보내고, 매사추세츠로 이사 갈 준비를 시작했다. 우리는 시골에 사는 것을 무척 좋아했지만 아파트를 구하러 케임브리지 시내를 돌아다니다보니 다양한 민족의 전통 식당과 콘서트, 강연 등 샌프란시스코에서 지낼 때 하지 못한 문화 경험을 얼마나 간절히 바라고 있었는지 깨닫게 되었다.

그러나 5월 초 켄트 주립대학교 학살[17]이 발생하면서 우리의 열망은 분노로 얼어붙었고, 곧 공포로 바뀌었다. 캄보디아에 대한 폭격을 반대하는 시위를 벌이던 비무장 대학생 네 명이 오하이오 주 방위군에게 목숨을 잃었고, 아홉 명이 부상을 입었다.

버몬트 주 시골에 살면서 매주 하노버 마을 광장에서 벌이는 반전 촛불 시위에 참가했지만 우리는 당연한 행동이라고 생각했고 안전의 위협을 느껴본 적이 없었다. 그러나 이제 전쟁을 반대하는 사람은 아무도 안전하지 않은 것 같았다. 나는 짐을 마저 싸면서 이런 생각을 떨쳐내려 애썼다.

---

17 1970년 5월, 오하이오 주 켄트 시 소재 켄트 주립대학교에서 비무장 학생시위대를 향해 주 방위군이 실탄을 발포한 사건

구태의연한 교육

하버드 교육대학원 수업은 7월에 시작되었다. 오리엔테이션이 진행되는 처음 이틀 동안 긴장감에 위가 꼬이는 듯했다. 알고 보니 동기생들은 모두 명문대 졸업생들이고 나보다 훨씬 더 똑똑하고 자신감이 넘쳐 보였다. 나는 내가 합격한 이유는 오로지 데이비드 리스먼 교수의 편지 덕분이라고 생각했다.

오리엔테이션이 끝나자마자 불안감은 환멸로 바뀌었다. 나는 매일 동기들과 함께 교외 지역의 한 공립 중학교에 갔다. 7~8학년 남녀 학생을 대상으로 여름방학 방과 후 프로그램이 열리고 있었다. 우리는 5~6명씩 소그룹으로 나뉘었고, 각 그룹별로 '수석교사' 한 명과 18명쯤 되는 중학생들이 배정되었다. 수석교사의 역할은 시범 수업을 보이고, 우리가 번갈아가며 수업 계획을 짜고 수업 실습을 할 때 지도하는 것이었다. 오후가 되면 우리는 대학으로 돌아와 '학습 과정의 심리학' 강의를 듣고 소그룹으로 나눠 토론을 했다.

가장 먼저 실망스러웠던 것은 내 담당 수석교사라는 사람이었다. 그를 프레드라고 부르겠다. 프레드는 몇 년 동안 사회 과목을 가르치다가 하버드에서 박사 과정을 밟기 위해 교직을 그만둔 사람이었다. 학생 참여를 유도하려는 애처로운 시도로 프레드는 겉만 번지르르한 슬라이드와 동영상, '혁신적인' 게임들을 아이들에게 들이댔다. 하지만 그가 가르치는 실제 학습 자료는 지루하기 짝이 없고 단순 사실을 나열한 것이었다. 학생들은 노골적으로 짜증과 지루함을 표출했고, 프레드가 칠판에 무엇인가 적으려고 돌아서면 곧바로 떠들거나 쪽지를 돌렸다. 내가 아이들 앞에 서서 가르쳐야 할 순서가 되었을 때 어떻게 이런 사람이 좋은 교사가 되도록 도와줄 수 있는지 도무지 상상이 되지 않았다.

오후 강의도 실망 그 자체였다. 애초에 오전 내내 수업을 참관하고 수업 계획을 짜서 실습을 하고 돌아온 우리에게 강의를 들으라고 하는 것은 무리한 요구였다. 너무 피곤해서 강의 시간에 좀처럼 눈을 뜰 수가 없었다. 우리는 첫날부터 가르치는 일에 내던져져 스트레스를 받았다. 게다가 내용은 정해져 있었다. 우리에게 강의하는 대부분의 교수들은 공부에 흥미가 없는 학생들에게 학습 동기를 불어넣어주는 것이 교사의 일이라고 가정하는 것처럼 보였다. 한 심리학 교수는 학생들에게 거짓말을 밥 먹듯이 하라고 조언했다. 그리고 이렇게 말했다. "1학년인 꼬마 쟈니[18]가 붓을 잡으면, 그 아이에게 거짓말을 하세요. 아이가 얼마나 훌륭한 화가인지 말해주는 겁니다."

나는 분노가 치밀었다. 나중에 소그룹 토론을 할 때 나는 교수의 주장에 반대하면서 학생들에게는 학습에 대한 타고난 흥미와 호기심이 있다고 열변을 토했다. 아이들에게 거짓된 피드백을 주는 속임수를 쓸 필요가 없다. 우리 그룹의 몇몇 학생은 내 의견에 강하게 반박했

---

18 영미권 교육 현장에서 전형적인 어린 학생을 지칭하는 용어

다. 한 학생은 만일 아이들을 자기 마음대로 하게 놔둔다면 어른들이 생각해놓은, 아이들이 알아야 할 '중요한' 것을 배우지 못할 것이라고 주장했다. 또 어떤 학생은 아이들 스스로 내적 동기를 지니고 있다고 믿는 것은 너무 큰 기대라고 말했다. 나는 겸손한 척하며 오만을 부리는 그들의 모습에 충격을 받았다. 역겨웠다.

내가 수업할 차례가 다가왔다. 나는 모험을 감수하기로 마음먹고 아이들에게 미국 원주민과 관련된 다양한 프로젝트 중에서 자신이 할 수 있는 것을 선택해서 하라고 했다. 웨스트 선생님이 가르쳐준 샤이엔 부족의 생활방식에 얼마나 매료되었는지, 《두 세계 속 아이쉬》를 읽으면서 얼마나 많은 것을 배웠는지 또렷이 기억하고 있었다. 그래서 이 중학생들도 나처럼 체험을 통해 다른 문화를 배우면서 즐거워할지도 모른다고 생각했다. 수업 시간에 더 이상 떠드는 소리가 들리지 않았다. 동영상을 중간에 중단해야 할 필요도 없었다.

나는 몬테소리 교육법을 응용해서 다양한 학습 코너를 만들었다. 어떤 모둠은 내가 제공한 설명서를 바탕으로 마을 모형을 만들기 시작했다. 또 어떤 모둠에서는 옥수수를 밀가루 속에 마구 쑤셔 넣었다. 그중 여학생 두 명이 그 끈적거리는 정체불명의 것을 집으로 가져가더니 다음 날 아침에 빵 비슷한 것을 구워서 가져왔다. 남학생 몇 명은 활과 화살을 만들기 위해 최선을 다했다.(나는 아이들이 방과 후에만, 그것도 사람이 아닌 나무만 겨냥해서 활을 쏘도록 엄격히 제한했다.)

3일 동안의 수업 실습이 끝나자 큰 안도감이 밀려들었다. 아이들은 수업에 열중한 듯했고, 아이들이 맡았던 프로젝트가 상당히 평범한 것들이었지만 어쨌든 큰 말썽 없이 마무리되었다. 어쩌면 중·고등학교에 몬테소리 교육법을 도입하더라도 통할지 모른다는 생각이 들었다. 하지만 실습평가 간담회에서 프레드와 다른 대학원생들이 내 수업에 대해 어떤 말을 할지는 걱정되었다.

프레드는 학습 목표가 무엇이었는지부터 물었다. 대답하기 어렵지 않은 질문이었다. 나는 아이들이 미국 원주민 문화의 다양한 측면을 이해할 수 있기를 바랐다고 대답했다. "그렇다면 교과 내용은 어떻습니까?" 프레드가 압박하듯 물었다. "다양한 부족의 지리적 분포나 미국 원주민에 대한 미국 정부의 정책은 어떻게 했죠? 그런 사실적 정보를 가르쳤어야 했다고 생각하지 않습니까?"

나는 얼굴이 붉어졌다. 동기들 앞에서 비판받는 것은 굴욕적이었다. 어쩌면 다른 대학원생들처럼 '진짜 수업'에 더 집중했어야 했는지도 모른다. 그때 우리 그룹의 학생 한 명이 큰소리로 말했다. "네, 수업에 교과 내용을 더 포함했어야 했다고 생각합니다. 하지만 와그너가 수업할 때는 아이들이 어떤 문제 행동도 하지 않았어요." 그러나 프레드는 그 말을 무시했다.

여름이 끝나갈 무렵 프레드는 최종 평가서에 이렇게 적었다. "토니 와그너는 스스로 자유롭고 충분한 발전을 이루기 위해 애쓰는 사람이므로 아이들에 대해서도 같은 것을 추구하고 있다. 그래서 그가 사용한 수업 상황의 요소들이 공립학교 전체로 확대 적용되지 않는다." 내가 아이들에게 신경을 너무 많이 쓴다는 것을 일부러 애매하게 말하는 하버드 방식의 화법인가? 그래 맞다. 나는 학생들의 호기심과 창의성을 길러주는 것에 초점을 맞췄고, 내가 바랐던 학습 경험을 아이들이 학교에서 할 수 있었으면 했다. 그런데 그렇다고 교사로서 나를 원하는 학교가 거의 없을 것이란 말인가? 평가서에 실린 은근한 비판이 계속 신경 쓰였다.

여름 방학 방과 후 프로그램이 끝났을 때 나는 프레드의 교실에서 벗어날 수 있어서 다행이라고 생각했다. 게다가 8월 말에 프렌즈 월드 대학으로부터 졸업논문이 통과되었음을 알리는 편지를 받아 더욱 기뻤다. 편지 봉투 안에는 학위등록번호 12라고 적힌 졸업증명서가 동봉되어 있었다. 나와 같은 해에 시작했거나 나보다 먼저 시작한 세 학급 총 100여 명의 학생 가운데 용케 과정을 모두 마치고 학위를 받은 사람이 나를 제외하고 11명밖에 되지 않았던 것이다.

나는 해냈다. 근본적으로 내 관심사와 학습 방법에 맞는 대학 교육을 끝마쳤고, 대부분의 사람들이 성공하지 못한 것을 해낸 것이다.

멜로디에 맞춰 노래하라

9월이 되고 대학원생들은 교외 지역 학교에서 가을 학기 동안 함께할 수석교사를 배정받았다. 그러나 나는 제2의 '프레드'를 만나는 위험을 감수하고 싶지 않았다. 그래서 교사양성프로그램 책임자를 설득해 수석교사를 직접 찾을 수 있도록 허락받았다. 나는 브룩클린 고등학교에서 자신이 받을 교육에 대한 더 많은 결정권을 요구하는 학생들을 위해 '학교 안 작은 학교' 프로그램을 담당하고 있는 한 사회 교사를 찾아냈다. 브룩클린 고등학교에서는 학생들이 일부 교과목에 대해 다양한 프로젝트를 선택할 수 있었고, 학생과 교사가 각자 걱정하는 문제에 대해 터놓고 의견을 말하는 전체 회의가 매주 열렸다. 그 사회 교사가 내 요청을 수락해서 매우 기쁘고 참 다행이라 생각했다. 그를 앨런이라고 부르겠다.

나는 1년 동안 교육 실습을 하면서 동시에 강의도 들어야 했다. 물론 이제는 대학에 개설된 어떤 강좌라도 선택해서 들을 수 있었다. 그러나 학기 시작일이 다가오자 점점 불안해졌다. 두 번이나 대학을 중퇴한 내가 엄격한 하버드 교육에서 어떻게 살아남을 수 있을까?

그 방법을 찾기까지 그렇게 오래 걸리지는 않았다. 교수법에 관한 필수 과목 하나를 제외하고 선택한 모든 과목은 매우 즐겁게 배웠다. 교수법 과목은 역사 교사가 다뤄야 할 내용과 알맞은 교재를 선택하는 방법에 관한 강의가 끝없이 계속되었다. 그러나 다른 과목들은 퀴즈도 없고, 기말시험도 없고, 암기하고 반복 학습해야 할 것도 없었다. 소논문을 쓰기만 하면 되었다.

나이 든 괴짜 인류학 교수가 가르치는 특이한 과목이 하나 있었다. 학생은 고작 네 명이었고, 일주일에 한 번 저녁에 세 시간 강의가 진행되었다. 무슨 이유로 그러는지 나는 잘 이해되지 않았지만 그 교수는 사건들이 발생하는 이유에 관한 다양한 역사 이론에 심취해 있었다. 그는 세 시간 내내 강의를 했고, 그가 말하는 모든 것이 머릿속에 쏙쏙 들어왔다. 그러나 사상가 한 명을 정해서 그의 역사 이론을 분석하라는 연구 과제는 내가 지금껏 경험한 그 어떤 것보다 어려운 학문적 도전이었다.

그래도 혼자 했다. 우선 논문 주제로 카를 마르크스Karl Marx를 선택했다. 내 자신을 공산주의자라고 생각하고 있었기 때문이 아니었다. 단지 세상에 아주 깊은 영향을 미쳤을 뿐만 아니라 주변의 많은 동료들이 인용하는 이 사상가가 일궈낸 연구 업적을 이해하고 싶었기 때문이었다. 나는 그렇게 복잡한 역사 이론을 이해하고 글로 설명하는 것이 얼마나 어려울지 전혀 모르고 있었다. 하지만 그의 이론을 이해하기 위해 더 깊이 파고들었고, 그 과정에서 내 주변의 신좌파주의자들은 아무도 모를 법한 마르크스의 일면을 발견했다.

그의 설득력 있는 문체의 이면을 보면 마르크스는 혁명가가 되기 오래전부터 인본주의자이자 철학자였음을 알 수 있었다. 그가 말하는 혁명의 목표는 점점 확장되는 산업혁명에 의한 억압적 기계화로부터 인간의 영혼을 해방시키는 것이었다. 그는 '각 개인의 자유로운 발달이 모든 사람의 자유로운 발달의 조건이 된다.'라고 말했다. 그의 말 중에서 가장 감동적이고 그래서 수십 년 동안 내 연구의 길잡이가 되어준 것은 "얼어붙은 상황을 춤추게 만들기 위해서는 그것의 멜로디에 맞춰 노래를 불러야 한다."라는, 어떻게 효과적으로 변화를 창조할 것인가에 관한 말이었다.

그것은 마르크스가 나에게 전하는 한 편의 시였고, 현재 상황의 '멜로디'를 자세히 주의 깊게 듣고 이해하는 데서 근본적인 변화가 시작된다는 사상이었다. 전임 교사가 되었을 때 나는 학생 개개인의 흥미와 꿈을 깊이 이해하려고 노력하면서 학생들의 멜로디에 맞춰 '노래'할 기회를 찾았다. 나중에《세계의 성취도 격차(Global Achievement Gap)》를 쓰기 위해 재계 지도자와 지역사회 인사들을 면담하고 그들에게서 배운 것을 교육자들이 이해할 수 있는 언어로 바꾸려고 할 때도 멜로디를 맞추려는 노력이 중요하게 작용했다.

데이비드 리스먼 교수의 '미국인의 성격과 사회 구조'에 관한 수업도 훌륭한 지적 경험이었다. 19세기 고전인 알렉시스 드 토크빌 Alexis de Tocqueville의《미국의 민주주의(Democracy in America)》에서부터《레빗타운 사람들(The Levittowners)》과《길모퉁이 사회(Street Corner Society)》,《길모퉁이 남자들(Tally's Corner)》같은 최근 출간 서적에 이르기까지 리스먼은 우리로 하여금 미국을 구성하고 있는 다양한 문화와 공동체에 관한 연구에 몰두하게 만들었다. 100명이 넘는 수강생들은 대략 20명씩 소그룹으로 나뉘었다. 내가 속한 그룹은 제이 페더스톤이라는 강사가 이끌었다. 제이는 매력적이고 뛰어난 교수법을 이용해 아주 능숙하게 가르쳤다.

제이는 얼굴이 둥글고 웃는 상이었고 눈썹 숱이 많았다. 곱슬거리는 짙은 색 머리카락은 가끔 제멋대로 얼굴까지 내려왔다. 내가 그를 처음 만났을 때 그는 삼십 대 중반이었다. 그는 하버드에서 학사 학위를 받았고, 얼마 동안 존 듀이를 주제로 박사 논문을 쓰고 있었지만 최근 몇 년은 〈뉴 리퍼블릭New Republic〉 편집자로 일하면서 교육에 관한 많은 글을 썼다고 했다. 지금은 새로 생긴 하버드 대학교 케네디공공정책대학원(Kennedy School of Government)에서 1년 임기 연구원으로 일하고 있었다.

제이는 교수법 기술에서 필요한 것은 학생들 사이에 사려 깊은 대화와 성찰이 일어날 수 있는 환경을 조성하는 것이라고 생각했다. 그는 일방적으로 강의하는 법이 없었고 "이번 주 독서 과제를 한 후 여러분은 어떤 생각을 했습니까?"라는 질문으로 토론을 시작하곤 했다. 소그룹 회의를 할 때도 대부분 조용히 지켜보기만 했다. 그가 무엇인가 말할 때는 깊은 사고가 필요한 질문이나 날카로운 질문을 던질 때였다. 그는 '정답'을 찾으려고 하지 않았다. 그저 "그래서 《길모퉁이 사회》 속 이탈리아 사람들의 삶과 《길모퉁이 남자들》에 나오는 미국 흑인들의 길모퉁이 문화 사이에 어떤 유사점이 있을까요?"라고 물으면서 우리로 하여금 더 깊이 생각하도록 이끌었다.

《레빗타운 사람들》에서 묘사된 미국 최초의 대규모 주택 단지 개발에 대해 학생들이 전반적으로 거부감을 표현했을 때는 반대 의견을 가진 사람의 관점을 고려해보라고 독려했다. "어떤 이유에서 그렇게 많은 사람들이 주택 단지에 사는 것이 좋다고 말하는지 생각해볼

까요?" 그는 우리가 말하는 것을 늘 존중하고 관심을 보였다. 가끔씩 우리가 자신의 생각을 더 잘 설명하거나 옹호할 수 있도록 은근슬쩍 도와주기도 했다. 에드워드 선생님처럼 제이도 내가 모방하고 싶은 교수 학습법의 모범을 보여주었다.

나는 리스먼 교수 과목의 40쪽 분량 학기말 과제로 학교가 어떻게 아이들의 사회적 특성을 형성하는지 분석하는 논문을 쓰기로 했다. 미국이 생산 기반 산업 경제에서 사무직 중심 지식 경제로 발전하면서 교외 지역 공립학교들이 어떻게 변화하고 있는지 그 과정을 기술했다. 도심 속 '낡은' 학교에서는 학생들을 줄지어 앉혀 놓고 공장 작업반장처럼 교사가 큰 소리로 명령을 내렸지만, 교외 지역 '새로운' 학교에서는 아이들이 보통 원형으로 앉고 교사들은 기업의 중간 관리자처럼 아이들에게 경쟁하면서 배우도록 다독이고 있었다.

논문의 결론에서 나는 교외 지역 학교들이 형식에 얽매이지 않는 더 유연한 학교처럼 보이지만, 그럼에도 불구하고 학생들의 진짜 관심사를 개발하거나 비판적 사고 능력을 키워주는 데 아무 기여도 하고 있지 않다고 썼다. 그러므로 다른 교육 모델이 필요하다고 주장하며 글을 마쳤다.

내 논문에 대해 제이는 이런 평을 남겼다. "이 논문에서 가장 매력적이고 독창적인 점은 신교육과 구교육을 대조시켰다는 것이다.······ 학교가 변하고 있지만, 그 변화에도 문제가 있다는 주장은 신선하고 설득력이 있다." 그는 특히 근본적으로 새로운 교육 방법을 주장하는 결론 부분을 언급하면서 "4장 '능동적 교육'은 지금까지 읽어본 인본주의 교육에 관한 글 중에서 가장 훌륭하고 가장 간결한 서술이었다."라고 칭찬했다. 제이는 행간 여백 없이 세 페이지에 걸쳐 내 논점의 장·단점을 자세히 지적해주었고, 끝부분에 격려의 말을 덧붙였다. "진행 중인 연구에 대해 호기심을 자극하는 글이다. 지금까지 학생과 함께해서, 그리고 학생이 소그룹 활동에 기여하는 모습을 보는 것이 얼마나 즐거웠는지 말로 다 표현할 수 없다."

나는 태어나서 처음으로 사상가로 그리고 작가로 깊이 인정받는 느낌이었다. 내가 높이 평가하는 선생님이 내 논문을 "매력적이고 독창적"이라고 묘사한 것이었다. 나는 학문적으로 어려운 교육 경험을 사랑하기 시작했을 뿐만 아니라 학자로서의 능력을 점차 발견했다.

감도 잡지 못한 첫 수업

학기 초에 걱정을 많이 했지만 다행히 학점 교과목 가운데 가장 낮은 학점은 A-였다. 프렌즈 월드 대학을 다니면서 썼던 글들이 밑바탕이 되어서 기대 이상으로 훨씬 잘 해낼 수 있었다. 나도 학교를 잘 다닐 수 있고 공부를 잘할 수 있다는 것을 증명해 보인 셈이다. 사실 나는 제이가 담당한 또 다른 수업에서 가장 많은 것을 배웠다. 그것은 학점 과목이 아니었다.

당시 케네디 공공정책대학원에는 다양한 현안을 다루는 한 학기짜리 세미나 방식 비학점 과목들이 개설되어 있었다. 제이는 교육을 주제로 하는 세미나 수업을 맡고 있었다. 그 수업에서 우리는 일주일에 한 권씩 책을 읽었다. 존 홀트John Holt, 허버트 콜Herbert Cole, 조나단 코졸Jonathan Kozol, 조지 데니슨George Dennison, 실비아 애쉬튼 워너Sylvia Ashton Warner 등 모두 진보주의 교육자들이 쓴 책이었다. 매 수업 시간은 책을 읽고 떠오르는 질문과 제이가 던지는 질문에 대해 서로의 생각을 말하는 활발한 토론의 장이었다. 그때 다뤘던 질문은 이후에도 내 연구의 중심 주제가 되었다. "좋은 교사가 되는 새로운 방법이 있을까? 한 교수법이 다른 교수법보다 더 나은지 알 수 있는 가장 좋은 방법은 무엇인가? 학생들에게 새로운 학습 자료를 소개하는 것과 학생들 스스로 배우고 싶은 것을 선택하게 하는 것 사이 적절한 균형은 어떻게 이룰까? 고등학교에 진보적 교육 방법을 적용한다면 대학에 대한 충분한 준비가 될까? 예비교사를 더 잘 준비시키기 위해 교육대학들은 어떻게 변해야 하는가?"

제이는 얼윈 리처드슨Elwyn Richardson의 《어린 시절 세상(In the Early World)》을 소개해주었다. 이 책은 내가 가장 소중하게 여기는 교육서 중 하나이다. 리처드슨은 반이 하나뿐인 뉴질랜드 시골 학교에서 백인 아이들과 마오리족 아이들을 가르쳤다. 그는 다음과 같이 자신의 신념을 기술하고 있다. '모든 아이들이 분명하게 이해할 수 있는 능력과 진실하고 강력하게 자신의 비전을 표현할 수 있는 능력을 타고났다.……그런 재능과 능력은 모든 아이에게 잠재되어 있지만 그것을 알아차리고 계발하지 않는다면 겉으로 드러나지 않을 것이다.'

과학을 전공한 리처드슨은 학생들에게 학교 근처에 사는 벌 떼의 습성이나 파리 날개의 구조 등, 바로 옆에서 찾아볼 수 있는 자연 환경을 자세히 살피는 관찰자가 되라고 가르쳤다. 그리고 그렇게 관찰한 것을 미술 작품에 담아내어 스스로 창의적으로 표현하게 했다. 아이들은 찰흙, 리놀륨 판화, 목판화로 미술작품을 만들고, 다양한 형식의 글쓰기와 연극을 했다. 예를 들어, 처음에는 날개를 묘사하는 목판화를 만들고, 그러고 나서 그 주제를 더 탐구하도록 비행을 주제로 시를 쓰게 했다. 리처드슨은 매일 토론을 열어 아이들에게 자기 작품과 다른 사람의 작품을 평가하도록 장려했다.

점차 시간이 지나면서 아이들은 그림의 세부적인 것이나 시에서 유난히 인상적이고 독창적인 표현을 골라내는 능력이 발달했다. 나아가 학생들은 매달 교지를 펴내기 시작했고, 교지에 최고의 미술작품과 글을 발표했다.

자신을 표현하도록 가르치는 리처드슨의 교수법은 내가 나중에 고등학교 국어 교사가 되었을 때 중요한 영향을 미쳤다. 하지만 이때만 하더라도 사회 교사가 될 생각이었다. 격동의 1960년대에 사로잡혀 있던 나는 학생들이 자신의 세상에 대해 더 비판적으로 사고할 수 있도록 새로운 사상을 접하게 하는 것이 교사의 가장 중요한 역할 중 하나라고 믿었다. 문학 작품에 대한 토론을 통해서도 같은 목표를 달성할 수 있다는 것을 미처 깨닫지 못하던 때였다. 실패한 학생에서 하버드대 석사 예정자로 변신하는 데 글쓰기가 중요하게 작용했는데도 나는 세상과 자신을 이해하는 수단으로써 글쓰기 교육의 가치를 이해하지 못하고 있었다.

어쨌든 1년 동안 수업을 참관했던 브룩클린 고등학교에서 사회 과목 수업을 실습할 차례가 되었다. 사회 과목 한 단원 전체에 대해 수업을 설계하고 가르치기로 되어 있었다. 나는 에리히 프롬의 《건전한 사회(The Sane Society)》를 가르치기로 결정했다. 프롬은 나에게 세상을 이해할 수 있는 심오하고 새로운 길을 제시해줬다. 그래서 학생들도 비슷한 경험을 하기를 바랐다.

프롬을 선택한 것은 수업 필독서가 아닌데 어쩌다 읽게 된 파울루 프레이리Paulo Freire의 《피억압자들의 교육학(Pedagogy of the Oppressed)》 영향이 크다. 프레이리는 브라질 농부들에게 글자를 가르친 포르투갈의 교육자이자 철학자이다. 그는 학생을 빈 그릇이라 생각하고 거기에 지식을 '적립'해야 하는 이른바 '은행식' 교육 방법을 거부하고, 성인 학습자들에게 '힘'과 '권력' 같은 감정을 자극하는 주제나 자신의 삶을 형성하거나 제한하는 사람과 제도에 대해 토론하게 하면서 읽기와 쓰기를 가르쳤다. 프레이리가 성인 학습자에게 했던 것처럼 나도 고등학생들에게 세상에 대한 인식을 넓혀줄 수 있는지 그 가능성을 확인하고 싶었다.

나는 일주일 동안 진행되는 수업을 통해 학생들이 프롬의 '정상성의 병리성(pathology of normalcy)'[19]을 이해할 수 있기를 바랐다. 책의 처음 두 장은 숙제로 냈다. 두 장 모두 질문으로 시작한다. 1장에서는 "당신의 정신 상태는 정상인가?"라고 묻고, 2장에서는 "병든 사회란 무엇인가?"라고 묻는다. 나는 제이의 수업 모델을 본떠 매일 교실 의자를 원형으로 배치하고 칠판에 책에서 발췌한 문장을 쓴 다음 학생들에게 그 문장에 대해 어떻게 생각하는지 물으면서 토론을 시작하도록 유도했다. 칠판이 항상 고문의 도구는 아니라는 사실을 드디어 깨달은 것이다.

첫날, 나는 수업을 진행하기에 좋을 듯한 인용문을 칠판에 깔끔하게 적었다. '우리는……인류 역사상 다른 어떤 사회보다 막대한 물질적 풍요를 이뤄냈다. 하지만 우리는 '전쟁'이라 불리는 장치를 통해 수백만 명의 동족을 살해했다.' 학생들은 착실하게 문장을 읽고, 전반적인 전쟁에 관해 그리고 특정하게는 베트남 전쟁에 관해 비판하기 위해 손을 들었다. 너무 당연한 말들이 쏟아졌다. 나는 경험이 부족했기 때문에 '히틀러에 반대해 전쟁을 한 것은 잘못된 일이었을까?'와 같은 사고를 자극하는 제이 페더스톤 방식의 좋은 후속 질문을 하지 못했다.

그 후 4일 동안 같은 방식의 '토론' 수업이 이어졌다. 나는 점점 인내심의 한계를 느꼈다. 마지막 날 절박한 심정으로 학생들에게 물었

---

19 전부 비정상인 곳에서는 정상이 비정상이 되고, 비정상이 정상으로 뒤바뀌는 현상

다. "'정상성의 병리성'은 여러분에게 어떤 의미입니까?" 프롬이 《건전한 사회》 제2장에서 설명한 개념이었다.

아무도 손을 들지 않았다. 학생들의 침묵에 나는 어쩔 줄을 몰랐다. 학생들은 분명 책에서 이 개념에 관해 읽었을 것이다. 그렇기 때문에 아무도 반응을 보이지 않는다는 것이 납득이 되지 않았다.

나는 재빨리 준비해온 다음 질문으로 넘어갔다. "우리의 정신상태는 정상인가?" 다시 침묵이 흘렀다.

고통스러운 1~2분이 흐른 뒤 한 남학생이 나를 돕기 위해 말했다. "음, 제 생각에는 선생님이 말하는 '정상'의 의미가 무엇이냐에 달려 있다고 봅니다." 나는 일주일 동안 토론 수업을 하고 나면 당연히 학생들은 한 사회의 정상성을 판단하는 기준이 있다는 프롬의 기본 개념을 이해할 것이라고 추정하고 있었다. '학생들은 아무것도 배우지 못했단 말인가?

나는 정말 화가 나서 스스로 결정적인 질문이라고 믿는 질문을 서둘러 던졌다. "더 정상인 사회는 어떤 모습일까요?" 아무도 손을 들지 않았다. 그저 꿈지락거리며 시계를 쳐다볼 뿐이었다.

나는 수업을 일찍 끝냈다.

좋은 교사가 되는 것은 쉽다고 생각하고 있었다. 제이처럼 좋은 질문을 던져주기만 하면 되는 줄 알았다. 그러나 프롬에 관한 내 수업을 듣는 학생들은 여름에 프레드 수업을 들었을 때만큼 지루해했다.

되돌아보니 내가 읽으라고 내준 복잡한 자료를 학생들이 이해했는지 확인하지 않은 것이 문제였음을 금방 알 수 있었다. 대부분의 학생들은 아마 이해하지 못했을 것이다. 사실 고등학생들에게는 적합하지 않은 자료였다. 그리고 내가 질문했을 때 학생들이 침묵했던 것은 생각에 잠겨 있어서 그런 것일 수도 있는데, 나는 준비해온 다음 질문으로 재빨리 넘어가버렸다. 학생들에게 깊이 생각하거나 의견을 제시할 충분한 시간을 주지 않았던 것이다. 나는 '기다려주는 시간'의 중요성을 정말 알지 못했다.

내가 수업하는 일주일 동안 실습 지도교사인 앨런은 두어 번 잠깐 교실에 모습을 비췄다가 사라졌다. 분명 그 일주일이 그에게는 여유를 즐길 수 있는 시간이라고 생각했을 것이다. 내 입장에서도 그가 교실에 있으면서 내 첫 고등학교 수업 시도가 끔찍한 실패였다고 말하기를 바라지 않았다. 그런데 더 심각한 것은 그때 나는 무엇을 어떻게 다르게 해야 하는지 감도 잡지 못했다는 것이다.

혁명은 무엇을 위해 하는가?

하버드의 학습 부담에도 불구하고 코네마라와 나는 시간을 내서 케임브리지에서 누릴 수 있는 풍부한 문화 경험의 기회를 찾아 나섰다. 나는 시대 의상을 입고 춤추고 연극하고 노래하는 뉴욕뮤지카New York Musica 공연단의 공연에서 초기 르네상스 음악을 처음 접했다. 넋을 잃게 하는 공연이었다. 처음 관람한 발레 공연에서는 앨빈 에일리 아메리칸 댄스시어터Alvin Ailey American Dance Theater[20]의 주디스 제이미슨 Judith Jamison의 짜릿한 춤동작에 매료되었다. 하지만 가장 깊은 영향을 받은 것은 이탈리아 사회운동가 다닐로 돌치Danilo Dolci의 1971년 봄 강연이었다.

'시칠리아의 간디'로 불리는 돌치는 1950년대 이탈리아 남부 하층민들을 지원하는 활동을 시작했다. 그는 그 지역의 극심한 빈곤과 마피아 조직과 정부의 유착관계에 대한 사람들의 관심을 촉구하면서 단식 투쟁, 연좌시위, 비폭력 시위를 벌였다. 나라얀 데사이와 나눈 대화를 여전히 생생히 기억하고 있던 나는 돌치의 활동에 대해 꼭 듣고 싶었다.

4월의 어느 저녁 시간, 코네마라와 나는 하버드 광장을 가로질러 돌치가 강연하기로 한 교회를 향해 걸어가고 있었다. 우리는 반전운동의 전략이 어떻게 비폭력에서 폭력으로 바뀌었는지 보여주는 소름 끼치는 증거들을 목격했다. 광장을 따라 들어선 거의 모든 도로변 가게의 유리창은 폭도들이 완전히 박살내서 판자로 막아 놓은 상태였다. 합판마다 스프레이로 '망할 놈의 전쟁을 끝내자. 노예관리자를 몰아내자. 흑표당[21] 당원을 석방하라.'라는 문구가 쓰여 있었다.

---

20 미국 안무가 앨빈 에일리가 세운 현대무용단
21 1960년대 중반에 조직된 흑인 무장 조직으로 블랙파워 운동을 지지했다.

교회는 사람들로 꽉 차 있었다. 대부분 학생들로 구성된 청중은 돌치가 '역공(reverse strike)' 전술에 대해 설명할 때 매우 집중하는 것 같았다. 돌치는 역공 전술의 일환으로 실직한 소작농들에게 통행이 불가능한 시칠리아의 도로를 무보수로 수리하도록 독려했다. 소작농들은 주요 도로를 점거한 혐의로 체포되었지만 그 사건은 전국적인 관심을 불러일으켰고, 결국 정부는 도로 정비 사업에 착수할 수밖에 없었다. 이 이야기는 매우 흥미로웠다.

강연의 끝부분은 어떻게 매년 가족과 함께 우르비노 시에서 몇 주 동안 리코더를 배우고 연주하는지 이야기했다. 강연장의 분위기가 바뀌었다. 과격파들이 몹시 화를 냈다. 한 사람이 소리쳤다.

"주변은 온통 고통에 시달리는 사람들 천지인데 어떻게 그럴 수 있습니까?"

돌치는 차분한 목소리로 대답했다.

"음악을 위한 것도 아니고 아름다움을 위한 것도 아니라면 혁명은 과연 무엇을 위한 것입니까?"

아마 그날 밤 집으로 돌아오는 길에 생각했을 것이다. 교사가 된다면 학생들에게 사회 부조리를 지적해주려고 애쓰는 데는 시간을 조금 쓰고, 아이들이 자신의 삶에서 의미 있고 기쁨을 가져다주는 것을 찾을 수 있게 돕는 데 더 많은 시간을 써야겠다고 말이다.

일자리를 찾다

나는 가끔 윌리엄 쿤슬러로부터 프렌즈 월드 대학에 대해 듣지 않았다면 어떻게 되었을까 하고 생각해본다. 두 번도 모자라 세 번씩이나 전통적인 대학을 다니려고 하지는 않았을 것이다. 전에 다녔던 고등학교와 대학에서 너무 데었기 때문에 분명 '학교'라 불리는 어떤 곳도 만족스럽지 못하고 잘 다니지도 못했을 것이다. 프렌즈 월드는 내 진짜 관심사를 발견하고 추구할 수 있게 해주었다는 점에서 다른 학교와 극명하게 대조된다. 하버드에서 석사 과정을 시작할 즈음 나는 이점이 교육에서 매우 중요한 요소라는 것을 알고 있었다. 하지만 프렌즈 월드에서 경험한 것을 아직 교육 철학으로 전환하지 못했다. 중요한 요소를 빠트리고 있었던 것이다.

프렌즈 월드에서 얻은 가장 기본적인 교훈은 흥미를 갖는 것만으로는 충분하지 않다는 것이었다. 흥미를 추구하고 더 깊은 지식과 이해를 얻기 위해 필요한 힘인 자기 훈련과 집중력도 계발해야 한다. 흥미는 보통 놀이의 한 형태인 탐색을 통해 발견된다. 만일 진정한 흥미를 발견했다면 시간이 흐르면서 그 흥미는 열정으로 바뀔 수 있다. 그 열정을 지속시키고 목적의식에 맞춰 강화시키려면 자기 훈련과 집중력이 요구된다. 이런 역량이 없이 내적 동기만으로는 한계가 있을 수 있다. 예술 행위나 지적 탐구 능력이 서서히 발전하면서 더불어 만족감도 커지는 것을 경험하기 위해서는 오랜 시간에 걸쳐 지속적으로 할 필요가 있다. 만족감은 흥미를 더 자극하고, 더 깊어진 흥미는 자기 훈련과 집중력을 강화시킨다. 그 결과, 실습과 학습에서도 만족감을 느끼기 시작한다. 서로 보완해주고 강화시켜주는 선순환이 일어난다.

프렌즈 월드가 학생들에게 제공하는 자유는 양날의 검과 같이 어렵다. 대부분의 학생들은 오히려 적응하지 못하고 그만두었다. 코네마라와 나는 크게 마음먹고 독립연구 프로그램을 추진하기 위해 노력했다. 외부의 요구나 제약이 거의 없는 환경에서 성공하기 위해 우리는 자기 훈련을 해야 했고, 집중하는 법을 알아야 했다. 프렌즈 월드에서 보낸 마지막 2년 동안 나는 생태학, 글쓰기, 사진술에 대한 흥미를 추구하면서 나를 격려해주는 좋은 선생님과 사람들을 찾아갔다. 자기 훈련이 강화될수록 글쓰기 능력과 지식 습득, 지적 호기심이 더욱 강해졌고, 그것은 다시 자기 훈련을 계속하게 하는 동기가 되었다.

그렇게 2년을 보낸 후 하버드에 들어가게 된 것이다. 분명 은총이자 저주였다. 교과목과 과제를 직접 선택할 수 있다고 전제했을 때의 이야기이지만 나는 하버드의 엄격한 학업 환경에서도 어려운 학문적 내용을 충분히 습득할 수 있음을 알게 되었다. 하버드에서 공부할 때는 팀별 협력학습과 토론을 주기적으로 할 수 있는 기회가 매우 중요하다. 이 모든 요소들이 준비되어 있었기 때문에 나는 성공했다.

그러나 교육대학원의 필수 과목 수업은 완전히 시간 낭비였다. 우리에게 강의하는 교수들은 효과적인 교수법과는 거리가 먼 교수법의 전형을 보여주었고, 우리가 교사로 성장하는 데 거의 도움이 되지 않왔다. 그들이 고등학교에서 실제로 가르쳐보기는 했는지 의심스러웠다. 설상가상 교육 실습에서도 좋은 교사가 되기 위한 어떤 것도 배우지 못했다. 동기와 자기 훈련, 선의 이런 것만으로는 충분하지 않다. 좋은 교사가 학생들에게 제공하는 그런 종류의 지도와 유용하고 주기적인 피드백이 없었다. 그러나 그때는 미처 몰랐다.

교육대학원 마지막 학기는 일할 곳을 찾아보느라 눈코 뜰 새 없이 바빴다. 데사이와 돌치에게 깊은 감명을 받은 나는 더 이상 시골에 틀어박혀 특권층을 위한 사립학교에서 가르치겠다는 생각을 하지 않았다. 진보주의적 교수법이 드문 공립학교로 가서 변화를 이끌어내고 싶었다. 문제는 내 교육 철학을 어느 정도 수용해주고 자유롭게 교수법을 실험할 수 있는 공립 고등학교를 찾아야 한다는 것이었다.

당시 브룩클린과 다른 몇몇 교외 지역 고등학교에서는 자기가 받을 교육에 대한 더 많은 결정권을 원하는 학생들을 위해 '학교 안의 작은 학교' 프로그램을 운영하기 시작했다. 워싱턴 D.C. 바로 옆 메릴랜드 몽고메리 카운티 교외 지역에 위치한 월터존슨 고등학교에 그런 프로그램이 있다는 말을 들었다. 그 학교에서는 바로 1년 전에 10학년 학생 한 무리가 도널드 레딕 교장의 집무실로 쳐들어가 교장실을 점거하고 가장 흥미로운 것들에 대해 배울 수 없다면 학교를 그만두겠다고 선포했다. 그래서 레딕 교장은 체계가 전혀 없는 독립학습 프로그램을 만들어주고 학생들 마음대로 하게 했다.

나는 레딕 교장에게 편지를 보내 프로젝트 교육(Project in Education,

간단히 PIE)이라 불리는 프로그램에 대한 관심을 표시했다. 답장이 곧바로 왔다. 기꺼이 나를 프로그램에 참여시키고 싶다는 것이었다. 내지원서가 전체 학생 수가 12만이 넘는 몽고메리 카운티 공립학교 교육구의 관료적 행정절차를 통과하기까지 수개월이 걸렸지만, 나는 5월 초에 결국 계약서에 서명하고 월터존슨 고등학교가 있는 베데스다로 이사 갈 준비를 했다. 졸업식을 위해 굳이 하버드에 계속 머무를 필요는 없었다.

나는 25세의 기혼남이고, 하버드대 교육학 석사 학위와 교원 자격증을 받았고, 처음으로 얻은 진짜 정규직 일을 이제 막 시작하려고 하고 있었다. 그러니까 이제 '어른'이 되었다는 의미이다. 그러나 내면에서는 어른이 된 것 같은 기분이 들지 않았다. 나는 교육이란 어떠해야 한다는 생각을 머릿속에 많이 가지고 있었지만 결론적으로 어떻게 해야 좋은 질문으로 학생들을 수업에 참여시키고 학생들의 삶에 변화를 가져오는 좋은 교사, 제이 페더스톤 같은 교사가 될 수 있는지 모르고 있었다.

**LEARNING
BY HEART**

6장

성장을 이끄는 수업

월터존슨 고등학교는 세계대전 이후 무질서하게 뻗어나간 도시 외곽 지역의 교육 수요를 충족시키기 위해 한때 드넓은 목축지였던 부지 위에 1956년에 세운 학교이다. 그 학교를 중심으로 사방으로 주택 개발이 이루어졌고, 등록 학생 수는 대략 1,800명이었다. 초기에 개발된 지역은 비교적 집 크기가 작고 가격이 쌌는데, 코네마라와 나는 그곳에서 6킬로미터 정도 떨어진 곳에 벽돌로 지은 랜치하우스[1]를 임대했다.

1971~1972학년도 개학을 앞두고 나는 기대감과 동시에 불안감을 품고 첫 교직원 회의에 참석하기 위해 중앙출입구로 걸어 들어갔다. 교사로서 일을 시작한다는 기대감과 학생들을 만나 어떻게 가르쳐야

---

1 대부분 지붕이 낮은 기다란 직사각형 모양의 단층집으로 내부의 주거공간이 구획되어 있지 않다.

할지 알아내야 한다는 불안이 교차했다. 일자리를 받아들이기 전에 학교를 미리 방문했어야 했다는 뒤늦은 후회가 일었다. 내가 가르칠 학생들이 어떤 아이들인지, 그 아이들에게 중요한 것이 무엇인지 전혀 모르는 상태였다.

복도를 따라 조금 걸어가다 보니 교무실이라 적힌 문이 보였다. 나는 안으로 들어갔다. 바로 앞에 긴 탁자가 있었고, 그 뒤로 행정직원 세 명이 IBM 전동 타자기 자판을 분주하게 두드리고 있었다. 마침내 한 명이 나를 쳐다보더니 이름을 물었고, 그런 다음 복도로 나가 교장실까지 안내해주었다. 교장실에 들어가기까지 여러 명의 비서를 거치고 좁은 통로를 통과해야 한다는 것이 인상적이었다.

도널드 레딕 교장은 자신만의 공간에 있다가 밖으로 나왔다. 키가 아주 크고 구릿빛 피부를 지닌 그는 짙은 회색 정장을 깔끔하게 차려 입고 빳빳하게 다림질된 흰색 와이셔츠 위로 파란 줄무늬 넥타이를 매고 있었다. 비틀즈의 초기 스타일로 자른 듯한 회색 머리가 귀의 윗부분을 덮고 있었다. 자칫 강하게 보였을 인상이 머리 스타일 덕에 부드럽게 보였다.

"토니 선생, 우리 학교에 온 걸 환영해요." 그의 환한 미소와 편안한 악수는 회색 곰보다는 봉제 곰 인형에 가까운 느낌을 주었다. "분명 아이들에게 유용한 프로그램이 되도록 이끌어주리라 믿습니다."

PIE 프로그램 교실로 지정된 교실은 첫 수업이 있는 날이 되어서야 처음 보게 되었다. 이전에 상담실로 썼던 작은 사무실 두 개를 개조한 것이었다. 바로 옆으로 쓰레기 폐기장에서 주워온 고물 가구로 장식한 듯한 조그만 휴식 공간이 붙어 있었다. 낡을 대로 낡은 황갈색 소파 두 개와 팔걸이가 닳은 안락의자 몇 개가 있었고, 바닥에는 얼룩진 갈색 양탄자가 깔려 있었다. 사방에 창문이 하나도 없었고, 시멘트 벽돌로 만든 베이지색 벽면 위로 환각 상태를 연상시키는 너덜너덜한 포스터 몇 개가 투명테이프에 의지한 채 붙어 있었다. 천장 형광등은 꺼져 있었고, 한쪽 구석에 서 있는 스탠드에서 나오는 불빛이 전부였다. 꼭 동굴 같았다.

희미한 불빛에 점차 익숙해지자 여기저기 의자와 소파에 아무렇게나 앉아 있는 여덟 명의 학생들이 보이기 시작했다. 남학생이나 여학생이나 하나같이 긴 머리를 하고 히피 스타일 옷을 입고 있었다. 어수선한 느낌이 들었다. 나는 학생들에게 나를 토니라고 소개했다. 학생들에게 편하게 접근하려고 나름 세심하게 계획한 인사였다. 그러고 나서 새로 등장한 사람에게 조금 관심을 보이며 쳐다보는 두 학생에게 다가가 가벼운 대화를 나누었다.

아이들은 지난해에 겪었던 끔찍한 경험을 내게 말하기 시작했다. 국어, 역사, 과학, 수학 이렇게 네 과목 교사들이 레딕 교장의 권유로 학생들이 개인별로 선택한 독립학습 프로젝트를 지도하기로 했다. 그러나 아이들 말에 따르면, 요구조건이 너무 엄격했기 때문에 얼마 지나지 않아 아이들은 교사와의 면담 시간에 들어가지 않았다. 어쨌든 교사들도 실제로 학생들을 만나고 싶어 하지 않았다. 모든 것이 실패로 돌아가고 학생들은 다시 정규 수업에 편성되었지만 대부분의 학생들은 수업에 들어가지 않았다.

올해는 PIE에 배정된 교사가 나 혼자였다. 학생들은 나에게 국어와 사회 수업을 듣고 학점을 받게 될 것이다. 하지만 다른 과목에 대해서는 정규 수업을 들어야 해서 아이들은 몹시 두려워하고 있었다. 한 남학생은 "이런 거지같은 곳에서" 빨리 나갔으면 좋겠다고 말했다.

이렇게 의욕이 없는 아이들과 무엇을 해야 할까? 서류상으로 이 프로그램에 등록되어 있지만 굳이 PIE 교실에서 시간을 보내려 하지 않는 40여 명의 학생들을 어떻게 해야 할까? 내 눈에는 독립학습 프로그램과 학생들이 벼랑 끝에서 휘청거리며 서 있는 것처럼 보였다. 그날 내가 만난 아이들은 아주 조금만 자극해도 학교를 그만둘 것처럼 보였다. 만일 그렇게 된다면 이 교육 '실험'은 실패로 여겨질 것이고 결국 중단될 것이다. 나는 이 일을 맡기 전에 더 많이 물어보지 않은 내 자신에게 화가 났다.

우선 PIE에 등록되어 있는 모든 학생을 만나고 싶다고 공지했다. 한 학생당 일주일에 한 번 30분씩 만나 독립학습 계획안을 만들고 진척 상황에 대해 논의할 수 있도록 주기적인 면담 일정을 세워야 한다는 뜻을 내비쳤다. 학생들은 내 제안에 호의적인 듯했고, 얼마 지나지 않아 15세에서 17세에 이르는 학생 45명에 대해 한 명씩 주기적인 면담 시간을 가졌다. 국어나 사회 교과에서 학점을 따려면 매주 면담을 해야 하고 독서와 글쓰기를 통합해 일주일에 최소 6시간을 투자해야 한다는 필수 조건을 내걸었다. 하지만 무엇을 읽고 어떤 글을 쓸지는 전적으로 학생이 결정할 것이라고 덧붙였다.

흥미의 불씨를 찾아라

PIE 프로그램에 참가하는 학생들은 다양했다. 음악 하는 학생도 있었고, 발레 무용수, 드라마광, 체조선수도 있었다. 학생들은 더 유연한 일정과 자신이 가장 흥미로워하는 것을 읽을 자유 그리고 창의적 과제를 추구할 수 있는 기회를 원했다. 시어링 고등학교의 에드워드 선생님이 내게 해줬던 것처럼 나도 학생들에게 다양한 장르의 글을 쓰도록 격려했다. 의욕적인 아이들에게 나는 거의 치어리더 같았고, 때로는 코치였다. 아이들은 너무 바빠서 PIE 교실에서 많은 시간을 보내지 못했다. 아이들이 글쓰기를 다른 활동처럼 진지하게 여기도록 만드는 것은 중요하고 어려운 숙제였다.

하루의 대부분을 PIE 교실에 죽치고 있는 학생들 역시 완전히 다른 종류이긴 하지만 풀어야 할 숙제였다. 생기 없고 눈이 충혈된 것으로 보아 대부분 약에 취한 상태로 학교에 나오는 것이 분명했다. 이 아이들은 수학과 과학 수업에 가끔씩 들어가고 나와의 면담 시간도 대부분 '잊고' 있었다. 면담하러 오더라도 대개는 내게 보여줄 만한 것이 없는 빈손으로 왔다.

학생들과의 활동은 매우 천천히 시작해야 했고 좀 더 실험적이어야 했다. 나는 학생들에게 글쓰기를 시작하기 위한 방법으로 일지를 쓰라고 권했다. 매주 면담 시간에 읽고 싶은 책이 무엇이냐고 물어보면 아이들은 보통 멍하니 쳐다보거나 '소설' 또는 '2차 세계대전에 관한 책'이라고 공허한 대답을 했다. 아이들이 일반적인 주제를 제안할 때는 시작하기에 좋은 책을 추천해주었다. 그다음 면담 시간이 되면 읽은 책에 대해 물어보고, 일지에 적은 것을 말해달라고 했다.

이 학생들을 지도하면서, 그리고 점점 늘어나는 '학교 안의 중퇴자들'(매일 학교에 나오기는 하지만 수업에 참여하지 않기 때문에 생활지도 교사가 PIE 교실로 보낸 학생들)을 지도하면서 내가 해야 할 일은 정성스럽고 주의 깊게 경청해서 아이들의 흥미를 불러일으킬 수 있는 불씨를 찾는 것임을 깨달았다. 흥미의 불씨를 찾게 되면 나는 그것이 무엇이든 인정하고, 불이 붙을 때까지 부채질을 계속해서 진정한 배움이 될 수 있게 했다. 어떤 경우에는 학생이 정말 배우고 싶어 하는 주제를 알아내기까지 수개월이 걸렸다. 학생들은 내가 자신들에게 진지하다는 믿음을 갖고 나서야 자신의 문제를 내게 이야기하기 시작했다.

마르고 키가 큰 남학생이 있었다. 그 아이를 마이크라고 부르겠다. 마이크는 하루 종일 체육관 근처에서 운동을 좋아하는 아이들과 어울리며 시간을 보냈다. 첫 면담 시간에 마이크는 내 책상 옆에 있는 의자에 구부정하니 다리를 뻗고 앉아, 어떤 것을 배우고 싶은지 묻는 질문에 어깨만 으쓱했다. 몇 개월이 지나서야 마이크는 자동차에 관심이 많다고 말했다. 내가 정말로 자기 말에 귀 기울이고 있다는 것을 깨달은 마이크는 기화기 방식 엔진과 연료 분사 엔진의 차이점에 관한 책을 읽고 싶다고 말했다. 우리는 함께 도서관에 들렀다. 나는 마이크가 책을 찾을 수 있도록 도왔다. 주기적으로 피드백을 받으면서 마이크는 마침내 그 주제를 명쾌하게 다룬 논문을 썼고, 졸업 후에 기계공이 되기 위한 교육을 받고 있다.

생활지도 교사는 가끔 학습 장애가 있다고 생각되는 학생들을 내게 맡겼다. '샐리'도 그중 한 명이었다. 샐리는 12학년이었고, 읽고 쓰는 어려움이 있어서 국어 정규 수업을 따라갈 수 없다고 했다. 첫 면담 시간에 샐리는 PIE 학생이 아님을 표시하는 깔끔한 청바지와 단정한 프린트 셔츠를 입고 나타났다. 내 책상 옆에 앉은 샐리의 두 눈은 마치 구석에 몰린 고양이처럼 사방을 둘러봤고, 잔뜩 경직되어 움츠린 어깨는 귓불까지 닿아 있었다. 이전의 국어 수업에 대한 이야기를 시작하자 샐리는 딴 곳을 보면서 그저 그 모든 중압감을 견딜 수 없었다고 들릴 듯 말 듯 작은 목소리로 말했다. 나는 원하는 책을 읽을 수 있고, 시험이나 과제 기한 같은 것이 없다고 말해주었다. 샐리의 표정은 눈에 띄게 부드러워졌고 경직된 어깨도 펴졌다. 나는 글쓰기에 대해서도 마찬가지라고 말했다.

내 제안에 따라 샐리가 처음 읽은 책은 《생쥐와 인간》이었다. 읽는 데 시간이 많이 걸렸지만 샐리는 그 소설을 매우 좋아했다. 나는 결말과 관련해 "조지가 가장 친한 친구인 레니를 죽인 것은 옳은 일이었을까?"라고 물었고, 샐리는 나중에 그 질문에 대한 훌륭한 논문을 썼다. 샐리는 정답이나 오답이 없는 질문을 다루는 도전적인 과제를 좋아했다. 그다지 오래 걸리지 않아 샐리는 난생처음으로 읽고 쓰기를 즐겁게 할 수 있게 되었다. 게다가 더 중요한 것은 꽤 잘 할 수 있게 되었다는 것이다.

시간이 어느 정도 지나서 샐리는 수학 성적이 좋기 때문에 부모님은 회계사가 되기 위한 교육을 받기 원한다고 털어놓았다. "그러나 수학을 잘한다고 해서 실제로 수학을 좋아한다는 의미는 아니에요." 샐리가 말했다.

일지를 읽어보니 샐리는 손으로 무엇인가 만드는 것을 매우 좋아한다는 것을 알 수 있었다. 그래서 나는 샐리가 관심 가질 만한, 뉴잉글랜드에 있는 공예전문대학에 대해 알려주었다. 샐리는 그곳에 지원해 합격했고, 결국 부모님을 설득해 공예대학을 다닐 수 있게 되었다. 하지만 1년 후 학교를 그만두고 돌아왔고, 건축가가 되기로 결심했다고 했다. 샐리는 지역전문대학(community college)²에서 한 학기를 수강하면서 건축 학교에 들어가기 위해 필요한 학점을 취득했고, 건축 학교에 들어가서도 잘 지냈다.

교사로서 내가 잘하고 있다는 느낌을 받게 한 학생은 마이크와 샐

---

2 지역 학생들에게 실용 기술 위주의 교육을 제공하는 공립 또는 주립 2년제 전문대학으로 고등학교 성적에 상관없이 누구나 입학할 수 있는 기회를 제공한다. 이곳을 졸업한 학생들은 대학 편입을 준비하거나 전문 기술직으로 취업한다.

리만이 아니었다. PIE 담당 교사로 일한 지 거의 2년이 되었을 때 PIE 프로그램 등록 학생 수가 눈에 띄게 증가했다. 부임 첫날 PIE 교실에서 만난 꾀죄죄한 모습의 아이들 중 한 명이었던 여학생이 2년 동안 이룬 성과는 특히나 자랑스럽기 그지없다. 그 학생을 제인이라고 부르겠다.

제인은 지저분한 금발머리를 묶지 않고 풀어헤치면 머리카락이 등의 절반까지 내려왔다. 찢어진 청바지 위로 여러 겹 겹쳐 입은 낡아빠진 날염 티셔츠 소매 밖으로 부러질 듯이 가는 팔이 드러났다. 다른 아이들과 다른 점이 있다면 목에 빨간 카우보이 스카프를 두르고 카우보이 부츠를 신고 다닌다는 것이었다.

제인은 종종 PIE 교실 구석에 있는 안락의자에 몸을 파묻고 비밀스럽게 수첩에 뭔가를 끄적였다. 하지만 처음 몇 주 동안 일대일 면담 시간에 손에 아무것도 들고 오지 않았다. 나는 쓴 것을 가져오지 않았다고 나무라지 않고, 그저 PIE 교실에서 무엇을 썼는지 물어봤다. "아, 그냥 시도 쓰고 이것저것 끄적여봤어요."

"네가 쓴 것을 좀 보고 싶구나." 나는 다정하게 말했다.

다음 면담 시간에 제인은 펜으로 스케치한 그림과 글이 써진 종이를 손에 쥐고 들어왔다. 조금 망설이다가 두 장을 내게 건넸다. 나는 인상적인 시구 두어 개를 가리키면서 제인을 격려하려고 노력했다. 그런 다음, 아주 생동감 있게 그린 풍경 그림을 완성된 시에 결합시켜 보라고 설득했다.

그 학기 동안 제인은 여러 편의 시를 완성했다. 시인으로서 재능이 있다는 것이 분명히 드러났다. 점차 시간이 지나면서 제인이 전보다 꾸준하게 수학, 과학 수업에 나오고 과제도 잘 제출한다는 말이 교사들로부터 들려왔다. 하지만 제인은 그해 말 무렵이 되어서야 시를 수정하고, 초고를 여러 버전으로 쓰고, 매번 시어를 다듬어보라는 내 제안을 순순히 따르기 시작했다.

변화하는 아이들

바로 그 시기에 나는 많은 PIE 참가 학생들이 사회적으로 미숙하다는 것을 깨닫기 시작했다. 또래들과 대화하는 것을 보면 아이들은 고등학생이라기보다 중학생에 가까웠다. PIE 프로그램에 참가하지 않는 학생들에게 '멋지지 않다'거나 '양처럼 행동한다'[3]는 이유로 욕설을 하는 일도 잦았다. 이 아이들은 스스로 다른 아이들보다 더 '진짜'라고 생각하는 것 같았다. 그렇게 다른 아이들을 놀리면서도 내면은 연약했고, 그런 약함을 남들에게 보이게 될까봐 두려워했다. 자신이 정말 어떤 사람인지 나를 포함한 이방인에게는 말할 것 없고 서로에게조차 노출되는 것을 두려워했다. 1년의 과정을 거치면서 아이들은 면

---

3 양처럼 온순하고 너무 무르고 맹목적으로 무리를 쫓아가는 경향이 있다는 의미

담 시간에 자신의 관심거리와 글을 공유하는 것을 점점 편하게 생각
했다. 하지만 다른 학생들에게 속마음을 드러내는 것은 여전히 매우
싫어했다. 게다가 미래에 대한 꿈이나 희망에 대해서도 절대 말하지
않았다.

교사로서 이 문제를 어떻게 다뤄야 최선인지 확신이 안 섰다. 어쨌
든 나는 《서머힐》과 교생 실습을 했던 브룩클린 고등학교의 '학교 안
의 학교' 프로그램에서 착안해 주기적으로 PIE '집단 토론회'를 열었
다. 어디에서 좋은 가구를 구할 수 있는지, 집안일을 어떻게 분담하는
지 등 주로 살림과 관련된 이야기를 나누었다. 첫 학기가 거의 끝나갈
무렵 나는 과감하게 주간 글쓰기 워크숍을 열어 학생들이 자기가 쓴
글을 발표하고 다른 학생들의 평을 듣는 시간을 갖자고 제안했다. 전
적으로 자원자에 한해서 하겠다고 강조했다. 처음 두 번의 워크숍에
나온 학생은 제인을 포함해 고작 몇 명뿐이었다. 그런데 이 아이들이
자기가 쓴 글을 발표하기를 아주 완강히 거부하는 것이었다. 그래서
나는 학생들을 글쓰기 기법에 관한 일반적인 대화로 이끌었다.

세 번째인가 네 번째 워크숍부터 모든 것이 변하기 시작했다. 내 작
은 격려에 힘입어 제인이 처음에 수정한 시 가운데 한 편을 다른 학생
들 앞에서 읽었다. 아이들은 매우 놀라워했다. 제인이 시에 관심이 있
다는 것을 전혀 몰랐던 것이다. 아이들은 제인의 작품에 칭찬을 아끼
지 않았다. 다른 학생들도 일지 기록물과 시, 산문 등을 발표하기 시
작했고, 곧 열 명이 넘는 학생들이 주기적으로 워크숍에 나왔다.

다음으로 내가 해야 할 일은 학생들에게 그저 서로 칭찬해준다고 반드시 좋은 작가가 되도록 도와주는 것은 아니라는 점을 이해시키는 것이었다. 작가는 자신이 작품 속에서 전달하려는 것(작가의 의도)과 독자들이 작품에서 얻는 것(실제로 성취하는 것)의 차이를 이해할 필요가 있다고 설명해주었다. 그래서 다른 학생의 발표를 들으면서 우선적으로 해야 할 일은 글쓴이의 의도를 이해하고, 그 의도가 언제 어디에서 어떻게 가장 잘 실현되는지 그리고 어떤 부분이 명료성이 떨어지거나 혼란스러운지 말해주면서 작품에 대한 반응을 전하는 것이라고 말했다.

학생들은 서로 읽어주는 글을 듣고 논평을 해주는 것이 더 좋은 작가가 되도록 하는 데 실질적인 도움이 된다는 점을 점차 깨달아갔다. 자신의 작품을 낭독했을 때 들어줄 청중이 교사 혼자만이 아니라 더 많아지자 아이들의 글이 얼마나 많이 나아졌는지 모른다. 나는 매우 흐뭇하게 그 모습을 직접 지켜봤다. 학생들이 글을 더 많이 공유할수록 글이 더 다양해진다는 사실도 매우 흥미로웠다. 아이들은 다른 아이가 사용한 기법을 보고 들은 후에 그것을 직접 자기 글에 실험해봤다. 제인은 한 주도 빠지지 않았고, 2년째부터는 소리 내어 읽을 글을 워크숍에 가져오는 것이 일상이 되었다.

시간이 흐르면서 학생들의 글은 보다 사적인 내용을 담기 시작했다. 아이들은 사랑과 성경험 그리고 자신의 신체에 관한 글을 썼다. 하루는 워크숍 초반 분위기를 띄우기 위해 한 여학생이 자신의 가슴에 관한 시를 낭독했다. "왜 내 젖꼭지를 보나요? 나는 손이 더 멋있는데."라는 문장으로 끝을 맺었다. 또 어떤 학생은 "사람들이 나의 진지한 면을 알도록 내버려두어야 할지 아니면 그들에게 바보스러운 면을 보여줘야 할지 고민이 된다."라고 시작하는 일지 내용을 발표했다. 우리는 글쓰기 기법에 대해서뿐만 아니라 종종 글쓴이가 선택한 주제에 관해 깊은 토론을 했다. 워크숍에 참가한 학생들은 교실 밖에서 대화할 때 퍼붓던 놀림과 가식의 말을 더 이상 하지 않았고 자신감이 더욱 강해졌다.

얼윈 리처드슨이 기술한 수업 방식을 떠올려보니 나는 리처드슨의 방식으로 글쓰기 교수법을 배우고 있었다. 다시 말해, 효과적이고 좋은 생각을 떠올리게 하는 글을 구성하는 것이 무엇인지에 관해 학생들과 일종의 협력적 탐구활동을 하고 있었던 것이다.

PIE를 맡은 지 거의 1년이 되었을 때 나는 리처드슨의 책에서 아이디어를 빌려와 학생들에게 문학잡지를 만들자고 제안했다. 학생 각자가 가장 좋아하는 작품을 한두 개 골라서 다듬은 후에 잡지에 싣는 것이다. 두 명의 미술과 학생이 표지와 삽화를 그려주겠다고 자원했고, 다른 학생들은 등사판으로 인쇄할 원고를 타이핑했다.

처음에 만든 잡지는 가운데 철심을 박아 제본한 A4 크기 책 여섯 권에 불과했지만 아이들은 매우 좋아했고, 특히 누구보다 글을 많이 기고한 제인은 더할 나위 없이 기뻐했다. 잡지는 1년에 한 번씩 발행하기로 했다.

성공과 실패

독립학습 프로그램이 실제로 본격적으로 착수된 것은 내가 PIE를 맡은 지 3년째 되는 해였다. 생활지도 교사가 학생들을 보내기도 하고 독립학습을 요구하는 학생이 더 많아지기도 하면서 PIE 등록 인원이 급격히 늘었다. 게다가 내가 학생 중심 수업을 한다는 소문도 나돌았다. 연초에 졸업반 남학생 세 명이 나를 찾아왔다. AP[4] 과목 가운데 국어를 담당해줄 수 있는지 물어보기 위해서였다. 국어과 부장교사가 유일하게 AP 국어 교과를 담당하고 있었는데, 그의 수업 방식은 상당히 엄격하게 체계가 정해져 있었다. 학생들은 읽을 책에 대한 선택의 폭이 더 넓어지기를 바랐고, 강의를 듣기만 하는 것이 아니라 읽은 책에 대한 토론을 벌이고 싶어 했다. 우리는 일주일에 한두 번씩 방과 후에 한 시간씩 만났다. 학생들은 자기가 선택한 문학 작품에 대한 감상문을 써왔다. AP 시험 문제를 살펴봤더니 특정 텍스트를 공부할 필요는 없었다. 그러나 AP 과목을 가르쳐본 적이 없었기 때문에 5월 시험에서 아이들이 얼마나 잘해낼지 걱정되었다. 하지만 괜한 걱정이었다. 세 명 모두 최고 점수인 5점을 받았다.

 3년째 되는 해가 절반쯤 지났을 때 나는 레딕 교장에게 PIE 수업 담당 교사를 한 명 더 충원해달라고 요청했다. 새로 부임한 여교사가

---

4 우수한 고등학생에게 더 높은 수준의 학업 기회를 주기 위해 대학 수준의 과목을 고등학교에서 개설해 수강할 수 있게 하는 것

하루 2교시씩 수업을 맡기로 했다. 도와줄 사람도 생겼고 AP 학생들을 가르치면서 자신감도 붙은 터에 나는 국어과 부장교사에게 '정규' 수업을 맡겨달라고 요청하기로 했다. 내가 개발하고 있는 교수법이 전통적인 교실에서도 효과가 있을지 확인할 준비가 되어 있었다.

그러나 바라던 일이었지만 더 신중했어야 했음을 뒤늦게야 깨달았다. 국어과 부장교사는 나에게 학생 수가 39명인 반을 맡겼다. 평균적으로 국어 과목 한 반의 학생 수는 대략 25명이었다. AP 학생 세 명을 '훔쳐간 것'에 대한 보복인가 하는 생각마저 들었다. 그러나 해결 방법을 찾아냈다. 나는 학기 초에 학생들에게 수업 방식을 설명했다. 학생들은 두 사람씩 돌아가면서 문학선집에 실린 단편소설에 관해 토론을 진행할 것이고, 나는 순서가 된 학생들이 토론에서 제기할 질문을 준비할 때 사전에 만나 도와줄 것이다. 그리고 학기 말에는 3주 동안 독립학습 확장 프로젝트를 실시할 계획이었다.

나는 학생들을 일대일로 만나 독립학습 계획을 짜도록 도왔고, 정말로 흥미 있어 하는 분야를 탐구하도록 격려했다. PIE 학생들에게도 그랬듯이 주제는 연구와 글쓰기가 포함되어 있기만 하면 무엇이든 괜찮다고 말했다. 학기 말에 학생들은 자신이 수행한 과제에 대해 반 학생 전체 앞에서 간단히 발표했다. 모형비행기를 날리는 방법에서부터 학교와 이름이 같은 야구선수 월터 존슨의 일대기에 이르기까지 그야말로 다양한 내용이 나왔다.

학생들을 대상으로 교과목 평가를 실시한 후 평가지를 검토할 때 내 눈에는 눈물이 고였다. 많은 학생들이 열정을 추구할 수 있는 기회를 얻은 것이 초등학교 이후로 이번이 처음이었다고 말하고 있었다. 나는 더없이 깊은 만족감과 성취감을 느꼈다. 브룩클린에서 교육 실습생으로 굴욕적인 첫 실패를 경험한 후로 많은 발전을 이룬 것이다.

그러나 교수법에 관해 여전히 배워야 할 것이 많았고, 그 과정에서 몇 가지 끔찍한 실수를 저질렀다. 이제 막 시인으로 발돋움한 제인을 지도한 일이 결국 그런 실수 중 하나가 되어버렸다. 내 학생으로 있는 2년 동안 제인은 시인으로서 점점 섬세해지고 솜씨가 좋아졌다. 졸업에 필요한 국어 학점도 모두 이수했다. 제인은 지역 전문대학에서 시를 공부하고 싶다고 했다. 졸업장을 받기 위해 단상으로 올라가는 제인을 보면서 나는 그 아이가 자랑스럽고 우리가 함께 이룬 성과에 가슴이 벅찼다.

그러나 졸업한 지 1년이 조금 지나 제인이 편지를 보내왔다. 편지는 틀린 철자와 불완전한 문장투성이에, 문단은 리듬감이나 이유가 없이 나뉘어 있었다. 글을 제대로 배우지 못한 사람이 쓴 편지처럼 보였다. 대학에 관한 말은 전혀 없었고, 그저 시를 계속해서 쓸 것이라고만 적혀 있었다. 만일 제인이 대학에 갔더라면 매우 힘들었을 것이라는 생각이 들었다. 제인에게 나는 교사로서 실패했던 것이다.

학생들에게 그저 자신의 관심 분야를 좇으라고 격려하는 것만으로는 충분하지 않다. 학생들이 미래에 성공하는 데 필요한 역량을 계발하고 그런 역량이 왜 중요한지 이해할 수 있게 도와야 한다.

역할극 수업

4년째 되는 해, PIE 프로그램 등록 학생 수는 200명으로 늘었다. 다른 PIE 교사는 PIE 프로그램의 사회 과목을 전담하게 되었다. 우리는 학생과의 일대일 면담을 2주에 한 번으로 축소하고, 1회 면담 시간도 줄여야 했다. 그래서 보완책으로 다양한 세미나 수업을 하기 시작했다. 그러던 중 예산이 삭감되었기 때문에 우리 둘 다 PIE와는 별도로 정규반을 두 반씩 맡아 가르쳐야 한다는 갑작스러운 통보를 받았다. 추가 수업 부담을 어떻게 감당해야 할지 자신이 없었다. 두 반 중 한 반에 대해서 바로 전년도 정원 초과된 정규 국어 수업에서 성공적이었던 방법을 비슷하게 적용하기로 했다. 하지만 다른 반에 대해서는 전혀 다른 접근법을 써야 했다.

그 수업은 학교 건물 맨 끝 교실에서 마지막 교시에 열렸다. 몇 명 안 되는 직업교육 반 학생들이 기술 수업을 받는 실습실이 근처에 있었다. 내가 수업을 맡은 반이 바로 그 학생들이었다. 대부분이 낙제를 받아서 학교를 1년 더 다니고 있는 12학년 남학생들이었고, 다른 아이들은 이들을 경멸조로 '기름쟁이'라고 불렀다. 이 아이들은 학교가 끝나면 모두 주유소에서 일하거나 식료품 배달을 하거나 아르바이트를 했고, 유일한 목표는 가능한 빨리, 가능한 공부를 적게 하고 학교를 졸업하는 것인 듯했다. 수업 시간에 어떤 책을 읽으면 좋을지 묻자 아이들은 뚱하니 아무 말도 하지 않고 냉랭하게 쳐다보기만 했다.

나는 아이들을 겨우 설득해서 단편소설을 한 권 읽기로 했다. 하지만 책에 관해 토론하려고 했을 때 아이들은 전혀 입을 열지 않았다. 아무도 손을 들지 않았고 몇몇 학생들은 책상에 머리를 대고 엎드려 있었다. 마침내 한 남학생이 몹시 화난 어투로 말했다. "선생님은 왜 우리에게 자꾸 말을 하라고 요구하세요? 왜 다른 선생님들처럼 그냥 강의식 수업을 하지 않는 거예요?"

몹시 당황스러웠다. 아이들을 참여시키기 위해 나는 학생들에게 방과 후나 주말에 무엇을 하는지 물어보기로 했다. 정말이지 끈기가 필요했다. 마침내 아이들이 열정을 보이는, 그래서 기꺼이 이야기하려고 하는 주제가 있다는 것을 알아냈다. 그것은 경찰과의 문제였다.

거의 매주 금요일과 토요일 밤에 우리 학교나 이웃 학교 학생들은 맥주 파티를 열었다. 주말이 가까워지면 수백 명의 고등학생들이 참가하는 주말 파티 장소에 관한 소문이 어김없이 학교 복도 곳곳에 나돌곤 했다. 주말 파티에 관해서는 항상 분위기가 가열되는 듯했다. 파티가 열리는 집에 들어갈 수 없는 학생들은 밖에서 서성거리거나 길바닥 여기저기에 앉아 술을 마셨다. 술병들이 거리 곳곳에서 뒹굴어 다녔다. 가끔 싸움이 벌어지기고 하고, 심한 경우 드래그 레이스drag race[5]도 열렸다. 드래그 레이스는 늘 운전자 중 한 명이 자동차 바퀴로 잔디를 얼마나 망쳐놓을 수 있는지 보는 것으로 끝났다. 그러면 경찰

---

5 짧은 거리를 달리는 자동차 경주

이 출동해서 확성기에 대고 해산하라고 소리쳤고, 모여 있던 사람들이 이를 무시하면 최루탄을 던졌다.

학생들은 경찰에 분노했다. 최루가스를 사용하기 전에 충분히 경고를 해야 하는데, 그러는 적이 없다는 것이었다. 게다가 불필요할 정도로 난폭하다고 생각하고 있었다. 많은 학생들이 자기 차로 돌아가려고 하다가 경찰이 휘두른 곤봉에 머리를 수십 차례나 맞은 적이 있다고 했다. 그래서 나는 그 문제를 조사하는 모의 지방의회 공청회를 열자고 제안했다.

아이들은 내 제안에 동의했고, 곧바로 누가 지방의원을 맡고 누가 부모, 학생, 경찰 역을 맡을 것인지 결정했다. 나는 관련된 사람들의 관점을 정확하게 대변하려면 파티를 연 아이들 부모와 지역 경찰서 부서장을 인터뷰해서 조사해야 한다고 말해주었다. 학생들은 내 의견을 따랐다. 경찰 역할을 맡은 몇몇 학생들은 심지어 어느 날 저녁 경찰차에 동승해서 현장 체험을 하는 계획까지 세웠다. 현장 체험을 마치고 돌아왔을 때 학생들은 온통 경찰차 내부의 멋진 물건과 경찰관들이 얼마나 친절했는지에 대해 이야기를 늘어놓았다.

학생들은 인터뷰하면서 기록한 것을 바탕으로 정보에 입각한 정확한 증거를 제시할 수 있었고, 그 과정에서 상대방의 말을 경청하는 법과 상대방에게 정보를 전달하는 법을 동시에 배웠다. 지역의원 역할을 맡은 학생들은 조사에 필요한 신중한 질문을 했고, 그러면서 비판적 사고 능력을 길렀다. 경찰당국에 대한 학생들의 불신 문제는 학생

역할을 맡은 아이들이 모의 공청회에서 한 말에 잘 드러났다. 나중에 우리는 학생들의 '증언'에 대해 토론했다. 많은 아이들이 속마음을 털어놓았다. 학생들은 경찰과의 문제에 경찰의 잔혹성 이상의 것이 있음을 이해하기 시작했다. 맥주 파티와 경찰과의 대치는 그들 스스로 나약하고 무력하게 느껴질 때 자신의 힘을 표현할 수 있는 기회였던 것이다. 그들은 많은 또래 학생들과 주변 어른들로부터 '실패자'로 인식되고 있었다. 그러나 무시당하고 싶지 않았다. 이웃사람들에게 겁주고 경찰에게 겁먹는 것이 집에 가만히 있으면서 무료하게 지내는 것보다 훨씬 낫다고 아이들은 말했다.

그러나 광란의 토요일 밤은 아이들에게 실질적인 해결책을 제공해주지 못했다. 내가 맡은 반 아이들에게도 마찬가지였다. 모의 공청회가 끝난 후 우리는 연극을 하기로 했다. 학생들은 내 수업이 다른 수업과 다르다는 것을 느꼈기 때문에 어느 정도는 노력하려고 했지만 어쨌든 학교 수업은 학교 수업이었다. 그래서 곧 흥미를 잃었다.

월터존슨 고등학교는 이 아이들에게 아무것도 해주지 않았다. 변화를 이끌어내기 위해 내가 할 수 있는 일이 거의 없는 것 같았다. 빌 힉스를 도와 조사했던 워싱턴 D.C.의 우열반 제도에서 열반에 편성된 흑인 학생들처럼 이 아이들은 대부분 버려지거나 방치되어 있었다. 이 아이들에게는 무엇인가 다른 것이 필요했다.

4년 동안 PIE 프로그램을 이끌다보니 나에게도 무엇인가 다른 것이 필요하다는 생각이 들기 시작했다.

깊어지는 고립감

나는 교사로서 매우 외롭고 고립되어 있다고 느끼고 있었다. 역사 교사와 미술 교사를 알고 지내면서 셋이 미술실에서 만나 점심 도시락을 함께 먹으면서 즐거운 대화를 하곤 했다. 그들도 나처럼 험담과 말다툼, 매일 똑같은 구내식당 음식, 체육관처럼 울리는 구내식당 소음을 싫어했다. 하지만 일 얘기를 하는 것에는 전혀 관심이 없었다.

다른 PIE 교사도 교수법에 관해 얘기하는 것에 관심이 없었다. 그녀는 공통으로 가르치는 아이들에 대해서는 가끔 이야기를 했지만 내가 하버드에서 제이 페더스톤 수업 방식이 좋았다고 하면서 교육철학에 대한 얘기를 하려고 하면 대화를 피했다. 내 세미나 수업에 초대해도 아무 반응을 보이지 않았다. 그녀가 맡은 토론 수업에 나를 초대하는 일도 전혀 없었다.

교사들 가운데 일부는 대놓고 나에게 적대적으로 굴었다. 그들은 내가 교원 평가를 요구하는 학생들에게 레딕 교장의 지지를 얻는 방법을 가르쳐주고 학생들이 공평한 설문지를 개발하도록 도와주었다는 말을 들었던 것이다. 결국 교장은 학생들의 요구를 교직원 회의에서 논의하기로 했다. 하지만 교사들은 논의도 하지 않고 거의 만장일치로 학생들의 제안을 부결시켰다. 나는 점심을 함께 먹는 두 교사가 어느 쪽에 투표하는지 보려고 하지 않았다. 사실 알고 싶지 않았다.

레딕 교장은 나를 채용할 때 매우 적극적이었다. 그래서 임용된 후 나는 교장에게 지원받을 수 있지 않을까 기대하고 있었다. 출근 첫날부터 나는 교장이 수업에 관해 피드백해주기를 간절히 바랐다. 내가 부임한 첫해에 교장은 여러 차례 세미나 수업을 깜짝 방문해서 몇 분 동안 참관하다 갔다. 그래서 그가 어떻게 생각하는지, 수업 개선을 위해 제안해줄 것은 없는지 몹시 궁금했다. 학년 말이 되자 드디어 첫 정식 평가를 위해 교장을 만나러 갔다.

어떤 말이 나올지 전혀 감이 잡히지 않았다. 교장은 두 장짜리 서류를 건넸다. 한 줄씩 기술되어 있는 평가 항목이 대략 40번까지 있고 오른편에 체크하는 칸이 두 개 있었다. 한쪽 칸에는 '개선 필요'라 적혀 있고, 다른 칸에는 '만족'이라 적혀 있었다.

"읽어보세요." 교장은 사무적으로 말했다. "평가 내용에 동의한다면 페이지 하단에 서명하면 됩니다."

두 장을 쭉 훑어보니 모든 항목에 '만족'이라고 체크되어 있었다. 너무 실망스러웠다. 나는 속마음을 들키지 않으려고 애쓰면서 서명을 한 후 교장실에서 서둘러 빠져나왔다.

두 번째 해 학년 말에도 같은 일이 반복되었고, 그다음 해도 그랬다. 세 번째 해에 달라진 것이 있다면 내가 평가서에 서명한 후 도로 건넸을 때 레딕 교장이 웃으면서 "축하해요. 이제 정규직 교직원이 되었어요."라고 말한 것이다.

역겨웠다. 내가 봐도 교사로서 여전히 실수가 많은 나에게 어떻게 '평생 일할 직업'이 주어진단 말인가? 더 나은 교사가 되는 데 필요한 피드백은 어떻게 해야 얻을 수 있을까?

그다음 해, 그러니까 PIE 프로그램 주임교사로 일한 지 4년째 되는 해에 몽고메리 카운티 교육구에서 내가 운영하고 있는 교육 프로그램을 평가하기 위해 장학관이 파견되었다. 나는 드디어 피드백을 얻을 수 있으리라 기대했다. 그러나 그것은 끔찍한 관료주의적 과정에 지나지 않았다. 몇 달에 걸쳐 협의한 끝에 장학관은 원래 계획했던 사지선다형 설문지를 돌리는 대신, 학생들을 면담해 교육 경험에 대해 직접 들어보라는 내 의견에 마지못해 동의했다. 면담을 담당했던 교육청 직원은 학생들이 프로그램에 대해 극찬했다고 나중에 말해주었다. 하지만 자기에게는 보고서 활용 방안에 관한 결정권이 없다는 귀띔도 해주었다. 그 보고서는 결국 햇빛을 보지 못했다. 이번에도 엉터리였다. 교사로서 직무 능력 개발과 PIE 프로그램을 개선하기 위한 방안은 여전히 숙제로 남겨졌다.

가르치기 시작한 첫해부터 나는 일지에다 수업과 면담 시간에 학생들과 나눈 대화나 활동에 대해 꾸준히 기록했다. 주중에는 항상 셔츠 주머니에 수첩을 가지고 다니면서 학생들의 말과 행동에 당황하는 일이 있거나 수업이나 면담 시간에 잘 되거나 안 되는 일이 있으면 빠짐없이 적었고, 그런 후에 다음 업무로 넘어갔다. 매주 토요일 아침에는 수첩을 꺼내 그동안 기록해둔 일을 되돌아보며 반성했다.

이렇게 반성하는 자기 수양이 내가 교사로서 발전하는 데 매우 유용했다고 생각한다. 일이 잘 안 풀릴 때는 보통 그것에 대해 글을 써보는 것이 문제의 원인을 찾고 무엇을 다르게 해야 하는지 이해하는 데 도움이 되었다. 그리고 반대로 일이 원만하게 돌아가는 것 같을 때에도 왜 그렇게 되었는지 파악하려고 노력했다.

그러나 일지를 쓰는 것만으로는 충분하지 않았다. 나는 외부의 확인을 간절히 원했고, 직감을 더 잘 이해하고 나만의 교육 철학을 형성할 수 있는 방법을 찾고 싶었다. 제이 페더스톤의 수업에서 읽은 책들을 보면 나처럼 새로운 교수법을 찾는 교사들을 훌륭하게 묘사하고 있지만 그것은 연구 논문이 아니었다. 교사들이 시행착오를 거쳐 얻은 방법들을 뒷받침하는 교육학적 이론이 없었다.

피아제의 발견

그러던 중 두 번째 해에 선물처럼 장 피아제Jean Piaget의 연구를 접할 기회가 생겼다. 피아제는 아동의 인지 발달과 도덕성 발달에 관한 연구로 유명한 스위스 심리학자이다. 그는 자신의 연구를 교육과 연관시켜 광범위한 글을 썼는데, 내가 처음 읽은 책은《아동의 도덕 판단 (The Moral Judgment of the Child)》이었다. 이 책은 분량도 엄청난 데다 사용된 언어도 매우 난해했다. 그러나 나는 끈질기게 읽었다. 읽을수록 나는 더 성장했고 책은 더욱 흥미진진했다.

피아제는 임상적 관찰을 통해 모든 아동에게는 학습 동기가 내재되어 있다는 결론을 내렸다. 먼저 이론을 구축한 존 듀이와 비슷하게 아이들이 주변에서 일어나는 일을 이해하기 위해서는 단순히 머릿속을 사실들로 채우는 것으로 충분하지 않다고 믿었다. 학생들이 세상이 어떻게 돌아가고 자신이 누구인지 더 깊은 이해를 '구축'할 수 있도록 교사는 학생들에게 도전 의식과 자극을 불어넣어줘야 한다는 것이다. 피아제는 유네스코의 의뢰를 받고 1948년에 자신의 연구 결과를 요약해《안다는 것은 창안한다는 것이다(To Understand Is to Invent)》라는 얇은 책을 펴냈다. 제목을 보면 맞는 말이라는 생각이 든다.《젊은 예술가의 초상》에서 '그것에 대해 생각함으로써 그것을 이해할 수 있어요.'라는 스티븐 디덜러스의 말도 같은 맥락이다.

내가 특히 매력적이라고 생각한 부분은 교육의 목표를 정의한 대목이었다. 피아제는 아이들이 지적 영역과 정서적 영역에서 자기중심성을 극복할 수 있게 도와주는 것이 교육의 목표이어야 한다고 말한다. 지적 자기중심성을 극복한다는 것은 지식에 근거하지 않은 의견과 미신을 논리와 합리적 사고로 대체하는 것을 의미한다. 어떤 면에서 보면 이것은 내가 맥주 파티에 대한 모의 공청회를 열면서 얻고 싶었던 것이기도 했다. 학생들은 경찰 업무를 직접 체험하고 다양한 관점을 지닌 학부모와 사람들을 인터뷰하면서 새로운 종류의 증거를 접하게 되었고 그 결과, 문제를 바라보는 시야가 넓어졌다.

피아제가 말하는 정서적 자기중심성을 극복한다는 것은 자기중심적 고립에서 벗어나 다른 사람들과의 관계 속에서 자기 자신을 이해하는 것을 의미한다. 그러기 위해 아이들은 '상호호혜성', 즉 오늘날 공감 능력이라 불리는 것을 계발할 필요가 있다. 피아제는 아동들이 서로 지켜야 할 규칙에 대한 상호 합의가 요구되는 사회성 놀이를 하면서 상호호혜성이 자연적으로 발달한다고 주장했다. 그러나 아이들이 학교에서 하루 종일 혼자 생활하거나 학교 성적 때문에 서로 경쟁하는 상황에 몰리면 다른 사람의 관점을 받아들이는 법을 배우도록 돕는 자연스러운 사회적 상호 관계가 중단된다고 했다.

내가 운영하는 글쓰기 워크숍은 학생들이 좋은 글에 대한 더 깊은 이해를 구축할 수 있게 해주었다. 아이들은 어떤 것이 통하는지 그리고 왜 그런지 토론하고, 실제로 그것을 만들어보면서 글쓰기 원리를 자기 것으로 만들고 있었다. 글쓰기를 향상시키기 위해 함께 노력할수록 아이들의 자신감은 더욱 커졌다. 글쓰기에 대한 자신감이 커지면서 PIE 학생들은 다른 학생들의 일에 관심을 가지기 시작했고 그들에게서 배우고 공감하는 능력도 커졌다.

그래서 내 교수법을 더욱 보강하고 학생들이 보여준 변화를 더 잘 이해하기 위한 연구와 이론적 근거가 필요했다.

피아제의 책을 읽은 후 나 역시 교사로서 자신감이 커지고 있었다. 1975년 여름, 나는 면담과 수업에서 배운 것을 바탕으로 논평을 써볼까 생각하기 시작했다. 처음 쓴 글은 몽고메리 카운티 공립학교 교육구의 학생·교사·학부모·학교행정가에게서 관찰한 패턴에 관한 것이었다.

1960년대 후반 혼돈을 경험한 후 모든 것이 정상으로 돌아온 것처럼 보였지만 학생들은 대체로 호기심 이상으로 의욕이 넘치는 것 같았고, 부모들은 자녀를 '알맞은' 대학에 입학시키고 '알맞은' 진로를 선택하게 하려는 생각에 사로잡혀 있었다. 교사들은 정리 해고 위협을 느끼고 있었고, 학교행정가들은 불만족스러운 교사들과 학생들의 시험 성적 향상에 더 많은 책임을 요구하는 학교이사회와 교육청 사이에 끼어 있었다. 이렇게 매일 일어나는 소란과 혼잡, 학교생활 스트레스로 학생들의 진짜 학습이 희생되고 있었다.

나는 학생들에게 무슨 일이 일어나고 있는지, 학생들을 위해 우리에게 필요한 것은 무엇인지, 현 상황을 개선하기 위한 우선 과제는 무엇인지에 대한 허심탄회한 대화를 촉구하며 글을 맺었다.

글의 제목을 '모든 것이 고요하다. 그러나 도시 교외의 생활방식이 모두에게 좋은 것만은 아니다'라고 정하고 9월에 교육 잡지 〈파이 델타 카판Phi Delta Kappan〉에 원고를 보냈다. 학교 도서관에서 이것저것 보다가 우연히 이 잡지를 알게 되었다. 투고된 글 중에서 잡지에 실리는 것은 5퍼센트도 되지 않는다는 사실을 진즉에 알았다면 감히 원고를 보내지 않았을 것이다. 그런데 그해 마지막 무렵에 내 글이 선정되었다는 연락을 받은 것이다. 그 기쁜 소식을 점심식사 짝꿍과 PIE 동료 교사에게 알렸다. 그러나 그들의 반응은 정중한 무관심이었다. 내 글을 읽어보라고 말했지만 아무런 호응이 없었다.

배우는 기타, 즐기는 기타

교실에서 학생들과의 수업도 성공적이고 피아제도 알게 되었지만 나는 종종 거센 교육 흐름을 거슬러 헤엄치고 있는 기분이었고, 모든 것이 잘못된 방향으로 가고 있는 것만 같았다. 이때는 모두들 '기본으로 돌아가자'는 사상에 빠져 있던 시대였다. 내가 추구하는 교육과는 반대로 학생의 선택권은 줄고 단순 암기와 시험이 늘어난다는 의미였다. 그나마 내가 물에 빠지지 않고 버틸 수 있었던 것은 음악과 늘어난 가족에 대한 사랑 덕분이었다.

나는 우연한 기회에 클래식 기타를 배우게 되었다. 어느 날 저녁, 우리는 같은 동네에 사는 친구들을 식사에 초대했다. 그중 한 명이 심리학자였다. 가벼운 대화를 나누다가 내가 기타 연주하는 꿈을 자주 꾸는데 무슨 의미인지 궁금하다고 말했더니, 그 친구는 내가 기타를 배우고 싶어 한다는 의미일 것이라고 대답했다. 나는 그저 웃어넘겼다. 그 친구는 "무엇인가를 시작하기에 너무 늦은 때란 없다."고 말했다. 그다음 주말, 나는 비싸지 않은 기타를 사고는 가르쳐줄 사람을 알아보았다.

내가 찾은 기타 강사는 볼티모어의 피바디 음악원(The Peabody Conservatory)[6] 교수 아론 쉬어러Aaron Shearer[7] 밑에서 클래식 기타를 전

---

6 미국 존스홉킨스 대학교 소속 음악대학으로 세계적 명성이 있는 음악대학 중 하나
7 미국의 클래식 기타리스트로 세계적인 클래식 기타 교육가로 평가된다.

공하고 있는 학생이었다. 우리는 쉬어러의 《클래식 기타 주법》으로 부지런히 진도를 나갔다. 나는 퇴근 후 하루에 한 시간씩 쉬어러 교수가 권장하는 '연습 절차'를 따르려고 노력했다.

1. 모든 음을 완벽하게 익힐 때까지 각 음의 이름을 말하면서 친다.
2. 고음 줄과 저음 줄을 정확하게 번갈아 치기 위해 'i, m, i, m'이라고 말하면서 한다. (i는 집게손가락, m은 가운뎃손가락)
3. 마지막으로, 각 마디 박자를 하나, 둘, 셋, 넷 센다. 이때 메트로놈을 사용한다.

몇 달 후 나는 간단한 서곡과 쉬어러가 학생 연습용으로 쓴 몇몇 곡을 연주할 수 있게 되었다. 그런데 재미가 있지는 않았다. 사실 그 반대였다. 음악이 지루하고, 모든 것은 연주 기법과 반복 연습에 초점을 맞추고 있었다.

거의 1년이 지나 교재의 마지막 장까지 겨우 끝낸 후에야 비로소 진짜 첫 연주곡으로 페르디난도 카룰리Ferdinando Carulli[8]가 작곡한 〈컨트리 댄스Country Dance〉를 배우기 시작했다. 이어서 페르난도 소르 Fernando Sor[9]와 마우로 줄리아니Mauro Giuliani[10]의 곡들도 외웠다. 이들

---

8 19세기 전반까지 활동한 이탈리아의 클래식 기타 작곡가로 그의 곡은 오늘날까지도 클래식 기타를 배우는 학생들 사이에서 연주곡으로 인기 있다.
9 19세기 초반에 활동한 스페인의 클래식 기타 연주자이자 작곡가
10 19세기 초 이탈리아 음악가. 기타뿐만 아니라 첼로와 바이올린 연주자였고 작곡가였다.

의 테마와 변주곡은 클래식 기타 연주곡 목록의 핵심 구성곡이었다.

연주곡을 배우면서 드디어 기타 연습 시간이 즐거워지기 시작했다. 매일이 아름다운 무엇인가를 창조할 수 있는 기회의 시간이었다. 나는 과감하게 투자해 로즈우드와 삼나무로 만든 멋진 기타를 샀다. 레슨을 시작할 때마다 기타를 가슴 가까이 끌어안는 순간, 흥분과 달콤한 전율이 느껴졌다. 기타 줄을 확실하게 튕기게 되면 심장 바로 옆에서 로즈우드의 진동이 느껴졌고 마치 악기가 살아 있는 것 같았다. 나는 매일 케이스에 넣기 전에 정성을 다해 기타를 닦았다.

그러나 기타 선생은 악보 읽기와 주법을 향상시킬 수 있도록 좀 더 연습하라고 계속 잔소리를 했다. 나는 그저 내가 좋아하는 음악을 몇 곡 연주하고 싶은 것뿐인데 그는 내가 자기처럼 전문 기타리스트가 되기 위해 연습한다고 생각하는 것 같았다. 그래서 기타를 배운 지 1년이 지나자 나는 한 음악연습실에 가서 새로운 강사를 구했다. 이번에는 레슨을 내가 주도적으로 하겠다고 마음먹었다.

새로운 기타 강사도 쉬어러의 제자였다. 그가 쉬어러의 교재 제2권으로 시작하자고 제안했지만 나는 거부했다. 대신에 내가 선택한 곡을 연주하는 데 필요한 주법을 가르쳐줬으면 좋겠다고 말했다. 나는 바흐(J. S. Bach), 에이토르 빌라로부스Heitor Villa-Lobos[11], 에릭 사티Erik Satie[12]가 작곡한 어려운 곡들을 몇 개 제안했다. 우리는 한 곡씩 차근

---

11 20세기 초 브라질 작곡가로 음악 교육에도 훌륭한 업적을 남겼다.
12 19세기 말에서 20세기 초까지 활동한 프랑스의 작곡가이자 피아니스트

차근 연습했다. 3년이 지나자 나는 연주할 수 있기를 학수고대하던 곡들을 모두 암기해서 한 시간 분량의 어려운 연주 목록을 갖게 되었다. 기타 강사 덕분이 아니라 그런 선생을 뒀는데도 불구하고 이루어낸 성과였다. 그는 오로지 주법만 강조했다. 연주를 통해 어떻게 감정을 표현하는지에 대해 나는 아무것도 배우지 못하고 있었다.

무엇을 어떻게 해야 할지, 어디에 물어봐야 할지 몰라서 음악연습실 주인 마크 엘스워스에게 나를 가르쳐줄 수 있는지 물어보기로 했다. 그는 시카고 교향악단에서 제1 바이올린 연주자로 활동했던 실력자였다. 그는 기타에 관해서는 아무것도 모를뿐더러 남는 시간도 없다고 말했다. 그러나 나는 집요하게 부탁했고, 결국 일요일 아침 10시에 만나 수업을 받기로 했다. 그는 비브라토[13] 사용법을 가르쳐주고, 자신에게 맞는 속도와 조바꿈의 중요성을 설명해주었다. 이제 내 기타는 전혀 상상하지 못했던 식으로 노래하기 시작했다. 마크와 만나는 시간은 일요일 예배 같은 것이 되었고, 미의 여신을 찬양하고 내 삶에 음악이 있다는 사실에 감사할 수 있는 시간이었다.

음악을 배우는 경험을 통해 나는 가르치는 것에 관한 귀중한 교훈을 얻었다. 첫째, 학생의 내적 동기를 유지시키기 위해서는 필수적인 반복 연습에 즐길 수 있는 기회 즉, 놀이 기회를 결합시켜야 한다. 예를 들어, 글쓰기에서 학생들은 알맞은 문장 구조 같은 것을 배워야 할

---

13 음을 가늘게 떨어서 내는 기법

필요가 있다. 그러나 교사가 이런 요소에만 초점을 두고 가르친다면 학생들은 글쓰기를 잘하는 법을 배우고 싶은 이유 즉, 연습해야 할 이유를 찾지 못할 것이다. 둘째, 학습에서 머리와 마음, 기법과 느낌의 결합이 얼마나 중요한지 이해하게 되었다. 만일 내가 글쓰기 워크숍 시간에 글쓰기 기법에만 초점을 맞추고 학생들의 글에 담긴 감정적 내용을 무시했더라면 학생들은 금방 흥미를 잃었을 것이다.

친근한 아버지 되기

베데스다에서 보낸 몇 년 동안 나는 내 아이들에게도 열정을 쏟았다. 큰아이 대니얼은 1972년에 태어났고, 19개월 후인 1974년에 사라가 태어났다. 그리고 막내 엘리자가 1978년에 태어났다. 때때로 나는 어리석은 아빠였다. 한 살 된 아들이 거실 선반에서 책을 꺼내기 시작하자 나는 책을 더 단단하게 꽂아두려고 했다. 그마저도 효과가 없자 책장 아래칸 양쪽 끝에 고리를 박고 그 고리에 철사 줄을 걸어 팽팽하게 잡아당겨 책장에 손을 대지 못하도록 막았다. 이제 아들 녀석은 책을 꺼낼 수 없을 것이다! 그러나 나도 책을 꺼낼 수 없게 되고 말았다.

교사로서 저지르는 실수만큼이나 아버지로서도 많은 실수를 했지만 나는 우리 아버지와는 다르게 아이들에게 관심도 많고, 대하기 편한 아버지가 되려고 노력했다. 시작 단계는 아이들과 함께 노는 것이었다. 아들과는 양탄자 위에 매치박스[14] 트럭들을 펼쳐놓고 놀았다. "구급차가 지나갑니다. 길 비켜주세요! 삐뽀삐뽀." 트럭 각각에 특별 임무를 배정하고 그에 어울리는 소리를 내며 차를 달리는 것이다. 대니얼은 씩 웃으며 소방차를 끌고 갔다. 두 딸과는 미니어처 인형의 집에 가구를 끊임없이 재배치하고, 그 집에 사는 가족에 관한 상상놀이를 했다. 우리는 인형의 집에 사는 딸에게 '쉬샤'라는 이름을 붙였다. 아이들이 제시하는 상상력 풍부한 건축학적 설명을 그대로 따르면서 세 아이와 함께 레고 블록으로 복잡한 요새와 집, 차고와 우주정거장을 조립하면서 놀기도 했다.

아이들과 함께 하는 것 중 내가 가장 좋아하는 것은 잠자기 전에 책 읽어주기였다. 매일 밤 금방 목욕을 마치고 나와 상쾌한 냄새를 풍기는 아이와 함께 흔들의자에 몸을 묻고 부드러운 잠옷이 주는 온기와 보송보송함을 느끼곤 했다. 꼼지락거리던 아이가 내 가슴에 기대 가만히 있게 되면 나는 책을 읽어주기 시작했다. 내 몸에 바짝 기댄 아이의 따뜻하고 자그마한 몸을 느끼면서 로라 잉걸스 와일더Laura Ingalls Wilder[15]의 《초원의 집》 시리즈 중 〈잘 자요 달님〉이나 C. S. 루이스C. S. Lewis의 《나니아 연대기》를 읽어주며 이야기와 등장인물들을 살아 숨 쉬게 만드는 일은 더없는 행복을 선사했다. 모글리스에서 캠프 지

---

14 영국 장난감 상표
15 작가. 유년시절의 경험을 바탕으로 한 아동소설과 가족소설로 유명하고 《초원의 집》 시리즈로 가장 잘 알려져 있다.

도교사가 소리 내어 책을 읽어주면 나는 전율을 느끼곤 했다. 그렇지만 아이들에게 책을 읽어주기 전까지 나는, 문학은 다른 무엇보다 입으로 전해지는 것이며 말로 전달하는 이야기와 단어를 구성하는 소리 자체가 어두운 밤에 신비와 마법을 불러올 수 있다는 사실을 잊고 살았던 것이다.

시드웰 프렌즈 스쿨

1976년 겨울, 한 친구를 통해 워싱턴 D.C.에 위치한, 유치원부터 고등학교까지 있는 유명한 퀘이커교 계통 사립학교 시드웰 프렌즈 스쿨 Sidwell Friends School의 교사 몇 명이 모여 도덕 교육에 관한 토론을 할 것이라는 소식을 들었다. 피아제의 《아동의 도덕 판단》을 읽은 후로 도덕 교육에 깊은 관심을 가지고 있던 터였다. 그 교사들 중 한 명이 우리 가족이 나가는 베데스다 프렌즈 미팅[16]의 회원이어서 서로 아는 사이였다. 나는 그에게 나도 그 토론 모임에 참가할 수 있는지 물어보았다.

시드웰 스쿨은 당시 워싱턴 엘리트층 사이에서 매우 인기 있는 학

---

16 퀘이커교 예배 모임. 퀘이커교는 친우회(Friends)라고도 불리며 일정한 교회 제도를 채택하지 않고 특유의 집회 형식으로 예배를 본다.

교 중 하나였다. 수십 년 후 첼시 클린턴Chelsea Clinton[17]과 오바마 대통령의 딸들도 이 학교를 다녔다. 시드웰의 중·고등학교 일반 교사와 학교행정가로 구성된 이들은, 과도하게 경쟁적이고 성적에 지나치게 집착하고 '나 먼저'를 외치는 것처럼 보이는 모든 가정이 자녀를 아이비리그 대학에 입학시키려고 열중하는 듯한 문화 속에서 퀘이커교의 가치관과 특성을 강화시킬 수 있는 방법에 대해 논의하기 시작했다.

우리는 단순히 A학점을 받기보다 무엇인가를 진짜로 배우는 것에 더 많은 관심과 협력을 장려할 수 있는 교수법에 대한 글을 읽고 토론했다. 내가 피아제의 책을 통해 배운 것에 대해서 이들도 진정으로 관심을 가지고 있었다. 나는 교육에서 중요한 질문들을 던지고 있는 교육자들과 함께하고 있다는 것에 감사했다. 세 번째 모임이 거의 끝났을 때 시드웰 스쿨의 벤 슈트 고등학교 교장[18]이 국어 교사를 채용할 예정이라며 한번 지원해보라고 권했다.

이른 봄이었다. 나는 면접을 보기 위해 시드웰 스쿨을 찾아갔다. 학교에 들어서자마자 바람이 잘 통하는 넓은 교실과 상대적으로 작은 학급 크기에 놀라지 않을 수 없었다.(한 학급당 학생 수는 평균적으로 16명 정도였다.) 게다가 내가 만난 모든 사람이 친절하고 학교에 대한 강한 소속감을 가지고 있었다.

---

17 빌 클린턴 전 미국 대통령과 영부인이자 전 상원의원 힐러리 클린턴의 딸
18 초중등 과정이 개설되어 있는 학교의 경우 주로 총교장이 있고 초등, 중등, 고등 교장이 각각 있다.

몇 주 후 벤 교장이 전화해서 1976~1977학년도 계약직 교사직을 제안했다. 나는 11~12학년 국어 선택 과목 중 원하는 과목 하나와 9학년 국어 세 반을 가르치기로 했다.

서른 살이 된 그해 여름은 나에게 중요한 시기처럼 느껴졌다. 나는 끔찍했던 에이번 스쿨과 시어링 고등학교에서 살아남았고 랜돌프 메이컨 대학과 RPI에서 느꼈던 환멸을 견뎌냈다. 어수선한 1960년대의 사회 분위기 속에서 단련되었고, 프렌즈 월드 대학에서 나름의 학습 리듬을 찾았고, 하버드에서도 잘 해냈다. 그리고 이제 진짜 직업이 생겼다. 처음으로 동료애가 생길 가능성이 있는 멋진 새 직업이 생긴 것이다. 어쩌면 이제 비로소 흐름에 맞춰 헤엄쳐 나갈 것이다.

**LEARNING
BY HEART**

7장

퀘이커 교육

새로 부임한 지 일주일밖에 지나지 않았지만 시드웰 스쿨 학생들이 몽고메리 카운티의 PIE 프로그램 학생들과 얼마나 다른지 아주 분명하게 알 수 있었다. 새로 맡은 9학년 학생들은 모두 바로바로 말하고 싶어 했고, 손을 들어야 할 필요성을 느끼는 학생이 거의 없었다. 읽을 책을 마음대로 고르라고 하자 이 아이들은 수업 시간의 절반이 지나도록 논의를 계속했다. 선택 과목 수업을 듣는 고학년 학생들은 읽을 책에 대해 논의하는 것을 일종의 게임이라고 여기는 듯했다. 그 게임에서 이긴다는 것은 교사인 나에게 깊은 인상을 심어주는 기발한 말솜씨로 다른 사람을 눌렀다는 것이고, 그래서 A학점을 받아 바라던 아이비리그행 기차에 탑승할 것이라는 의미였다.

그 즈음 저명한 정신과 의사인 로버트 콜스Robert Coles가 〈월간 애틀랜틱〉에 '부유한 아동(Children of Affluence)'이라는 제목의 평론을 발표했다. 많은 사람들에게 영향을 준 그 글은 특권층 아이들을 대상으로 실시한 대규모 인터뷰 내용에 대해 설명했다. 콜스는 그 아이들을 '권리를 부여받은' 아이들이라고 불렀는데, "자신이 중요하고 뛰어난 존재이며 만족스럽고 가치 있는 삶을 살아갈 운명이라고 느끼면서 성장한" 아이들을 의미하는 말이었다. 그러나 '권리를 부여받은' 아이라고 해서 버릇없는 아이를 의미하지는 않는다고 덧붙였다. 그는 인터뷰한 아이들이 자기 훈련이 잘 되어 있고, 때로는 상당히 자기비판적이었다고 설명했다. 그 연구를 수행할 때 콜스는 마치 시드웰 스쿨의 내 수업에 들어와 앉아 있는 느낌이었을 것이다.

권리를 부여받은 아이들을 가르치는 것은 월터존슨 고등학교에서 다양한 반항아들과 등교 중퇴자(학교는 나오지만 수업을 듣지 않는 학생)를 가르치는 것과 완전히 다른 경험이었다. PIE 학생들을 가르칠 때 나는 아이들이 학교에 남아 있어야 하는 이유를 스스로 찾을 수 있도록 도왔다. 그것이 내 일이었다. 반면에 시드웰 학생들에게 세운 목표는 배움에 대한 흥미를 발달시키도록 돕는 것이었다. 그것은 명문대에 입학시키는 것 이상의 목표였다. 그러나 조금 더 생각해보면 두 학생 집단에 대해 내가 풀어야 할 숙제는 같은 것이었다. 즉, 수업 시간에 책을 읽고 글을 쓰고 싶은 욕구가 마음에서 우러나오도록 학생들에게 내적 학습 동기를 길러줘야 했다.

잘 되든 안 되든 한번 해보기로 했다. 먼저 벤 슈트 교장을 만나 문학 수업 계획을 간략히 설명했다. 교장은 놀랍게도 바로 허락했다. 나는 학생들에게 일주일에 5일씩 주중에 매일 수업이 있는 것이 아니라 일주일에 이틀 수업할 것이고 그 시간은 각자 독자적으로 책 읽고 글 쓰는 시간으로 줄 것이라고 말했다. 그리고 PIE 학생들에게 썼던 방식대로 모든 학생에 대해 두 주에 한 번씩 개별 면담 시간을 가져 그때까지 수행한 과제에 대해 논의할 것이라고 했다.

이와 같은 독특한 수업 방식은 학생들 마음을 사로잡았다. 아이들은 도전하고 싶은 서로 다른 형식의 글을 쓰기 위한 아이디어를 내놓았고, 다양한 관심거리를 추구할 수 있는 자율을 즐기는 듯 보였다. PIE 학생들과 다르게 이 아이들은 대부분 개별 면담에 들어올 때 자기가 읽고 있는 책에 대해 이야기를 할 준비가 되어 있었고, 자기가 쓴 글을 몹시 보여주고 싶어 했다.

글의 형식을 제대로 갖추지 못하는 문제가 있는 학생도 더러 있었다. 그런 아이들은 자기가 정말로 무엇에 관심이 있는지 모르고 있었다. 그런 경우 학생들이 잘 따라올 수 있도록 읽을 책과 글쓰기 과제를 특정해서 제시해주었다.

9학년 학생들인데도 처음 몇 달 동안은 교사로서 권위를 세우는 것이 쉽지 않았다. 교사가 된 지 6년째였지만 여전히 교실을 통제하는 법을 통달하지 못했다. 당황스럽고 창피했다. 하루는 당혹스러움을 간신히 추스르고 국어과 교사 중에서 가장 경력이 오래된 홀 카첸바흐 선생을 찾아가 조언을 구했다. 매우 현명하고 친절한 홀은 내가 한숨을 쉬며 말할 때 동감하면서 경청해주었다. 그러고 나서 간단하면서도 효과적인 조언을 해주었다. 수업 중에 토론이 통제를 벗어난다면 잠시 조용하라고 말하라는 것이었다. 만일 학생들이 여전히 통제가 안 된다면 학생들에게 자기 생각을 글로 표현하도록 시간을 준 다음에 수업을 이어가라고 했다. 나는 그 조언대로 했다. 대체로 잘 먹혔다.

내가 맡은 9학년 반 중에 어떤 반은 모두 미래에 변호사가 될 운명인 아이들로 구성되어 있는 것 같았다. 그 아이들은 논쟁을 좋아하고 호전적이고 끊임없이 상대방이 말하는 것을 방해했다. 조금 더 질서정연하게 토론을 하자고 아무리 달래고 애원해도 듣지 않았다. 어느 날 몹시 화가 난 나머지 수업 중간에 화를 터트리고 말았다. "너희들은 내 시간뿐만 아니라 너희들 시간도 낭비하고 있어. 모두들 나가!" 학생들은 조용히 자리에서 일어나 천천히 한 명씩 줄을 지어 교실 밖으로 나갔다. 충격을 받은 것 같았다. 다행히 아이들은 그 후로 토론할 때 더 예의 바르게 했다. 그러나 만약 내가 한 번 더 그랬다면 충격요법의 효과는 사라졌을 것이다.

첫 학기 늦은 가을이 되었다. 나는 훈육과 자유 사이 균형을 바로잡기 시작했다. 교실에서 교사로서 권위를 세우는 것도 점점 일관성이 생겼다. 그 즈음 학부모들이 압축된 자녀의 일과를 따라가보는 '학교 경험의 날'이 찾아왔다. 학부모들이 각 교실을 방문해 10분 동안 수업을 듣는 행사이다. 내 수업을 듣는 학생의 학부모 중 상당수가 부유하거나 힘이 있거나 유명하거나 또는 그 전부에 해당하는 사람이라고 알고 있었기 때문에 나는 그 행사가 두려웠다. 아이들은 이전에 나 같은 교사를 만나보지 않았을 것이고 학부모들은 나에게 자세히 질문할 게 뻔했다. 비전통적인 방식으로 수업을 하는 이유에 대해 어떻게 설명해야 할까?

나는 재판정에 선 피고인처럼 교수법에 대한 합리적 이유를 일지에 적으면서 몇 시간 동안 질문에 답할 준비를 했다. 드디어 행사 날이 되었다. 나는 넥타이를 매고 솔로 구두를 깨끗하게 닦았다. 기존과는 다른 부류의 교사가 될 작정이라면 적어도 겉모습만큼은 '정상'처럼 보이게 해야 한다.

줄을 지어 교실 안으로 들어오는 학부모들은 전문직 의상 아니면 정장을 차려입었고, 몇몇 부모들은 의자에 앉으면서 의심스러운 듯 나를 살피는 것 같았다. 넥타이를 매고 오길 잘 했다는 생각이 들었다. 그러나 그게 중요한 게 아니다. 이제 나는 진짜 쇼를 해야 한다. 심장이 마구 쿵쾅거렸다. '시드웰의 다른 교사들과 다른 방식으로 가르칠 수 있고 또 그렇게 가르쳐야 한다고 생각하는 나는 도대체 어떤 사람인가? 어떻게 감히 그런 생각을 했을까?' 떨리는 손을 주머니 속에 감추고 학부모들을 맞이하며 조금 장황하게 말을 시작했다.

우선 비평적으로 사고하기, 효과적으로 의사 전달하기, 협동하기, 자기주도 학습 능력 강화시키기 이렇게 네 가지 수업 목표에 대해 간략히 설명했다. 조금 뻔뻔하지만 나는 유명 인사의 이름을 들먹거리면서 내가 성공적으로 하버드 대학 생활을 할 수 있었던 것은 독립연구를 바탕으로 스스로 논문을 쓸 수 있는 역량을 갖추고 있었기 때문이라는 점을 강조했다.

내 말에 많은 학부모들이 고개를 끄덕였고 여기저기서 긍정적인 소곤거림이 들려왔다. 대부분의 부모들은 자신의 경험을 통해 그런 능력이 중요하다는 것을 이미 알고 있었다.

그때 한 아버지가 나를 노려보면서 문법을 어떻게 가르치는지 알고 싶다고 말했다. 나는 문법을 별개의 과목으로 가르치는 것은 글쓰기 향상에 도움이 되지 않는다는 연구 결과가 지난 20년 동안 꾸준히 나오고 있다고 조금 떨리는 목소리로, 그러나 자신 있게 대답했다. 내 수업은 개인별 면담을 통해 학생 각자가 쓴 글에 대해 이야기하고 수업 시간에는 공통적으로 나타나는 문법 오류를 다루는 방식으로 진행된다고 덧붙여 설명했다.

"그럼 어휘는 어떻게 하고 있습니까?" 그 아버지가 다시 물었다.

매주 학생들에게 책을 읽다가 나오는 모르는 단어를 색인 카드로 만들어 다섯 장씩 가져오는 과제를 내고 있었다고 대답했다. 색인 카드에는 작품 속 단어를 포함하고 있는 문장, 단어의 사전적 의미, 그 단어를 사용해 직접 만든 문장이 반드시 들어가도록 했다. 그런 다음 학생들은 소그룹으로 나뉘어 자신들이 준비해온 단어를 공유하고 함께 토론하는 것이다.

나는 학생들이 해온 어휘 숙제를 더 꼼꼼하게 확인해야 할 필요가 있다는 점은 따로 언급하지 않았다. 색인 카드 아이디어는 실비아 애쉬튼 워너의 책《교사(Teacher)》에서 얻었다는 말도 따로 하지 않았다. 《교사》는 하버드에서 내가 가장 좋아하는 강사 제이 페더스톤이 한 세미나 수업의 필독서 중 하나로 내가 가장 좋아하는 책이었다. 책에서 애쉬튼 워너는 뉴질랜드 시골의 6세 아동들에게 어떻게 읽기를 가르쳤는지에 대해 이야기했다.

그녀는 처음 보는 단어지만 정말로 뜻을 알고 싶고 자기 것으로 만들고 싶은 단어를 '한 번 본 단어'라고 정의하고, 학생들에게 한 번 본 단어가 무엇인지 주기적으로 물었다. 다음 단계는 각 학생이 지적한 한 번 본 단어를 플래시카드에 적는 것이었다. 일주일 후에도 아이들이 그 단어를 읽지 못하면 그 카드는 버렸다. 애쉬튼 워너는 아이들에게 어떤 의미나 맥락이 없는 단어를 암기시키는 것은 시간 낭비라고 믿었다. 이 방법을 변형해 처음으로 사용하고 있었는데 효과가 있을지 없을지는 나도 몰랐다. 나는 누군가 커튼을 걷어올려 찾아낼까봐 두려워하는 오즈의 마법사 같은 느낌이었다.

답변이 거의 끝나가고 있던 차에 수업 끝을 알리는 종이 울렸고, 학부모들은 하나 둘 줄지어 교실에서 나가기 시작했다. 나를 탐문하던 그 아버지는 고개를 끄덕여 내키지 않은 인사를 하고 나갔다. 다음 날 벤 교장이 나를 불렀다. 그는 지난 밤 행사가 끝난 후 학부모 몇 명이 교장실에 찾아와서 내 수업에 대한 설명을 듣고 매우 깊은 인상을 받았다고 했다고 전해주었다.

흥미 있는 분야를 파고들어라

크리스마스 연휴 동안 나는 다음 학기 교과과정을 설계하면서 시간을 보냈다. 명작 목록에 있는 작품을 한 학기 교과과정에 얼마나 많이 집어넣을 수 있는지 시합하는 것은 아니었지만 동료 교사들은 그러려고 작정한 것처럼 보였다. 나는 그보다는 학생들의 삶과 관련된 주제를 다루는 몇 권의 책에 집중하면서 창의성과 성찰을 자극할 수 있도록 더욱 다양한 글쓰기 과제나 다른 종류의 수업에 더 많은 시간을 투자하고 싶었다. 테네시 윌리엄스Tennessee Williams[1]의 희곡 《유리동물원》은 학생들에게 '말을 거는' 문학 작품을 가르칠 수 있는, 그리고 더 창의적으로 가르칠 수 있는 기회라는 것이 입증되었다. 게다가 학생들이 수업 내용에 더 적극적으로 참여하면 수업 분위기는 거의 저절로 잡힌다는 것을 알게 되었다.

나는 우선 학생들에게 이 희곡의 도입부와 무대 묘사 부분을 읽고 무대를 그림으로 그리게 했다. 그런 다음 희곡을 소리 내어 읽어 내려가면서 각 장면이 끝날 때마다 잠시 멈추고 토론을 했다. 수업이 진행되면서 나는 학생들이 해안경비대에 들어가기 위해 어머니와 장애인 여동생을 버리는 톰이라는 인물에 매우 공감하고 있음을 알 수 있었다. 그러나 학생들은 톰의 어머니에 대해서는 공감할 수 없었다. 대공

---

1 20세기 미국 극작가. 잘 알려진 작품으로는 〈욕망이라는 이름의 전차〉와 〈뜨거운 양철 지붕 위의 고양이〉 등이 있다.

황이 가장 심각했을 때 남편에게 어린 두 자녀와 함께 버림받은 톰의 어머니는 아름다운 남부 아가씨였을 때 사귀었던 남자친구들에 대해 계속 이야기하는 인물이었다. 나는 학생들에게 희곡 속 사건이 일어난 지 5년이 지났을 때의 심정을 톰, 어머니, 여동생의 관점에서 독백을 써보라고 했다. 되도록 자신이 상상하기 어려운 등장인물을 선택하라고 권했다. 학생들이 각자 쓴 독백을 소리 내어 읽었을 때 상당한 세심함과 통찰력이 느껴졌다. 여러 학생들이 톰의 어머니와 여동생에 대해 진심으로 공감하고 있었다.

톰이 직면한 삶의 도전에 대해 깊이 생각해보는 것은 학생들의 미래 목표와 앞으로 마주할 수 있는 도덕적 딜레마와 어려운 결정에 대해 토론하는 기회가 되었다.

나는 널리 퍼져 있고 많은 사람들이 인정하고 있는 부정행위 문제를 꺼냈다. 내 수업은 시험을 보지 않고 오직 에세이만 쓰고, 개인 면담을 통해 각 학생의 글을 잘 알고 있기 때문에 내 과목에서 부정행위를 저지른다는 것은 불가능했다. 그러나 이 문제에 대해 학생들뿐만 아니라 다른 교사들이 불평하는 것을 들었다. 학생들은 시험에서 부정행위를 저지르는 것은 발각될 수 있기 때문에 어리석은 짓이지만 과제에 대한 부정행위는 괜찮다고 말했다. 심지어 부정행위는 실제로 아무도 다치게 하지 않는다고 주장했다. "졸업 후에는 어떻게 할 거죠?" 나는 아이들을 몰아세웠다. "어떤 절차를 무시할지, 도덕적 경계선이 무엇인지 여러분은 어떻게 결정하나요?"

학생들은 내가 설계한 광고를 주제로 한 수업도 굉장히 좋아했다. 우선 학생들에게 여러 텔레비전 광고를 분석하고 "더 행복한 삶을 보장한다." "당신을 더 인기 있는 사람으로 만들어준다." "의사가 보증하는 '만능 치료제'이다" 등등, 사용되는 광고 소구[2]의 종류에 따라 분류하게 했다. 그런 다음 소그룹으로 나눠 그룹별로 다양한 유혹을 잘 그려낸 광고 문구를 쓰게 했다. 그룹별로 각자 만든 광고를 전체 학생 앞에서 발표한 후에 소비자를 유혹하기 위해 사용한 속임수의 종류에 대해 토론하고 실제 광고와 비교했다.

나는 후속 과제로 인간의 기본 욕구를 더 잘 충족시킬 수 있으리라 여겨지는 상품이나 서비스에 대한 공익광고를 만들어 오라고 했다. 물론 거짓 약속을 하면 안 된다고 못박았다. 학생들은 소속감을 위한 평생교육 강좌와 더 건강한 삶을 위한 요가 수업 같은 활동을 홍보하기로 정했다. 나는 어떤 개입도 하지 않았다. 학생들이 더 비판적이고 더 창의적인 사고를 하기 시작한 것이다. 그것을 지켜보는 것은 정말 흥분되는 일이었다.

수업이 점점 더 나아지고 있었지만 나는 여전히 가끔씩 학생 개개인과 씨름했다. 그중 한 명이 '다이앤'이다. 다이앤은 진한 갈색 피부에 키가 크고 강하고 탄탄한 체구에 짧은 아프로[3] 헤어스타일을 한 9

---

2 소비자의 이성이나 감정을 자극해서 상품에 대한 관심이나 구매를 유도하는 광고 기법
3 흔히 '뽀글머리'라 불리는 둥근 곱슬머리 모양. 1970~1980년대 미국 흑인들 사이에서 유행했다.

학년 여학생이었다. 나는 이 아이에게서 아주 많은 것을 배웠다.

다이앤은 내가 숙제를 내줄 때마다 투덜대고 불만이 가득했다. 가끔씩 바로 옆에 앉은 친구에게 내 수업은 시간 낭비라고 말하는 것이 들리기도 했다. 다이앤과의 방과 후 면담 시간에 나는 몇 차례에 걸쳐 우리가 무엇을 하고 있고, 왜 하는지 설명하려고 애썼다. 그러나 다이앤은 그저 의자에 비스듬히 앉아서 나를 쳐다보기만 했다. 어떻게 하면 수업 시간을 더 잘 활용할 수 있을 것 같은지 물었을 때 다이앤은 퉁명스러운 목소리로 대답했다. "제가 어떻게 알겠어요. 선생님이 교사잖아요. 안 그래요?"

다이앤은 우리가 수업 시간에 하는 것을 존중하지 않았고 흥미도 없었다. 게다가 수업에 방해가 되었다. 그래서 나는 수업 시간에 다이앤을 자습실로 보내 독립학습 프로젝트를 시키기로 결정했다. 먼저 다이앤에게 수업에 들어오는 것을 허락하지 않는 이유를 자세히 설명한 다음, 어떤 프로젝트를 하고 싶은지 물었다. 다이앤은 시드웰 스쿨 교내의 인종관계 역사를 다루고 싶다고 말했다. 시드웰 스쿨은 사실 퀘이커교 학교 가운데 가장 인종통합을 하지 않을 것 같았던 학교 중 하나였다.

나는 일주일에 몇 번씩 다이앤을 만나 조사가 어떻게 진행되고 있는지 확인하고 조언을 해주었다. 다이앤은 곧 공식적인 학교 역사를 면밀히 조사하는 데 깊은 관심을 보였다. 막강한 힘을 가진 소수의 학교운영위원들이 여전히 인종통합을 반대하던 때에 자녀를 시드웰에 보낸 가장 저명한 사람들이 누구인지 확인했고, 시드웰에 등록한 최초의 흑인 학생 몇 명을 인터뷰했다. 그뿐 아니라 소수집단의 등록 동향과 장학금으로 사용할 수 있는 금액에 대해서 입학처에 문의했다. 그야말로 대단한 조사 연구였다.

다이앤이 조사 보고서 작성을 끝마쳤을 때 나는 교실로 돌아와서 조사 결과를 다른 학생들과 공유해달라고 말했다. 다이앤은 주저했다. 나는 학생들에게 가르쳐야 할 정말 가치 있는 것을 다이앤이 해냈다고 설득했다. 마침내 다이앤이 보고서를 발표했다. 인종통합학교가 되기까지 얼마나 어려웠는지, 최초의 흑인 학생들이 학교를 다니는 것이 어떠했는지, 다이앤의 설명을 들은 다른 학생들은 모두 진지해졌다. 다이앤의 발표는 교내에 잠재되어 있는 인종 갈등에 대한 대화로 이어졌다. 백인 학생들은 자신들이 복도에서 농담으로 "야, 깜씨, 안녕!"이라고 말하면 흑인 친구들은 유쾌해 하지 않는다는 것을 처음으로 알게 되었다.

토론이 끝난 후 나는 다이앤에게 다시 수업에 들어오고 싶은지 물었다. 대답은 "네"였다. 나와 다이앤은 불안정한 휴전을 유지하며 남은 학기를 보냈다.

2년 후 내가 담당한 11학년 선택 과목 시간에 다이앤이 나타났을 때 나는 깜짝 놀랐다. 다이앤은 가을 학기 첫 수업 시간에 교실로 들어오면서 가볍게 목 인사로 알은체한 후, 당당하게 어깨를 펴고 걸어갔다. 꽤 넓은 가슴 위로 달라붙은 갈색 티셔츠에는 굵은 흰색 글씨로

'나는 완벽하지 않을지 모르지만 어떤 면은 뛰어나다.'라고 적혀 있어서 절로 시선이 갔다. 나는 당혹스러운 미소를 억누르기 위해 최선을 다하면서 다이앤을 환영해주었다. 여전히 도발적인 학생이었지만 이제 더는 적대적이지 않았다.

교실 수업에서 현장 학습으로

시드웰에서 가르친 지 1년이 지나자 9학년 세 반을 가르치던 것이 두 반으로 줄었고, 대신에 11~12학년 학생 대상의 창작 글쓰기 수업을 두 반 맡았다. 나는 창작 글쓰기 수업을 '표현적 글쓰기'라고 불렀다. 그래야 스스로 특별히 창작적이지 않다고 생각하는 학생들도 싫어하지 않을 것이라 생각했다. 내 글쓰기 수업은 국어과 선택 과목 중에서 가장 인기 있는 수업으로 손꼽혔고, 항상 신청자가 정원을 초과했다. 게다가 교사로서 내 가치가 높이 올라가는 기분이 들게 하는 수업이었다.

나는 시간이 나면 더 창의적인 형식의 글을 쓰려고 여전히 끄적거리고 있었다. 어느 여름에는 허구적 인물에 관한 촌평을 써서 미들버리 대학교에서 열린 브레드 로프 작가 대회(Bread Loaf Writers'Conference)에 참가했다. 그곳에서 책을 출판한 작가들도 만나고, 내 글에 대한 평도 듣고, 끊임없이 글쓰기에 대한 이야기를 하면서 열흘 동안 아주 즐거운 시간을 보냈다. 그러나 표현적 글쓰기 수업은 단순히 개인의 열정을 학생들과 공유하는 시간이 아니었다. 다른 무엇보다 나는 학생들이 작가로서 자기 목소리를 낼 수 있게 도와주는 걸 정말 좋아했다.

나에게는 학생들로 하여금 자신을 표현하게 하는 재능이 있었다. 이제야 그 재능이 보이기 시작한 것이다. 다이앤에게 독립학습을 수행할 수 있도록 자유를 주고, 그 결과를 반 아이들과 공유할 수 있게 했을 때처럼 내 자신이 교사로서 지닌 직감과 통찰력을 신뢰할수록 학생들의 토론과 글쓰기 능력이 더욱 향상되었다. 최상의 상태였을 때 내 수업은 더 진정성 있고 더 통찰력 있게 더 예술적인 글을 쓰고 싶다는 공통된 꿈으로 하나가 된 계획 공동체였다. 학생들은 자신이 쓴 글을 통해 자신과 주변 세상을 더 깊이 이해했다. 피아제가 기술한 대로 세상을 정말로 안다는 것은 세상을 창안한다는 것이었다.

에드워드 선생님이 나에게 그랬던 것처럼 나도 학생들에게 매주 다른 장르의 글쓰기를 시도하도록 격려했다. 한 주가 대화체 글이었다면 그다음 주에는 물리적 모습을 묘사하는 긴 글을 쓰게 했다. 그다음에는 음악 감상문이나 식당 방문 후기를 쓰게 했고 〈워싱턴 포스트〉나 학교 신문, 〈호라이즌(The Horizon)〉 등 무엇이 되었든 진짜 신문사에 보낼 사설이나 편집자에게 보내는 글도 쓰게 했다. 적잖은 글들이 채택되어 실제로 출판되었다.

한번은 자유 주제로 사설 쓰기를 과제로 냈더니 19명 중 3명이 미국의 노령화 문제를 주제로 선택했다. 노령화를 다룬 세 번째 학생의 글이 발표되었을 때 한 여학생이 참지 못하겠다는 듯이 소리쳤다. "노인들이 얼마나 힘들어 하고 있느냐에 대한 글을 쓰고, 모두가 동의하는 좋은 토론을 하는 것도 좋아요. 하지만 우리는 무엇인가를 해야 합니다!"

"무슨 말인지 좀 더 이야기해주겠어요?"

"이 문제에 대해 실제로 생각해본 적은 없어요. 하지만 우리가 할 수 있는 일이 분명 있을 것이라고 생각합니다."

"여기에 대해 의견 있는 학생 있습니까?"

"학교 가까운 곳에 있는 양로원을 방문해서 할머니 할아버지께 책을 읽어드릴 수 있습니다." 한 학생이 제안했다.

아이들은 그 제안에 찬성했고, 학교 근처 양로원에서 자원봉사를 한 적 있는 여학생 두 명이 양로원에 연락해서 어떤 준비를 해야 하는지 알아보기로 했다. 처음에 시를 읽어주자는 의견이 나왔지만 양로원 측에서 반대했다. 양로원 원장의 말에 따르면 양로원에 있는 대부분의 노인들은 청력이 좋지 않을뿐더러 시에 별다른 관심이 없다는 것이다. 대부분의 아이들은 그 얘기를 듣고 포기하려고 했지만 나는 다시 시도해보라고 재차 권했다.

두 여학생이 다시 양로원에 전화해서 할 수 있는 일을 물어보았다. 원장은 노인들이 대체로 정에 목말라 있다면서 학생들이 두 명씩 나눠서 사람을 그리워하는 할머니 할아버지에게 말동무가 되어준다면 정말 좋은 봉사가 될 것이라고 말했다. 하지만 양로원 일정 때문에 학교 수업이 다 끝난 후에 방문해야 한다고 했다.

연락을 담당한 여학생들이 이 같은 내용을 반 전체에 알렸고, 많은 학생들이 양로원 방문 봉사에 관심을 보였다. 우리는 방문 날짜와 시간을 정했다. 양로원에 방문하는 것은 아이들 입장에서 보면 자유시간을 희생하는 것이기도 하고, 시를 읽어주는 것 이상의 일을 해야 하기 때문에 나는 과연 몇 명이나 나올지 궁금했다. 한 명을 제외한 모든 학생이 나왔다.

위풍당당한 빨간 벽돌 건물 안으로 들어선 순간, 나는 학생들을 이곳에 잘못 데려왔다는 걱정이 들기 시작했다. 현관은 칙칙한 초록색으로 칠해져 있고, 사방에서 퀴퀴하고 짙은 소독 냄새가 풍겼다. 복도에는 머리와 몸을 제대로 가눌 수 없는 나이가 아주 많은 노인 몇몇이 다른 사람이 밀어주는 휠체어에 앉아 있었고, 어떤 노인들은 그저 가만히 서서 움푹 꺼진 멍한 눈으로 우리가 지나가는 것을 쳐다봤다. 행정사무실에서 방문자 신청을 한 노인 이름과 방 번호를 알려주었다. 학생들은 둘씩 짝 지으면 수가 딱 맞아떨어졌기 때문에 나는 혼자 하기로 했다.

내가 찾아간 방에는 90세의 노쇠한 할머니가 있었다. 이 할머니는 대통령 영부인과 거물급 인사들의 재봉사로 일했다. 할머니는 자기가 일을 해주면 어떤 고객은 당연하게 생각했지만 어떤 고객은 얼마나 친절하게 대해줬는지 모른다며 이야기를 들려주었다.

한 시간 반이 지나 나는 할머니 방에서 나와 사무실에 들렀다. 많은 아이들이 아직 할머니 할아버지들과 대화를 나누며 양로원에 남아 있다고 했다.

다음 날 수업 시간에 우리는 양로원에서 경험한 것에 대한 이야기를 했다. 학생들은 이렇게 쉽게 다른 사람에게 도움을 줄 수 있다는 사실에 놀라워했고, 몇몇 학생들은 다시 봉사하러 갈 생각이라고 했다. 한 12학년 여학생은 양로원에 다녀오고 나서 자기가 지금껏 젊음과 건강을 당연하게 여기고 있었고, 죽음에 대한 의식이 더 의미 있는 삶을 살도록 도와줄 수 있다는 것을 깨달았다고 말했다. 그 학생의 말이 끝나자 교실에는 잠시 깊은 고요가 흘렀다.

한 남학생이 고요를 깨고 새로운 생각을 말하기 시작했다. 그는 양로원 입주자들의 물리적 요구는 충족되고 있지만, 많은 노인들이 지루한 삶과 무례한 양로원 직원들에 대해 넋두리를 늘어놓았다고 말했다. 돈이 있으면 칙칙한 양로원 건물 외관을 개선할 수 있을지 모른다. 그러나 노인을 대하는 양로원 직원들의 관료적 태도는 어떻게 해야 바꿀 수 있는지 그 학생은 물었다.

모두들 아무 대답도 못 했다. 그러나 '권리를 부여받은' 이 아이들이 자신의 상황과 아주 다른 현실을 어렴풋이나마 이해했고 새로운 통찰과 질문을 얻게 되었음을 나는 분명히 느낄 수 있었다.

글쓰기 수업의 성과들

내가 글쓰기 수업을 잘 가르친다는 소문이 학생들 사이에 퍼지면서 글쓰기 독립학습을 하고 싶다며 찾아오는 12학년 학생들이 점점 많아졌다. 나는 학생들이 글쓰기만이 아니라 가끔은 개인적인 이야기를 하고 싶어 한다는 것을 금방 눈치챘다. 학생들은 아무도 전문 상담을 하려고 하지 않았고, 그저 기꺼이 자기 말에 귀를 기울여줄 어른을 찾고 있었다.

그중 '밥'이라는 남학생과 '바바라'와 '엘리자베스'라는 두 여학생을 통해 나는 학생들 내면의 삶에 대해 그리고 일부 학생들에게서 진짜 변화를 이끌어내는 법에 대해 새로운 시각을 갖게 되었다.

밥은 글을 더 잘 쓰고 싶다며 나를 찾아왔다. 다른 과목에서도 그랬지만 밥은 국어에서 항상 A를 받았다. 하지만 글 쓰는 것을 매우 싫어했고 글쓰기 과제를 항상 마지막 순간까지 미뤄두기 일쑤였다. 나에게 읽어보라고 가져온 글은 세련되고 기교적으로 결함이 없었지만 지루했다. 나는 독립학습 과제로 무엇에 관해 가장 쓰고 싶은지 물었다. 밥은 모르겠다고 했다. 주제를 정해주지 않고 글을 쓰라고 하는 경우는 처음 접한 것이었다.

나는 밥에게 일주일 동안 생각해보고 다시 오라고 말했다. 다시 찾아온 밥은 '학점'에 대한 글을 쓰고 싶다고 말했다.

"학점의 어떤 점에 관해서 말이니?" 내가 물었다.

밥은 학생들이 오로지 A학점을 받으려고 공부하는 것 같다며 오히려 학점제도가 교육을 방해하고 있다고 말했다. 밥은 항상 A를 받으려고 애쓰느라 자신이 무엇에 흥미가 있는지조차 모르고 있었다. 그런 문제에 대해 글을 쓰고 싶다는 것이었다.

다음 면담 시간에 밥은 자신이 읽은 여러 교육 관련 책에 대해 말했지만 글쓰기는 전혀 하지 않은 상태였다. 나는 이유를 물었다.

"음, 학점에 대해 선생님은 어떻게 생각하는지부터 알고 싶어요." 밥은 간절하게 말했다.

"네가 글쓰기를 완성할 때까지 내 생각은 말하지 않을 거란다." 내가 말하는 동안 밥의 눈은 왕방울만 하게 커졌다. "지금이 졸업 마지막 학기라 학점은 별로 중요하지 않잖아. 되든 안 되는 해보는 게 어떠니?"

일주일 후, 밥은 자기주장이 강하고 전개가 잘 된 에세이를 제출했다. 학점 제도의 부정적인 측면을 기술하고, 학점 이수 여부를 가리는 포트폴리오나 프로젝트 등 학생들의 학업 수행을 평가할 수 있는 대안에 대해 탐구한 글이었다. 정말 훌륭한 글이었고, 그걸 밥도 알고 있었다. 나는 밥의 의견에 동의했다. 하지만 그 사실은 이제 밥에게 그다지 중요하지 않았다.

밥은 새로운 문제로 나를 다시 찾아왔다. 대학 두 곳에 합격했는데 어느 곳을 선택해야 할지 확신이 서지 않는다고 했다. 주변 사람들은 대부분 아이비리그 대학을 선호했지만 서로 엇갈리는 의견을 내놓았다. 그래서 내 의견을 듣고 싶다는 것이었다. 나는 질문에 대답하지 않았다. 대신에 앞으로 몇 주 동안 두 대학을 탐방하러 가서 보고 듣고 느낀 것을 일지에 기록해보라고 말했다.

대학 탐방 후에 밥은 나에게 일지를 보여주었고, 상대적으로 명성이 낮은 대학에 들어가기로 결정했다고 했다. 그곳 학생들이 배움에 대해 훨씬 더 진지한 관심을 가지고 있었고 독립연구를 할 기회가 더 많았기 때문이었다. 내가 마지막으로 밥의 소식을 들었을 때 밥은 매우 행복한 대학 생활을 보내고 있고 대학신문에 투고할 글을 쓰고 있다고 했다.

나는 처음에 내 의견을 밝히지 않는 방법을 써서 밥을 도왔다. 그러나 바바라를 도와줄 수 있는 최선의 방법은 솔직한 의견을 내놓는 것이었다.

바바라는 성적우수 장학생이었다. 첫 면담 시간에 바바라는 독립학습 과제로 일지를 쓰고 싶다고 말했다. 일지 쓰기는 바바라에게는 그다지 도전적인 과제가 아닐 것이라 걱정되었지만 마지못해 그냥 그러라고 했는데, 결국 바바라는 다른 종류의 아주 중요하고 어려운 과제를 해냈다.

바바라가 처음 보여준 일지 내용 중 하나는 친구에 관한 것이었다. 전에 가장 친한 친구였던 아이가 이제는 자기에게 상처를 주고 싶어 하는 것 같아 당혹스럽고 화가 나는 감정을 묘사하고 있었다. 나는 둘 사이에 무슨 일이 있었는지 물었다. 바바라의 친구 팸은 1년 이상 사권 남자친구가 있었다. 그런데 바바라가 그 남자아이에게 끌려서 사귀자는 쪽지를 보냈다. 결국 그 남자아이는 팸과 헤어지고 바바라와 사귀었다.

바바라는 부모님께 새 남자친구와 팸에 관해 털어놓으면서 자신이 잘못한 것인지 물었다. 부모님은 "글쎄, 너는 어떻게 생각하니?"라고 되물었다. 부모님은 별다른 말이 없었지만 바바라는 자신이 옳지 않은 일을 했을지도 모른다는 생각에 계속 시달렸다.

"무엇인가 원하는 것이 있을 때 그것을 좇는 것이 나쁜가요?" 바바라가 나에게 물었다.

"물론 아니지. 그러나 솔직히 내가 팸이었다면 배신감을 느꼈을 거야." 나는 조용히 대답해주었다.

바바라는 마치 나에게 뺨이라도 맞은 듯이 충격받은 얼굴이었다. 내가 너무 솔직하게 말했나 하는 걱정이 들었다.

하지만 바바라는 교실을 나가면서 문 앞에서 잠시 머뭇거리더니 "솔직하게 말씀해주셔서 감사해요."라고 말했다.

다음 시간에 바바라가 보여준 글은 사과하는 말로 시작했지만 결국 자신이 팸보다 남자친구를 훨씬 행복하게 해줄 수 있기 때문에 남자친구를 차지할 자격이 더 있다고 생각한다는 말로 끝맺고 있었다.

나는 감정을 싣지 않고 무덤덤한 목소리로 그 편지를 바바라에게 읽어주었다. 그러고 나서 자신을 팸이라고 생각하고 이 글을 읽는다면 어떤 기분이 들 것 같은지 물었다. 바바라는 글에서 잘난 체하는 어투가 확 느껴진다며 분개했다.

바바라가 마지막으로 보여준 글은 진정한 사과의 말과 함께 다시 친구가 되자고 제안하는 편지였다. 그러나 바바라는 자신이 그 편지를 실제로 보내고 싶은 것인지 어떤지 확실히 몰랐다. 사과가 받아들여지지 않을지도 모른다는 생각에 초조해 했다.

바바라는 그 편지를 보내지 않았다. 대신에 정말 미안하고 여전히 친구가 되고 싶으며, 자신이 여는 파티에 와줬으면 좋겠다는 쪽지를 팸의 집에 놓고 왔다. 팸은 파티에 왔지만 두 사람은 거의 이야기를 나누지 않았다. 그해 가을, 둘 다 대학에 들어가고 바바라가 남자친구와 헤어지고 나서야 둘은 다시 친구가 되었다.

마지막은 엘리자베스의 이야기다. 많은 시드웰 학생들과 마찬가지로 엘리자베스도 워싱턴의 영향력 있는 가문의 자녀였다. 아버지는 흑인 최초로 미국 육군성 장관으로 임명되어 재직하고 있었고, 어머니는 저명한 흑인 가문 출신에 조지워싱턴 대학교 사학과 교수였다. 한 학년 동안 엘리자베스를 봐왔지만 내 눈에는 그저 다양한 사람들과 잘 어울리는 사교적인 아이로만 비쳤다. 그러나 엘리자베스가 직접 쓴 시를 처음 가지고 왔을 때 이 아이에 대한 내 시각은 완전히 바뀌었다.

당시 면담 기록지에 적어놓은 것을 보면 시의 주제는 간단했다. 화가 나는 감정과 화를 내면 사람들이 싫어할까봐 화를 드러내지 못하는 두려움을 그린 시였다. 그 시에 대해 같이 이야기를 나눈 후 엘리자베스는 폭력적인 교내 파벌 문제를 다룬 단편소설을 쓰기로 했다. 그다음 과제는 춤추는 것에서 얻는 기쁨을 묘사한 시였다. 그런데 보는 사람이 아무도 없이 혼자서 추는 춤, 순전히 춤동작을 통해 자신을 표현하는 기쁨을 위해 추는 춤을 말하고 있었다.

엘리자베스에게 독립학습으로 읽고 싶은 책이 무엇이냐고 물었을 때, 이 아이는 정확히 어떤 주제에 초점을 맞추고 싶은지 잘 알고 있었다. 엘리자베스는 리처드 라이트Richard Wright, 랠프 엘리슨Ralph Ellison, 맬컴 엑스Malcolm X 같은 저명한 흑인 작가들의 책을 원했다. 항상 읽고 싶었지만 시드웰 스쿨 국어교과 교수항목에 포함되어 있지 않은 책들이었다. 엘리자베스는 중학교 과정에서 과제로 '흑인의 경험'을 묘사하고 있다는 책을 몇 권 읽었지만 사실은 모두가 한 사람의 백인 작가가 쓴 것이었다고 말했다.

엘리자베스의 다음 과제는 〈호라이즌(The Horizon)〉지에 투고할 목적으로, 얼마나 많은 시드웰 학생들이 '흑인의 현실을 망각하고 있는지' 지적하는 긴 사설을 쓰는 것이었다. 엘리자베스는 학교의 '과보호적인 분위기'를 언급하며 글을 시작해서 이 '작은 공동체'를 벗어나면 학생들이 얼마나 사회적 교류가 없는지 통탄했다. 교내 흑인 학생과 백인 학생의 관계는 괜찮지만 학교에서는 미국에서 흑인이 경험하는 더 광범위한 현실에 대한 충분한 교육을 제공하고 있지 않다고 주장했다. 그리고 나서 학교 회의에서 사회 문제를 다룰 수 있도록 더 많은 외부 연사 초청하기, 교과과정에 흑인 문학 작품 늘리기, 도시학 프로그램 개설, 더 다양한 학생 조직에 대한 적극적 모집 등등, 동력을 향상하기 위한 몇 가지 구체적인 제안을 내놓았다. 매우 강력하고 용기 있는 글이었다.

엘리자베스는 이후 펜실베이니아 대학교에서 영문학 박사 학위를 받았고, 2008년에 예일 대학교 아프리카계 미국인 연구학과의 학과장으로 임명되었다. 무엇보다 엘리자베스는 오늘날 미국에서 가장 중요한 시인 중 한 명으로 널리 알려져 있다. 2009년에는 버락 오바마 대통령의 취임을 축하하는 시를 써달라는 의뢰를 받고 취임식에서 '그날을 위한 찬가(Praise song for the day)'를 낭송했다.

나는 엘리자베스에게 시를 쓰는 법을 가르쳐주지 않았고 흑인 문학에 대해서도 가르쳐주지 않았다. 엘리자베스가 많은 성공을 이룰 수 있었던 것은 내 공로가 아니다. 밥과 바바라 그리고 독립학습을 했던 다른 학생들과 마찬가지로 엘리자베스를 위해 내가 한 일은 부모의 기대감이나 친구들의 선입견에서 분리된 독립된 개인으로서 진짜 자기 모습과 본질을 인정하고 긍정해준 것뿐이다. 나는 학생 개개인의 말을 머리와 마음으로 경청했고, 그들이 말하는 것과 글로 쓴 것을 진지하게 받아들였다. 만약 시간이 있고 선택권이 주어진다면 교사들은 학생들에게 단순히 교과 내용만이 아니라 훨씬 더 중요한 것을 전달할 수 있을 것이다.

영적인 삶과 교육

나는 방과 후와 주말에 정기적으로 기타를 연습하고 글을 쓸 시간을 따로 마련해두었다. 기타와 글쓰기는 내 스스로 자기 훈련과 자기표현, 열정과 목적의식을 유지하는 수단이었다. 자연 속에서 보내는 시간도 가지려고 노력했다. 자동차로 몇 시간 거리에 푸르스름한 깊은 그림자를 만들어내는 셰넌도어 산이 있었고, 종종 나에게 어서 오라고 손짓을 보냈다.

우리 가족은 당일 일정 하이킹을 자주 갔고, 1년에 몇 번씩은 캠핑을 했다. 아이들이 아주 어렸을 때는 아기 캐리어 배낭으로 아이들을 등에 업고 갔지만, 곧 손을 잡고 등산로를 따라 아장아장 걸어가면서 깊은 숲속의 마법과 신비를 함께 발견할 수 있었다. 나는 아이들과 함께하는 순간순간을 음미했다. 키가 큰 나무 지붕 아래 에메랄드빛 고사리 숲이 바람에 흔들거리고, 장밋빛 버섯들이 어둡고 축축한 땅 위로 자태를 뽐내고 있었다. 나는 저런 버섯은 절대로 먹으면 안 된다고 차근차근 설명해주었다.

아이들이 더 컸고, 내가 며칠 집을 비우는 것이 아내에게 별로 부담스럽지 않게 되었을 때 나는 가끔씩 혼자 산행을 떠났다. 계절에 상관없이 배낭을 챙기고 집을 나섰다. 자연이 만들어내는 갑작스럽고 숨 막힐 듯한 아름다운 순간을 포착하겠다는 목표를 이루기 위해 목에 카메라 메는 것을 잊지 않았다.

한겨울 셰넌도어 산 높은 곳까지 올라갔을 때 내 눈앞에 펼쳐진 광경은 지금도 마음속에 깊이 박혀 있다. 대지는 온통 눈으로 덮여 있고, 산봉우리들은 그늘진 나무꼭대기에 달라붙은 으스스한 안개에 가려 있었다. 어둡고 얼어붙은 단색 풍경의 세상 속을 나는 오롯이 혼자가 되어 느릿느릿 걸어갔다. 무거운 배낭의 어깨끈이 어깨를 파고들었다. 바로 그때 구불구불한 등산로의 모퉁이를 돌자 나뭇가지에 얇고 붉은 결이 있는 키가 큰 관목이 보였다. 그 나무는 선명한 선혈 빛의 둥근 열매로 뒤덮여 있었다. 나는 걸음을 멈추고 자리에 서서 마법에 걸린 듯 가만히 바라보았다. 그러고 얼마나 오래 있었는지 모르겠다. 매서운 추위 속에 늑장 부리지 않으려고 계속 재촉했는데도 결국 장갑 속 손가락은 점점 무감각해졌고 몸은 떨리기 시작했다.

자연의 뛰어난 아름다움은 그저 그 자리에 서서 가끔 누군가 발견해주기를 기다리고 있는 것이다.

내가 시드웰 프렌즈를 선택한 이유 중 하나는 퀘이커교 계통의 학교이기 때문이었다. 그 당시에는 몰랐지만 아마 나는 영적인 삶과 직업을 밀접하게 연결시키고 싶었던 것 같다. 내가 졸업한 대학도 퀘이커교 대학이었고, 코네마라와의 결혼식도 샌프란시스코 퀘이커 프렌즈 미팅에서 올렸다. 그리고 메릴랜드로 이사 온 후로 우리 부부는 베데스다 퀘이커교 모임에 나가고 있었다. 그러는 몇 년 동안 나는 '모든 사람 안에 신성이 있고,' 누구든 목사나 다른 더 높은 권위를 지닌 사람의 중재 없이도 신을 직접 경험할 수 있으며 우리의 삶은 자신의 가장 깊은 신념을 보여주는 '증거'라고 보는 퀘이커교 기본 교리에 점점 매료되었다.

나는 매주 신도들이 침묵 속에서 만나는 예배 모임에서 각자 자기 안에 존재하는 신과 교감하려고 노력하는 퀘이커교의 소박한 관습이 매우 만족스러웠다. 퀘이커교 모임에서 어떤 사람이 '신의 부름을 받고' 말을 할 수도 있지만 목사가 따로 있는 것은 아니다. 기도도 하지 않고 찬송가도 없다. '신앙심'이 무엇인지에 대한 엄밀한 정의도 없다. 퀘이커교에서는 주기적으로 '운영회의'를 열어 퀘이커 공동체의 운영을 합의로 결정한다. 나는 흑인 인권 운동을 하면서부터 이와 같은 공동체 의사 결정 방식의 가치를 알고 있었다. 사실 퀘이커교도들은 역사적으로 평화, 사회 정의, 여성평등권을 위한 투쟁에서 항상 최전선에 서 있었고, 17세기에 영국에서 조지 폭스Geroge Fox가 이 종교를 창시한 이후로 '권력에 맞서 진실을 말하는 것'의 가치를 믿고 있다. 이제 나는 퀘이커교 학교의 교사로서 '퀘이커 교육'이 정말 어떤 것을 수반하는지 조사하기 시작했다.

퀘이커 교육

퀘이커교가 교육에 참여한 역사를 조사하면서 나는 조지 폭스가 1688년에 최초의 퀘이커교 학교 두 곳을 설립했다는 사실을 알게 되었다. 하나는 여자학교이고 다른 하나는 남자학교였다. 비슷한 시기 윌리엄 펜William Penn[4]은 미국에서 부자와 가난한 사람 모두에게 교육을 제공하는 '거룩한 실험'을 꿈꾸고 있었다. 그는 펜실베이니아 식민지에 '교육받아야 할 모든 아이와 노예, 남자와 여자'에게 개방된 공립학교를 세웠다. '부자는 합리적인 가격에 교육을 받게 하고, 가난한 사람은 생계를 유지하면서 무료로 교육받을 수 있게' 했다.

그로부터 300여 년이 지난 오늘날 미국에는 80여 개의 초·중등 퀘이커교 학교가 있다. 대학도 몇 곳 있는데, 특히 스와스모어Swarthmore, 해버포드Haverford 그리고 프렌즈 월드가 유명하다. 퀘이커교 계통 학교들은 종교에 상관없이 모든 학생들을 환영한다. 그러면서도 몇 가지 가장 기본적인 퀘이커교 교리와 관습을 학생들에게 불어넣으려고 한다. 대부분의 퀘이커교 학교들은 매주 예배 모임을 열고 있고, 많은 학교들이 학생들에게 의사 결정에 참여할 수 있는 기회를 주고 있다.

진보적인 교육 관행과 훌륭한 기본 교육 때문에 퀘이커교 학교들은 1960년대에 날이 갈수록 인기가 높아졌다. 그러나 그런 퀘이커교 학교들의 성공은 곧 문제로 이어졌다. 일각에서는 "퀘이커교도들은 선행을 위해 미국에 왔지만 대신에 성공을 얻고 있다"고 지적했다. 말

---

4 펜실베이니아를 건설한 영국 퀘이커교도. 펜은 당시 비국교도를 인정하지 않던 영국에서 박해를 받던 퀘이커교도들뿐만 아니라 모든 종교인을 수용하는 관용정책을 펼쳤고, 그 결과 펜실베이니아는 가장 번성한 미국 식민지 중 하나로 성장했다.

하는 사람이 누구냐에 따라 '대신에'라는 표현은 '또한'이라는 말로 대체될 때도 있었다. 어쨌든 경멸적으로 본다는 점은 같았다. 퀘이커교 학교들은 점차 퀘이커이든 아니든 상관없이 돈 많은 사람들이 찾는 안식처로 변질되어갔다.

내가 시드웰에 들어갔을 즈음해서 퀘이커 교육자들 사이에서는 퀘이커교 학교들이 학습 능력이 뛰어난 학생들을 유치해서 명문대에 진학시키는 실적이 점점 좋아지면서 퀘이커교의 교육 가치가 사라지고 있다는 우려가 커지고 있었다.

도덕 교육을 논의하기 위해 모임을 가졌던 시드웰 교사들이 이 문제를 다루기 위해 이번에도 모임을 소집했다. 시드웰 교사직에 지원하기 전에 참가한 적이 있는 그 모임이었다. 내가 시드웰에서 근무한 첫 학기에 이 모임은 도덕 교육에 대해 논의하기 위한 학부모의 밤 행사를 후원해 많은 사람의 참석을 유도했다. 교사들이 이 문제에 얼마나 관여했는지 측정하는 조사도 실시했다. 안타깝게도 전체 교사의 3분의 1 정도만 신경 써서 응답해주었고, 그중 퀘이커교도는 아주 적었다. 대부분은 우리가 우려하는 것을 공감하지 않는 듯했다. 우리는 곧 모임을 중단했다.

시드웰에서 가르친 지 2년차 되는 해에 얼 해리슨이 시드웰 스쿨 학교장(총교장)으로 부임했다. 그는 다른 퀘이커교 계통 학교장을 지낸 퀘이커교도였고, 시드웰의 퀘이커교 뿌리를 더 존중해야 할 필요성을 느끼고 있었다. 해리슨 교장은 매주 의무적으로 참석해야 하는 예배 집회가 학생들의 특권 의식을 억제하는 데 그다지 효과적이지 않았다고 판단했다. 그래서 모든 시드웰 고등학생에게 매주 1시간씩 쓰레기통을 비우거나 구내식당 청소를 돕는 등 교내 정화 활동을 하게 하는 프로그램을 실시했다.

내가 담당한 국어 수업은 원만하게 진행되고 있었다. 나는 창의적 수업을 설계하고 학생 개개인을 지도하는 데서 큰 만족감을 얻고 있었다. 그럼에도 불구하고 마음 한편으로는 지난번 양로원을 방문했을 때 학생들이 배운 것에 대해 계속 생각하고 있었다. '어떻게 하면 학교 차원에서 모든 학생들이 그런 경험을 할 수 있도록 도울 수 있을까?' 교내 쓰레기를 줍는 활동은 학생들이 자신과 매우 다른 삶을 사는 사람들을 접할 수 있는 기회가 될 수 없다. 공감 능력을 발달시키거나 자기 안의 신성을 발견하는 데도 도움이 되지 않는다.

3년차가 되는 해 초반, 나는 새로운 기획안을 들고 벤 슈트를 찾아갔다. 오랫동안 중단되었던 종교위원회를 부활시켜야 하며, 내가 위원장을 맡는다면 졸업 필수요건 중 하나로서 지역사회 봉사 프로그램을 추진하고 싶다고 말했다. 나는 시드웰 교직원 중에서도 소수 퀘이커 '정예부대'에 속해 있었고, 나를 위원장으로 임명하는 것을 반대하기는 어려웠다. 벤이 내 기획안을 마음에 들어 했는지 어쩐지는 알 수 없었다. 어쨌든 내가 종교위원회 위원을 모집하는 것을 허락했고 앞으로 활동을 지켜보겠다고 했다.

초등학교, 중학교, 고등학교 대표들로 종교위원회를 구성하고 매주 모임을 갖기 시작했다. 첫 모임에서 나는 지역사회 봉사 프로그램을 추진하자는 아이디어를 내놓았다. 모두들 마음에 들어 하는 것 같았다. 자칭 '퀘이커 성공회 교도(Quakapalian)' (퀘이커교 성향의 영국 성공회 교도)라고 말하는 홀 카젠바흐 선생이 일찍이 지지를 보내준 것이 큰 도움이 되었다.

우리는 프로그램의 초점을 배움에 두고 싶었다. 그래서 '지역사회 봉사'라는 용어를 사용하지 않고 '봉사 학습'이라 부르기로 했다. 봉사 학습은 교실 안이 아닌 학교 밖에서 일어나야 하고, 학습은 경험을 통해 얻어지는 것이어야 한다고 정했다.

마지막으로 학생들이 자신이 수행할 수 있는 봉사 활동을 선택할 수 있도록 유의미한 선택 기회를 제공하는 것이 중요하다는 데 모두들 동의했다.

2학기 동안 우리는 새로운 시드웰 프렌즈 고등학교 졸업 요건 초안을 작성했다. 9학년부터 12학년까지 총 60시간 봉사 학습을 해야 한다는 내용이었다. 학기 중에 일주일에 몇 시간씩 방과 후에 꾸준히 할 수도 있고, 방학 동안에 집중적으로 해서 봉사 시간을 채울 수도 있다. 학생들의 봉사 활동 계획을 승인하고 봉사 활동 보고서를 검토하며 학생들이 자신이 배운 것에 대해 토론할 수 있도록 이끌어줄 봉사 학습 코디네이터를 채용하자는 제안도 내놓았다.

종교위원회는 신중하게 일했고, 얼 해리슨 총교장과 벤 슈트 고등학교장으로부터 조건부 승인을 받았다. 두 관리자가 '조건부'라고 말한 것은 고등학교 교직원 회의에서 최종 결정을 하기로 했기 때문이었다.

고등학교 교사들이 봉사 학습 프로그램 기획안을 논의하는 날이 왔다. 나는 초조하고 예민해져 있었다. 나로서는 처음 리더십을 발휘한 일이고, 결과가 어떻게 될지 전혀 알 수가 없었다. 홀 카젠바흐가 새로운 졸업 요건을 찬성한다고 조용하면서도 힘 있는 목소리로 말했다. 교직원들은 논의를 길게 끌지 않고 바로 동의했다. 나중에야 깨달았지만 그 프로그램이 다른 교사들에게 어떤 추가 업무도 요구하지 않았기 때문에 별다른 반대가 없었던 것이었다.

봉사 학습 프로그램은 1979~1980학년도부터 시작해서 단계적으로 시행되었다. 일부 학생들은 상원의원실 자원봉사 같은 인턴 과정에 더 가까운 활동을 선택하기도 했지만 많은 학생들은 정말로 도움이 필요한 사람들을 위한 비영리 단체에서 봉사할 수 있는 기회를 찾으려고 했다.

내가 아는 한 시드웰은 미국 최초로 지역사회 봉사 활동을 졸업 요건으로 정한 학교이다. 그 후로 많은 학교들이 시드웰의 선례를 따르고 있다. 클린턴 전 미국 대통령 부부는 딸 첼시를 시드웰에 보내기로 결정할 때 그들의 마음을 가장 크게 움직인 것이 바로 봉사 학습 과정이었다고 말했다.

봉사 학습 프로그램은 오늘날까지 계속 운영되고 있다.

갈 길이 아직 멀다

내가 지켜본 바에 따르면 많은 시드웰 학생들은 특정 분야의 지도자가 되고 싶어 했다. 하지만 진짜 지도자들은 무엇을 하는지, 그들이 실제로 무엇을 위해 지도자가 되고 싶은 것인지 모르고 있었다. 그래서 나는 시드웰에서의 4년째 되는 해에 선택 과목으로 시사 문제를 다루는 세미나 수업을 개설했다. 일주일에 한 번, 저녁에 하는 수업이었다. 활기차고 다양한 학생들이 수업 신청을 했다. 부모님이 인도 출신인 학업이 매우 뛰어난 아이도 있었고, 9학년 때 내 강적이었던 다이앤도 있었다. 다이앤은 이제 나와는 아니지만 계속해서 학교에서 투쟁을 벌이고 있었다.

이 세미나 수업에서 우리는 조지 워싱턴부터, 1930년대 가난한 사람들을 돕기 위해 가톨릭 노동자 운동(Catholic Worker Movement)을 창시하고 소외계층을 위해 비폭력 직접 행동 시위를 지지했던 도로시 데이Dorothy Day까지 매우 다양한 유형의 지도자들의 전기를 읽고 토론했다. 그리고 지도자가 된다는 것의 의미와 학생들 각자가 미래의 지도자로서 이루고 싶은 것에 대해 이야기했다.

그 학기 탐구가 진행되는 동안 학생들은 계속해서 학교의 분위기와 문화라는 주제로 돌아갔다. 학교 차원에서는 학생들이 진정한 지도자가 될 수 있도록 격려하려는 노력이 거의 없었기 때문에 학생들은 좌절감을 느끼고 있었다. 유난히 기운 빠지는 토론이 오가던 어느 날,

마침내 한 학생이 다른 학생들에게 강력하게 문제를 제기했다. "이제 이런 대화는 멈추고 다 같이 일어나 이곳 학교에서 진정한 리더십을 보여줘야 할 때입니다. 바로 지금이요."

다른 학생들도 그 아이의 주장에 동조하며 의견을 내기 시작했다. 학교 신문 사설만큼 학교당국의 관심을 끌기에 좋은 공개 토론장도 없었다. 학생들은 며칠에 걸쳐 저녁 늦게 만나 학교의 풍토를 비판하는 글의 윤곽을 잡고 초고를 작성했다. 한 학년이 거의 끝나가고 있었다. 학생들은 〈호라이즌〉의 마지막 호 발행에 맞춰 글을 완성하기로 했다. 학교 신문이 인쇄에 들어가기 바로 전 토요일, 최종 교정을 보기 위해 학생들이 우리 집에 모였다. 교정을 마친 뒤 서둘러 한 학생이 지면을 확보하고 기다리고 있던 편집부에 최종 원고를 가져갔다.

'시드웰에서 바보가 되어버린 지도자들'이라는 제목의 사설은 한 면을 가득 메웠다. '시드웰의 (학생) 리더십에 영향을 미치는 한 요인은 타인에 대한 전반적 존중 부족이다.'라는 문장으로 시작했다. 사설은 끊임없이 서로의 결점을 찾으려고 하는 태도를 가리켜 '언어적 공격'이라 표현하고, 시드웰 학생들이 그런 언어적 공격을 보이는 경향이 있다고 주장했다. '이상주의자들은 조롱의 대상이 되고 소외되고 끝없이 도전받아야 하기 때문에 대부분 공개적으로 자기 목소리 내기를 두려워한다.' 그러면서도 그들은 토론 수업에서든 자신이 처한 환경 안에서든 심각한 주제에 대해 어떻게 생각하는지 말한다고 덧붙였다. 사설은 또한 교사들이 더 많은 지도를 해줄 것과 학생들에게 더 많은 리더십 기회를 제공할 것을 요구하면서 '책임감 있는 사람이 되기 위해서는 책무를 부여받아야 한다.'라고 주장했다. 게다가 '학교에서의 리더십은 집단을 가르치고 조언하고 지도하는 형태일 수 있다'라면서 학생들은 교실에서 수동적인 역할을 강요받아서는 안 된다고 강조했다.

시사 문제 세미나나 수업에 들어오는 모든 학생들이 사설을 쓰는 데 참여하고 글의 마지막에 서명했다. 나는 학생들이 자랑스러웠다. 그렇게 열심히, 그렇게 협력해서 프로젝트를 수행하는 아이들을 본 적이 없었다. 그러나 신문이 학년말 방학 하루 전에야 나왔기 때문에 학생들이 원하던 변화는 일으키지 못했다. 학생들은 지도자가 되려면 그저 전투에서 한두 번 이기는 것이 아니라, 조직적인 활동을 지속적으로 펼쳐야 한다는 것을 아직 몰랐던 것이다. 그 점은 나도 예외가 아니었다.

시드웰에서 일한 4년 동안 나는 소중한 교훈을 아주 많이 배웠다. 가르치는 일이 제2의 천성처럼 느껴지기 시작했고, 교사로서 직감을 믿으면서 점점 더 창의적인 수업과 과제를 제공했다. 학생 개개인에 맞춰 그들의 요구와 흥미에 귀를 기울이고 진정성 있게 반응할 수 있도록 능력을 갈고 닦았다. 무엇보다 학생들에게 내가 고등학생이었을 때 갈망하던 종류의 교육 경험과 지원을 제공해주기 위해 최선을 다했다.

나는 나라얀 데사이가 '개인의 덕목이 사회적 가치로 변환되는 역동적인 과정'이라고 묘사한 '혁명'을 이끄는 것이 얼마나 어려운지 일찍이 알고 있었다. 종교위원회 활동과 리더십 토론 수업은 시드웰의 일상적인 학습 환경을 바꾸는 데 아무 영향도 미치지 못했다.

교실 문화를 바꾸는 것은 가능한 일이다. 나는 꽤 능숙하게 교실 문화를 바꿀 수 있었다. 그러나 학교 문화를 바꾸는 것은 전적으로 다른 차원일 것이다.

LEARNING
BY HEART

8장

실패에서 배우는 교훈

시드웰에 처음 면접 보러 왔을 때 만난 사람은 국어과 부장교사였다. 그녀를 이벳이라 부르기로 하겠다. 이벳은 통통하고 짧고 새까만 곱슬머리에다가 머리색보다 더 어두운 성격을 지닌 사람이었다. 잠깐 의례적인 인사말을 주고받은 후 그녀가 불쑥 말했다. "있잖아요, 여기에서는 다른 사람의 아킬레스건 찾아내기를 좋아해요. 찾아내면 물어뜯는 거지요." 그때 나는 그녀가 나를 겁주려는 것인지, 아니면 상관인 벤 슈트 교장이 나를 고용하라고 압박해서 불만인 것인지 궁금했다. 나중에야 깨달았지만 그것은 불화의 조짐이었다. 내가 재직하던 시절 시드웰은 대부분의 교사들이 서로 협동 정신으로 뭉쳐 있는 그런 학교가 아니었다. 학생들의 과도한 경쟁 분위기가 교사들 사이에도 스며들어 있었고, 비꼬는 농담과 저급하게 사람을 바보로 만드는 일이 비일비재했다.

젊은 신임 교사라면 누구나 그렇게 죽든 살든 알아서 해야 하는 치열한 환경에서 살아남기 위해 몸부림쳤을 것이다. 그러나 다른 유형의 교사가 되겠다고 다짐한 나로서는 개인적인 도전이 더 힘들었다. 내 교육 철학과 교수 방법은 주류 문화와 근본적으로 맞지 않았다. 나는 시드웰의 시류를 따를 생각이 없었다. 실제로 또다시 대세를 강하게 거스르고 있었다.

그 당시 나는 혁신가가 어떤 사람인지 몰랐다. 하지만 돌이켜 생각해보면 나는 그로부터 몇 년 후에 인터뷰하게 되는 일부 젊은 혁신가들과 똑같은 도전으로 고전하고 있었다. 조사를 하다 보니 많은 혁신가들이 종종 오만처럼 보이는 태도로 자신을 보호한다는 것을 알 수 있었다. 만일 자신이 가진 사상과 통찰이 주변 주류 문화와 근본적으로 다르다면 우리는 보통 다음 두 가지 행동 중 하나를 선택한다. 첫째, 자신의 인식에 어떤 문제가 있고 다른 사람들이 모두 옳다고 결론 내린다. 둘째, 자신이 본질적으로 옳다는, 겉으로는 오류가 없는 듯해 보이는 믿음과 자만심으로 자신을 무장한다. 가장 성공적인 혁신가는 나이가 들수록 다른 사람의 비판을 귀담아 듣고 새로운 증거를 따져보면서 자신의 신념을 유지할 수 있는 사람이다. 하지만 그때 나는 이 필수적인 교훈을 아직 배우지 못했다.

시드웰에서 첫 해를 보내는 동안 나는 내 신념에 대한 위험한 과신으로 내 자신을 숨기고 있었고, 거기에 조금 건방진 허식까지 있었다. 나는 동료 교사들보다 훨씬 더 좋은 교수법을 개발했다고 믿었다. 학생들과 개별 면담 시간을 가졌고, 주기적인 독립학습 기회를 제공했고, 학생들에게 토론을 주도하도록 유도했고, 관심 있는 주제에 대한 글을 쓰도록 격려했다. 학생들이 자기 목소리를 내고 스스로 선택할 수 있게 했다. 국어과 교사 중에, 심지어 학교 전체 교사 중에 그렇게 하고 있는 사람은 없었다. 나는 '단 하나의 옳은 길'을 발견했던 것이다. 아니 그랬다고 생각했다.

나는 다른 교사들 앞에서 우쭐대며 돌아다니지는 않았다. 그렇게 해서 스스로 조롱의 대상이 되게 만들 정도로 바보는 아니었다. 그러나 비록 마법의 장막 뒤에 있는 나만의 오즈의 땅에서 끊임없이 스스로를 의심하고 있었지만 나는 확실히 내가 '너보다 낫다'는 느낌을 풍기고 있었다.

그래서 시드웰에서 가르친 지 거의 1년이 되었지만 월터존슨 고등학교에서 처음 가르치는 일을 시작했을 때만큼이나 외로웠다. 5월 초 어느 날이었다. 사실상 폐지된 것이나 다름없는 도덕교육토론회 회원이자 학생주임인 린다 루카토르토 선생이 잔디밭에서 같이 점심 먹으면서 이야기하자고 제안했다. 나는 동료 교사들과 유대감 부족 문제로 여러 차례 그녀를 찾아가 불편함을 토로한 적이 있었다. 하지만 린다가 내 불평을 더 들어주려고 나를 잔디밭으로 초대한 게 아니었다. 그녀는 확고하면서도 동정적인 어조로 내가 다른 교사들을 어떻게 밀어내고 있는지 말했고, 내가 느끼는 소외감은 스스로 만들어내고 있는 것이라고 설명했다. 마음이 쓰라렸지만 그녀의 말에서 진심을 느낄 수 있었다. 린다는 나에게 굉장히 큰 호의를 베풀고 있었다. 친구라면 듣고 싶은 말만 해주는 것이 아니라 필요한 말을 해줘야 하는 것이다.

좌절되는 시도들

두 번째 해는 내가 동료 교사들보다 낫다는 생각을 버리고 그들에게서 배울 수 있는 것을 보겠다는 다짐으로 시작했다. 나는 다른 국어과 교사들에게 수업 참관을 해도 되는지 물어봤고, 모두 승낙했다. 어떤 수업은 훌륭했고 어떤 것은 그렇지 못했다. 어쨌든 그것과는 상관없이 나는 다른 교사들이 어떻게 가르치고 어떻게 학생들을 참여시키는지 관찰하는 것이 즐거웠다. 그러나 베테랑 교사인 홀 카첸바흐의 수업을 처음 참관했을 때, 나는 한 방 크게 얻어맞은 기분이었다. 그 때 비로소 나는 자만했던 내 자신을 조용히 되돌아보게 되었다.

홀은 15명의 학생들에게 그들이 읽고 있는 셰익스피어 희곡에 관해 30분 내내 강의를 하는 것으로 수업을 시작했다. 교단에 서서 강의를 한 것이다! 나는 강의식 수업은 잘못된 교육 관행 중 하나라고 여기고 있었다. 그런데도 셰익스피어를 이해하기 쉽게 만드는 홀의 수업 방식은 분명 학생들을 사로잡았다. 게다가 그는 고등학교에서 가장 인기 있는 교사 중 한 명이었다.

그가 강단에 서서 강의 내용에 대한 토론을 진행하는 모습을 지켜보면서 나는 그의 성공 요인이 두 가지라는 것을 알았다. 첫째, 셰익스피어에 대한 열정을 가지고 있고, 그것이 명백하게 학생들에게 전달되었다. 둘째, 학생들을 애정을 가지고 따뜻하게 대했다. 시드웰이나 다른 곳에서는 교사들이 학생의 말을 끊거나 난처하게 만드는 일이 매우 빈번히 일어났지만 홀은 한 번도 그러지 않았다. 그는 모든 학생이 자기 의견을 말하도록 이끌었고 학생 개개인의 말에 귀 기울이려고 노력했다. 강의식 수업 방식은 내 체질에 맞지 않지만 홀을 보면서 훌륭한 교사가 되는 길이 한 가지만 있는 것이 아님을 깨달았다.

시드웰에서 근무한 지 2년이 거의 다 되었을 때 국어과 부장교사가 사임하자 나는 벤 슈트 교장에게 나를 부장교사 자리에 앉혀 달라고 청했다. 교과 회의가 '행정'에 관한 불평 토로회가 아니라 교사들이 교수법에 대해 생각을 나누는 시간이 되도록 이끌고 싶다고 말했다. 나는 다른 교사들의 수업을 참관하면서 그들의 호감을 샀으리라 생각하고 있었다. 게다가 이제는 많은 동료 교사들이 썩 내켜 하지는 않더라도 어쨌든 비전통적인 내 교수법을 인정하고 있었다. 실제로 많은 국어 교사들이 학생들과 주기적으로 일대일 개별 면담을 하고 학생이 쓴 글에 대해 논의하기 시작했다. 내가 시드웰에 오기 전에는 아무도 그러지 않았다.

일종의 선거 운동까지 벌였지만 벤은 나를 거절했다. 실망스러웠다. 그래도 누가 되더라도 국어과를 단합시킬 수 없을 것이라는 내 의견에 동의한다는 말에 약간의 위안을 얻었다. 임시방편으로 벤은 홀을 국어과 임시 부장교사로 임명했다. 홀은 상어들을 한 우리 안에 몰아넣는 말도 안 되는 일을 하고 싶지 않다고 했지만 1년인가 2년인가를 기꺼이 그 일을 맡았다.

동료 교사들과 협력관계를 형성하고 싶었던 나는 친하게 지내는 다른 과 교사 몇 명에게 가끔씩 만나 교수 학습에 관한 의견을 나누자고 제안했다. 수학 교사 한 명, 사회 교사 두 명, 과학 교사 한 명 그리고 나까지 다섯이 우리 집에서 모임을 가지기 시작했다. 매달 만나서 피자와 맥주를 즐기며 대화를 나누기로 했다. 처음 몇 번은 모임 시작 전에 토론용으로 피아제에 관한 논문을 나눠주었다. 하지만 사람들은 교육 이론에 대해 토론하기보다 사교활동을 즐기기 위해 모임에 나오고 있다는 것을 곧 알게 되었다. 그래도 아무것도 안 하는 것보다는 낫다고 생각했다. 그리고 가끔씩 서로의 수업을 참관했다. 그러나 나는 학교에 더 많은 영향을 미칠 수 있는 길을 간절히 찾고 있었다.

3년째 되는 해에 나는 새로운 구상을 가지고 벤을 찾아갔다. 교직원 회의 시간에 하버드대 심리학 교수 로렌스 콜버그Lawrence Kohlberg의 아동의 도덕성 발달 단계에 대한 논문을 읽고, 그다음에 '숨겨진 교육과정'(의도하지는 않았지만 교사들이 암묵적으로 사회 규범과 가치를 학생들에게 전달하는 것)에 대한 동영상 자료를 보는 것이 어떠냐고 제안했다. 나는 학생들이 서로 무례한 태도를 보이는 것을 교사들이 어떻게 무시하고 있고, 심지어 어떻게 그런 행동을 가능하게 만들고 있는지 조사하고 싶었다. 벤은 회의적인 표정을 지었지만 한번 시도해 보는 데는 동의했다.

교직원 회의는 노력 낭비였다. 동영상이 재생되는 동안 내내 잡담하는 소리가 들렸다. 나는 시드웰의 '숨겨진 교육과정'에 관한 토론을 진행하려고 했지만 하품 소리와 종이 넘기는 소리만 들려왔다. 학생들이 토론할 때 서로 깎아내리는 방식에 대해 걱정이 되는지 물었을때, 피자 모임 교사 두 명만 진지하게 반응을 보였고 나머지 교사들은 지루함을 그대로 드러냈다. 심지어 이벳(아킬레스건을 물어뜯긴 그 교사)은 학생들의 가시 돋친 말은 "그냥 재미 삼아 하는 것"이라며 학생들의 행동을 옹호했다.

나는 완전히 낙담한 채 집으로 돌아왔다. 봉사 학습을 졸업 필수조건으로 정하는 데 기여한 종교위원회 위원장으로서 활동 외에도 전문적인 리더십을 발휘하고 싶었지만, 내 노력은 아무 성과도 보지 못했다. 더욱이 봉사 학습 기획안이 승인되고 난 후에는 종교위원회가, 아니 내가 해야 할 새로운 일이 없는 것 같았다.

그러고 나서 학년말에 '교사의 어리석음'이 펼쳐지는 소동이 있었다. 교사와 행정직원들이 졸업을 앞둔 학생들을 위해 촌극을 공연하면서 조금 여유롭게 즐기던 때에 벌어진 일이다. 내가 참여한 연극이 상연되고 있을 때 다른 교사가 '피아제 성경에 따르면'이란 대사에 트집을 잡기 시작하더니 음흉하게 웃으면서 나를 향해 고개를 갸우뚱했다. 나는 그가 방심한 틈을 타 "아, 그건 시계 브랜드 피아제가 아니에요."라고 재빨리 받아쳤다. 그의 고급 시계를 가리키는 나의 뜬금 없는 말에 청중들은 큰소리로 불만을 토로했고, 나는 얼굴을 붉히며 무대에서 내려왔다. 그 어느 때보다 짙은 외로움이 밀려왔다.

그렇게 1979~1980학년도가 시작되었다. 시드웰에서 가르친 4년째 되는 해이자 마지막 해였다. 내 수업을 듣는 학생들은 대부분 자기 주도적으로 공부했고, 나는 새로운 도전을 갈망하고 있었다. 교육에 관한 첫 논평이 〈파이 델타 카파〉지에 실린 후로 대여섯 편의 글을 더 발표했고, 그 덕에 여러 교육 학술대회 워크숍에서 강연을 해달라는 초대를 받았다. 그렇게 작은 성공을 경험한 나는 지금까지 가르치면서 꾸준히 기록했던 수업일지 내용과 통찰을 바탕으로 지난 두 해 여름을 책을 쓰는 데 바쳤다. 원고에 '인성 교육'이라는 가제를 붙이고, 매일 오전 4시간씩을 투자해 집필 작업에 매진했다. 그러나 가을 학기 개학을 앞두고 학교로 돌아가기 직전에 다시 읽어보았을 때 진짜 책으로 발전시키려면 얼마나 많은 작업을 더 해야 하는지 깨달았다. 허탈했다. 글을 쓴다는 것은 정말 어려웠다. 그리고 외로운 일이었다. 스미스 코로나Smith Corona[1] 타자기에 매인 채 고독한 아침 나날을 보내는 여름을 또 다시 맞이할 수는 없었다.

무엇보다 나는 교사공동체의 일원이 되기를 갈망했고, 작은 교실을 벗어나 교육에 더 폭넓은 영향을 미치고 싶었다. 시드웰에서는 어느

---

1 미국 타자기 및 전자계산기 제조사

하나도 충족시키지 못했다.

교장에 지원하다

드디어 기회가 찾아왔다. 그해 9월 교직원 게시판에 붙은 공고문을 봤을 때 나는 기회가 왔다고 생각했다. 매사추세츠 주 케임브리지에 소재한, 학생 200명 교직원 20명을 둔 퀘이커교 계통의 PK-8[2] 학교인 케임브리지 프렌즈 스쿨에서 1980년 여름부터 학교를 운영할 교장을 찾고 있었다. 나는 공고문을 여러 차례 읽어보았다. 읽을수록 흥분되었다. 나만의 공동체를 만들 수 있는 기회였고, 어쩌면 시범학교를 구현할 수도 있고, 다시 케임브리지에서 생활할 수 있는 기회이기도 했다. 행정 경험이 없는 데다가 초등학교 교육 경험은 더더욱 없었기 때문에 생각을 접을 수도 있었지만 나는 그러지 않았다. 나는 서른세 살이었고, 하버드 교육대학원에서 교육 실습한 것까지 포함하면 거의 10년 동안 일선에서 가르쳤다. 그처럼 새로운 도전에서 성공하지 못할 이유가 없었다.

아, 젊은 패기에서 나온 자만이여. 얼마나 멋모르는 생각이었던가.

첫 면접은 인사위원회 위원 두 명과 전화상으로 이루어졌다. 면

---

2 유치원부터 8학년까지, 즉 유치원부터 중학교 과정까지 있는 학교

접 결과는 좋았고, 늦가을에 대면 면접을 보기 위해 학교를 방문하라는 연락을 받았다. 벽돌과 시멘트로 지은 작은 단층짜리 학교 건물은 1960년대 초에 케임브리지 한복판의 아파트 단지와 3층짜리 주택들 사이를 비집고 작은 땅 위에 세워졌다. 인근 저소득 임대 아파트에 사는 아이들이 학교의 여러 플렉시[3] 유리창에 날카로운 물건으로 흠집을 내놓았고 외벽에는 대담한 색상의 스프레이로 낙서를 해놓았다. 학교 건물뿐만 아니라 축구장이라 불리는 곳도 허름하기 짝이 없고 제대로 관리하지 않는 것처럼 보였다. 길먼, 에이번, 시드웰의 깔끔하게 손질된 잔디밭과 넓게 펼쳐진 운동장과는 정말 거리가 멀었다. 고작 1.6킬로미터 떨어져 있는 하버드와도 당연히 딴세상이었다.

하지만 나는 그때 이런 점을 거의 알아차리지 못했다. 학교 내부에서 무슨 일이 일어나고 있는지도 그다지 신경 쓰지 않았다. 케임브리지 프렌즈는 진보적인 학교라는 자긍심을 가지고 있는 학교였다. 아니 만나는 사람마다 그렇다고 말했다. 그리고 처음 봤을 때 저학년 교실은 몬테소리 학교에서 본 모습을 떠올리게 했다. 아이들은 정렬된 책상 앞에 가만히 앉아 있는 것이 아니라 한 배움터에서 다른 배움터로 옮겨 다니고 있었다. 잃을 것이 별로 없는 나는 주의를 기울이고 앉아 있는 면접관들에게 교육에 관한 나의 고결한 사상을 말할 수 있는 영광스러운 기회에만 집중했다.

---

3 플라스틱으로 만든 투명 소재. 일반 유리보다 더 투명하고 가볍지만 스크래치에 취약하다.

며칠 후 최종 후보 3인에 들었다는 연락을 받고 코네마라와 나는 이틀 일정으로 다시 그곳을 방문했다. 나는 인사위원회에서 물어볼 질문이 나열된 질문지를 받자 대답을 적으면서 미리 준비했다.

케임브리지 프렌즈의 교장이 되고 싶은 이유를 묻는 질문이 있었다. 나는 학생을 가르치면서 가장 즐거웠던 점은 학생들에게 '이성적 사고, 창의성, 공감, 진정성'을 장려하며 학생들로부터 '최고의 것을 끌어낼 수 있는' 기회였고, '협동 정신'과 '개인적 차이에 대한 지원과 존중'이라는 서로 모순되는 두 원칙을 적극적으로 받아들여 이 학교에 대해서도 같은 일을 하고 싶다고 적었다.

자격을 묻는 질문에 대해서는 월터존슨 고등학교에서 '학교 안의 학교' 시범 프로그램을 만들어 성공적으로 이끌었던 것과 시드웰에서의 종교위원회 활동을 기술했다. 게다가 기가 막히게도 나는 교육에 관한 책을 많이 읽었다고도 말했다. 마치 그것으로 내가 학교장이 될 수 있는 자격이 된다는 것처럼 말이다.

두 번째 면접은 첫 번째보다 훨씬 더 순조롭게 진행되었다. 학교에서 퀘이커교 가치의 중요성을 강조하는 매력적인 의견과, 머리와 마음을 모두 교육해야 한다고 주장하는 유창한 언변은 교사, 학부모, 이 사회 모두를 매료시키기에 충분해 보였다. 나는 컨디션이 좋았고, 많은 사람들이 내가 하는 말 한마디 한마디에 집중하는 것에 하늘을 나는 기분이었다.

그러나 아무리 기분이 들떠 있어도 학생들에게 무슨 일이 일어나는

지 모르고 지나갈 정도는 아니었다. 두 번째로 방문한 날, 고학년 학생들은 복도에서 엉망진창으로 뛰어다녔고 학년에 상관없이 모든 아이들이 끊임없이 진지한 대화를 방해하고 있었다. 7~8학년 학생들에게 지적으로 자극이 되는 학습 기회를 제공하고 있다는 증거가 거의 보이지 않았다. 교사들은 학생들에게 도전적이거나 흥미로운 질문을 하지 않았고, 과제를 내는 것이 좋다고 생각하지도 않는 것 같았다. 나는 과연 이 아이들이 새 학교로 진학해 9학년이 될 준비가 되어 있을까 하고 생각했다. 내가 목격한 것을 기반으로 이야기한다면 케임브리지 프렌즈의 졸업생들은 시드웰 같은 학교에서 살아남지 못할 것이다. 내 이런 직감은 다양한 면접을 마친 후에 만난 학부모 대표들을 보면서 더욱 확고해졌다. 그들은 개인적으로 나를 찾아와서 학교가 너무 느슨하고 학업 면에서 충분한 도전의식을 심어주지 못한다고 불만을 털어놓았다.

그러나 공개적으로 만난 자리에서 교사나 이사회 이사, 학부모 대표에게 학교의 장단점에 대해 물었을 때 그들은 퀘이커교의 가치, 다정하고 친절한 교직원, 헌신적인 이사회 등 장점에 대해서는 늘 길게 나열했지만, 단점에 대해서는 아무 말도 하지 않았다. 그래서 인사위원회가 학교의 장단점에 대해 어떻게 생각하는지 물었을 때 나는 학교의 장점에 대해서는 내가 들은 내용을 그대로 읊었다. 그것이 사실인 것처럼 보였기 때문이다. 단점에 대해서는 몇 가지 궁금한 점이 있고 더 알아야 할 것 같다고만 대답했다. 그들은 내가 우려하는 부분이

나 일부 학부모들의 불만에 대해 전혀 들을 준비가 되어 있지 않다는 느낌이 강하게 들었다. 많은 사람들이 학교에 대해 말하는 걸 보면 학교는 아주 소중한 장소이고, 교실 공간을 더 늘려야 한다는 것만 제외하면 그 자체로 완벽한 곳인 것처럼 들렸다.

이 학교가 새 교장에게 실제 바라는 것이 무엇인지 내가 모르고 있다는 생각이 문득 들었다. 그러나 나는 묻지 않았다. 나는 학교장이라는 새로운 전문직에 도전한다는 야심에 차 있었고, 빨리 그 일을 시작하고 싶었기 때문에 내면에서 제기되는 학교에 대한 의문과 내가 정말 이곳에 맞는 사람일까 하는 의심은 더 이상 깊게 생각하지 않았다.

'인자한 독재자'가 돼라?

일주일 후, 그러니까 1980년 3월 초, 학교 이사장에게서 전화가 왔다. 나를 교장으로 임용하고 싶다는 것이었다. 나는 떨리는 목소리로 그 제의를 받아들였다. 전화를 끊자마자 기쁨의 눈물이 흘러내렸다.

우리는 희망과 흥분에 부푼 마음을 안고 집을 알아보기 위해 다시 케임브리지를 찾았다. 학교에서 2킬로미터도 떨어지지 않은 곳에 허름한 집 한 채를 구했다. 그리고 첫째와 둘째 아이를 케임브리지 프렌즈에 입학시켰다. 인사위원회에서 거의 강요하다시피 한 일이었다. 이사장은 나이가 지긋한 여자였다. 그녀는 내가 아이들을 케임브리지 프렌즈에 보내면 학교에 대한 내 신뢰가 얼마나 강한지 다른 학부모와 교사들에게 보여주는 것이 된다고 설명했다.

그리고 나서 이사장은 나중에 생각났다는 듯이 이사회에서 시설 개량을 위한 모금 운동을 내가 부임한 첫 해부터 벌이기로 결정했다고 알려주었다. 그것이 내가 그 학교의 '교육 지도자'로서 해야 할 일이라고 스스로 정한 일 다음으로, 두 번째로 엄청나게 큰 일이 되리라는 것을 그때는 알지 못했다.

이사회에서는 전미자율형사립학교연합회(National Association of Independent Schools) 후원으로 8일 간 열리는 신임 학교장을 위한 여름 세미나에 참석하라고 권유했다. 학교 측에서 리더십 특강을 받을 수 있도록 경비를 대주겠다니 잘된 일이었다. 나는 빨리 그곳에 가고 싶었다.

특강에 앞서 세미나 담당자가 미리 읽을 책을 보내왔다. 텍스터 스트롱Dexter Strong이 쓴 《신임 교장을 위한 안내서》였다. 나는 그 책을 탐독했다. 학교에서 변화를 일으키는 방법에 관한 저자의 주옥 같은 조언과 지혜가 특히 인상적이었다. 저자는 "리더십을 발휘하기 시작할 때 분명 변화를 일으키고 싶을 것이다. 여러분이 앞으로, 특히 임기 초반에 신경 써야 할 점은 얼마나 일찍, 얼마나 빨리 조치를 취해야 하는가의 문제일 것이다."라고 일러주었다. 그렇다면 내가 취해야 하는 '조치'는 실제로 무엇일까? 책에서는 따로 설명되어 있지 않았다. 나는 세미나에서 그 답을 찾을 수 있을 것이라 기대했다.

그러나 세미나에서는 첫 날과 마지막 날에 힘의 '문제점'에 대한 강연을 했고, 그 중간 며칠 동안은 역할놀이만 진행했다. 강연을 담당한 심리학자이자 리더십 전문 강사는 신임 교장으로서 우리의 최우선 과제는, 독재자부터 촉진자까지 표시된 '사분원' 리더십 지도에서 자기 유형을 찾는 것이라고 했다. 나는 중간지대에 어떤 유형의 지도자가 있는지 생각해보려 했지만 그 강사는 그럴 짬을 주지 않았고, 실질적으로 가능한 유일한 선택은 '인자한 독재자'가 되는 것이라고 넌지시 말했다.

우리는 지도자로서의 힘을 '내줘야' 하는 때와 그 방법도 결정해야 한다. 강사는 누가 어떤 결정을 내릴 수 있는지 결정하는 것은 우리에게 달려 있다고 강조하고, 그것을 '차양(window shade)' 이론이라고 불렀다. 차양을 올린다는 것은 더 많은 힘을 내어준다는 의미이고, 차양을 내린다는 것은 자신의 힘을 유지한다는 의미이다. 지도자로서 우리는 차양을 얼마나 올렸는지 혹은 내렸는지 모두에게 알리기만 하면 되는 것이다. 다시 말해 유능한 교장은 현명하게 차양을 조절하는 사람이다.

그 강사가 한 가지는 제대로 이해하고 있었다. 그는 몇 번이고 주먹으로 연단을 치며 말했다. "만일 X라는 일을 안 하거나 Y라는 일을 한다면 여러분은 죽임을 당할 것입니다. 정말 '살해'당한다는 말입니다." 그는 내가 머릿속에 다 담을 수도 없을 만큼 아주 많고 다양한, 끔찍한 X와 Y의 시나리오를 언급했다. 극심한 공포가 나를 짓누르기 시작했다.

교장으로 부임한 지 얼마 지나지 않아 힘에 관한 그 강사의 섬세한 예언은 현실로 나타났다.

나는 활기차게 그러면서도 한껏 부푼 자부심에 시달리며 교장으로서의 첫 학기를 맞이했다. 나에게 힘이 있다는 말을 세미나에 참가한 8일 내내 수도 없이 들었다. 단지 그 힘을 어떻게 사용해야 하는지 모르고 있을 뿐이었다. 사실 학기가 시작되자마자 매일 학교 운영에 관련된 업무에 시달리느라 방법을 알아낼 시간도 없었다. 내 사무실에는 문제를 해결해달라고 급하게 찾아오는 사람들의 발길이 끊이질 않았다. 고장 난 복사기나 전날 밤 청소가 안 된 교실 바닥 문제로 찾아오고, 여자 화장실 휴지가 떨어졌다고 찾아오고, 몇몇 남학생들이 공을 주우러 지붕 위에 올라갔다며 찾아왔다. 그런 일을 처리하는 틈틈이 학부모에게 보내는 학교 방문의 밤 초청 편지를 써야 했고, 교직원 회의를 열어야 했고, 행정실장과 입학처장과 회의도 해야 했다.

처음에는 동시에 여러 일을 해야 할 때 아드레날린이 솟구치는 것 같은 긴장감이 좋았다. 그러나 학교에 잠재되어 있는 보다 깊은 문제에 대해 해결은커녕 생각할 시간도 없이 '사소한 행정 업무'에 치이고 있다는 사실을 곧 깨달았다. 그해 가을, 정말 몇 번밖에 교실에 가보지 못했지만 방문할 때마다 수업에 집중하지 못하고 오히려 수업을 방해하는 아이들이 보였다. 나는 '알렉스'라는 남자아이를 훈계하려고 매일 교장실로 보내라고 했다. 몇 주 지나자 알렉스의 담임이 왜

이 아이를 내버려두는지 궁금해졌다. 담임은 부모와 전화 상담을 했을까? 아니면 내가 해야 하는 것일까? 이런 상황을 어떻게 다뤄야 할지는 신임 교장을 위한 안내서에도 나와 있지 않았다.

교장 채용 면접을 보면서 품기 시작한 은근한 의심은 사라지지 않고 남아 있다가 이제 완전히 두려움으로 바뀌었다. 나는 고학년 교사들이 학생들에게 학습이나 행동 차원에서 충분히 해야 할 것들을 요구하고 있지 않다는 것을 알 수 있었다. 이 학교의 '숨겨진 교육과정', 즉 이 학교의 문화는 지나치게 허용적이었다. 교사들에게 어떻게 이 문제를 제기할까? 아니면 이사회에 말해야 하는 것일까? 정말 어떻게 해야 할지 몰랐지만 긴급한 문제임은 분명했다.

등돌리는 사람들

이제 막 시작한 모금운동은 엄청나게 큰 싱크홀sinkhole[4] 이나 마찬가지였다. 나는 잠재적 기부자에게 투자의 필요성을 설명하기 위해 주기적으로 공사 수탁업체를 만나 건축 설계도를 들여다보면서 학교 건물과 조경에 필요한 사항을 파악해야 했다. 내가 왜 복도 끝 유리창도 없는 작은 방을 새 교장실로 정했는지 물었을 때 이미 계획을 바꾸기

---

4 땅속에 형성된 빈 공간이 주저앉아 지면에 생기는 커다란 구멍이나 웅덩이로, 주변의 사물이나 건물, 지형까지 사라지는 경우도 있다.

에는 늦었다는 대답만 돌아왔다. 그들은 8개월도 채 남지 않은 바로 다음 여름에 공사를 시작하고 싶다고 했다. 게다가 이사회에서 모금 컨설턴트를 채용하기로 결정했지만 채용 심사는 나 혼자 맡아서 해야 했다. 컨설턴트를 채용한 후에는 함께 모금 운동 '전략'과 예산을 짜고 안내 책자를 만들어야 했다. 이사회에서는 목표 모금액을 100만 달러로 잡고 이미 승인한 상태였다. 나는 놀라서 할 말을 잃었다. 100만 달러를 모금한다는 것은 고작 20년 된 학교로서는 엄청나게 야심 찬 사업이었다. 졸업생들의 나이는 많아 봐야 30대들이고 아직 필요한 규모의 기부를 할 수 있는 능력이 없었다.

그렇다면 대체로 나이 많고 부유한 퀘이커교도들의 기부에 의존해야 한다는 의미였다. 그래서 나는 주로 학교 밖에서 많은 시간을 보내야 했다. 모금 컨설턴트가 '거물'이라고 지칭한 사람들과 오랜 시간 점심식사를 하며 대화하거나 차를 마셨다. 항상 그런 자리의 마무리는 컨설턴트가 사전에 조언해준 대로 특정 금액을 기부해달라고 부탁하는 것이었다. 잘 알지도 못하고 마음속에 의심을 품고 있는 학교를 위해 그렇게 열정을 마구 쏟아내는 내 자신을 보면서 스스로도 사기꾼처럼 느껴졌다.

나는 학생과 교사, 학부모에 대해 알기 위해 시간을 들였어야 했다. 학교에 대해 알기 위해 노력했어야 했다. 훈육을 위해 교장실로 보내는 아이들 외에 다른 아이들과는 주기적으로 접촉하지 못했다.

내 리더십에 대한 진짜 첫 시험은 12월에 찾아왔다. 알렉스는 교실에서 늘 말썽만 피우고 있었고 교실보다 교장실에서 보내는 시간이 더 많았다. 나는 그 상황에 전혀 대비가 되어 있지 않았다. 여전히 이 학교 교사들에 대해 알아갈 시간이 없었고 수업하고 있는 교실을 들여다볼 시간도 없었다. 설상가상 나는 알렉스 아버지와 전화상으로 소리 지르기 경쟁을 하고 말았다. 그는 자기 아들의 문제 행동은 교사들 잘못이라고 말했다. 그것이 사실인지 아닌지 알 수 없었지만 어쨌든 나는 교사들을 옹호할 수밖에 없었다.

무엇인가 조치가 필요했다. 그래서 '차양을 조금 내렸다.' 나는 교직원 회의에서 관련 교사들과 상의한 후 알렉스를 퇴학시킬지 말지 최종 결정을 내리겠다고 발표했다. 학생이 문제 행동을 했다면 그에 따르는 명확한 결과가 있어야 한다고 생각했다. 이제 교장으로서 책임지고 첫 '조치'를 내릴 준비가 되어 있었다.

그것은 매우 작은 조치처럼 보였다. 아직까지는 조치라고 할 만한 것도 아니었다. 그러나 그것으로 말미암아 나를 향한 반감이 처음으로 터져나왔다.

그다음 교직원 회의가 시작되었을 때 몇 안 되는 남자 교사 중 한 명이 지난 20년 동안 이런 종류의 사안은 교장이 간섭하지 않고 교직원 전체 회의에서 결정했다고 말했다. "왜 방식을 바꾸려고 하는 겁니까?" 그는 이유를 말해달라고 요구했다.

힘은 교장인 내가 발휘하는 것이고, 누가 책임자인지 그들에게 보여줘야 한다고 들었다고 어떻게 말할 수 있겠는가? 나는 학생과 학생

가족에 관한 은밀한 문제를 전체 교직원 회의에서 이야기하는 것은 좋은 생각이 아니라고 둘러댔다. 사실 말이 안 되는 소리였다. 다른 교사들도 알고 있었다. 몇몇 교사들이 고개를 젓는 것이 보였다. 결국 결정을 철회했다.

그러나 냉전의 기운은 계속 흐르고 있었다. 그 달 후반에 접어들었고 크리스마스 휴일이 다가오고 있었다. 나는 폭설 시 휴교 절차를 검토하기로 하고 다시 차양을 내릴 기회를 노렸다. 케임브리지 프렌즈는 항상 라디오에서 공립학교들이 수업을 취소했다고 발표하면 임시 휴교를 했다. 굉장히 유연한 체계였다. 하지만 한 가지 결점이 있었다. 모든 교직원에게 학교가 휴교한다는 것을 확실히 알리기 위해 교직원 연락망을 가동해야 하고, 그러기 위해서는 교장이 라디오 방송을 듣자마다 여러 통의 전화를 걸어야 한다.

나는 왜 교사들은 교장이나 학부모들처럼 직접 라디오에서 정보를 얻을 수 없는 것인지 이해할 수 없었다. 게다가 어떤 교사들은 아이들을 너무 애지중지하는 것 같았다. 전임 교장은 이런 식으로 교사들의 온갖 요구를 다 받아주었던 것일까? 나는 이번 일을 기회 삼아 앞으로 조금 더 엄격하게 하겠다는 즉, 오랜 관행이 아닌 합리성에 바탕을 둔 새로운 정책을 만들겠다는 메시지를 전달할 생각이었다. 풋내기에 바보였던 나는 교직원 게시판에 폭설로 인한 휴교 알림은 라디오 방송만으로 충분하므로 앞으로 비상연락망을 따로 가동하지 않을 것이라는 공지문을 붙였다.

나는 입학처장을 내 편으로 만들었다. 정신없고 소란스러운 학교 복도를 돌아본 학부모들이 부정적인 반응을 보이는 것을 직접 목격했던 터라, 입학처장은 학교 문화에 대한 나의 우려를 어느 정도 공감하고 있었다. 그녀가 나를 따로 불러내더니 새로 정한 폭설 시 휴교 안내 절차를 못마땅해 하는 불평의 소리가 점점 커지고 있다고 말했다. "동의하지 않는다면서 왜들 직접 찾아와서 말하지 않는 거죠?" 나는 실망스러워하며 물었다. "그들의 방식이 아니기 때문이에요." 입학처장이 솔직히 대답했다.

나는 다음 교직원 회의에서 이 문제를 안건으로 내놓았다. "라디오가 없는 사람도 있습니다." 누군가 말했다. "학교가 문을 여는지 닫는지 알려고 왜 우리가 아침 댓바람부터 라디오를 들어야 합니까?" 또 다른 교사가 말했다. "전화가 훨씬 더 좋잖아요." 압도적으로 많은 교사들이 기존의 폭설 시 휴교 안내 방식을 그대로 유지하기를 원했다. 그래서 이번에도 결정을 번복했다.

이제 교직원들의 저항은 전면적인 소모전으로 바뀌었다. 교사들은 나에 대해 점점 날카롭고 비판적인 질문을 서로 주고받기 시작했다. "교장은 왜 학교를 바꾸려고 할까요? 다음에는 또 어떤 것을 갑자기 들고 나올까요? 전적으로 혼자 학교를 운영하고 싶은 것일까요? 지난 몇 년 동안 자기가 없을 때도 우리 학교가 잘만 돌아갔다는 것을 모르는 걸까요?" 하지만 그 후로도 3개월 동안 나는 이런 질문들이 나오고 있다는 것을 전혀 알지 못했다.

3월이 되어서야 학교 이사 중 한 명인 매리 존슨이 사람들이 내 등 뒤에서 어떤 말을 하고 있는지 알려주었다. 매리 존슨은 이곳에서 교사로 있었고, 나중에 안 사실이지만 나와 함께 교장 최종 후보에 올랐던 사람이었다. 12월에 나로서는 참담했던 두 건의 결정 철회 이후로 교사들은 그녀에게 계속 전화를 걸고 있었다.

붕대도 제대로 감지 않은 곪은 상처처럼 온갖 유해 물질이 이어서 쏟아져 나오기 시작했다. 곪은 상처를 더는 그냥 내버려 둘 수가 없었다. 그해 봄 내내 학교 이사들과 교사들을 만나 지난 6개월 동안 내가 어떤 교장이었으며 학교가 원하는 교장은 어떤 유형인지 이야기를 나누었다.

여러 차례 이어진 회의는 길고 피곤했지만, 결국 학교에서 원하는 교장은 전통적으로 많은 자율형 사립학교를 운영하고 있는 자비로운 독재자 같은 지도자가 아니라는 점이 명백히 드러났다. 나는 리더십 특강에서 그런 지도자가 되라고 배웠고, 시드웰에서도 지도자가 그렇게 일하는 것을 보았다. 그러나 이곳에서는 교직원들에게 중요하지 않은 문제를 처리해주는 행정가를 원했다. 즉, 촉진자를 원하고 있었다. 어찌되었건 그들이 정말 원하는 것은 내가 이곳에 오기 이전의 상태로 돌아가는 것이었다. 케임브리지 프렌즈는 교사가 운영하는 학교였고, 그들은 그 방식을 선호했다. 한편 학부모들은 지금의 상황에 대해 여전히 아무것도 모르고 있었다.

그 무렵 나는 한 인사위원회 위원에게서 내가 교사들이 지목한 1

순위 교장 후보가 아니었다는 말을 들었다. 2순위도 아니고, 3순위도 아니었다고 했다. 충격이었다. 그제야 교사들이 내가 무엇인가 시작할 기회를 갖기도 전에 내게 등을 돌린 이유가 설명되었다.

나는 지금도 가끔씩 인사위원회에서 왜 나를 선택했는지 궁금하다. 하버드 졸업장이 있어서였을까? 명문 고등학교에서 가르친 경력이 있어서였을까? 아니면 퀘이커교와 관련이 있어서였을까? 도통 모르겠다. 하지만 나처럼 실무 경험이 없는 사람은 채용하지 말았어야 했다는 것과 그때 벌어진 참사에 대해 나와 인사위원회가 공동으로 책임져야 한다는 것은 알고 있다.

내가 실패한 이유

한편, 3학년이 된 대니얼은 무엇이든 제멋대로 하기로 마음먹은 것 같았다. 바로 1년 전 베데스다에서 처음으로 절친한 친구를 사귀었던 터라 케임브리지로 이사 온 것에 매우 화가 날 법했다. 대니얼은 나로서는 도무지 이해되지 않는 이유로 새로 다니기 시작한 학교를 싫어했다. 교실에서 말썽을 피웠고 시도 때도 없이 훈계를 받기 위해 교장실, 그러니까 내 사무실로 보내졌다. 나는 새로운 직장에서 살아남기 위해 애쓰느라 너무 정신이 없어서 대니얼에게 어떤 말을 해야 할지 몰랐고 거의 도움을 주지 못했다.

어느 날 온 가족이 '링링 브라더스 앤드 바넘과 베일리 서커스'[5]의 공연을 보러 가기로 했지만 대니얼은 수업 시간에 의자를 던졌기 때문에, 그 벌로 데리고 가지 않았다. 내가 부모가 된 후로 최악이었던 날 중 하루였다.

6월이 되었다. 모두들 다음 학년도를 새롭게 시작하자고 약속했다. 대니얼도 마찬가지였다. 그해 여름 나는 긴 안도의 한숨을 쉬면서 지냈고, 교장으로서 처음 1년 동안 배운 리더십에 관해 글을 쓰기 시작했다. 신임 교장을 위한 '리더십 특강' 때문에 어떻게 실패한 지도자가 되었는지, 학교에 첫발을 내딛자마자 모금 운동을 시작한 것이 얼마나 잘못된 조치였는지에 대해 썼고, 학교 이사회가(그리고 교사들이) 실제 벌어지고 있는 일에 대해 아주 오랫동안 나에게 솔직하게 말하지 않았기 때문에 발생한 오류와 행정가로서 그리고 지도자로서 내가 저지른 많은 실수들을 글로 담아냈다.

상당히 경쟁적이고 무엇이든 말로 표현하는 학교를 다녔기 때문인지 모르겠지만, 나는 비교적 말이 없는 케임브리지 프렌즈의 문화에 완전히 귀를 기울이지 않았다. 보려고 노력했다면 보였을 비언어적 단서가 많았는데도 나는 그것들을 놓치고 말았다. 게다가 학교와 관련해서 내가 우려하는 문제를 안건으로 제기하는 것이 교장으로서 해야 할 책임이라고 생각했지만 교사들의 기분을 상하게 하지 않으면서

---

5 1871년에 창단되어 2017년까지 활동한 미국 대형 서커스단. 관객 감소와 동물 권리 보호, 운영비 등의 이유로 해산했다.

하는 방법을 전혀 몰랐다. 의사결정자로서 내 위치를 확고히 다지려고 했던 두 번의 시도에서도 완전히 어리석은 실수를 했다. 처음에는 이런 모든 상황을 이해하고 싶어서 글을 쓰기 시작했다. 그러나 이와 같은 내 경험이 다른 신임 교장들에게는 도움이 될 수 있으리라는 생각도 들었다.

학교 이사회는 교장의 리더십 '위기'를 상의하기 위해 여름 동안 매리 존슨의 사촌동생인 에릭 존슨을 컨설턴트로 고용했다. 나는 에릭 존슨에게 내 글의 초고를 읽어달라고 부탁했고, 그는 기꺼이 부탁을 들어주었다. 그의 메모에는 이렇게 적혀 있었다. '토니, 이 글을 지금 어딘가에 발표하는 것은 큰 실수를 저지르는 일일 겁니다. 솔직 담백한 글이기는 하지만 실제로 새로운 것이 별로 없네요. 내 생각에는 이 글이 학교 차원에서 그리고 당신 개인적으로 이번 1981~1982학년도에 잘 해나갈 수 있는 기회를 오히려 망칠 수 있다고 봐요. 이런 글을 쓰기에 당신은 아직 충분한 경험을 하지 않았어요.' 전직 국어교사였던 에릭은 철자, 문법, 구두점 오류를 지적해주었을 뿐만 아니라 여백에 광범위한 내용의 코멘트도 적어주었다. 만약 그가 내 글에 점수를 매겼다면 분명 낙제 점수였을 것이다.

두렵고 불안했지만 더 열심히 하겠다고 굳게 결심한 나는 교사들이 요구하는 '시종 같은 지도자'가 되기 위해 노력하면서 새 학기를 시작했다. 전보다 훨씬 더 일찍 일어나서 늘 가장 먼저 학교에 도착했다. 매일 아침 현관에 서서 교사와 학부모와 학생들을 맞이했다. 지금 진행 중인 건축 공사 때문에 생긴 온갖 소음과 혼란을 다루기 위해 내가 할 수 있는 최선을 다했다. 그리고 내가 사랑하고 잘하는 일을 다시 하고 싶기도 하고, 그들과 같은 교사의 일원이 되려는 시도로 8학년 국어를 가르치겠다고 제안했다.

그러나 모두가 부질없는 일이었다. 교사들은 이미 마음을 굳힌 상태였다. 그들은 내가 학교에 대해 품고 있는 우려를 감지했고, 그것 때문에 불안해 했다. 그들은 내가 떠나기를 원했다.

11월 초 에릭 존슨이 나를 찾아와서 사임을 권했다. 이사회에서 남은 기간에 대한 월급을 지불하기로 합의했고 자신의 형수 메리 존슨이 대신 교장 직을 맡을 것이라고 말했다. 메리는 그 후로 13년 동안 그 자리를 맡았다.

전체 조회시간에 나는 학생들에게 작별 인사를 했다. 내 인생에서 가장 슬픈 순간 중 하나였다. 나는 합창단 학생들에게 그들의 레퍼토리 중에서 내가 가장 좋아하는 노래를 불러달라고 부탁했다. 노래가 끝난 후 나는 원형으로 겹겹이 앉아 있는 어린 학생들을 바라보면서 이제 이곳을 떠날 것이고, 많이 보고 싶을 것이고, 잘 지내기를 바란다고 말했다. 눈물이 내 뺨을 타고 흘러내렸다. 몇몇 아이들의 얼굴에서 당혹스러운 표정을 읽을 수 있었다. 마치 '왜 이렇게 빨리 떠나세요?'라고 묻는 것 같았다. 그러나 나는 아무 말도 해줄 수가 없었다. 조회가 끝나자마자 나는 문 밖으로 걸어 나왔다. 그리고 다시는 돌아가지 않았다. 우리 집 아이들은 학년말까지 케임브리지 프렌즈를 다

넸고, 그 뒤에 다른 곳으로 전학시켰다.

두 달 동안 나는 집에 머물면서 학교 이사회와 교사들과 나누었던 모든 대화와 내가 참석했던 모든 회의를 머릿속에 다시 떠올리며 되 씹어보았다. 다르게 했어야 했던 말과 행동에 대해 집요하게 다시 생 각해보았다. 할 수만 있다면 시간을 되돌리고 싶었다. 다시 시작하고 싶었다. 내 자신에게 화가 났다. 평생의 기회였는데, 내가 완전히 망 쳐버리고 만 것이다. 교장을 하면서 나는 일지를 쓰거나 기타를 연습 할 시간이 거의 없었다. 이제는 시간이 남아돌았지만 글을 쓰거나 음 악을 연주할 의욕을 완전히 잃고 말았다.

밤에 잠을 자려고 애쓰다보면 두더지 선생님의 목소리가 녹음된 테 이프가 머릿속에서 반복 재생되었다. "와그너, 넌 개판이야! 지금까 지 늘 개판이었고, 앞으로도 평생 개판으로 살아갈 거야." 두더지 선 생님 말이 옳았다. 교사로서의 성공은 일시적인 것이었다. 어쩌다 보 니 얻은 요행수였다. 마음속으로는 나도 내가 완전 개판이라는 것을 알고 있었다. 그것이 내가 실패한 이유였다.

새로운 도전

1982년 초, 나는 다시 일자리를 알아보기 시작했다. 우선 얼 해리슨 시드웰 학교장을 찾아가 예전처럼 다시 일할 수 있게 해달라고 부탁했다. 그는 "그대 다시는 고향에 가지 못하리."라고 말하면서 내 부탁을 거절했다. 그것은 내가 가장 좋아하는 토머스 울프의 소설 제목이었다. 얼 교장은 시드웰의 옛 동료들이 내가 새로 시작한 일에서 '추락하고 불에 델 것'이라 예상했다고 털어놓았다. 그는 분명 내 아킬레스건을 알고 있었다.

나는 몇몇 학교의 교감 자리에 지원했다. 볼티모어에 있는 진보적인 K-12 통학 학교는 최종 면접까지 갔다. 그곳 교장은 나와 비슷한 교육 철학을 가지고 있었다. 내가 학교를 방문해 하루 종일 이야기를 나누었을 때 서로 마음이 잘 맞았다. 나는 실수로부터 얼마나 많은 것을 배웠는지 설명했고, 새로 시작해서 그처럼 경험 많은 교장에게서 열심히 배우고 싶다고 말했다.

그러나 결국 그는 전화로 위험을 감수할 수 없다고 말했다. 위험은 나를 말하는 것이었다.

에릭 존슨의 말을 듣지 말았어야 했다. 적어도 교장으로 2년 경력을 끝까지 채울 수 있는 방법을 찾아냈어야 했다. 이제 어디에서도 나를 채용하려고 하지 않을 것이라는 확신이 들었다.

일자리를 알아보는 동안 나는 내 자신이 쓸모 있는 사람이라는 느낌을 받고 싶었고, 그런 노력의 일환으로 '사회적 책임을 위한 교육자 회'라는 모임에 나가기 시작했다. 1981년 취임한 레이건 대통령은 공산주의 국가와의 긴장 완화를 추구하던 기존 외교 정책을 180도 전환해 대립을 선택하고 냉전 시대를 부활시켰다. 그는 B-1 폭격기와 MX

'평화유지' 미사일[6] 같은 새로운 주요 무기를 확보하고 서독에 퍼싱 II 미사일[7]을 배치하기 위해 국방비를 단계적으로 올리면서 소련을 무너뜨리려고 했다.

1978년 헬렌 칼디코트Helen Caldicott[8] 박사와 보스턴 지역의 의사들은, 핵무기 실험으로 위태로워진 국민의 건강을 우려하던 의사들이 1961년에 처음 설립한 조직을 다시 부활시켰다. 그들은 이전 조직의 이름을 그대로 사용해 '사회적 책임을 위한 의사회(Doctors for Social Responsibility)'라 부르기로 했다. 하지만 활동 초점은 핵무기와 핵전쟁이 의료에 미칠 잠재적 영향에 맞추었다. 1979년 3월 스리마일 섬(Three Mile Island) 원자력 발전소 사고[9]와 레이건 대통령의 무력 과시로 의사회에 대한 사회적 관심이 높아졌다. 미국 전역에 십여 개의 지사가 설립되었고 회원 수는 수천 명에 달했다.

1981년 가을, 로베르타 스노우Roberta Snow와 쉘던 버만Sheldon Berman이 이끄는 소규모 교육자 집단이 점점 커지는 핵전쟁 위협에 교육자들이 어떻게 대처할지 논의하기 위해 모임을 열었다. 사회적 책임을 위한 의사회라는 모범 사례가 아주 가까이 있었기 때문에 '사회적 책임을 위한 교육자회(Educators for Social Responsibility)'라는 이름을 채

6 지상 발사형 대륙간 탄도 미사일
7 미국의 지대지地對地 중거리 탄도 미사일
8 호주 출신 의사이자 반핵운동가로 원자력 사용과 핵무기 생산 및 핵무기 확산을 반대하는 여러 단체를 설립했다.
9 미국 펜실베이니아 주의 스리마일 섬 원자력 발전소에서 원자로 중심 부분이 녹는 사고가 발생했다. 미국 원자력 산업 역사상 가장 심각한 사고로 기록된다.

택하는 것은 아주 쉬운 일이었다. 나는 하버드 광장 벽에 붙은 사회적 책임을 위한 교육자회(간단히 줄여 ESR) 전단지를 보고, 두 번째 열리는 모임에 참석했다.

그 모임은 매주 열리기 시작했다. 새로 탄생한 조직이 상징하는 것과 발전 방향에 대해 토론을 벌이는 것은 무익한 구직 활동을 하고 있던 나로서는 잠시 머리를 식힐 수 있는 아주 반가운 것이었다. 그리고 그때 〈보스턴 글로브Boston Globe〉 신문에 이 소규모 교육단체에 대한 기사가 실렸고, 한 통신사에서 그 기사를 가져다 쓰면서 전국에서 ESR에 가입하거나 지부를 설립하는 방법을 묻는 문의가 들어오기 시작했다.

봄이 되자 회비를 내는 정회원이 350명 이상으로 늘었고, 전국에 우리 조직의 지부라고 자처하는 여러 단체들이 생겨났다. 공식적으로 전국 규모의 조직을 설립하기에 적절한 시기였다. 그러나 우리 통장에는 몇 백 달러밖에 없었다. 전국적인 조직이 되기 위해서는 진짜 사무실과 상근 직원으로 일할 사무국장이 필요했다. 쉘던 버먼이 가르치고 있는 브룩클린의 학교 지하실에서 벗어나 ESR을 운영할 수 있는 능력이 안 되었다.

하루는 모두가 이 문제로 고심하고 있던 중에 나는 사람들을 쭉 훑어보았다. 나를 제외하고 모두가 직장을 가지고 있었다. 그 누구도 자기 직장을 포기하지 않을 게 뻔했다. 반면에 나는 3개월 후면 케임브리지 프렌즈와의 고용 계약이 해지된다. 게다가 새 직장을 얻을 전망도 없었다. 이만하면 위험을 감수할 만했다. 나는 ESR 사무국장 직에 자원했다. 두어 사람이 입을 벌린 채 휘둥그레진 눈으로 나를 쳐다보았다. 그들은 내가 제정신이 아니라고 생각했을 것이다. 그러나 누군가 표결에 붙이자고 제안했고, 결국 나는 뜻하지 않게 새로운 일자리를 얻게 되었다. 이제 나는 내 일을 만들어내기만 하면 된다.

나는 새로운 도전에 매진했다. 먼저 케임브리지에 있는 '사회적 책임을 위한 의사회' 본부를 찾아가 명목상의 임대료만 받고 우리에게 아주 작은 공간이라도 빌려 달라고 설득했다. 그때 자원봉사를 전업으로 하는 멋진 사람을 알게 되었다. 수잔 알렉산더는 이전에 웨즐리 고등학교에서 국어를 가르쳤던 교사였고, '사회적 책임을 위한 의사회'의 설립자 중 한 명인 시드니 알렉산더 박사의 아내였다. 그녀가 사무실 차리는 일을 도와주겠다고 나서주었다. 이제 남은 일은 조직 강령을 만들고 운영비를 마련하는 것이었다.

조직 강령을 만드는 일은 ESR이 시위를 후원하는 활동가 조직이 되기를 바라는 사람들과, 교사들을 위해 교육과정을 개발하고 워크숍을 조직하는 전문적인 일에 초점을 맞춰야 한다고 믿는 사람들 간의 투쟁으로 변했다. 나는 교사들이 교실에서 핵전쟁의 위협과 그 밖의 논란이 되는 사안을 다루는 법을 배울 수 있도록 돕는 데 ESR이 중요한 역할을 할 수 있다고 주장했다. 만일 우리가 시위를 후원한다면 사람들은 우리를 정치적인 조직으로 볼 것이며, 따라서 교육 정보를 얻을 수 있는 공신력 있는 출처로서 우리에 대한 신뢰가 떨어질 수 있다고 강조했다.

그렇다고 해서 개인적으로 시위에 참여할 수 없다는 의미는 아니었다. 나는 1982년 6월 12일 뉴욕에서 열리는 핵전쟁 반대 시위에 참가하기로 했다. 밝은 햇빛 속에서 같은 생각을 가진 수만 명의 사람들과 함께 5번가를 따라 행진하는 것은 얼마나 흥분되는 일이었는지 모른다. 1960년대의 점점 과격해졌던 베트남 전쟁 반대 시위와는 다르게 반핵운동은 카니발 축제 같은 분위기를 풍기고 있었다. 얼굴에 미소를 띤 엄마들이 유모차를 밀고 다녔고, 그들 머리 위로 '인류를 구해주세요'라고 적힌 표지를 허리에 단 고무풍선 고래가 하늘을 헤엄치고 있었다. 땋은 머리에 열 살쯤 되어 보이는 소녀가 '팔은 포옹하기 위한 것이랍니다.[10]'라고 적힌 포스터를 들고 있었다. 소녀의 손을 잡고 있는 백발의 남성은 '레이건은 폭탄이다. 우리는 레이건과 폭탄 둘 다 반대한다.'라고 적힌 플래카드를 들고 있었다. 나는 이처럼 시위 현장에서 환희를 느꼈던 때가 언제였는지 기억이 안 났다.

다음 날 〈뉴욕 타임스〉는 뉴욕 센트럴파크 집회에 75만 명 이상이 참석했고, 뉴욕 시 역사상 최대 규모의 시위였다고 보도했다. 게다가 단 한 건의 체포나 폭력 사건도 없었다. 그러나 나는 그날 시위의 놀라운 성공을 음미할 시간이 없었다. '사회적 책임을 위한 의사회' 직원의 조언 덕분에 나는 맨해튼의 한 잠재적 기부자와 만날 약속을 잡

---

10 'Arms are for embracing.' 영어에서 팔(arms)은 무기를 의미하기도 한다.

는 데 성공했다. 그는 다름 아닌 록펠러 가족 펀드 이사장 로버트 스크리브너Robert Scrivner였다.

스크리브너는 평범하지 않은 인물이었다. 그는 캔자스에서 공립학교를 다녔고 하버드에서 장학금을 받았다. 대학을 다니는 동안 여름방학에 캔자스에 집을 짓거나 알래스카에 도로를 건설하는 일을 하며 보냈다. 졸업 후 신학대학원에 가고 싶었지만 아버지는 변호사가 되라고 압박했다. 하버드 법학전문대학원에 입학한 스크리브너는 헨리 키신저Henry Kissinger[11]가 가르치는 국방정책 세미나에 등록했다. 그 수업은 그의 인생을 바꿔놓았다. 국제 갈등의 위험과 핵전쟁의 무서운 결과에 눈을 뜨게 해준 것이었다.

스크리브너는 1961년 법학대학원을 졸업한 후 기업 고문 변호사로 잠깐 일했는데, 그는 그 일을 싫어했다. 그래서 록펠러브라더스펀드에서 영입 제안이 들어오자 바로 수락했다.

한편 1967년, 존 록펠러John D. Rockefeller[12] 의 자손들은 4대손들이 자선활동을 펼치기 위한 수단으로 록펠러가족펀드라는 또 다른 재단을 만들었다. 스크리브너는 32세에 새 자선재단의 사무국장으로 발탁되었고, 암으로 오랜 사투를 벌이다 1984년 48세의 나이로 사망하기 전까지 계속 그 일을 했다.

---

11 독일에서 태어난 유대계 미국 정치가이자 외교관으로 닉슨 대통령 안보보좌관과 국무장관을 역임했고, 하버드대 교수로 국제관계학 강의를 했다.
12 1870년대 후반 석유 사업을 시작으로 많은 재산을 모은 미국 사업가이자 세계적인 대부호. 은퇴 후에는 록펠러 재단 등을 세우고 자선 사업에 매진했다.

나중에 록펠러가족펀드의 이사가 되는 스크리브너의 동료 리처드 체이신의 말에 따르면 스크리브너는 '골치 아픈' 인류애학파였다. 그는 논란이 되는 다양한 문제에 대해 강경한 입장을 취하라고 재단이 사회에 강력히 권고했다. 록펠러가족펀드는 처음으로 대형 담배회사를 상대로 낸 소송을 옹호했고, 유독성 고엽제에 노출되었던 베트남 참전 퇴역 군인들이 집단소송에서 이길 수 있도록 도왔다.

그러나 스크리브너는 다른 무엇보다 핵전쟁의 위협에 대해 늘 걱정하고 있었다. 록펠러가족펀드는 나중에 노벨평화상을 수상하게 되는 핵전쟁방지국제의사회(International Physicians for the Prevention of Nuclear War)에 자선재단 중 최초로 연구비를 지원했다.

나는 스크리브너에 대한 이런 정보를 전혀 알지 못한 채 6월 13일 록펠러가족재단의 맨해튼 사무실로 그를 만나러 갔다. 문 앞에서 나를 맞이해준 남자는 상당히 키가 크고 마른 사람이었다. 새치머리에 거북이 등딱지 테를 두른 안경을 쓰고 깔끔한 먹색 양복을 입고 있는 그는 한눈에 학자처럼 보였다. 하지만 움직임을 보니 고등학교 때 농구선수였다는 것이 느껴졌다.

우리는 잠시 전날 있었던 행진과 집회에 대한 이야기를 나누었다. 그리고 나서 스크리브너는 ESR에 대해 말해달라고 했다. 나는 너무 빨리 말하지 않도록 애쓰면서 ESR이 어떻게 설립되었는지 말했다. 전국적으로 관심이 커지고 있다는 말도 덧붙였다. 그리고 우리 조직의 궁극적인 목적에 관해 내부에서 일어났던 논쟁과 새로운 전문 조직의 필요성에 대한 내 입장도 간단히 설명했다. 그는 내 의견에 동의한다는 듯이 고개를 끄덕였다.

"당신에 대한 얘기를 더 해보세요." 스크리브너가 말했다.

너무 뜻밖의 질문이라 나는 무슨 말을 해야 할지 몰랐다. 그러나 내가 할 수 있는 것이라고는 사실을 말하는 것밖에 없다고 생각했다. 나는 교사로서의 경험을 간략히 말한 다음, 전혀 준비가 안 된 상태에서 뛰어든 일이었다면서 케임브리지 프렌즈에서 겪은 참담한 실패에 대해 요약했다. 그런데 그가 이미 나에 대해 알고 있다는 묘한 기분이 들었다.

"어째서 이번 일은 성공시킬 수 있다고 믿는 거죠?" 스크리브너가 물었다. 그는 마치 영혼을 살피고 있는 듯한 강렬한 눈빛으로 나를 오래 쳐다보았다.

"제가 할 수 있는지는 솔직히 잘 모르겠습니다. 그러나 시도하는 것이 중요하다고 생각합니다. 교사들은 핵전쟁의 위협과 여러 시사 문제에 대해 아이들에게 설명해줄 수 있는 최선의 방법을 찾고 있습니다. 그러기 위해 도움이 필요한 것이고요."

"여기까지 와주셔서 감사합니다." 면담을 끝내며 스크리브너가 말했다. 그는 나에게 다정하게 악수를 건넸지만 무슨 생각을 하고 있는지는 전혀 내색하지 않았다.

2주쯤 지난 어느 아침, ESR 새 사무실에 도착했을 때 봉투 하나가 나를 기다리고 있었다. 어디인지 모르는 뉴욕의 주소에서 온 것이었다. 봉투를 열어보니 손 글씨 편지와 수표가 들어 있었다.

당신은 우리 시대의 가장 중요한 문제를 다루는 데에 꼭 필
요한 역할을 하고 있습니다. 세심하고 훌륭히 그 역할을 해
낸다면 미래 세대가 고마워할 것입니다. 더 많은 지원을 받
을 수 있을 때까지 이것으로 당신의 활동을 유지하는 데 도
움이 되길 바랍니다.

로버트 드림

수표를 펼쳐보았다. 1만 달러였다. 그것은 록펠러가족펀드에서 발행
한 것이 아니라 스크리브너 개인 수표였다. 수표와 편지에 고마움과
안도의 눈물이 흘러나와 앞이 안 보였다. 그는 나를 믿어주었다. 절대
그를 실망시키지 않을 것이다.

다른 길을 찾아서

ESR이 공식적으로 설립된 지 1년이 지난 1983년 9월, 나는 '사회적
책임을 위한 의사회' 직원들과 함께 개봉 예정인 2시간짜리 ABC[13]

---

13 미국 방송국

특별기획 영화 〈그날 이후(The Day After)〉 시사회에 초대받았다. 영화는 핵전쟁 이전과 도중 그리고 이후에 캔자스 시에 살고 있는 주민들의 삶을 다루었다. 핵전쟁의 결과가 소름 끼칠 정도로 자세히 묘사되어 있었다.

시사회가 끝나자마자 서둘러 사무실로 돌아와 4명뿐인 직원들을 모아 놓고 비상회의를 열었다. 나는 11월에 TV에서 방영될 영화에 대해서 교사와 학부모가 아이들에게 설명할 수 있도록 돕는 자료를 제작하자고 제안했고, 그러기 위해 하던 일을 모두 중단하고 가능한 모든 시간과 자금을 자료 제작에 투입해야 한다고 말했다. 우리는 다양한 연령의 아이들에게 맞는 토론 수업 안내 지침을 개발하고, 유용한 조언을 가득 담은 소책자를 부모들에게 제공했다. 아이들에게 핵전쟁에 대해 어떻게 말해야 하는지를 전적으로 다룬 특별 소식지를 인쇄해 수천 부를 무료로 배부했다. 이전에는 핵전쟁의 위협에 관해 아이들에게 말을 해야 할지 말지를 두고 논쟁이 벌어졌다. 그러나 ABC에서 만든 영화로 그런 논쟁은 할 필요가 없게 되었다. 이제 문제는 아이들에게 어떻게 말해야 하는가였다.

우리 조직의 이름과 우리가 개발한 안내 지침이 〈TV 가이드〉[14]를 포함해 여러 곳에 소개되기 시작했다. 내가 한 말이 〈월스트리트 저널〉 1면에 인용되었고, 오늘날 'PBS 뉴스 아워'라고 불리는 '맥닐 레

러 뉴스' 시간과 'NBC 투데이'에서 출연 요청을 받았다.

〈그날 이후〉는 방영 당시 역사상 가장 높은 평점을 받은 TV 영화였다. 그 영화가 처음 방영되었을 때 3,900만 가구, 1억 명 이상이 시청했다. 나는 위험한 베팅을 했고, 그것이 성공적인 결과를 가져온 것이었다. '사회적 책임을 위한 교육자회'는 이제 신뢰할 수 있는 전문가 집단이라는 명성을 얻었다.

그 일을 발판 삼아 ESR은 설립 4년 만에 125개 지부에 만 명 이상의 회원을 둔 명실상부한 전국적인 조직이 되었다. 나는 본부 직원 16명을 책임지게 되었고, 핵무기 시대의 교육에 관해 널리 읽히는 논평을 몇 편 발표했다. 어떤 날은 은행 계좌에 몇 백 달러밖에 남지 않아 불안해 했고, 그러다 며칠 뒤 어떤 재단으로부터 10만 달러 후원 약속을 받게 되면 기쁨의 함성을 지르곤 했다. 그 모든 과정을 겪으며 ESR은 학교에서 논란이 되는 사안에 대해 토론을 벌이는 전국 '대화의 날' 행사를 여러 차례 후원했고, 쉘던 버먼과 보스턴 지부의 다른 회원들이 만든 교육과정 자료를 수천 부 팔았다. 뉴욕 지부는 교사들을 위해 교실 갈등 해결을 주제로 워크숍을 열었는데, 상당히 인기가 좋았다. 우리는 교사들에게 교실에서 논쟁의 여지가 있는 주제를 다루기 위한 새로운 도구를 제공하고 있었다.

나는 케임브리지 프렌즈에서 내가 그리던 시범학교를 만들지 못하고 완전히 실패했다. 심지어 2년을 버티지도 못했다. 그러나 ESR에서는 모범적인 교육 기관을 만드는 데 일조하고 있었다. ESR의 성공을 이끌 수 있었던 것은 개인적인 위험과 조직의 위험을 모두 감수했기 때문이기도 하다. 그러나 케임브리지 프렌즈 교장 직에 성급히 뛰어들었던 그때와 달리 이번에는 잘 알아보고 슬기롭게 모험을 감행했던 것이다.

다른 한편으로 ESR 관련 업무는 나를 지치게 하는 경우도 많았다. 기금 마련은 언제나 스트레스의 원인이 되었다. 게다가 이사회 임원 중 상당수가 여전히 전임 교사로 일하고 있었는데, 어떤 때는 그들 중 3분의 1이 내 일을 원하는 것처럼 보였다. 그들이 왜 그러는지 도무지 이해되지 않았다. 그러나 정말로 내 정신을 갉아먹는 것은 내가 다시 학교에서 유용한 역할을 하는 날이 올까 하는 불안한 의심과 어떻게 해야 가능할지에 대한 고민이었다.

1983년 국가교육우수성위원회(National Commission on Excellence in Education)에서 백서 《위험에 처한 국가(A Nation at Risk)》 발간을 시작으로 미국의 교육 위기를 다룬 책들이 많이 등장했고, 나는 그 책들을 모두 읽었다. 《위험에 처한 국가》를 읽고 나는 경악하지 않을 수 없었다. 첫째, 국가교육우수성위원회를 구성하는 교사 위원이 한 명뿐이었고 실제로 학교를 연구한 학자는 한 명도 포함되어 있지 않았기 때문이다. 둘째로 필수 과목을 확대하고 일일 수업 시수와 1년 수업 일수를 늘리자는 터무니없는 제안을 내놓고 있었기 때문이다. 마치 "생산 라인이 고장 났다. 그러니 생산 라인 가동 시간을 20퍼센트 늘리자."라고 말하는 것과 같았다.

1984년에 미국 고등학교의 현주소를 다룬 책 세 권이 출판되었다. 하버드대 사라 로렌스 라이트풋Sara Lawrence-Lightfoot 교수는 《좋은 고등학교(The Good High School)》에서 여섯 곳의 시범 고등학교를 소개하고 있다. 다른 두 책, 존 굿래드John Goodlad의 《학교라는 곳(A Place Called School)》과 테드 시저Ted Sizer의 《호레이스의 타협(Horace's Compromise)》은 미국 교육 제도의 참혹한 폐단을 지적하고 있다. 굿래드는 어떻게 대부분의 고등학교에서 교사가 말하는 시간이 전체 수업 시간의 70~80퍼센트를 차지하고 실제로 토론할 시간이 전혀 남지 않는지에 관해 상세히 기록했다. 세 권 가운데 나에게 가장 많은 것을 말해준 책은 전형적인 고등학교 교사의 곤경을 묘사한 시저의 책이었다. 책에 등장하는 호레이스라는 교사는 학생들에게 너무 많은 질문을 하지 않으면 그 대가로 절도 있게 행동하겠다는 학생들과의 무언의 타협으로 고심하고 있었다.

시저의 책은 미국 고등학생들 사이에 전염병처럼 퍼져 있는 학습에 대한 흥미 상실과 지적 참여 부족을 정확히 담아냈다. 시저는 이것이 교사의 책임이 아니라 낡은 교육 제도의 책임이라고 보았다. 지금까지 읽은 책 중에서 학생으로서 그리고 교사로서 내가 직접 목격하고 경험한 미국 고등학교의 거짓된 모습을 이처럼 적나라하게 폭로한 책은 없었다. '거짓'의 의미는 간단하다. 실제로 배우는 것이 거의 없는데도 모든 사람이 마치 학습이 이루어지고 있는 것처럼 행동한다는 말이다. 이전에 그 누구도 하지 못한 일이었지만 시저는 기발하면서도 겸손한 방법으로 진실을 밝히고 있다.

시저가 고등학교의 변화를 지원하기 위한 새로운 조직을 만들 것이라는 소식이 들렸다. 나는 그에게 만나고 싶다고 전했고, 우리는 하버드 광장에서 조금 떨어진 그의 작은 사무실에서 만났다.

레지멘탈 타이[15]에 옷깃 단춧구멍에서 행커치프 주머니까지 금 시곗줄을 늘어뜨린 두꺼운 모직 헤링본 스포츠 코트는 전형적인 아이비리그 복장이었고, 테드 시저의 트레이드마크이기도 했다. 그러나 그의 따뜻함과 겸손, 정중함은 결코 아이비리그 졸업생 같지 않았다. 그는 내가 케임브리지 프렌즈에서 겪은 사건과 ESR에서의 활동상을 설명하는 동안 호의적으로 경청했지만 끝에 가서는 내가 일할 자리가 없다고 말했다.

나는 앞으로 나아가기 위해 다른 길을 찾아야 했다.

오만과 편견

테드와 만난 지 얼마 지나지 않은 1986년 초, 뉴욕에서 열린 반핵 학술회의에서 공공의제재단(Public Agenda Foundation)의 사무국장 로버트 킹스톤Robert Kingston을 만나게 되었다. 그는 내가 바닥부터 시작해

---

15 정통적인 사선 방향 줄무늬 넥타이

서 ESR을 성공적으로 일궈온 것과 기금 모금자로서 내 능력에 대해 이미 알고 있었고, 새로운 중요한 활동에 대한 내 의사를 타진해보려는 것 같았다.

공공의제재단은 자선활동에 참여하기보다 사업을 후원하는 운영재단으로, 미국의 가장 중요한 여론 전문가로 손꼽히는 대니얼 얀켈로비치Daniel Yankelovich와 지미 카터Jimmy Carter 행정부 국무부 장관을 지낸 사이러스 밴스Cyrus Vance가 공동으로 설립했다. 그들은 냉전 관계 개선을 위한 프로젝트를 진행하기 위해 하워드 스웨어러Howard Swearer 브라운 대학교 총장과 협력하고 있었다. 프로젝트의 목표는 일반 국민들이 미국과 소련의 복잡한 역학관계를 더 잘 이해하고, 자신들이 선호하는 정책을 국회의원들에게 알릴 수 있는 방법을 찾는 것이었다.

처음 이에 대해 들었을 때 아주 멋진 프로젝트라고 생각했지만 킹스톤이 몇 주 후 전화해서 나를 프로젝트 책임자로 채용하겠다고 하기 전까지는 깊이 생각해보지 않았다. 기간이 2년밖에 안 되지만 전국적인 무대에서 더 큰 변화를 이끌어낼 수 있는 기회라고 킹스톤이 말했다. 월급도 꽤 괜찮았다. 보스턴에서 공공의제재단이 있는 뉴욕까지 왕복 교통비도 지급해주고, 게다가 일주일에 하루는 재택근무를 할 수 있다고 했다.

나는 그런 일자리를 제안받아서 기분이 좋았지만 일주일의 대부분을 가족과 떨어져 지내는 것이 걱정되었다. 매일 밤 아이들에게 책을 읽어주지 못할 것이다. 그러나 더 걱정되는 것은 인생의 방향을 잃어 버리게 되지 않을까 하는 것이었다. 나는 남은 인생을 비영리기관의 최고경영자로 살고 싶지는 않았다.

일을 맡은 처음 몇 달 동안 나는 공공의제재단의 여론 조사자들과 브라운 대학교 외교정책개발센터의 외교정책 전문가들 사이를 조율 하는 일과 기금 마련 사업에 집중했다. 모든 보조금을 힘겹게 받아냈 던 ESR과는 사뭇 다르게 이곳에서는 기금을 마련하는 일이 비교적 수월했다. 얀켈로비치와 밴스 그리고 브라운 대학교 학자들의 명성 덕분이었다. 그다지 오래 걸리지 않고 필요한 400만 달러를 확보할 수 있었다.

다음으로 신경 써서 해야 할 일은 이번 프로젝트의 정점을 이룰 4 개 도시 공교육 캠페인을 후원해줄 지역 언론사를 알아보는 것이었 다. 프로젝트에서 수행하고 있는 포커스 그룹 연구[16] 자료를 분석하 는 일도 도왔다. 얀켈로비치는 여론 조사가 대체로 일시적이고 변덕 스러운, 이른바 '표층적' 관점만을 나타내고 있음을 발견했다. 의사결 정자들은 어떤 정책이 장기적으로 지지를 얻을 수 있을지 알기 위해 대중들 마음 깊이 잠재된 심층적 믿음까지 파악할 필요가 있다. 포커 스 그룹 연구 방법을 이용하면 연구자는 대중들의 '끝까지 가는 믿음' 즉, 순간의 사건에 의해 흔들릴 가능성이 없는 지속적인 믿음과 가치

---

16 소규모 인원으로 구성된 그룹이 훈련받은 조정자의 진행에 따라 특정 주제에 대한 논의 를 하게 함으로써 집단 상호 작용을 통해 자료를 수집하는 질적 연구 방법이다.

를 이해할 수 있다.

일반적으로 기업들은 신제품이나 광고 문구에 대한 시장 조사를 위해 포커스그룹을 이용한다. 우리는 핵무기 시대 외교정책의 복잡한 특징을 논의하기 위해 일반 미국 시민들이 이해하고 참여할 수 있는 새로운 방법을 시험할 예정이었다.

우리는 매주 팀을 구성해 전국의 중간 규모 도시를 방문해 지역사회·시민단체·기업 지도자들을 만났다. 낮에는 지역 캠페인을 공동 후원하는 데 얼마나 관심이 있는지 알아보고 저녁에는 포커스그룹 인터뷰를 실시했다. 포커스그룹은 공공의제재단의 존 도블 수석 연구원이 이끌었다. 그는 두 시간 동안 지역 주민 대표들과 토론이 원활하게 진행되도록 할 것이다.

나는 어두운 방에 앉아 델리 샌드위치를 먹으면서 한쪽에서만 보이는 유리 너머로 토론을 지켜보며 메모했다. 존은 연구의 목적을 설명한 후 기본적인 질문을 하기 시작했다. "소련에 대해 어떻게 생각합니까?" 그러고 나서 조금 더 어려운 주제의 질문으로 넘어가 "상호확증파괴라고 알려진 정책이 미국과 소련의 핵전쟁 위험을 높일 것 같습니까, 낮출 것 같습니까?"라고 물었다.

참가자 대부분이 한 번도 생각해보지 않았을 질문들도 있었다. 존은 사람들을 편안하게 해주었다. 참가자들이 불분명하게 대답하면 더 설명해달라고 요구하거나 자신이 들은 내용을 요약하고 제대로 이해한 것이 맞는지를 물었다. 만약 어떤 사람이 대답할 준비가 안 된 것

같으면 회의실을 돌며 진행을 계속하다가 그 사람에게 돌아와서 다시 기회를 주었다. 존은 탁자에 앉아 있는 12명 모두가 말을 할 수 있게 능숙하게 유도했다.

나는 사람들이 포커스 그룹을 하면서 새로운 통찰을 얻게 되는 것을 지켜보았다. 처음 방에 들어올 때는 군비 경쟁이 어쩔 수 없는 현실이라고 믿는 사람들이 있었지만, 두 시간 후에는 대부분이 현재 미국의 핵 정책에 짙은 의혹을 제기했고, 미국과 소련이 평화적 공존에 기반을 둔 관계를 형성할 수 있기를 간절히 바란다고 말했다. 심지어 이런 변화가 가장 보수적인 마을에서도 일어났다. '얼어붙은 상황을 춤추게 만들기 위해서는 그것의 멜로디에 맞춰 노래를 불러야 한다.'라고 말한 카를 마르크스가 옳았다는 생각이 강하게 들었다.

그 '노래'가 실제 어떤 것인지 보여준 사람이 바로 존 도블이다. 그것은 정말로 귀 기울여 듣는 것으로 시작한다. 그런 다음 상대방의 말을 내가 확실히 이해하고 있는지 점검하고, 마지막으로 사람들에게 편안한 환경에서 다른 사람의 말을 듣고 의문이나 문제에 대해 깊이 생각할 기회를 제공하는 것이다. 훌륭한 교사들이 하는 것과 매우 비슷하다.

포커스 그룹 조사를 통해 우리는 미래 미국과 소련의 관계에 대한 네 가지 주요 비전을 상세히 그렸고, 그것을 네 가지 미래(Four Futures)라고 불렀다. 그런 다음 4개 도시에서 시민공청회를 열었고, 공청회에 참가한 사람들은 네 가지 미래에 대한 토론을 한 후 선호하는 미래 비전에 투표를 했다. 여기에 76,000명 이상이 참가했다.

지역 기업 지도자들과의 만남과 포커스 그룹 관찰을 통해 나는 개인적으로 엄청난 것을 배웠다. 아버지도 사업으로 성공한 분이었지만 나의 조부와 외조부 모두 대단히 성공한 사업가였다. 세 분 모두 공화당원이었고 정치적으로 보수적이었다. 많은 좌익 성향의 미국인들처럼 나 역시 기업가들 머릿속에는 오직 돈 버는 방법에 대한 생각만 들어 있다고 생각했다. 그러나 지역 기업가들을 만나고 포커스 그룹을 보면서 어려운 문제로 씨름하고 있는 지역사회에 관심을 기울이는 괜찮은 사람들을 만났다. 베트남 전쟁 당시 내 관할 지역 징집위원회에서 일하던 사람들처럼 말이다. 무척 놀랍게도 우리 프로젝트의 목표에 대해 무관심하거나 어떤 이데올로기적인 반응을 보이는 사람은 극히 드물었다.

그러나 다른 사람에 대한 내 시선을 왜곡시키고 있는 것은 단순한 편견 이상의 것이었다. 인생의 대부분 시간 동안 나는 주변에서 본 모든 것을 비판적으로 보는 입장에서 즉, 남들과 다르게 세상을 보는 방식에 따라 내 자신을 정의해왔다. 그리고 학생들에 대해서는 심판하려 하지 않고 말을 들어주는 법을 배웠지만 어른들에게는 그런 호의를 좀처럼 베풀지 않았다.

만약 내 자신이 옳고 의롭다는 생각을 잔뜩 지닌 채 시드웰에서의 생활을 시작하지 않고, 두 번째 해에 바꾸었던 자세처럼 다른 사람에게 무엇을 배울 수 있을지 생각하면서 시작했더라면 어땠을까? 케임브리지 프렌즈에서 6개월 동안 학교에 대한 걱정은 그냥 미뤄두고 교사와 학부모, 학생들의 말에 귀를 기울이며 시작했더라면 어땠을까? 어쩌면 더 좋은 결과가 나오지 않았을까?

시간을 되돌려 과거를 다시 살 수 없다는 것을 나는 잘 알고 있다. 이 교훈들을 앞으로 펼쳐질 인생에 적용해야 한다. 그러나 어떻게 해야 할까? 나는 여전히 모르고 있었다.

내가 있어야 할 곳

1987년 가을 아주 눈부신 오후였다. 짙은 파란색 하늘에 낮게 걸린 가을 태양으로 미드타운 맨해튼의 고층 건물들이 그림자를 길게 드리우고 있었다. 나는 교통신호등이 바뀔 때에 맞추어 횡단보도에 도착할 수 있도록 사람들을 밀어제치면서 인도를 걸어갔다. 브로큰 필드 주자[17]마냥 모퉁이에 이를 때마다 자동차와 시내버스를 요리조리 피해서 갔다. 처음 받기로 한 지압 마사지 예약 시간에 늦어서였다.

옷을 벗고 눕자 온몸이 긴장되었다. 나는 지압이 신체 내부의 불균형을 치유해주고 불안감을 줄여준다는 글을 읽은 적 있었고, 피로를 푸는 데 도움이 되는 것이라면 뭐든 기꺼이 해볼 생각이었다. 주민 공

---

17 풋볼에서 수비수 스크러미지 라인을 넘어선 지역. 브로큰 필드를 뛰려면 수비수들을 피할 기술을 갖고 있어야 한다.

청회를 준비하면서 계속된 출장과 스트레스로 내 몸은 혹사당하고 있었다.

마사지 치료사가 목, 어깨, 등의 여러 지점을 손바닥과 엄지로 누르기 시작했다. 치료사는 그것을 '지압점'이라고 말했다. 가볍게 건드렸는데도 대단한 충격이 느껴졌고, 오랫동안 잠들어 있던 신경 말단이 깨어나는 것 같았다. 지압을 할 때마다 억눌린 고통이 요동쳤다.

갑자기 눈물이 나왔다. 내가 왜 우는 거지? 나도 이유를 몰랐다. 단지 내가 마침내 고통을 떨쳐내고 있다는 것은 알 수 있었다.

다 끝나자 나는 천천히 옷을 입고, 싫지만 어쩔 수 없이 퇴근 시간의 시끄럽고 혼잡한 거리로 다시 걸어갔다. 나는 더 이상 날카로운 사이렌 소리와 끝없이 울리는 자동차 경적을 견딜 수 없었다. 햇빛은 너무 눈부셨고, 인도는 너무 비좁았다. 모든 것이 지나치게 많았다. 지압 마사지가 나에게서 갑옷을 완전히 해체시켜버린 것이었다.

제냐[18] 정장에 페이즐리[19] 넥타이를 매고 윙팁[20] 구두를 신은 채나는 이곳에 서서 무엇을 하고 있는가? 뉴욕 시에서 무엇을 하고 있단 말인가? 나는 이곳에 어울리지 않는다. 내가 있어야 할 곳은 학교이다.

며칠 뒤 나는 아주 생생한 꿈을 꾸다 잠에서 깼다. 꿈에서 나는 교

---

18 이탈리아 명품 정장 브랜드
19 눈물 또는 올챙이를 모티브로 해서 만들어진 것으로 주로 깃털이 휘어진 모양의 무늬
20 구두코가 날개 모양인 정장용 구두

사 교육 프로그램을 만들기 위해 어느 대학에 고용되었다. 예비교사들 앞에 서서 수업 일지를 기록하고 글을 쓰라고 말했다. 그러나 나처럼 어쩌다가 하는 일이 되어서는 안 된다고 강조하면서 사라 로렌스 라이트풋 교수가 《좋은 고등학교》에서 했던 것처럼 스스로 사회학자라고 생각하고 좋은 교육 관행과 나쁜 교육 관행 모두를 기록할 필요가 있다고 말했다. 그렇게 하면 사람들은 교사들을 더욱 존중할 것이라고 나는 설명했다.

이제 내가 무엇을 해야 할지 명확해졌다. 공공의제재단의 프로젝트가 끝나면 하버드로 돌아가 교육학 박사 과정을 밟을 것이다. 다시 학생이 되는 것이다. 그래서 미국 고등학교를 변화시키기 위해 해야 하는 중요한 일에서 내가 어떤 역할을 맡아야 할지 탐색하는 시간을 가질 것이다.

9장

새로운 시작

1988년 하버드 대학교 캠퍼스를 걸으면서 엄밀히 말해 편안한 것은 아니었지만, 어쨌든 모든 것이 친숙하게 느껴졌다. 나는 다시 배움, 아이들, 교사, 학교 이런 것에 집중하게 되어 정말 흥분되었다. 그러나 석사 과정을 밟기 위해 이곳에 왔던 1970년과 변함없이 필수 과목들을 붙들고 씨름하면서 실망할 것 같다는 생각이 들었다. 그나마 다행히 교육학 전공 학위 프로그램은 매우 유연해서 과목을 대부분 선택해서 들을 수 있었다. 더 중요한 것은 강의실 밖에서 다양한 학습 기회를 모색할 시간이 있다는 것이었다. 그러나 얼마 지나지 않아 수강해야 하는 필수 과목들이 우려했던 대로 전혀 의미가 없는 과목이라는 것을 알았다. 화가 날 지경이었다.

먼저, 필수로 들어야 하는 과목 중에 미국교육사가 있었다. 교수는 12명의 학생들을 앉혀놓고 강의를 했다. 사실 강의를 하려고 했다는 말이 더 맞을 것이다. 그는 홀 카첸바호 같은 선생이 아니었다. 그래서 몇몇 학생은 일부러 교수의 지루한 독백이 너무 오래 지속되지 않도록 비상한 방법을 썼다. 나는 사전에 상의한 것은 절대 아니었지만, 또 다른 독립심이 강한 학생인 뉴욕에서 온 베테랑 교사이자 노조활동가 로이스 와이너와 일종의 한 팀을 이루어 음모를 꾸몄다. 매주 강의 시간에 처음 15분 동안은 강의가 진행되게 놓아둔 다음, 서로 번갈아가며 계속 질문을 하는 것이었다. 교수는 강의를 어디까지 했는지 놓치게 되고, 결국 우리는 재미있는 토론을 할 수 있었다.

교육철학도 필수 과목이었다. 1952년부터 하버드에 몸담고 있는 매우 존경받는 교수 이스라엘 쉐플러Israel Scheffler가 담당하는 강의식 수업이었다. 깊은 주름이 진 쉐플러 교수의 얼굴은 고대의 지혜를 담고 있는 요다¹를 빼닮은 이미지였다. 그러나 재치와 유머가 있고 늪에서 직접 가르침을 보여주는 제다이 마스터 요다와는 달리, 쉐플러 교수의 강의는 분필가루처럼 건조했다. 필수 도서 목록은 더 끔찍했다. 모두 도서관이나 문서보존소에서만 읽을 수 있는, 무명 철학자들이 쓴 절판된 책으로 구성되어 있었다. 소크라테스도 없고, 플라톤, 아리스토텔레스도 없었다. 루소도 없고, 존 듀이도 없고, 테드 시저도 없었다. 목록에 나와 있는 책들이 절판된 이유는 하나였다. 교실의 현실과 완전히 동떨어진 형편없는 글이라는 것이었다.

---

1 영화 〈스타워즈〉에 등장하는 피부에 주름이 많고 매우 지혜로운 가상의 인물로 제다이 기사를 양성하는 제다이 마스터이다.

학기 중간에 나는 쉐플러 교수와 만날 약속을 잡고 찾아가 우리가 고대 철학자나 현대 교육철학자들의 책을 읽지 않는 이유를 물었다. 주름이 쭈글쭈글한 교수는 연구실 창밖을 한참 응시한 후 대답했다.

"사실은 내가 처음 하버드에 왔을 때 다른 교수가 교육철학을 가르치고 있었는데, 그의 강의 필독서에는 위대한 교육철학 사상가들이 모두 포함되어 있었네. 나이 많은 선배 교수가 위대한 사상가들을 모두 차지하고 있었기 때문에 젊은 부교수였던 나는 그가 가르치지 않는 철학자들을 찾아내 교수목록에 포함시켜야 했지."

너무 어이가 없었다. 쉐플러 교수는 교육자로서 학생에 대한 어떤 철학을 가지고 필독서 목록을 구성한 것이 아니라 하버드에 처음 온 날 이후로 바꾸지 않은 화석화된 교육과정에 갇혀 있었던 것이었다. 아마 강의 노트도 똑같은 것을 사용하고 있을 것이다. 나는 그렇게 교수의 태만을 허용하는 학교 시스템에 무척 화가 났다.

나는 "그건 35년 전이잖아요! 수십 년 동안 정년 보장 교수로 있었고, 교수님 과목은 수년 동안 이곳에서 개설되는 유일한 철학 과목이잖습니까!"라고 소리 지르고 싶었지만 그렇게 하지 않았다. 대신 다시 한번 내 교육은 내 손으로 직접 하겠다고 결심했다. 나는 교육철학 과목 연구과제로 존 듀이에 관한 연구 논문을 쓰기로 결정했다.

듀이의 논문을 읽으면서 이전에 피아제를 공부했던 것이 생각났다. 두 학자의 연구는 교수 학습에 관한 내 믿음에 강한 확신을 심어주었다. 테드 시저, 프렌즈 월드 대학의 모리스 미첼, 하버드 교육대학원

석사과정에서 만난 훌륭한 선생 제이 페더스톤 모두 듀이를 인용했던 것은 절대 우연이 아니었다. 나는 학생을 수동적인 교육의 대상이 아닌 적극적 참여자로 보는 오랜 철학 전통이 있고, 그 개념을 뒷받침하는 많은 연구가 있다는 사실을 알기 시작했다. 나도 이제 살아 있는 그 전통의 일부였다.

쉐플러 교수의 수업 내용을 싫어하기는 했지만 스터디 그룹의 가치를 배운 것도 바로 쉐플러 교수의 과목에서였다. 스터디 그룹은 나의 생존 전략이 되었다. 기말고사 전 며칠 동안 네 명이 밤늦게 만나 필독서 내용에 관한 문제를 서로 내주고 시험에 나올 만한 주관식 문제를 점검했다. 두 시간짜리 시험인데 내가 40분 만에 자리에서 일어나 답안지를 제출하고 퇴실하자 쉐플러 교수는 충격받은 듯했다. 답안지를 돌려받았을 때 점수가 두 개 적혀 있었다. 하나는 97점인데 줄이 그어져 있었고 그 밑에 94점이라고 적혀 있었다. 감점한 이유는 물론이고 다른 어떤 것도 표시되어 있지 않았다.

나는 그냥 웃고 넘겼다. 중요하지 않았다. 학점에 신경 쓰고 싶지 않아서 처음부터 모든 수강 과목을 성패제[2]로 신청했다. 내가 하버드로 돌아온 이유는 배움에 집중하기 위해서였다. 나에게 정말 중요한 것은 시험 결과가 아니라 듀이에 관한 연구 논문을 쓰면서 얻은 것이었다.

---

2 성적표에 이수 과목의 성적을 표시하지 않고 이수 기준을 통과했는지 실패했는지 표기하는 제도로 흔히 패스pass/페일fail 제도라고 부른다.

뜻밖의 발견

까다로운 코스워크coursework[3]는 어떻게 해결할지 알았고, 이제 '학위 논문'을 쓰기 위해 무엇을 할 것인지 정해야 한다. 첫 학기 동안 대학원생들은 매주 열리는 논문 세미나에 참가해야 한다. 세미나를 담당한 노교수는 우리가 신성한 산을 오르기 시작했을 때 필요한 조언과 '지원'의 말을 장황하게 늘어놓았다. 교수는 우리의 목적지를 세속으로부터 격리된 성지처럼 말했는데, 적절한 표현이다. 그는 이렇게 말했다. "박사 학위 논문은 여러분 자신과 단 한두 명의 다른 사람과의 대화이어야 합니다." 아마 교육학 박사 논문 주제가 대부분 난해해서 이해할 수 있는 사람이 한두 명밖에 없기 때문에 나온 말일 것이다.

"헛소리." 나는 혼잣말을 했다. 고작 두 사람을 위해 무엇인가를 연구하고 논문을 쓰는 데 내 인생의 2년을 투자하지 않을 것이다. 현역 교육자들, 즉 학교 현장에서 실제로 가르치고 있는 교사들에게 가치 있는 논문을 쓸 것이다.

몇몇 수강 과목은 내 공부에 도움이 되었다. 궁극적으로는 논문에도 도움이 되었다. 그 과목들은 모두 정년을 보장받은 교수가 아니라 교육 현장에서 많은 경험을 한 이들이 가르치는 과목이었다. 그중에는 전직 교장이자 아주 멋진 책 《안으로부터의 학교 쇄신(Improving

---

3 학위 과정에서 필수로 수강해야 하는 교과목 학습

Schools from Within)》의 저자 롤랜드 바스Roland Barth가 가르치는 과목도 포함된다. 그는 학교 쇄신과 리더십을 주제로 토론 기반 수업을 했다. 한 학기 동안 초빙 강사로 온 미국교사연맹(American Federation of Teachers)의 전설적인 회장 앨버트 섄커Albert Shanker도 20세기 교육 개혁 운동 역사에 대한 세미나 수업을 했다. 두 교육자의 수업을 통해 나는 내 논문의 초점이자 평생의 숙제가 될 '학교는 어떻게 변화할 것인가?'라는 질문을 접하게 되었다. 그러나 나에게 가장 큰 영향을 준 수업은 하버드대학의 교육의 질을 향상시키고자 연구센터를 설립한 캐서린 크럽닉Catherine Krupnick이 가르친 선택 과목이었다.

캐서린은 교사에게 자신의 수업을 재점검하고 동료로부터 조언을 얻을 수 있는 기회를 제공하는 것이 교육의 질을 향상하는 열쇠라고 믿었다. 그녀의 강의는 교사들의 수업 동영상을 보고 각자 영상에서 관찰한 것을 말하고 해당 교사에게 어떤 피드백을 줄 것인지 논의하는 방식으로 진행되었다. 반드시 해야 하는 학기말 과제는 이런 형식의 코칭을 받는 데 관심 있는 교사를 찾아 교류하고, 그 교사와의 교류를 통해 무엇을 배웠는지 되돌아보는 것이었다. 나는 브룩클린 근교에 있는 한 공립학교 베테랑 교사와 연락이 되었다. 그를 데니스라고 부르겠다. 나와 데니스는 의미 있는 피드백 공유를 기반으로 전문적인 관계[4]를 형성했다.

---

4 문제 해결이라는 합의된 목적을 위해 컨설턴트와 클라이언트 또는 동료 간에 서로 상호작용하며 형성하는 관계

나는 데니스를 만나고 수업 영상을 보면서 '평가받는' 과정을 좋아하는 교사도 없지만 완벽한 수업을 했다고 자신하는 교사도 거의 없다는 점을 이해하게 되었다. 교사들에게 수업에 대해 피드백을 받고 싶은지 물어보면 대부분 개선시키는 법을 배울 수 있는 그 기회를 기꺼이 받아들인다. 그러나 교사들은 수업을 개선하는 방법에 대한 동료와의 대화라기보다 개인에 대한 가치 평가로서 공식적인 업무 평가를 당할 때가 너무 많다. 캐서린은 미국·독일·일본 학교에서 행해지는 수학 수업을 깊이 있게 다룬 제임스 스티글러James W. Stigler와 제임스 히버트James Hiebert의 《교수법 격차(The Teaching Gap)》를 읽어보라고 권했다. 저자들은 일본 학생들의 수학 학습 능력이 다른 지역 또래보다 수년 앞서 있다는 것을 발견했다. 그들은 성공 요인을 일본 교사들의 '수업 연구'에서 찾았다.

수업 연구는 같은 교과목 교사들이 주기적으로 만나 학생들이 가지고 있는 학습 어려움이 무엇인지 이야기를 나누고 문제를 해결하기 위해 서로 협력해서 수업을 설계하는 과정이다. 교사들은 번갈아가며 새로운 단원을 가르치고 동료 교사들은 교실 뒤에서 수업을 참관한다. 그리고 다음 모임에서 어떤 것은 학생들에게 도움이 되었고, 어떤 것은 도움이 되지 않았는지를 기반으로 수업을 수정하는 것이다. 그 과정은 교사들이 수업에 만족할 때까지 계속 반복되었다.

대부분의 교사들은 매일 하루 종일 혼자 일하고 있으며 수업에 대한 유용한 피드백을 받는 경우가 극히 드물다. 나도 10년 동안 가르치면서 한 번도 그런 피드백을 받아본 적이 없었다. 하버드 교육대학원에서 교육 실습을 나갔을 때는 물론이고 월터존슨 고등학교와 시드웰에 근무할 때도 마찬가지였다. 교사들은 원하는 대로 수업할 수 있는데도 거의 대부분 자신이 학생이었을 때 경험한 방식 그대로 학생들을 가르친다. 그것이 그들이 아는 전부이기 때문이다. 나는 그렇게 하지 않았다. 이유는 간단하다. 내가 고등학교, 대학교, 대학원에서 경험한 교육이 학생인 나에게 효과가 없었기 때문이다.

수업 연구는 정말 뜻밖의 발견이었다. 데니스와 대화할 때 접근 방식도 바뀌었을 뿐만 아니라 모든 학생들을 위해 교육의 질을 향상시켜야 하는 당면과제를 어떻게 봐야 하는지도 바뀌었다. 나는 행정적인 지시나 교육과정 변경에 의해서, 또는 내가 시드웰에서 조직했던 것 같은 임의의 워크숍에 교사들을 참여시킴으로써, 심지어 테드 시저의 책처럼 위대한 책을 읽음으로써 교육의 질이 달라지는 것이 아니라는 것을 이제 비로소 이해하기 시작했다.

수업 연구의 핵심은 교육의 질을 지속적으로 향상시키려는 헌신과 그 과정에 있었다. 캐서린의 강의와 일본 교사들의 수업 방식은 교육의 질이 향상될 수 있다는 것을, 그러나 오직 교실에서 벌어지는 문제에 대한 주기적이고 협력적인 대화와 자기성찰의 공유를 통해서 가능하다는 것을 보여주었다.

하지만 수업 연구는 나에게 새로운 의문을 품게 했다. 학교 수업이 있는 날에 교사들이 협력할 수 있는 시간을 어떻게 확보할 수 있을까? 교사들에게 수업을 개선하기 위해 함께 협력하자고 어떻게 설득해야 할까? 교사가 되기 위해 준비하는 방식은 어떻게 바꿔야 할까? 나는 단지 케임브리지 프렌즈에서 겪은 대실패를 피하려면 무엇을 다르게 했어야 했는지 알고 싶은 것이 아니라 학생들의 학습을 향상시키기 위해 모든 학교들이 할 수 있는 것이 무엇인지 알고 싶었다.

그러려면 먼저 새롭게 바뀐 고등학교는 실제 어떤 모습인지부터 알아야 한다.

학생은 노동자처럼, 교사는 코치처럼

테드 시저가 1985년에 설립한 필수학교연합(Coalition of Essential Schools)은 대단한 인기를 얻고 있었다. 시저는 공립 고등학교와 자율형 사립 고등학교들에게 연합에 가입하고 공통 원칙을 채택하라고 적극적으로 권유했다.

필수학교연합의 일부 원칙을 살펴보면 다음과 같다.

- 학교의 목적은 모든 학생들에게 생각하도록 가르치는 것이며, '덜 가르치는 것이 많이 가르치는 것이다.' 즉, 깊이가 폭보다 더 중요하다.
- 학생들은 할 만한 가치가 있다고 생각하는 학습 과제를 받았을

때 가장 잘 배운다.

- 학생을 가르치기 위해서는 학생에 대해 잘 알아야 한다.
- 성과 발표회(exhibition of mastery)[5]는 최고의 성취도 평가 유형이다. 시험보다 학생들에게 더 많은 동기를 부여하고, 교사로 하여금 학생들이 실제로 무엇을 알고 있는지 파악할 수 있도록 돕기 때문이다.

나는 필수학교연합에 속한 학교들의 활동상이 무척 궁금했다. 그래서 1988~1989년 겨울 동안 여러 학교를 방문했다.

처음 방문한 곳은 뉴욕 할렘에 위치한 센트럴파크이스트Central Park East 공립학교였다. 1984년 데보라 마이어Deborah Meier[6]에 의해 설립된 이 학교는 7학년부터 12학년까지 총 600명의 학생이 있었고, 대부분 빈곤 가정에서 자란 소수민족 아이들이었다.

그곳에 도착하자마자 나는 여러 가지 측면에서 깊은 인상을 받았다. 모든 수업은 교사 두 명이 팀을 이루어 가르치는 융합 수업이었다. 학생들이 교사를 성이 아닌 이름으로 부르고 있었다. 교과목은 단순 사실 체크리스트나 시험 볼 단원 위주로 구성되어 있는 게 아니었

---

5 특정 분야에 대해 프로젝트 과제를 실시하고 그 프로젝트를 통해 배운 것을 다른 학생들과 교사, 경우에 따라서는 학부모들 앞에서 발표하는 교육 프로그램. 더 넓게는 예술 분야 발표도 포함한다.
6 미국 교육자로 존 듀이의 진보적 교육사상을 받아들여 대안학교 센트럴파크이스트 고등학교를 설립했다.

다. 1년 동안 탐구할 '필수 질문'과 그런 필수 질문을 더 깊이 파고들기 위해 숙달해야 하는 조사, 글쓰기, 증거 검토 등 학문적 기술에 초점을 맞추고 있었다. 내가 참관한 인문학 수업의 필수 질문은 "미국인이란 무엇인가?"였다.

학생들은 하루의 절반을 학교 밖에서 체험 학습이나 지역 봉사 활동을 하며 보냈다. 그 시간을 이용해 교사들은 공동으로 수업 계획을 세웠다.

또 다른 인상적인 특징은 '담임 제도'였다. 홈룸[7]의 개념과 전통적인 생활지도 교사의 역할을 혼합한 것이었다. 교사 한 명이 대략 15명의 학생들을 일주일에 4시간 정도 만나 성교육, 따돌림, 약물 남용, 대학 진학 등 학습 이외의 문제에 대한 이야기를 나누었다. 학생들은 많은 시간을 같은 그룹에 속해 생활하기 때문에 확장된 지원 네트워크로 발전했고, 거의 가족과 같았다.

무엇보다 흥미로운 점은 학생들이 졸업하려면 포트폴리오를 작성해서 교사·지역사회 인사·학생들로 구성된 위원회에 제출하고 발표를 해야 한다는 것이었다. 포트폴리오에는 연구 과제 논문, 과학실험 보고서, 제2언어 능력 검증을 포함한 12가지 필수 요소가 들어가야 한다.

교과 내용보다 학문적 기술 습득에 초점을 맞춘 교육은 배려하는

---

7 고등학생들도 대학 강의처럼 자기가 신청한 과목에 따라 서로 다른 교실에 흩어져 공부하는데, 조회나 종례, 생활지도를 위해 학급 전원이 모이는 교실을 홈룸이라 한다.

학교 문화와 어우러져 대단한 성공을 거두고 있었다. 센트럴파크이스트에서는 거의 모든 학생들이 졸업을 하고, 대부분의 졸업생이 대학에 진학하고 있었다. 졸업 비율이 평균 50퍼센트이고 대학에 진학하는 학생 수가 극소수인, 다른 비슷한 규모의 시내 고등학교에 비하면 현저하게 뛰어난 성적이었다.

고등학교 졸업 요건에 대한 '공훈 배지' 접근 방식을 본 것은 이번이 처음이었다. 이 접근 방식은 고등학교의 모습에 대한 내 생각을 완전히 바꿔놓았다. 우리는 학생이 정해진 만큼 '착석 시간'을 채웠다고 해서 고등학교나 대학 졸업장을 내주어서는 안 된다. 졸업장은 필수 과목과 선택 과목에 대한 공훈 배지를 기반으로 성취기준을 달성했다는 증명서가 되어야 한다. 어릴 적 나는 단지 '숲에서 보낸 시간' 때문이 아니라 특정 기술을 숙달했음을 스스로 증명했기 때문에 엘웰 대령으로부터 주황색 도끼 사용술 리본을 받았다. 학교라고 그러지 말라는 법이 있는가?

센트럴파크이스트를 방문한 것은 개인적인 의미도 있었다. 이 학교에서 조성되고 있는 교육 환경이라면 에이번 스쿨의 두더지 선생님처럼 가학적인 교사를 결코 묵인하지 않을 것이다. 이런 고등학교를 다녔으면 나는 어땠을까? 내 인생은 어떻게 달라졌을까? 내가 이곳에서 목격하고 있는 학생에 대한 관심을 다른 모든 학교와 교실에서도 제공할 수 있을까? 새로운 고등학교의 모습을 실현하기 위해 나는 어떤 역할을 해야 할까?

두 번째로 방문한 학교는 보스턴 근교에 자리 잡은, 유치원부터 12학년까지 전체 200명의 학생이 다니는 사립학교 브리머 앤드 메이Brimmer and May 스쿨이었다. 이 학교는 오랫동안 대학 진학 준비를 위한 사립 여자고등학교로 있었지만 1987년 안네 린스티에르나Anne Reenstierna가 학교 운영을 맡으면서 필수학교연합에 가입했다. 내가 방문했을 때는 할렘의 센트럴파크이스트와 같은 교실 모형을 채택하는 과정에 있었다.

나는 고등학교 교장 주디 길드Judy Guild가 가르치는 9학년 수업을 참관하게 되었는데[8] 바로 눈앞에서 펼쳐지는 교실 풍경에 완전히 넋을 잃었다. 테드 시저의 가장 유명한 말 "학생은 노동자처럼, 교사는 코치처럼"의 전형이었던 것이다. 전체 수업 시간을 두 학생이 함께 초서Chaucer[9]의 《캔터베리 이야기》에 관한 토론을 이끌었다. 주디는 어떤 학생이 말했을 때 더 명확하게 설명해달라고 하거나 어떤 해석에 대해 텍스트에서 찾은 근거가 무엇인지 물어볼 때만 몇 차례 끼어들었다. 정말 인상적이었다. 물론 주디가 매우 예외적인 교사이고, 그날 토론을 이끌도록 뽑힌 아이들이 특출한 학생일지도 모른다는 생각도 들었다.

케임브리지로 돌아가는 차 안에서 학위 논문 아이디어에 생명의 싹

---

8 미국에서 교장의 주된 업무는 학교 경영과 생활지도이지만 일반 교사처럼 수업을 하기도 한다.
9 14세기 영국의 작가이자 시인. 근대 영문학의 창시자로 여겨진다.

이 돋아나기 시작했다. 즉, 테드 시저의 영향을 받아 장기간에 걸쳐 변화하는 과정에 있는 고등학교를 연구하는 것이다. 사라 로렌스 라이트풋은 자신이 《좋은 고등학교》를 쓸 때 사용했던 민족지학적 연구 방법(ethnographic methodology)[10]을 하버드에서 가르치고 있었다. 그녀는 이 방법을 가리켜 '초상화법(portraiture)'이라 불렀고, "인문학과 과학을 융합한 독특한 사회학 연구 방법으로 인간의 경험과 조직 생활이 지닌 복잡성과 역학관계, 미묘함을 포착할 수 있다."라고 설명했다. 나는 라이트풋 교수의 강의를 듣고, 새로운 교수 학습 모델을 만들기 위해 노력하고 있는 고등학교들을 연구하고 논문 쓰는 법을 배우기로 했다.

생각 없는 교육

1년 후 나는 연구 대상 고등학교를 두 곳 더 추가했다. 케임브리지 시의 대규모 공립 고등학교인 케임브리지 린지 앤드 라틴 스쿨(Cambridge Rindge & Latin School)은 학생들에게 폭넓은 학습 선택권을 제공하기 위해 교과를 여섯 개의 '학교 안의 작은 학교'로 나눴다. 나는 그중 하나인 '디아카데미The Academy'를 연구할 수 있도록 허락

---

10 한 집단의 문화적 행위를 기술하고 해석하기 위해 생활 현장에서 자료를 조사·수집·기록하고 분석하는 연구 방법

을 받았다. 그곳 역시 테드 시저의 사상에 영향을 받은 루벤 캐브럴이 운영하고 있었다. 세 번째 학교는 헐 중·고등학교(Hull Junior/Senior High School)이다. 이곳은 보스턴 항구 남쪽 가장자리에 자리 잡은 노동자들의 도시 헐에서 유일한 공립 고등학교였다. 새로 부임한 클레어 셰프 교장 역시 필수학교연합 원칙에 따라 학교를 쇄신하기 위해 열성적이었다.

1989년 중반부터 1990~1991년 학년말까지 나는 이 세 학교를 번갈아가며 방문해 일주일에 평균 반나절씩 보냈다. 무수히 많은 수업을 참관하면서 얻은 관찰과 성찰한 내용을 공책에 빼곡히 적었고 학생과 교사, 행정직원, 학부모, 이사회, 지역사회 지도자들에 대한 심층 인터뷰를 실시했다. 학부모 학교 방문의 날 행사뿐만 아니라 교직원 회의에도 여러 차례 조용히 참관했다.

어떤 광경을 보면서는 절로 웃음이 나왔고, 또 어떤 대화는 들으면서 거의 울 뻔했다. 그로부터 몇 년 뒤에도 그때 있었던 일들이 여전히 떠오르곤 했다. 셰프 교장이 어떻게 해서 이른바 '단위학교 책임경영제(site-based management)[11]'라 불리는 최신 교육동향에 맞추어 헐 고등학교 교사들에게 더 많은 결정 권한을 주기로 결정했는지도 기억하고 있다. 나는 헐 고등학교 학교경영 회의에 두 번 참관했다. 그들

---

11 학교 운영권을 단위학교에 위임하여 학교를 실정에 맞게 자율적으로 운영할 수 있도록 하는 제도로 교육 당사자가 적극적으로 교육 운영에 참여함으로써 효율성을 증진시키기 위한 것이다.

은 매점에서 초콜릿 우유 판매를 허용할지 말지를 두고 씨름을 벌이다가 결국 정보가 충분하지 않다는 결론만 내렸다. 그 문제보다는 중퇴율이 30퍼센트나 되는 문제에 대해 논의했어야 했다. 그러나 걱정스러운 학생 중퇴율에 대해 생각해봐야 한다는 요청은 한 번도 제기된 적이 없었다. 사실 그들에게 진짜 중퇴율 수치를 알려준 사람이 아무도 없었던 것 같다.

내가 가장 큰 감동을 받은 것은 디아카데미 9학년 흑인 남학생과의 대화였다. 그 학생을 드웨인이라 부르겠다. 드웨인은 다섯 과목 가운데 세 과목에서 낙제 점수를 받았고, 보통 교실 뒤쪽에 앉아 빈정대는 말을 툭툭 던지곤 하는 학생이었다. 국어 교사가 희곡 '유색인종 여자들도 우울해진다(Even Colored Girls Get the Blues)'의 분위기에 대해 '많은 분노'를 담고 있다고 말하자 드웨인은 "그렇지 않아요. 정말 그렇게 생각하세요?"라고 날카롭게 반응했다. 학생들과 좀 더 친밀한 유대 관계를 형성하려던 교사의 시도가 조롱거리가 되어버리고 말았다. 교사가 어떤 학생들은 그 희곡을 좀 더 일찍 읽었더라면 좋았을 것이라 말했다고 하자 드웨인은 숨죽인 듯한 목소리로, 하지만 대부분의 학생들이 들을 수 있을 만큼 크게 말했다. "네, 더 일찍 읽었더라면 우리는 어쩌면 이 과목을 좋아했을지도 몰라요."

그러나 나는 드웨인의 아주 다른 면을 보게 되었다. 어느 날 방과 후에 인터뷰를 했을 때 드웨인은 학교에서 실제로 무엇인가 배울 수 있었던 것은 영화감독 스파이크 리Spike Lee를 주제로 1년 내내 수행한 독립연구 과제였다고 말했다. 드웨인에게 스파이크 리 감독은 영웅이었다. 드웨인은 폭력, 갱단, 총, 마약, 전쟁 같은 자신의 '현실' 속에 존재하는 문제에 대해 자세히 말했다. 그리고 그런 문제를 거리낌 없이 파헤치는 스파이크 리 감독을 어떻게 존경하게 되었는지 설명했다. "스파이크 리 감독은 지금 우리에게 있는 유일한 활동가예요." 드웨인이 말했다. "내가 대통령이라면 MAC-10 기관총 같은 것은 없앨 거예요. 전쟁은 닌텐도 게임으로나 하는 것이어야 하는데, 다른 나라에서도 전쟁이 벌어지고 있고 거리에서도 벌어지고 있어요. 진짜 미친 짓이에요!"

드웨인은 열심히 생활하고 열정적이고 정치에 관심이 있고 가끔은 유창하게 말할 줄 아는 학생이었다. 학교생활은 이 아이의 삶과 관련 없는 유치한 게임이었다. 학교는 드웨인에게 아무 도전 의식도 심어주지 못했다. "수업 시간에는 정말로 사고력이 전혀 필요 없어요. 머리를 써야 하는 어떤 것도 제공하지 않아요." 드웨인이 말했다. 그것이 바로 내가 고등학교를 다니는 내내, 그리고 랜돌프 메이컨 대학과 RPI에서 보낸 대부분의 시간 동안 느낀 것이다. 심지어 하버드 대학원의 여러 과목에서 대해서도 그런 느낌을 받았다.

나는 이제 내 자신을 돌볼 수 있다. 그러나 세상에 존재하는 많은 드웨인들은 아직 그럴 힘이 없다. 그 대화 후에 나는 어른들로 하여금 학생들이 실제 생각하고 느끼는 것에 반드시 귀 기울이게 하겠다고 약속했다.

학교 개선 컨설턴트

하버드로 돌아간 지 1년이 된 1989년 늦여름, 브리머 앤드 매이 스쿨의 안네 린스티에르나 교장에게서 다급한 전화가 왔다. 막바지에 사임한 사람이 있어 교사 결원이 생겼다는 것이었다. "졸업반 국어 수업 맡는 거 생각 좀 해보시겠어요?" 그녀는 애원하듯 말했다. 나는 주저하지 않고 그 제안을 받아들였다.

다시 교실로 돌아오게 되어 더할 나위 없이 기뻤다. 학생들은 내가 요구한 대로 토론을 이끌고, 독립연구 프로젝트를 수행하고, 프로젝트 결과를 서로 공유했다. 게다가 내가 시드웰에서 개발한 면담 형식 학습 지도를 받아들였다. 물론 시드웰에서보다 훨씬 좋았다. 많은 교사들이 나와 비슷한 접근 방법을 연구하고 있는 필수학교연합 소속 학교에 있기 때문이었다. 이곳에서 나는 이방인이 아니었다.

브리머에서 가르치기 시작한 지 얼마 되지 않아 안네 교장이 또 다른 제안을 했다. 1988년 후반 우리가 처음 만났을 때 나는 그녀에게 '학교 개선 컨설턴트'라고 적힌 새로운 명함을 건넨 적이 있었다. 당시에는 시험해보지 못했지만 그것은 내 기업가적 포부였다. 실제로 나를 컨설턴트로 고용하고 싶어 한 교육자는 안네가 처음이었다. 그녀는 전년도 학년말 교직원 회의에서 학생들 행동에 대한 우려의 목소리가 나왔다고 설명했다. 일부 교사들은 학생들이 서로에 대해서뿐만 아니라 선생님들도 존중하지 않는다고 느꼈다.

나는 안네에게 일정 기간 동안 학교 분위기를 관찰한 후에 교사들에게 자료를 공개하고 함께 토론할 수 있는 반나절 워크숍을 추진하겠다고 제안했다.

대부분 케임브리지 프렌즈에서 겪었던 것과 같은 문제들이 있었다. 아이들은 일상적으로 어른들은 물론이고 서로를 방해했고, 복도에서 뛰어다니며 서로 부딪치고 선생님들과도 부딪쳤다. 게다가 식당에서 음식을 더 달라고 담당 교사에게 소리를 지르기도 했다. 그런 행동에 대해 교사들은 일관되게 대처하지 못하고 있었고, 최악의 경우 그냥 방치하고 있었다. 아이들이 바로 앞에서 뛰어다녀도 뛰지 말고 걸어서 자리로 돌아가라고 말하는 교사들은 몇 명 되지 않았고, 다른 교사들은 아예 신경 쓰지 않는 것 같았다.

나는 교직원 워크숍을 열었다. 그동안 학교를 관찰했다고 말하면서 그저 내가 보고 들은 것에 대해 보고하는 시간을 가질 것이라고 설명했다. 문제점들을 보여주는 증거들은 매우 명확했다. 나는 교사들을 소그룹으로 나누어 '학생이나 교사의 어떤 행동이 가장 우려되는가? 학교에서 자주 보고 싶은 행동은 어떤 것인가? 더 나은 행동을 지원하기 위해 학교는 어떤 선명한 가치를 채택해야 할까?' 등의 문제를 가지고 의견을 나누게 했다.

대화는 활기를 띠었다. 억눌렸던 좌절감과 안도의 한숨이 세미나실 전체에서 연이어 터져 나왔다. 교사들은 서로 같은 생각을 가지고 있다는 것을 알고 기뻐했고, 학교에서 장려해야 한다고 믿는 네 가지 핵심 가치로 존중, 정직, 책임감, 시민의식을 꼽는 데도 어렵지 않게 합의를 했다. 나는 나라얀 데사이가 이들을 보면 뿌듯해 할 것이라고 혼자 생각했다. 이곳 교사들은 실제로 '개인의 덕목이 사회적 가치로 변환되는' 변화를 시도하고 있었다.

그러나 교사들만으로는 변화를 이끌어낼 수 없다. 다음 단계는 학생들을 참여시키는 것이었다. 나는 12학년 학생들을 대상으로 같은 문제에 대한 포커스 그룹 조사를 실시한 다음, 그 학생들에게 7~11학년 학생들을 대상으로 비슷한 대화를 이끄는 법을 가르쳐주자고 제안했다. 일부 교사들은 학생들이 자기 자신의 행동에 대해 토론할 수 있다는 것에 회의적이었고, 그래서 어른이 동석해야 한다고 주장했다. 나는 반대했다. 만일 어른이 옆에 있다면 학생들은 진짜 자기 생각을 마음 놓고 말할 수 없을 것이었다.

뜻밖에도 학생들은 주어진 문제들에 바로바로 대답했고, 다른 학생이나 교사에 대한 존중 부족을 가장 심각한 문제로 뽑았다. 그러나 학생들이 걱정하는 문제는 따로 있었다. 그것은 다름 아닌 교사들이 이따금씩 학생에 대해 뒷말을 한다는 것이었다. 내가 이 문제를 교직원들에게 말하자 많은 교사들이 사실로 인정했다. 그리고 학생에 대한 대화는 보다 심층적이어야 한다는 데 모두 동의했다.

마지막 단계는 학부모를 참여시키는 것이었다. 늦가을 저녁, 전체 학생 가정의 4분의 3을 대표하는 150여 명의 학부모들이 도덕 교육을 논의하기 위한 토론회에 참석했다. 학교 역사상 가장 많은 학부모가 방문한 날이었다. 많은 부모들이 집으로 돌아가면서 지금까지 참석한 학교 행사 중 가장 유익한 행사였다고 평가했다.

그날 밤 나는 완전히 녹초가 되었지만 기분이 한껏 고조된 채 집으로 돌아왔다. 시드웰과 케임브리지 프렌즈에서는 학생들의 문제 행동에 초점을 맞추려던 시도가 실패로 끝났다. 그러나 그 사이 나는 새로운 기술을 익혔고 약간의 겸손도 배웠다. 제이 페더스톤을 보면서 좋은 질문을 하는 것이 좋은 교육의 핵심이라는 것을 배웠고, 존 도블을 지켜보면서는 포커스 그룹이 어떻게 어른들로 하여금 스스로 성찰하고 새로운 시각에서 사물을 볼 수 있게 하는지 배웠다. 이제 나는 미리 정해놓은 답을 제시하는 것이 아니라 적합한 질문에 대해 숙고할 수 있도록 돕는 것이 좋은 학교 지도자가 갖춰야 할 기본 자세라는 것도 알고 있다.

하버드에서 남은 시간과 그 후로 여러 해 동안 나는 학교, 교육청, 재단, 기업, 정부기관 등에 다양한 자문을 해주었다. 종종 포커스 그룹을 포함해 기본적인 자료 수집 방법을 사용해 자료를 모으고, 그렇게 수집된 자료를 다른 관련 자료와 함께 제시해, 적합한 질문에 대해 포괄적이면서 동시에 집중적인 사고를 할 수 있도록 자극했다. 일종의 대규모로 진행되는 수업 연구 과정이었다. 나는 청소년들의 삶과 교육의 질을 향상시키기 위한 '실행 공동체'들을 하나로 아우르는 일을 하고 있었다.

이제 나는 수업 활동의 많은 문제를 가장 잘 다룰 수 있는 길은 교사를 준비하는 학생들에게 제공하는 교원 양성 교육의 질을 개선하는데 있다는 것을 알게 되었다. 그래서 계획했던 학위 논문을 위해 세 고등학교를 관찰하고, 브리머에서 가르치고, 이따금씩 자문 일을 하는 것 외에도 하버드 교육대학원 교사교육 프로그램에서 모집하는 소위 대학 관리자 자리에 지원했다. 나는 교육대학원의 여름 6주 집중 교육실습 프로그램을 통해 처음으로 가르치는 일을 해보았다. 그러나 교육대학원에서는 여름 실습 프로그램을 없애고 대신에 내가 했던 것처럼 공립학교에 학생들을 보내 1년 동안 그곳 교사들과 함께 교육 실습을 하도록 했다. 그리고 교생들을 '관리'할 대학 측 관리자로 박사과정 학생을 고용했다.

처음에 나는 표준 규약을 그대로 지켜 사전 회의를 열어 각 교생들의 수업 계획을 듣고, 수업을 참관하고, 마지막으로 수업이 어땠는지 검토하는 사후 평가의 시간을 가졌다. 내가 맡은 교생 각각에 대해 한 학기에 네 번 이 과정을 밟아야 했다. 그러나 이런 과정은 교생들의 수업의 질을 향상시키는 데 아무 도움도 되지 않는다는 것을 곧 알게 되었다.

사전 회의는 교생이 무엇을 가르칠지 설명하고 나는 그냥 듣기만 하는 정보 제공의 시간이었다. 수업 참관은 물론 미리 연출된 것이었다. 게다가 모든 교생의 수업 일정을 소화하다 보니 사후 평가는 몇 주가 지나서야 이루어졌다. 그러다 보니 수업 참관한 날 적어둔 메모와 기억력에 의존해서 중요한 질문과 제안을 생각해내야 했고, 그마저도 대개는 너무 늦었기 때문에 교생들의 다음 수업 계획에 아무런 도움을 주지 못했다.

교생 관리 모델 전체가 너무 빈약하고 너무 늦게 진행되었다. 한 시즌에 네 번만 나타나서 몇 주 전에 치른 게임에 대해서만 이야기해줄 수 있는 코치를 둔 스포츠 팀을 상상해보라. 신입 교사뿐만 아니라 심지어 경력이 되는 교사들도 스포츠 선수들처럼 매번 주기적인 코칭을 받아야 한다. 문득 최고의 코치는 중요한 코칭 전략으로 게임 영상을 다시 본다는 것이 떠올랐다. 그래서 만약 교생 관리 방식을 내가 결정할 수 있다면 그 방법을 시도해보겠다고 결심했다.

소위 수석교사라 하는 사람들도 그다지 도움이 되지 않았다. 나는 궁금해서 대부분의 수석교사들 수업을 참관했지만, '전문적'이라고 평가할 만한 수업이 거의 없었다. 몇 년 전 브룩클린에서 교육 실습을 할 때 나를 담당했던 수석교사 앨런과 마찬가지로 나이 든 이 전문가들은 수업이 없는 시간을 즐겼고 교생들이 수업을 맡아서 할 때 교실에 남아 있어야 한다는 최소한의 의무감도 가지고 있지 않았다. 아무것도 바뀐 것이 없었다. 하버드는 내가 그랬던 것처럼 여전히 준비가 안 된 교사들을 배출하고 있었다.

나는 브리머에서 무엇인가 다른 것을 시도할 기회를 엿보다가 기획안을 들고 안네 교장을 찾아갔다. 브리머에서 이제 고용하려는 신입 교사들에게 동료 코칭을 해주는 일을 하고 싶고, 급여는 그다지 많지 않아도 된다고 제안했다. 더 많은 수업에서 필수학교연합의 원칙을 채택하도록 하는 데 중요한 요소가 될 수 있다는 말도 덧붙였다.

다행히 안네는 내 제안을 마음에 들어했다. 그래서 브리머에서 보낸 두 번째 해에 12학년 국어 수업을 계속하면서 신입 교사 코칭 일도 맡게 되었다.

장비 문제로 브리머의 신입 교사들 수업을 녹화할 수 없었지만 나는 그들에게 배울 수 있는 기회를 만들어주기 위해 많은 실험을 했다. 미리 알릴 필요 없이 언제든 내 수업을 참관하라고 초대했더니 대부분이 내 제안에 응했다. 나는 일주일에 한 번씩 방과 후에 만나 서로 번갈아가며 자신의 수업에 대해 이야기하고 서로 평가해주는 세미나 그룹도 만들었다. 동료 의식과 신뢰를 쌓을 수 있도록 돕기 위해 세미나 그룹 회원들을 여러 차례 집으로 초대하고 각자 음식을 가져와서 나눠 먹는 시간을 가졌다.

1년이 지나자 진정한 교사 공동체가 형성되었다. 신입 교사들은 점차 더 나은, 더 자신감 있는 전문가로 발전하고 있었고, 수업하면서 발생하는 문제를 공유하고 함께 해결하는 것을 두려워하지 않았다.

교사들의 삶에 실질적인 변화가 일어나면서 그들이 가르치는 학생들의 삶에도 진짜 변화가 일어나고 있었다. 지금껏 내가 한 일 중에서 가장 만족스러운 일이었다. 교사들의 선생이 되는 것, 그것이 내가 가장 원하는 일이었다. 뉴욕에서 보낸 마지막 날들 중 잠깐이었지만 꿈이 현실이 바뀌고 있었다.

교사들도 배워야 안다

1991년 1월 나는 박사 과정 필수 교과목을 대부분 끝마쳤다. 브리머 앤드 메이 학교의 필수학교연합 원칙을 시행하려는 노력을 상세히 기록한 박사 학위 논문의 요약본이라 할 수 있는 자격 논문도 통과되었다. 사라 로렌스 라이트풋 교수의 수업 성적이 좋았던 터라 그 교수에게 논문 심사를 부탁했다. 중요한 정치적 조치였다.

교육학 박사 학위 논문들은 대부분 질적 연구방법인 초상화법이 아니라 양적 데이터를 기반으로 했다. 내 지도교수는 정년 보장 교수가 아니었는데, 학위 논문 계획 심사 중간에 연구 설계가 철저하지 않다면서 갑자기 나를 공격했다. 정신이 멍했다. 내 생각에 그 교수는 다른 두 정년 보장 교수들에게 자신도 그들만큼 학문적으로 까다롭다는 것을 보이고 싶었던 것 같다. 나는 얼른 정신을 차리고 탁자 너머에 앉아 있는 로렌스 라이트풋 교수가 쓴 연구방법론 책을 인용해 대응했다. 로렌스 라이트풋 교수가 고개를 끄덕이며 웃었다. 학위 논문 계획은 심사위원회의 승인을 받았다. 따라서 지난 1년 반 동안 관찰한 변화 과정을 내 방식으로 상세하게 그려내도 되는 것이다.

이제 남은 일은 실제로 논문을 쓰는 것과 교수직을 구하는 것이었다. 학위 논문을 완성하기 위한 충분한 시간을 확보하는 동시에 집세도 내야 했다. 나는 교사 교육을 우선시하는 곳이라면 기꺼이 찾아가겠다고 결심했다. 하버드에서는 연구가 우선이고, 교사 교육은 그다음이었다.

미국 최초의 5년 과정 교원 양성 석사 프로그램 중 하나인 뉴햄프셔 교육대학원에서 1991~1992학년도 교수 채용 공고를 본 것은 정말 행운이었다. 나는 곧바로 지원했다. 몇 주 후 그 프로그램을 설립한 마이크 앤드류로부터 정년 트랙 부교수로 초빙한다는 연락을 받았다. 그는 롤랜드 바스, 앨버트 섄커, 캐서린 크럽닉처럼 학교에 관한 연구뿐만 아니라 오랜 시간 학교 현장 경험이 있는 전문가를 찾고 있었고, 수년 간 혁신적인 일선 교사로 활동한 내 이력을 마음에 들어 했다. 그런데 박사 학위 논문을 미적거리지 말고 빨리 완성하라고 재촉했다. 아직 박사 학위를 받지 않은 나를 교수로 채용하는 위험을 감수한 선택이었기 때문이다.

내가 맡은 일은 8명의 대학원생을 지도하고, 모든 교육 전공 학생이 필수로 들어야 하는 교육 구조와 변화에 관한 교과목 세 개 반을 가르치는 것이었다. 다른 교수들도 같은 교과목을 가르치고 있었다. 그러나 정해진 교과서가 없고 학생들이 읽을 책을 선택하는 것도 전적으로 교수 재량이었다. 그래서 나는 제록스의 최고경영자 데이비드 컨스David T. Kearns가 더 나은 교육을 받은 직원의 필요성을 주장하고 있는 《두뇌 경주에서 이기기(Winning the Brain Race)》와 트레이시 키더Tracy Kidder[12]가 어느 5학년 교사를 1년 동안 밀착 취재해서 쓴 놀라

---

12 1982년 《새로운 기계의 영혼(The Sour of New Machine)》으로 퓰리처상을 수상한 미국 최고의 논픽션 작가

운 이야기 《어린 학생들 속에서(Among School Children)》를 포함해 다양한 관점을 제공하는 최근 교육 서적을 선택했다.

그뿐 아니라 수업 구성도 전적으로 내가 원하는 대로 할 수 있었기 때문에 아주 재미있게 혁신적인 수업 운영방식을 설계했다. 40명의 학생을 4명씩 묶어 스터디 그룹을 구성하고 전체 수업 시간 2시간 30분을 세 파트로 나누어 처음 파트는 각 그룹이 돌아가면서 수업을 이끄는 시간으로 정했다. 나는 각 스터디 그룹을 차례가 되기 전에 미리 만나서 다른 학생들을 독서 토론에 참여시키는 방법을 찾도록 도왔다. 어떤 주에는 모의 수업을 하고, 또 어떤 주에는 게임을 했다. 나는 쉬는 시간에 꼭 간식을 제공해야 한다고 하면서 간식도 성적에 반영한다는 농담도 했다.

두 번째 파트는 스터디 그룹별로 그 주의 독서 자료를 읽고 쓴 독후 감상문을 서로 공유하고 토론하는 시간이었다. 쉬는 시간을 가진 후 마지막 파트는 전체 학생이 독서 토론을 하는 시간으로 구성했다. 이때도 그 주의 당번 그룹이 진행하게 했다. 나는 강의실 뒤편에 앉아 그저 듣기만 했다. 학생들이 개념 문제로 고심하고 있는 것이 역력해 보일 때는 정말 개입하고 싶었지만 유혹을 꾹 참았다가 수업 끝에 간단히 코멘트를 보탰다. 코멘트는 토론하는 것을 주의해서 들은 후에 학생들이 이해하지 못한 개념을 명확하게 설명하거나 생각해볼 만한 새로운 개념을 소개하는 것에 초점을 맞췄다.

내 성적 산정 방침은 학생이 정해진 수행 기준을 충족시키기만 하면 기본적으로 B학점을 주는 것이었다. 나는 학생들의 수업과 스터디 그룹 참여도를 관찰하고, 매주 제출하는 독후감상문과 학기말 과제로 낸 학교 소개서 작성을 평가했다. 학생들에게 쓰기 과제를 모아 포트폴리오를 만들게 하고, 주기적으로 검토해주었다. 질적으로 기준에 부합하지 않은 과제가 있으면 학생에게 수정하라고 말했다. 만일 어떤 학생이 글쓰기를 계속 힘들어 한다면 더 능력 있는 학생에게 도와주라고 부탁했다. A학점을 원하는 학생들에게는 자신이 생각하는 '우수함'이란 어떤 것인지 기술하고 자신의 과제가 그 기준에 어떻게 부합하는지 설명하는 글을 쓰도록 선택권을 제시했다.

나는 교육 실습을 하는 학생들을 관리하는 방식에 대해서도 새로운 길을 열었다. 교육 실습을 하는 학교를 찾아가 학생들이 하는 수업에 참관하는 것 외에도 학생들에게 자신의 수업 일부를 녹화한 짧은 동영상을 가져오라고 해서 매주 그룹 워크숍을 열었다. 스스로 잘 되었다고 생각하는 수업보다는 수업 시작을 어떻게 해야 할지와 같은, 지금 고민하고 있는 문제를 잘 보여주는 수업을 녹화해서 가져오도록 권장했다. 워크숍 시간에는 동영상을 가져온 학생이 처음으로 자신의 수업을 평가할 수 있는 기회를 갖도록 영상 속 문제에 대해 어떻게 생각하는지 먼저 말하게 하고 토론을 시작했다.

이 얼마나 달라진 모습인가! 교사가 한 말과 행동을 되돌아보기 위해 메모나 기억력에 의존하는 것이 아니라 녹화 영상을 반복 재생시키고 원하는 장면에서 일시 정지시키면 된다.

그러나 내가 추진한 교육 실습 프로그램에도 여전히 단점이 남아 있었다. 교생들을 지도하는 경력 교사들의 질이 매우 고르지 못하다는 것이었다. 많은 학생들이 자신이 배정된 학교에서는 잘 가르치는 법에 관해 배우는 게 아무것도 없다며 불평했다. 뉴햄프셔 대학에서 첫 번째 해를 보내는 중에 나는 이 문제를 해결할 수 있는 혁신적인 방법을 찾아냈다.

뉴햄프셔 주 애머스트 시에서 테드 시저의 원칙에 따라 조직되는, 즉 필수학교연합에 가입할 고등학교를 새로 짓고 있다는 소식을 들었다. 학교가 정식으로 문을 열기 몇 달 전인 1992년 봄, 나는 새로 임용된 밥 맥킨 교장과 만났다. 그는 과목융합 교육과정, 정기적인 팀별 교사회의, 발표회, 학생 포트폴리오 등, 할렘의 센트럴파크이스트 고등학교에서 운영하고 있는 교수법을 실행하는 것을 도와줄 교사들을 전국에서 모집할 계획이라고 말했다. 교장이 말한 것들은 모두 우리 학생들이 경험했으면 하는 것들이었다. 그래서 나는 뉴햄프셔 교육대학원 학생 8명을 교생으로 보내고, 내가 매주 학교를 방문해 교육 실습 관리 세미나를 열면 어떻겠냐고 제안했다. 교장도 찬성했다.

나는 무척 기분이 좋았다. 우리 학생들이 교사가 되기 위해 더 나은 준비를 하는 데 마지막으로 남아 있던 문제를 해결할 수 있게 된 것이다. 이제 우리 학생들은 새로운 교수·학습 방법을 고안하기 위해 협력하는 진짜 수석교사들 옆에서 배우게 될 것이다.

교사로 활동한 10년 동안 나는 국어 교과과정에서 배워야 할 중요한 내용과 학생들의 참여를 최대한 높일 수 있는 방법을 재정립하기 위해 노력했다. 이제 내 목표는 대학원 수업과 교생 실습 세미나를 통해 미래에 교사가 될 학생들에게 새로운 교수법 모형과 수업 전문성 개선 방안을 제공하는 것이다. 흐뭇하고 창조적인 일이다. 나는 학생들에게 교사가 되기 위한 준비를 어떻게 시켜야 하는지, 이들이 지속적으로 발전하는 데 무엇이 도움이 될지를 새로 구상하기 시작했다.

학교는 어떻게 바뀌는가

1991~1992학년도 내내 나는 일주일에 3~4일은 뉴햄프셔 대학으로 출근하고 나머지 시간은 학위 논문을 쓰는 데 할애했다. 처음에는 1년 반 동안 기록해둔 수백 쪽이나 되는 자료에 압도되었다. 그러나 여러 번 반복해 읽어가다 보니 한 가지 패턴이 나타나기 시작했다. 내가 연구한 세 학교 모두 다음과 같은 세 가지 기본 과제를 다루고 있었다. 첫째, 단순히 교과 내용이 아닌 실질적인 역량에 초점을 둔 학습을 위한 명확한 학업 기준을 어떻게 세울 것인가. 둘째, 학생의 행동기준을 제공하는 핵심 가치에 중점을 두는 문화를 어떻게 조성할 것인가. 셋째, 교사들의 협력을 어떻게 고취시킬 것인가.

나는 다른 더 중요한 것도 발견했다. 세 학교의 교사들은 대부분 그것이 팀 티칭이든 협력 학습이든, 테드 시저의 '학생은 노동자처럼'

모형이든, 아니면 다른 접근법을 채택하든 간에 왜 교수법을 바꿔야 하는지를 이해할 수 없었다. 학교 운영자들은 교사들이 왜 수업 방식을 바꾸었으면 하는지 그 이유를 설명한 적이 없었다.

필수학교연합에 가입하거나 다른 최근 유행하는 교육운동에 동참함으로써 학교가 해결하고자 하는 문제는 무엇일까? 교사들은 전혀 모르고 있었다. 그들 중 대부분은 학생들이 학습 의욕이 없는 것은 게으르거나 가정교육이 형편없기 때문이며 교사의 수업 내용이나 교수 방법과는 아무 관련이 없다고 생각했다. 게다가 어째서 많은 고등학교 졸업생들이 시민으로서의 자질도 갖추지 못하고 사회생활이나 평생교육에 대한 대비도 안 된 채 학교를 떠나는지도 알지 못했다.

교육과정은 주로 대학 진학과 표준시험에 의해 좌우되었고, 교사들은 그런 교육과정에 관여할 수 있는 권리가 거의 없었다. 이런 상황을 감안했을 때 위험을 감수하면서까지 변화를 추구해야 하는 이유는 무엇일까?

나는 학교 이사회와 행정가들이 교사를 대하는 방식이나 교사들이 학생을 대하는 방식이 똑같다는 것을 알아차렸다. 학교 운영자나 교사나 모두 '시켰으니까 하라'는 식이었다. 그러나 단순히 명령에 순응하게 하는 것으로는 진짜 학습 동기를 부여할 수 없을뿐더러 개선 노력을 지속적으로 이끌어낼 수도 없다. 순응 문화에서는 교사든 학생이든 최소한의 기대만 충족시키는 것을 목표로 삼기 쉽다.

그러나 단순히 좋은 교사가 되고 싶다는 열정이 있다고 해서 실제로 교수법을 향상시킬 수 있는 것도 아니다. 진정으로 좋은 교사가 되기 위해서는 자신의 능력을 계속 연마할 수 있는 수련법을 개발해야 한다. 서로의 기준을 존중하고 책임을 나눠 갖는 분위기 속에서 한 명이든 여러 명이든 바로 옆에 훈련시켜줄 코치가 있다는 것은, 지속적인 발전을 위한 발판이 마련되어 있다는 의미이다. 그러나 대부분의 학교에서 진정한 팀워크는 좀처럼 찾아보기 어려웠다. 나는 앞으로 어린 학생들만큼이나 어른들을 위한 팀 기반 교육 풍토를 만드는 방법뿐만 아니라, 변화를 추구해야 하는 이유를 교육자들이 더 잘 이해할 수 있게 돕겠다고 굳게 결심했다.

이제 매일 아침 학위 논문 쓰는 시간이 무척 기다려졌다. 학자들만이 아니라 누구나 쉽게 이해할 수 있는 언어를 사용해 지금까지 했던 수업과 회의와 인터뷰 내용들이 종이 위에서 살아 움직이도록 하는 일이 너무 좋았다. 마치 시어링 고등학교 다닐 때 에드워드 선생님께 개별 지도를 받고, 또 나중에 샌프란시스코에서 로버트 레베란트의 지도를 받고, 그리고 그 후로 좋은 작가가 되기 위해 노력했던 모든 것이 결실을 맺는 것 같았다. 나는 제때 박사학위 논문을 마쳤고, 2년이 채 지나지 않아 '학교는 어떻게 바뀌는가(How Schools Change)'라는 제목으로 출판했다. 테드 시저가 멋진 서문을 써주었다.

1992년 5월, 하버드 졸업식은 화려하고 요란한 퍼레이드로 시작되었다. 우리는 산들바람에 펄럭이는 눈부신 학교 현수막 아래 검정색과 진홍색이 어우러진 졸업 가운을 입고 이른 아침 텅 빈 하버드 광장을 힘차게 행진했다. 짜릿한 순간이었다. 이윽고 남아 있는 공식 졸업식 절차를 위해 각자 소속 대학원으로 무리 지어 돌아갔다.

내가 스물한 살이었을 때 이혼한 부모님이 졸업식을 보러 오셨다. 남동생도 왔다. 우리 집 세 꼬마까지 포함해 모두 함께 나가서 즐거운 저녁 식사를 했다. 학교와 관련된 내 파란만장한 역사와 '학습 부진'이 대화 주제로 나오자 어머니는 아이들에게 내가 그저 '늦게 피는 꽃'이었다고 말했다. 아버지는 조용히 건배를 제안하면서 마침내 내가 '정신 차리고 착실하게 사는 법'을 배워서 얼마나 기쁜지 모르겠다고 말했다.

그렇게 슬쩍 내비친 말은 아버지 입장에서는 최대의 칭찬이었다. 그날 졸업식장에서 시상식이 열릴 때 아버지는 나에게 "왜 너는 특별상이나 공로상을 받지 못했냐"고 물었다. 나는 아버지의 말을 그냥 한 귀로 흘려보냈다. 아버지는 내가 나름의 독자적인 방식으로 박사학위를 받았기 때문에 아무 상도 받지 못하는 것이 이해되지 않았던 모양이었다.

나는 4년 동안 많은 것을 이루었고, 스스로 자랑스럽게 생각했다. 어떻게 하면 교사들을 가르치는 훌륭한 선생이 되는지도 배웠다. 아마 그보다 더 중요한 것은 내가 연구한 고등학교에서 겪었고 그 후로 무수히 많은 다른 학교에서도 직면했던 여러 당면 과제에 깊이 관여하게 되었다는 점일 것이다.

많은 교육 유행과 교육 개혁이 생겨났다 사라진다. 그 대부분 아이들이 가장 잘 배울 수 있는 방법에 대한 연구나 내적 동기의 중요성에 기반을 두지 않는다. 교육의 목적 특히, 급격한 혼란과 심오한 변화의 시대에 꼭 알아야 할 중요한 것은 무엇이고 숙달해야 할 기량은 무엇인지 등에 대한 보다 폭넓은 대화를 바탕으로 하지도 않는다.

게다가 교사들은 학교에서 제안하는 변경 사항에 대해 논의하거나 이해할 수 있는 기회를 거의 얻지 못한다. 수업이나 협력해서 계획해야 할 활동에 대해 어떤 유의미한 피드백을 받는 경우도 매우 드물다. 교육 행정가들은 교육 분야 지도자가 될 준비가 안 되어 있고, 학교 이사들은 일반적으로 교육 일선의 실질적 문제보다 정치적인 문제나 금전적인 고려사항에 더 많은 에너지를 쓴다. 이런 상황과 관습이 그물처럼 뒤엉켜 있기 때문에 새로운 기술이 도입되고 많은 전문가들이 선의의 노력을 벌였음에도, 오늘날 대부분의 교실에서 하고 있는 교수 학습은 50~60년 전의 것과 근본적으로 다르지 않은 것이다.

하버드에서 '나름의 독자적인 방식'으로 연구했다는 것은 이 문제에 대해 더 많은 것을 알 수 있는 모든 기회를 찾았다는 것을 의미했다. 나는 하버드 밖에서 최고의 교사와 최고의 수업, 수많은 교육 기회를 찾아다녔고, 학점을 따기 위해서가 아니라 더 깊은 이해를 얻기 위해 소논문을 썼다. 그리고 다른 교육자들에게 도움이 되는 학위 논문을 쓰려고 부단히 노력했다.

오, 삶이여 오라!

하버드 박사 과정을 끝마친 것에 대해 조용히 내 자신에게 감사하고 싶어서 졸업 선물로 아름다운 매드리버Mad River[13] 카누를 구입했다. 뱃전은 물푸레나무로 되어 있고 노 젓는 사람이 앉는 좌석은 참나무로 만들어졌으며 등나무 의자들을 갖춘 것이었다. 하버드 상징인 진홍색으로 된 선체는 케블라[14]로 만들어졌다. 그리고 며칠 뒤 첫 단독 항해를 떠났다.

그린리버 저수지는 버몬트 주와 캐나다의 경계선 인근에 있었다. 케임브리지에서 자동차로 4시간 거리였다. 노 젓기 기본안내서에 따르면 그린리버 저수지의 물가를 따라 나무가 우거진 산악지대가 30킬로미터 펼쳐져 있다. 나는 좁고 긴 호수의 한쪽 끝 흙으로 된 공터에 차를 주차한 뒤, 캠핑 도구와 며칠 분의 식량을 실은 카누를 호수에 띄웠다.

구름 한 점 없는 시원한 6월 초 오후였다. 북쪽에서 계속 불어오는 바람 때문에 노 젓기가 힘들었다. 그래도 바람과 햇빛이 얼굴에 닿는 그 익숙한 느낌과 몸을 숙였다가 노를 세게 잡아당기는 일이 무척 좋았다. 노를 한 번 저으면 뱃머리가 철벅 소리를 내며 푸르스름한 회색의 호수 물을 가르며 앞으로 나아갔고, 뒤쪽으로는 물보라가 일어 햇

13 미국 카누 제작 회사
14 가벼우면서도 매우 강한 합성 섬유로 타이어 코드나 방탄복 재료로 사용된다.

빛에 반짝였다. 드넓은 호수에 가라앉은 고요도 참 좋았다. 이따금씩 물새 한 마리가 짝을 찾아 울면서 호수의 고요를 깨트렸다. 녹음이 우거진 산들이 남청색 하늘에서 뻗어 내려와 바위투성이 물가와 맞닿아 있는 모습을 보니 처음으로 배움의 즐거움을 알게 된 모글리스의 호수가 떠올랐다.

다른 점이 있다면 이곳이 더 자연 그대로의 모습을 지니고 있다는 것뿐이었다. 소리 지르는 캠핑객도 없고 모터보트도 없고, 아니 어떤 종류의 다른 배도 없었다. 오롯이 나 혼자였다. 제임스 조이스의 《젊은 예술가의 초상》 속 주인공 스티븐 디덜러스처럼 나는 '누구의 시선도 받지 않고 행복했으며, 야생 상태의 삶의 중심부에 거의 닿아 있었다.' 내가 이 소설을 처음 읽은 것은 프렌즈 월드에서 공부하기 시작하기 바로 전 한껏 기대감에 부풀어 있던 여름이었다. 나에게는 성경과 같은 책이다. 멕시코에 갈 때도 가져갔고, 그 후로 샌프란시스코, 버몬트, 케임브리지, 워싱턴 D.C.에 머물 때는 물론이고 다시 케임브리지로 돌아왔을 때도 항상 지니고 있었다. 몇 년에 한 번씩 반복해서 이 책을 읽었고, 많은 대목을 암기하고 있었다. 그래서 야생 상태의 이곳에서 그 대목들이 떠올랐다.

호수에는 작은 섬들이 곳곳에 떠 있었다. 그중 야영하기에 좋은 섬 하나를 발견했다. 바람에 살랑거리는 키 큰 소나무들이 에워싸고 있고 안락한 공터가 있어 텐트 치기에 적당했다. 물가 쪽으로 조금 기울어진 매끈한 바위 선반이 근처에 있었다. 저녁을 먹고 뒷정리를 마치고 보니 붉은 핏빛 태양이 칠흑 같은 산등성이 뒤로 천천히 넘어가고 있었다. 바람은 잦아들었지만 상쾌했던 공기가 차갑게 변하고 있었다. 나는 모닥불에 장작을 두어 개 더 던져 넣고 평평한 바위 선반에 앉아 불꽃이 타오르는 것을 구경했다. 불꽃은 공기 중으로 높이 손을 뻗었다가 주변의 어둠 속으로 주황빛 파편을 쏟아내었다.

그렇게 절대 고요의 순간에 《젊은 예술가의 초상》의 결말에서 내가 가장 좋아하는 구절이 떠올랐다. 나는 명료하고 강한 목소리로 칠흑 같은 하늘에서 유영하며 반짝거리는 별을 향해 그 구절을 외우기 시작했다. "오, 삶이여, 오라! 나는 이제 백만 번째로 경험의 현실과 마주하러 간다. 내 영혼의 대장간에서 내 종족의 아직 창조되지 않은 의식을 만들기 위해⋯⋯."

나는 한때 소설가를 꿈꿨지만 소설가가 되지 않을 것이라는 걸 알고 있다. 그러나 내가 다른 종류의 예술가라는 사실을 이제 이해할 수 있다. 내 예술은 가르치는 일이다. 강의실이 캔버스이고, 상상력이 풍부한 수업이 붓이다. 내가 가르치는 수업은 통제가 잘 되고 목적이 있는, 어른들을 위한 창의적인 놀이다.

그래, 나는 기꺼이 인생을 받아들였다. 그렇게 많은 좌절을 겪으면서 자연의 따뜻한 보살핌을 받았고, 사라지지 않는 뜨거운 열정을 발견했다. 그리고 최선을 다해 내가 가르친 학생 한 명 한 명에게 고유의 삶의 불씨를 찾아 불을 지펴주었다.

그래, 그 과정에서 경험의 현실과 씨름해야 했다는 것을 신은 알고 있다. 좋은 것이든 나쁜 것이든 많은 경험에서 나는 무엇인가를 배웠고, 심지어 대부분의 학교 수업에서 배운 것보다 훨씬 더 많은 것을 배웠다. 그러나 그것은 오직 시간을 들여 글쓰기와 성찰을 통해 나름의 의미를 만들어낼 때만 가능했다.

지금까지 살면서 훌륭한 교사들도 여럿 만났다. 하지만 대부분은 내가 학생이었을 때 학교에서 만난 이들이 아니었다. 꺼질 것 같은 모닥불 너머 희미한 기억의 그림자 속에 그들의 얼굴이 보였다. 어색해하는 외톨이 소년에게 춤추는 법을 보여준 인내심 많은 샤이엔 인디언, '개판'인 아이에게 기꺼이 창작 글쓰기를 가르쳐주고 학년말에 그 아이의 발전을 칭찬하는 상을 만들어준 에드워드 선생님, 세 번이나 학교를 중퇴한 사람을 자기 집에서 지내도록 반겨주고 시를 암송하면서 희망의 빛을 전해준 진보적인 변호사, 혼란스러워하는 청년에게 신을 만난 적 있는지 묻고 아즈텍 사원으로 보내 날개를 발견하도록 해준 가톨릭 신부, 성실한 청년에게 혁명의 진짜 의미를 가르쳐준 무명실을 뽑는 간디주의자가 보였다.

이어서 내 외딴 영혼의 대장간에서 만들어진 많은 것들이 하나씩 떠올랐다. 두더지 선생님의 악담을 듣고 치솟았던 분노, 그것은 어떤 학생도 교사로부터 그런 욕설을 듣게 해서는 안 된다는 맹세를 낳았다. 버지니아 주 빅토리아에서 KKK단에 맞선 촛불 시위에 참가했을 때 나를 짓누르던 노골적인 두려움, 그것은 시간이 흐르면서 사회 변화를 이끌어내기 위한 깊은 헌신으로 바뀌었다. 좋은 교사가 되기 위해 10년 동안 애쓰며 겪었던 고독한 투쟁과 스트레스, 그것은 교사공동체에 대한 갈망과 학교를 새롭게 재구상해야 한다는 신념으로 발전했다. 그리고 마지막으로 케임브리지 프렌즈에서 보낸 시간이 주는 얼굴 화끈거리는 창피함, 그 경험으로 나는 실패에서 배울 수도 있고 또 배워야 한다는 인생 교훈을 얻었다.

내가 전통적인 학교 교육에서 궁극적으로 실패한 이유는 교사들이 나로 하여금 자아와 주변 세상을 이해할 수 있도록 도와주지 못했기 때문이다. 그러나 교사들의 잘못이 아니다. 그것이 그들이 가르쳐야 하는 가장 중요한 수업 내용이라는 것을 누구도 말해주지 않았다. 그렇게 어렵고 도전적인 일을 해낼 수 있도록 누구도 교사들을 준비시켜주지 않았던 것이다.

이 일은 교사들만으로는 해낼 수 없다. 우리 모두 자신의 역할을 해야 한다. 마음만 먹는다면 우리는 모두 교사이자 미래 세대의 청지기이다.

스티븐 디덜러스는 경험의 현실로부터 "내 종족의 아직 창조되지 않은 의식"을 만들어냈다. 그것이 내 소명은 아니다. 내 소명은 나의 직업, 즉 가르치는 일의 의식을 창조하는 데 기여하는 것이 아닐까? 아무렴, 그렇고말고!

감사의 말

먼저 다시 한 번 나를 대리하는 일을 훌륭하게 해준 에이전트 에스먼드 함스워스에게 감사 인사를 전한다. 에스먼드는 단지 이 책에 대해 나를 대리하는 것에 그치지 않고 그 이상으로 많은 것을 해주었다. 회고록 쓰는 법을 배우기 위해 도움이 필요하다는 것을 알았을 때 에스먼드가 6개월을 수소문해 로빈 데니스를 찾아주었다. 로빈은 이 책을 쓰는 동안 내 코치이자 선생이었다. 그와 함께 일하는 것 자체가 큰 기쁨이었다. 그에게 배운 모든 것에 감사하다.

책을 쓰는 데 필요한 다양한 분야의 조사를 할 때 나는 많은 분들로부터 큰 도움을 받았다. 모리스 미첼 프렌즈 월드 총장의 생애와 업적에 대한 폭넓은 글을 쓴 캐롤 로저스가 아낌없이 자신의 지식을 공유해주었다. 프렌즈 월드에서 한때 나를 지도했던 키스 헬무트 교수님이 프렌즈 월드 대학의 역사를 연대순으로 기록해주었다. 교수님과 다시 연락이 닿아 도움을 받고, 기억의 공백을 채울 수 있어서 정말 좋았다. 마지막으로 모글리스를 방문했을 때 오전 시간을 내서 함께 수련원을 둘러보고 알콧 파라 엘웰 대령의 박사 논문을 소개해준 닉 로빈스 원장과 제임스 하트 대외협력처장에게도 감사드린다.

펭귄출판사 직원들도 더없이 큰 도움을 주었다. 편집을 맡아준 캐서린 코트와 빅토리아 사바나 그리고 원고 교정을 맡아준 수잔 존슨에게 고마움을 전한다.

마지막으로 아내 PJ 블랜큰혼에게 다시 한 번 깊은 감사를 전하고 싶다. 이 책을 쓰는 7년 내내 아내는 나의 사상적 파트너이자 첫 독자이자 현명한 비평가가 되어 주었다.

• 실비아 애쉬튼 워너, 《교사(Teacher)》, 뉴욕: 사이먼 앤 슈스터, 1986.

• 롤랜드 바스, 《안으로부터의 학교 개선: 교사와 학부모 그리고 교장이 차이를 만들 수 있다(Improving Schools from Within : Teachers, Parents, and Principals Can Make the Difference)》, 샌프란시스코: 제시-바스 출판사, 1990.

• 로버트 콜스, 〈부유한 아동(Children of Affluence)〉, 《월간 애틀랜틱(Atlantic Monthly)》, 1977, 9월호.

• 존 듀이, 《경험과 교육(Experience and Education)》, 뉴욕: 프리 프레스, 1997.

• 앤절라 더크워스, 《그릿: 열정과 끈기의 힘(Grit: The Power of Passion and Perseverance)》, 뉴욕: 스크리브너, 2016.

• 캐롤 드웩, 《마인드셋: 성공의 새로운 심리학(Mindset: The New Psychology of Success)》, 뉴욕: 랜덤 하우스, 2006.

• 파울로 프레이리, 《피억압자들의 교육학(Pedagogy of the Oppressed)》, 뉴욕: 허더 앤 허더, 1970.

• 에리히 프롬, 《사랑의 기술(The Art of Loving)》, 뉴욕: 하퍼 앤 로우, 1956.

• 에리히 프롬, 〈혁명적 성격〉, 《그리스도의 교리 그리고 종교, 심리, 문화에 관

한 에세이(The Dogma of Christ and Other Essays on Religion, Psychology and Culture)》, 코네티컷 그린니치: 포셋 출판사, 1973, 137 - 154쪽.

- 에리히 프롬, 《건전한 사회(The Sane Society)》, 뉴욕: 홀트 라인하트 앤 윈스턴, 1955.

- 존 굿래드, 《학교라 불리는 곳(A Place Called School)》, 뉴욕: 맥그로힐, 1984.

- 앨리슨 고프닉, 《정원사와 목수: 아동발달에 관한 새로운 과학은 부모와 자녀 의 관계에 대해 무엇이라 말하는가(The Gardener and the Carpenter: What the New Science of Child Development Tells Us About the Relationship Between Parents and Children)》, 뉴욕: 파라 스트라우스 지루, 2016.

- 이반 일리치, 《탈학교 사회(Deschooling Society)》, 뉴욕: 하퍼 앤 로우, 1971년.

- 트레이시 키더, 《어린 학생들 속에서(Among Schoolchildren)》, 보스턴: 호튼 미 플린, 1989.

- 시어도라 크로버, 《두 세계 속 아이쉬: 북미 마지막 야생 인디언의 일대기(Ishi in Two Worlds: A Biography of the Last Wild Indian in North America)》, 버클리: 캘리포니아대학교출판부, 1961.

- 사라 로렌스 라이트풋, 《좋은 고등학교: 좋은 고등학교의 특성과 문화에 관하 여(The Good High School: Portraits of Character and Culture)》, 뉴욕: 베이직 북스, 1983.

- 데보라 마이어, 《아이디어의 힘: 할렘의 작은 학교로부터 배우는 미국을 위 한 교훈(The Power of Their Ideas: Lessons for America from a Small School in Harlem》, 보스턴: 비컨 프레스, 1995.

- 모리스 미첼, 《세계 교육과 혁명적 개념(World Education, Revolutionary Concept)》, 뉴욕: 패전트 프레스, 1967.

- 모리스 미첼(벤자민 해리슨 Benjamin Harrison Chaffee라는 필명 사용), 〈내 사람들 (Mine Own People)〉, 《월간 애틀랜틱》, 1925. 10월호 496 - 501쪽.

- 스콧 니어링, 헬렌 니어링, 《조화로운 삶: 험한 세상에서 온정신으로 소박하게 사는 법(Living the Good Life: How to Live Sanely and Simply in a Troubled World)》, 뉴욕: 스코큰 북스, 1970.
- A. S. 니일, 《서머힐(Summerhill)》, 런던: 펭귄, 1968.
- 장 피아제, 《아동의 도덕 판단(The Moral Judgment of the Child)》, 런던: K. 폴 트렌치 트뤼브너, 1932.
- 장 피아제, 《안다는 것은 창안한다는 것이다: 교육의 미래(To Understand Is to Invent: The Future of Education)》, 뉴욕: Grossman, 1973.
- 얼윈 리처드슨, 《어린 시절 세상(In the Early World)》, 뉴욕: 판테온 북스, 1969.
- 테드 시저, 《호레이스의 타협: 미국 고등학교의 딜레마(Horace's Compromise: The Dilemma of the American High School)》, 보스턴: 호튼 미플린, 1984.
- 제임스 스티글러, 제임스 히버트, 《교수법 격차: 교실 수업 향상을 위한 여러 나라 교사들의 최고의 아이디어 (The Teaching Gap: The Best Ideas from the World's Teachers for Improving Education in the Classroom)》, 뉴욕: 프리 프레스, 1999.
- 토니 와그너, 《이노베이터의 탄생: 세상을 바꿀 인재는 어떻게 만들어지는가 (Creating Innovators: The Making of Young People Who Will Change the World)》, 뉴욕: 스크리브너, 2012.
- 토니 와그너, 《학교는 어떻게 바뀌는가: 세 학교공동체에게서 배우는 교훈 (How Schools Change: Lessons from Three Communities)》, 보스턴: 비컨 프레스, 1994.

나의 학교 분투기

초판 1쇄 인쇄 2021년(단기 4354년) 3월 9일
초판 1쇄 발행 2021년(단기 4354년) 3월 17일

지은이 | 토니 와그너
옮긴이 | 허성심
펴낸이 | 심남숙
펴낸곳 | (주) 한문화멀티미디어
등록 | 1990. 11. 28 제21-209호
주소 | 서울시 광진구 능동로 43길 3-5 동인빌딩 3층 (04915)
전화 | 영업부 2016-3500 · 편집부 2016-3507
홈페이지 | http://www.hanmunhwa.com

편집 | 이미향 강정화 최연실
기획·홍보 | 진정근
디자인 제작 | 이정희
경영 | 강윤정 조동희
회계 | 김옥희

만든 사람들
책임 편집 | 김경실 디자인 | room 501
인쇄 | 천일문화사

ISBN 978-89-5699-411-6 03370